大學用書

統計學

張健邦　著

三民書局　印行

國家圖書館出版品預行編目資料

統計學／張健邦著.－－初版六刷.－－臺北市：三民，2007
面；　公分
含索引
ISBN 978-957-14-2120-9　(平裝)
1. 統計學

510　　83008312

© 統　計　學

著作人　張健邦
發行人　劉振強
著作財產權人　三民書局股份有限公司
臺北市復興北路386號
發行所　三民書局股份有限公司
地址／臺北市復興北路386號
電話／(02)25006600
郵撥／0009998-5
印刷所　三民書局股份有限公司
門市部　復北店／臺北市復興北路386號
重南店／臺北市重慶南路一段61號
初版一刷　1994年5月
初版六刷　2007年9月
編　號　S 510300
定　價　新臺幣660元
行政院新聞局登記證局版臺業字第〇二〇〇號

ISBN　978-957-14-2120-9　(平裝)

序

近年來不論是政府部門或是民間企業、甚至社會大衆都愈來愈重視統計數據所傳達的訊息。許多研究計畫、民意調查及市場調查都耗費大量的人力、物力於資料的蒐集、整理、陳列與分析。統計學正是完成這一系列工作必須具備的基本工具，各種統計方法已被廣泛的應用到各個領域，舉凡社會、政治、經濟、商業、教育、工程、醫藥、心理、氣象等都有大量應用的實例，充分說明統計學的研習有其必要性。

本書針對初習者介紹統計學的基本概念，在範圍上包括敍述統計及推論統計兩大部分，此外並涵蓋六個專題：卡方檢定、變異數分析、相關與直線迴歸分析、指數、時間序列及無母數統計方法。爲使讀者能有充分的瞭解，在介紹各項理論時，以例題輔助說明其意義及計算過程。

本書的完成首先要感謝我的家人給予的鼓勵與支持。對於三民書局所有參與本書的工作人員所付出的心力，也一併致謝。最後，謹以本書紀念　先父及其在政大設立獎學金作育英才之懿行。

筆者才疏學淺，錯誤疏漏之處，懇請學者先進不吝賜教指正。

張健邦

一九九四年七月

統計學　目次

序

第一章　緒論 …… 1

摘　要 …… 4

習　題 …… 5

第二章　資料蒐集 …… 7

第一節　資料種類 …… 7

第二節　資料來源 …… 10

第三節　調查 …… 13

摘　要 …… 17

習　題 …… 18

第三章　問卷設計 …… 19

第一節　問卷設計過程 …… 19

第二節　問卷實例 …… 25

摘　要 …… 34

習　題 …… 35

第四章　資料整理 …… 37

第一節　編校 …… 37

第二節 編碼 ……39
第三節 列表 ……42
第四節 電腦與資料處理 ……44
摘 要 ……46
習 題 ……47

第五章 敘述統計量 ……49

第一節 集中趨勢測量數 ……49
第二節 其他位置測量數 ……55
第三節 離散測量數 ……59
第四節 形狀測量數 ……66
摘 要 ……72
習 題 ……75

第六章 統計圖表 ……77

第一節 統計表 ……77
第二節 統計圖 ……89
第三節 探索性資料分析 ……99
摘 要 ……105
習 題 ……107

第七章 機率 ……111

第一節 隨機試驗 ……111
第二節 機率與機率基本性質 ……113
第三節 集合與機率 ……115
第四節 聯合機率、邊際機率、條件機率 ……118

第五節　獨立與互斥 ……124
第六節　貝氏定理 ……127
摘　要 ……131
習　題 ……133

第八章　離散機率分配……137

第一節　離散隨機變數 ……137
第二節　離散機率分配 ……139
第三節　期望值與變異數 ……143
第四節　貝努利分配 ……150
第五節　二項分配 ……153
第六節　波氏分配 ……158
第七節　超幾何分配 ……164
摘　要 ……170
習　題 ……172

第九章　連續機率分配……177

第一節　連續隨機變數 ……177
第二節　連續機率分配 ……178
第三節　一致分配 ……185
第四節　指數分配 ……188
第五節　常態分配 ……192
摘　要 ……206
習　題 ……208

第十章 抽樣與抽樣分配 ……211

第一節 隨機抽樣 ……211
第二節 抽樣方法 ……214
第三節 抽樣分配 ……216
第四節 樣本比例抽樣分配 ……227
第五節 兩組樣本平均數差的抽樣分配 ……230
第六節 兩組樣本比例差的抽樣分配 ……232
摘 要 ……236
習 題 ……238

第十一章 估計 ……241

第一節 基本概念 ……241
第二節 大樣本估計 ……247
第三節 小樣本估計 ……264
第四節 一個母體變異數的估計 ……277
第五節 兩個母體變異數比的估計 ……281
摘 要 ……285
習 題 ……288

第十二章 假設檢定 ……291

第一節 基本概念 ……291
第二節 大樣本假設檢定 ……297
第三節 小樣本假設檢定 ……320
第四節 一個常態母體變異數的假設檢定 ……330
第五節 兩個常態母體變異數的假設檢定 ……333

摘　要 ……………………………………………………………338
習　題 ……………………………………………………………341

第十三章　卡方檢定 ……………………………………………345

第一節　適合度檢定 ……………………………………………345
第二節　獨立性檢定 ……………………………………………356
摘　要 ……………………………………………………………365
習　題 ……………………………………………………………366

第十四章　變異數分析 …………………………………………369

第一節　一因子變異數分析 ……………………………………370
第二節　二因子變異數分析（I） ……………………………382
第三節　二因子變異數分析（II） ……………………………389
摘　要 ……………………………………………………………400
習　題 ……………………………………………………………403

第十五章　相關與直線迴歸分析 ………………………………405

第一節　相關係數 ………………………………………………405
第二節　簡單直線迴歸分析（I） ……………………………415
第三節　簡單直線迴歸分析（II） ……………………………430
第四節　複直線迴歸分析（I） ………………………………445
第五節　複直線迴歸分析（II） ………………………………460
摘　要 ……………………………………………………………465
習　題 ……………………………………………………………471

第十六章 指數 ……475

第一節 指數 ……475
第二節 價格指數 ……478
第三節 數量指數 ……484
第四節 指數應用 ……486
摘 要 ……491
習 題 ……493

第十七章 時間序列 ……495

第一節 時間序列組成要素 ……495
第二節 時間序列預測及預測誤差衡量 ……511
摘 要 ……521
習 題 ……523

第十八章 無母數統計方法 ……527

第一節 符號檢定 ……528
第二節 曼一惠內U檢定 ……534
第三節 克拉斯卡一瓦立斯檢定 ……541
第四節 威爾克森符號等級檢定 ……544
第五節 連段檢定 ……549
第六節 史丕曼等級相關係數檢定 ……553
第七節 柯莫果夫一史邁諾夫檢定 ……559
第八節 傅立曼隨機集區設計檢定 ……562
摘 要 ……565
習 題 ……570

附 錄 統計表……575
英、中名詞對照索引……609

第一章　緒論

(一) 何謂統計學

統計學(Statistics)是蒐集、整理、陳列與分析資料的一種科學方法，又可稱爲**統計方法**(Statistical Methods)。例如，政府爲了瞭解民衆對某項公共政策的看法，可能針對全體民衆以隨機的方式抽取部分民衆進行問卷調查，調查得來的資料可能因誤塡或其他原因而有錯誤發生。爲了減少錯誤並便於處理、蒐集得到的資料必須加以整理。調查資料經過整理後，可以製作統計圖或統計表，以簡明易懂的方式陳列出來讓民衆瞭解或供決策者參考。由於大多數的調查受限於時間、人力及經費，僅能針對部分民衆進行調查，因此調查的結果僅代表受訪的民衆。爲了瞭解全體民衆的看法，可以針對整理過的資料進行分析，這種由部分民衆的調查資料對全體民衆看法所作的推估就是統計推論。由上述例子可以知道：政府爲了研究民衆對某項公共政策的看法，於是經由蒐集、整理、陳列與分析等步驟來完成這項研究。換言之，藉由統計方法的應用來達成研究的目的。

根據前面所提的例子可以將統計學分爲兩大部分：一爲**敍述統計**(Descriptive Statistics)，主要內容是在蒐集、整理與陳列資料。一爲**推論統計**(Inferential Statistics)，主要目的是根據所蒐集的部分群體資料對全部群體作推論。全部群體是指所欲研究事物的全體對象，因此稱爲**母體**(Population)。由母體隨機抽取部分群體作爲調查的對象，此一部分群體就是**樣本**(Sample)。用來描述母體現象的表徵數稱爲**參數**(Parameter)，而用來描述樣本現象的表徵數就是**統計量**(Statistic)。推論統計就是指由樣本統計量來對母體參數進行推論的統計方法。綜上所述，統計學就是協助我們將資料中的有用訊息擷取出來的一種方法。

㈡ 全書架構

本書根據統計學的意義及分析步驟，在內容安排上共分十八章。第一章爲緒論，目的在說明統計學的意義及對全書內容作一介紹，並強調電腦硬體及統計套裝軟體在協助解決統計問題上所扮演的角色。

第二章至第六章分別介紹資料蒐集、問卷設計、資料整理、敍述統計量及統計圖表等五項內容。因此，這五章可以說是涵蓋了統計學中蒐集、整理與陳列等主題。

第七章至第九章爲機率、離散分配及連續分配的介紹。這三章的主要目的是將不確定的因素引進來。使讀者明瞭：(1)在不確定狀態下作決策的意義，及(2)以機率來敍述不確定狀態。

第十章爲抽樣與抽樣分配。本章可以說是母體與樣本之間的橋梁。由母體中抽取部分的個體形成樣本，經由抽樣及抽樣分配的瞭解可有助於爾後統計推論工作的進行。

第十一及十二章分別爲估計與檢定，這正是統計推論的主要內容，是由樣本資料來對母體表徵數(參數)作決策。

第十三章至第十八章所介紹的是統計學上的六個專題：卡方檢定、變異數分析、相關與直線迴歸分析、指數、時間序列及無母數統計方法。卡方檢定主要在介紹卡方分配在質化資料上的應用。變異數分析係針對多個母體平均數是否相等的問題所提出的檢定方法。相關與直線迴歸分析是討論變數與變數間的關係，以及經由自變數與應變數的迴歸模型來說明如何由自變數估計或預測應變數。指數是用來衡量在不同的時間或空間中，一種或多種現象或事物的相對變化情形。時間序列是針對一系列具有時間先後順序的觀察值進行分析，主要目的是藉由對過去資料的分析，找出其變化的型態，並據以對未來的情形加以預測。無母數統計方法是將母體分配爲已知的假設去除所發展的一種統計方法，由於不須對母體分配作假設因此可以適用於不瞭解母體分配爲何的情況，同時也可使用於排序或等級資料。

㈢ 配合工具

由於統計方法是協助人們在面對不確定狀態下，如何經由蒐集、整理、陳列與分析資料等步驟作決策的一項工具。因此可能需要處理大量的資料、繪製精確的統計圖表，以及進行各種分析所必須的計算過程，這些工作的完成都有賴於電腦快速而精確的協助。近年來多種統計套裝軟體陸續開發成功，較常見的教學軟體爲MINITAB，由於該軟體易學易用，因此已成爲大多數初級統計課程必備的輔助工具。其他著名統計軟體有：BMDP、SPSS及SAS。建議讀者能夠儘可能配合本書例題，以任何一種統計軟體來逐步演練計算過程，如此可增進對各種方法的瞭解，並增加日後處理類似問題的能力。

摘要

重要詞語

統計學　母體　樣本
參數　統計量　敘述統計
推論統計

習　題

1.何謂統計學？試說明統計學的兩大部分及其意義。

2.試就您日常生活所接觸的報章雜誌找出三種不同主題的統計例子。

3.何謂母體？何謂樣本？試說明兩者的區別。

4.請就下列各子題說明其母體爲何。

(1)對臺北市市長選舉所舉辦的選民意向調查。

(2)行政院勞工委員會調查遭遇職業災害勞工概況。

(3)臺灣地區遊覽車營運狀況調查。

(4)臺灣地區養豬頭數專案調查。

5.調查八位民營企業負責人月薪(新臺幣：元)如下，

150,800，200,000，126,000，170,000，

220,000，120,000，145,000，102,000

請問上述資料爲樣本亦或母體？

6.由習題 5 計算得到的平均月薪是參數或是統計量？

7.請瞭解貴校目前使用的統計軟體有那些。

8.調查臺北市 1000 位居民對交通問題的看法。試問該調查的母體、樣本各爲何？

第二章　資料蒐集

任何統計分析的進行都必須依賴資料的搜集。爲了確保統計分析結果的正確性，除了適當的使用各種統計分析方法外，如何從事有用資料的搜集是研究工作中非常重要的一個環節。本章討論資料蒐集應瞭解及注意的事項，第一節按資料衡量尺度的不同說明名目尺度、順序尺度、區間尺度及比例尺度的意義並舉例。第二節說明資料的來源，包括原始資料、次級資料的區別、種類及意義。第三節則針對調查的種類及三種調查方式——當面訪問、電話訪問、郵寄問卷加以說明。

第一節　資料種類

爲了對所欲研究的主題事物能有充分的描述，以便於進一步的處理或分析。因此，在資料蒐集時，根據主題事物的性質及可能的衡量水準，將資料按衡量尺度的不同分成四類：**名目尺度**(Nominal Scale)、**順序尺度**(Ordinal Scale)、**區間尺度**(Interval Scale)及**比例尺度**(Ratio Scale)。

(一) 名目尺度

名目尺度是指對研究的事物給予一個代號。例如：在調查中對「性別」屬性中的男性給予代號 1，女性給予代號 2。又如，郵遞區號是對不同的地區給予不同的識別代號，如此有助於信件的處理。事實上，在進行調查時必須將事物的特徵屬性賦予代號，以便於大量資料的處理，是相當重要的一項工作。由於所指派的數字只是一個代號，所以名目尺度的資料僅能計算某個代號出現的次數或相對次數，至於算術平均數的計算則毫無意義可言。

例 1 調查某社區內宗教信仰情形，則可按基督教、佛教、天主教、回教、道教、其他宗教等分別指派 1、2、3、4、5 及 6 的代號。若計算 1 至 6 的平均數可得 3.5，但該平均數卻無意義可言。如果經過調查後，代號 1 至 6 的宗教信仰人數分別為 82、91、76、58、49 及 63(總人數為 419)。此時可以計算各種不同宗教(代號)的相對次數百分比，例如 82/419＝19.57%，這表示有 19.57%的被調查者信仰基督教。

(二) 順序尺度

順序尺度也是對研究的事物給予代號，但是這些代號彼此之間有順序的關係存在，不得任意調換其次序。例如教育程度分為不識字、自修、國小、國中、高中(職)、專科、大學及以上等七級。此時若給予 1 至 7 的代號，則在代號上是有順序的關係存在，不可任意更換。加、減、乘、除等運算都不適於使用在順序尺度的資料上。

例 2 將班上同學按上次模擬考的總分高低排出前五名(假設沒有同分的情形)。此時，1 至 5 是有順序關係存在的，不得任意更換次序。雖然在名次上1比2好，2比3好，以此類推。但是無從比較順序尺度中的1比2或2比3間的差距孰大孰小。

(三) 區間尺度

區間尺度賦予事物的數字不但有大小的區分，而且數字與數字間的區間也是有意義的，因此加、減運算可以使用在區間尺度的資料上。但區間尺度中無法使用乘、除法的運算。例如：攝氏30度的溫度與攝氏25度的溫度間的差距等於攝氏22度與攝氏17度的溫度差距(即,30－25＝22－17)。但是，若認爲攝氏30度比攝氏10度熱3倍則並無意義，這主要是因爲溫度是區間尺度資料，其零度(即，原點)的決定可以說是任意的。至於說攝氏30度比攝氏10度的溫度熱20度則是正確的說法。

例3　面試委員對兩位受測者給予評分，一位得分80分，另一位得分40分，僅能認爲兩位分數差距40分，但無法認爲一位受測者比另一位受測者好一倍。

(四) 比例尺度

比例尺度所賦予事物的數字，因含有絕對的零(即，原點)。所以加、減、乘、除都可以在比例尺度資料上做有意義的運算。例如具有相同配備的名牌電腦要比雜牌電腦貴了一倍，此時支付的價錢是有絕對原點零存在,因此10萬元要比5萬元多支付5萬元,同時也可說10萬元比5萬元貴一倍。

例 4　甲君在喝牛奶比賽中喝了 8 杯，乙君喝了 4 杯，則甲君喝的是乙君的 2 倍。

在一個研究計畫中，可能因爲不同的需要，往往需要用到以上四種尺度中的一種、數種，甚至於全部。而不同種類的資料受限於資料的性質，可能需要不同的統計方法來進行分析。例如，名目尺度的資料可用卡方檢定(第十三章)來分析，順序尺度的資料可用無母數統計方法(第十八章)的符號檢定及等級相關係數來分析，區間尺度或比例尺度的資料可以使用相關分析及變異數分析(第十四及十五章)的方法來分析。至於詳細情形可參閱本書有關章節。

第二節　資料來源

根據研究的目的及主題決定需要蒐集何種資料，以及如何獲取該種資料。由於資料來源的不同，大致可分爲**原始資料**(Primary Data)及**次級資料**(Secondary Data)兩類。所謂原始資料是指由研究者專爲該研究所著手蒐集的資料。而次級資料是指由其他來源所蒐集的資料，但亦能爲目前的研究所引用。

一般而言，爲了節省成本，在資料的蒐集程序上，應先就各種來源或管道蒐集次級資料以供目前的研究使用，如若仍有不足之處才考慮原始資料的蒐集。根據此種資料蒐集的程序，先討論次級資料的蒐集。

㈠ 次級資料

企業機構在進行研究計畫時，可以要求機構內部的有關部門提供各項報表，例如業務部門的銷售資料、開發部門的市場資料、財務部門的薪資檔案等，這些都是來自於企業本身的資料。除了企業內部的資料外，次級資料的蒐集管道還包括政府、同業公會、有關學術及研究機構所出版的調查資料。另外，許多商業性質的資訊公司也提供多種資料庫供使用者付費使用，此種資訊可透過電訊傳輸或光碟讀取方式獲得資料。

行政院主計處是我國中央政府的最高統計資訊蒐集機構，其他如各部、會及省、市、縣都設有統計資訊彙報或調查的各級單位。各級單位每年視需要均辦理例行或專案的各項調查，並發布結果。例如，交通部統計處調查民衆對航空及水運事業意向調查；行政院主計處辦理的國民生活型態與倫理調查、國民休閒調查；經濟部統計處辦理的臺閩地區工商企業經營概況調查。

除了前述政府單位的各種調查資料可供民間使用外，各級學術機構與圖書館也有光碟資料庫的龐大資料可供做次級資料使用。例如GPO ON SILVERPLATTER光碟資料庫爲美國官方月報資料，收錄自 1976 年迄今的美國聯邦各級單位的報告、書刊、論述等，舉凡人口、農業、商業等均包括在內。又如，MILLION DOLLAR DISC則收錄了美國約 800 萬家公司企業的基本資料、營業狀況、產品種類、負責人等資料，可供民間企業研究與使用。以上兩種光碟資料的說明，參考自國立政治大學圖書館所編印的《光碟資料庫簡介》。

㈡ 原始資料

原始資料是指研究者專爲目前的研究計畫所蒐集的資料，按資料蒐集方式的不同可以分成三類，分別爲：

1.調查(Survey)

所謂調查是指透過訪問員的當面訪問、電話訪問，或郵寄問卷的方式所蒐集的資料。此種資料蒐集的方式是最常見的一種，但由於選樣的偏誤、問卷上語意的模糊、訪問員的誤導、受訪者的認知不足等諸多因素的影響，使得此種蒐集方式也常會產生錯誤的結論。近年來，許多民意調查機構大量的進行各項民意調查，其中也不乏有許多受爭議的調查結果見諸報端。從事調查者，在規劃調查的每一環節都應以公平公正及細密的心思來進行，以免調查被濫用，造成誤導社會大衆。另外，許多企業單位也進行各項的市場調查，例如新產品的市場調查、廣告研究。

2.觀察(Observation)

觀察是指由研究者對所欲研究的事物進行觀察，以了解該事物的狀況。例如觀察某十字路口的各種車流狀況，可以由數位調查人員以計數器計數在不同日期、時段計數各型車輛經過該十字路口的數量。又如，百貨公司僱調查人員在公司門口計數例假日及不同時段，進入該公司的不同性別、不同年齡層(老年人、中年人、青少年人、兒童)的人數，以了解潛在顧客的分布情形。

3.實驗(Experiment)

實驗是指在設定的條件或情形下，從事實際的試驗以取得資料的方式。由於必須在特定的條件下進行，因此較常見的實驗有藥廠在新藥申請批准上市前所做的實驗，以所得到的資料來檢定該藥的藥效。又如，大食品商在各超市分發不同額度的折扣券，經由消費者持折扣券購物後回收來的折扣券比例研究消費者在該商品上的消費行爲。

由上述的介紹可以知道在蒐集原始資料時，必須根據研究的目的來決定資料蒐集的方式。不論採取何種方式蒐集資料，研究者都希望能以低廉的費用、高度的效率蒐集到具有廣度、深度及代表性的正確資料。

第三節　調查

第二節提到以**調查**(Survey)的方式蒐集資料，包括透過訪問員的當面訪問、電話訪問，或郵寄問卷等三種方式來進行調查。本節進一步對調查的種類及三種調查方式的優缺點加以說明。

一旦決定了要以調查的方式來蒐集原始資料，通常會考慮到是否應將調查的目的讓受訪者知道，同時也應考慮是否應擬訂統一格式的問卷亦或僅列出一般原則的問題讓受訪者有較寬廣的空間回答問題。同時，也應考量研究的各項限制因素，例如成本、時間等，以決定採用何種調查方式——面訪、電話訪問、郵寄問卷，或混合的調查方式——來進行資料蒐集。事實上，這些因素的考慮都會影響問卷設計的規劃。

調查的種類按結構、非結構及隱藏、非隱藏的特性可以組合成四種類別，分別為：

1.結構、非隱藏的調查

此種類別的調查是以同一形式的問題擬妥可能回答的選項供受訪者填答，至於該調查的目的也明白的讓受訪者知道，以期得到更多的共識與合作。由於全體受訪者都接受同一形式的問題，因此可以減少不同調查人員對受訪者的影響。也因為調查的問題已按結構形式排定，因此即使調查人員沒有豐富的調查經驗也足可勝任此種類別的調查工作。由於問題具有同一格式，因此在調查資料的整理階段較易於編表及解釋。本法的缺點在於同一形式的問題及事先擬妥的選項可能局限了受訪者的回答空間，使得很難獲得深度探討受訪者想法的機會。這是最常見的一種調查類別。

2.非結構、非隱藏的調查

此種類別的調查目的是明白的讓全體受訪者知道，但對於調查的問題形式則採非結構的型態，給予受訪者有較大的自由空間回答問題。由於是採非結構的型態擬定原則性的問題，因此調查人員的經驗以及所接受的訓練是此種調查型態的成敗關鍵。調查人員如何能使受訪者專注於問題重心，而又不誤導受訪者的觀點與想法是一項高難度的工作。此種調查爲了獲得深度探討受訪者的看法，因此較耗時費事，多用於心理面的或態度面的有關調查上。

3.結構、隱藏的調查

此種類別的調查在問題形式上採用結構的型態，因此全體受訪者都接受同一形式的調查問題，但爲了避免受訪者知道調查的目的而故意的隱匿眞正的看法，或拒絕回答，因此以隱藏調查目的的方式進行。重大工程建設，例如核能發電工程的民意調查就是具有高難度的調查工作，其調查目的若事先告知受訪者往往可能使調查目的的本身受到考驗。

4.非結構、隱藏的調查

在探求受訪者的眞正觀點時，給予受訪者較寬廣的自由作答空間，但爲避免受訪者因某些顧慮或不願將眞正觀點表達出來時可採隱藏的方式將調查的目的隱匿起來，以去除受訪者的顧慮。例如，對奢侈品的消費行爲調查，可能會有部分的受訪者顧慮其形象而不願明白表態其看法，因此應設法將調查目的隱藏起來。

根據上述四種調查的種類所擬妥的問卷可以經由當面訪問、電話訪問或郵寄問卷等三種調查方式進行調查。這三種調查方式的優缺點分述如下：

1.當面訪問

由調查人員當面訪問的方式進行調查，由於可與受訪者面對面，因此可以獲得較多的訊息。對於非結構型態的調查也可以經由當面訪問的方式得到深入的答案。此種調查方式在回收率上要比郵寄問卷的方式來得高；同時，因爲能夠面對面的訪問調查，如果受訪者對填答的問題有不明瞭的地方可以由調查人員當場解說。某些心理層面或態度上的問卷內容也可由調查人員當面的察言觀色而得到完整的資訊。

當面訪問的缺點是不同素質的調查人員可能在問題解說的過程中曲解或誤導了受訪者，使得調查品質受到影響。另外，訪員的訓練費用及當面訪問所需的交通費用等都會增加了調查的成本。由於訪員在進行調查時可能分散各地，如何防止訪員虛應敷衍的事情發生也是必須注意的重點。

2.電話訪問

電話訪問的調查方式是由調查中心的訪問人員以電話的方式進行問卷資料的蒐集，由於訪問人員都在調查中心，因此易於監控訪問過程。此種方式常見的有電視節目的收視率調查。其優點為快速、省時，且費用便宜。以一通電話的費用可以立即的與在其他縣市的受訪者進行訪問，這可以節省了交通往返所需的時間與金錢，因此既經濟又省時。由於不必與受訪者見面，所以在答覆問題時較不會產生尷尬的情況。

電話訪問的缺點是電話用戶號碼簿可能無法涵蓋新近申請的用戶，而且可能某些用戶因故已停止使用原電話號碼。另外，也有不少用戶要求不將電話號碼刊於電話用戶號碼簿內。更重要的是受訪對象可能沒有電話。凡此種種都會引起受訪母體界定的不清。電話訪問的另一限制是很難進行需時較久的大型問卷，因此在問卷設計上以簡短為宜，較不易得到具有深度的調查結果。由於無法當面察言觀色，因此對於有圖示說明的問卷或須觀察判斷的問卷都無從得知。

3.郵寄問卷

郵寄問卷最重要的前置作業是設計一份**封面信函(Cover Letter)**，其主要目的是引起受訪者的重視與認同，從而能耐心完成問卷的填答及回覆。

郵寄問卷的優點是能夠以較低的成本(郵費)，郵寄訪問分散廣大地區的受訪者。由於訪員與受訪者無需接觸，因此不會有訪員素質差異所造成的問卷填答偏差。郵寄問卷的另一優點是容許受訪者有充足的時間填答問卷，因此可以得到較正確的資訊。至於缺點方面則是回收慢，甚至於必須二次催收。更嚴重的是郵寄問卷的回收率低，許多受訪者對於調查內容沒有興趣，因此可能不作答並棄置問卷。對於結構性的問卷題目可能會產生問題先後次序未按設計原意填答的偏差。郵寄給受訪者並限定由其本人填答的問卷可能因各種原因最後由其他人代填，如此可能影響了填答的正確性。

爲了增加郵寄問卷的回收率，除了二次催收的方式外，也可以電話方式進行催收，至於以禮物贈品方式來提高回收率的辦法也經常被調查研究者使用。

摘　要

重要詞語

資料種類	名目尺度	順序尺度
區間尺度	比例尺度	資料來源
原始資料	次級資料	調查
觀察	實驗	當面訪問
電話訪問	郵寄問卷	調查方式
調查種類		

習 題

1.資料按衡量尺度的不同可以分成那幾類? 請解釋各類尺度的意義, 並各舉一或二個例子。

2.何謂原始資料? 次級資料?

3.原始資料的蒐集方式有那些?

4.試說明調查的方式及種類各爲何?

5.試舉出電話訪問的優缺點。

6.試舉出郵寄問卷的優缺點。

7.試舉出當面訪問的優缺點。

8.針對母體的全部個體進行的調查稱爲普查(Census), 若僅針對母體中的部分個體進行調查稱爲抽樣調查(Sampling Survey)。試就我國政府部門曾經舉辦的普查及抽樣調查各舉一例。

第三章　問卷設計

爲了蒐集與研究主題有關的各項資料，不論是採行訪員面訪、電話訪問或郵寄的方式，都必須爲調查者準備好蒐集資料用的格式或表格，這就是**問卷**(Questionnaires)。一份好的問卷能夠以清晰的文字正確的表達所要調查的問題。如何根據所欲調查的主題事物，將問題落實於問卷的填答題目中是問卷設計的主要目的。除此之外，在問卷設計的階段也必須考量如何配合問卷回收後在資料處理階段的處理效率。一份冗長的問卷往往會使受訪者感到厭煩；因此，如何簡潔表達，並刪除多餘或無關的問題也是在問卷設計時應考量的重點。

第一節介紹**問卷設計七步驟**，包括在各步驟中應注意的事項、可供選擇的途徑及優劣點說明。第二節爲問卷的實例介紹。

第一節　問卷設計過程

問卷設計的第一步是：根據調查的目的確認應蒐集那些資料，以及蒐集來的資料擬使用那些統計方法進行分析。明確列出調查的目的，根據目的條列出全部可能問的問題或關鍵字眼。此一條列必須是完整、沒有遺漏、且與調查目的有密切的關係，任何多餘的問題或無關資料的蒐集不但會增加調查費用，而且也可能使得受訪者因冗長而疲於作答。在此一階段，也必須決定使用那些統計方法來分析資料。統計方法與資料衡量尺度必須配合使用才能對資料做有意義的分析。因此，統計方法的採行是在問卷設計的最初階段就必須決定的重要事項。調查者若忽略了此一關鍵，一旦資料已經蒐集來，可能會受限於資料的衡量尺度，無法對資料進行所希望的統計分析。

問卷設計的第二步是：決定**調查方式**。根據調查經費，調查期間，所需資料的型態及衡量尺度、調查涵蓋地區、可能受訪對象的背景、受訪意願等因素的考慮來決定調查方式。至於三種調查方式——當面訪問、電話訪問、郵寄問卷——的優缺點的考量可參考第二章第三節的討論。

問卷設計的第三步是：決定問問題及回答時所使用的型態或格式。通常問卷的問題可以分為：**開放型問題**(Open-ended Questions)及**封閉型問題**(Closed-ended Questions)。開放型問題容許受訪者以自己的話自由作答，其優點是受訪者能有較寬廣的空間表達自己的意思，但其缺點是問卷資料的整理非常不容易，而且資料也不易量化。因為是開放型的問題，所以有可能會出現教育程度高的受訪者在作答時比較能表達其看法；反之，教育程度低的受訪者在作答時比較不易表達出個人觀點。因此，造成調查資料蒐集的不平衡。關於封閉型的問題是指問卷的問題及答案都是結構性的。通常分為：多選題、二選題、等級排序題、複選題、量表題等五種。

多選題是指問題的答案選項有多個，由受訪者圈選一項。所列出的多個選項應滿足互斥與週延的性質；也就是說，全部受訪者所有可能的答覆都列在選項裏，而且全部的選項沒有任何的交集，所以受訪者僅圈選一項。

例 1　封閉型多選題❶

您在過去一年內旅行或出國觀光合計多少日?

(1)5日以下　(2)6-10日　(3)11-20日
(4)21-30日　(5)31-60日　(6)61日以上

二選題是指問題的答案選項僅有兩個，因此易於作答，由於選項單純所以不適合使用於複雜的問題。

例 2　封閉型二選題(同❶)
您想找個全日(每週40小時或以上)的工作，還是只想找個部分時間(每週40小時以下)的工作?
(1)全日　(2)部分時間

等級排序題是要求受訪者將所列的項目依個人觀點給予等級順序。此種方式能迅速獲得資訊，且易於整理，但排序的項目不宜太多(至多不超過5項或6項)，因爲太多項目排等級是件困難的工作，易產生混淆。

例 3　封閉型等級排序題(同❶)
您在過去一年內(七十九年十月二十日至八十年十月十九日)從事下列那些自家內休閒活動?
(1)看電視或錄影帶　(2)閱讀報章、雜誌及小說
(3)聽收錄音機、音響；唱歌、彈奏樂器
(4)美術(書法、繪畫、雕塑等活動)
(5)園藝(插花、盆栽等活動)

❶資料來源爲行政院主計處民國八十年編印的《臺灣地區人力資源訪問表》。

(6)運動、健身　(7)宗教活動　(8)其他＿＿＿＿＿
其中最主要的是＿＿＿＿＿次要的是＿＿＿＿＿再次要的是
＿＿＿＿＿

複選題是指列出一些選項供受訪者依個人觀點選出合適的選項，此種題目適合於探詢個人想法、動機。由於是列出多個選項供受訪者自行選用，因此又可稱爲自助式的問題。

例 4　封閉型複選題❷

您認爲航空公司欲改善現行「國際航空」的營運應優先採取那些措施?（可複選，最多三項）

(1)保障飛航安全　(2)重視乘客感覺
(3)注重訂位購票服務　(4)注重機上服務
(5)注重搭機前及下機後乘客之服務
(6)票價不宜過高　(7)減低航空公司經營成本
(8)重視航空公司員工訓練　(9)其他措施(請說明：＿＿＿)

量表題是指給予受訪者答覆問題的**量表**(Scales)，主要用來衡量對某個問題觀感的強度，易於塡答及整理，可以將觀感上的問題得到量化的資料。其缺點爲每位受訪者心中對觀感強度的看法並不一致，因此在解釋上有相當程度的困難存在。

❷資料來源爲《交通部統計處八十二年委託中華民國民意測驗協會辦理之住戶部分：民衆對航空及水運事業意向調查表》。

例 5　封閉型量表題(同❷)

您認爲國內航線班機準不準時起飛?

⑴很準時　⑵準時　⑶普通

⑷不準時　⑸很不準時　⑹不知道

例 6　封閉型量表題(同❷)

您對國內航線之安全檢查作業滿意不滿意?

⑴很滿意　⑵滿意　⑶普通

⑷不滿意　⑸很不滿意　⑹不知道

事實上，一份問卷必須針對不同的需要設計多種不同型式的問題。

問卷設計的第四步是：決定問題所使用的文字表達字眼。使用字眼以簡單易懂爲原則。塡答問卷的受訪者可能屬於社會上不同的階層，有的教育程度高，有的教育程度低。因此，用字以簡單爲原則，以免誤解。語句也以簡短的爲宜。不要問兩種不同問題組合起來的問題，例如：您是否喜歡冰甜的食品？這句話結合了冰及甜兩個問題，可能有些人喜歡冰但不甜的食品。同樣地，有些人喜歡甜但不冰的食品。這些人在塡答時會有混淆產生。以文字表達問卷的問題時也要避免**前導性的問題**(Leading Question)。所謂前導性問題是指在問題中隱含或提示了受訪者塡答的答案，例如：您是否同意核能電廠是高危險的電力設施？由於這個問題有隱含，甚至於提示受訪者認同核能電廠是高危險的電力設施的觀點。在問題字眼上應避免使用有負荷的字眼。所謂**負荷字眼**是指有強烈正面或負面的字眼；例如，您家庭是：⑴富裕⑵小康⑶貧窮。調查的結果可能絕大多數受訪者都選塡⑵小康。這是因爲富裕與貧窮屬於負荷字眼的緣故。

問卷設計的第五步是：決定問題順序及問卷整體安排。一旦列出了問卷的全部問題，在排列順序上宜將同一範疇的問題排放在一起，並以簡單易答的問題做爲問卷的起頭，至於個人基本資料以及較困難填答的問題可以放在問卷的較後面。在問卷整體安排上，可以考慮在問卷起頭處放置**引導性的問題**(Lead-in Questions)，此類問題的目的在於獲得受訪者的認同。在引導性問題的後面可以安排**確認性問題**(Confirmatory Questions)，以了解受訪者是否有足夠的能力填答問卷所詢問的主題。如果受訪者對問卷主題沒有任何了解，則不太可能由該受訪者得到合理的資訊。在確認性問題之後可安排切入主題的**暖身問題**(Warm-up Questions)，目的在於使受訪者能對問卷主題引起記憶上的回想，如此有助於問卷的填答。至於暖身問題之後就可以進入問卷的**核心問題**(Core Questions)，這是問卷的主要目的所在。其後則爲填答者**基本資料**，所包括的內容有性別、年齡、學歷、職業等。填答者基本資料放在問卷最後面的理由是：在問卷起頭時應以如何將填答者思緒集中於問卷主題事物爲最優先考量，因此不宜將個人基本資料放置在前面。另外的一層顧慮則是：與填答者尙未建立起調查氣氛前，若立即詢問個人基本資料可能會遭到拒答。

問卷設計的第六步是：考量問卷訴求的最大化。一份問卷除了問題字眼、問題安排、問題型態等之考慮外，更應慮及如何安排整體版面之印刷，以及印刷所用之字體，問題與問題間所保留的空白等因素。因爲一份問卷印刷是否清晰，行間間距是否適當，且紙張質感感受如何都會影響受訪者的填答意願。一份簡短易讀易懂的問卷必定可以獲得受訪者較多的回應。

問卷設計的第七步是：進行問卷的**預先測試**(Pretest)，修正及問卷最後定案。預先測試問卷的目的在於藉由測試受訪者的填答中找出是否有用字或語意混淆的題目，是否有問題的選項不周延或多餘的情形。通常接受預先測試的人數不必太多，但對每一位接受預先測試的受訪者所面對的各項疑點或填答的困難都應深入探討，並對問卷進行必要的修正。若情形嚴重或條件許可，可以進行第二次的預先測試，目的在於增加問卷的可行性，並確保調查的成功。問卷經修正後成爲最後的定案問卷。印製完成後，按照研究計畫分發給所選定的受訪者(樣本)進行調查。

問卷設計過程僅能提供原則性的參考，一份成功的問卷必須仰賴經驗及反覆謹慎思量來完成。

第二節　問卷實例

本節介紹行政院交通部統計處委託中華民國民意調查協會辦理的「民衆對航空及水運事業意向調查」問卷。問卷依住戶及廠商對象不同分成兩份問卷。

㈠住戶部分問卷

民衆對航空及水運事業意向調查表

一、您最近一年中有沒有搭過國內航線的飛機?

□(1)沒有——→(若沒搭過，請於答完此小題後轉答第二大題)

1.沒有搭過國內航線飛機的原因是什麼?

□(1)沒有機會搭　□(4)有機會，但沒有想過要搭
□(2)有機會，但沒有必要搭　□(5)有機會，但票價太貴
□(3)有機會，但不敢搭　□(6)有機會，其他原因(請說明：

□(2)有，經常搭—→(有搭過，請續答以下第2～8小題)
□(3)有，偶而搭—2.您最近一年中搭過那些航空公司的國內航線飛機?(可複選)

□(1)中華航空公司　□(4)臺灣航空公司　□(7)大華航空公司
□(2)遠東航空公司　□(5)復興航空公司　□(8)中亞航空公司
□(3)永興航空公司　□(6)馬公航空公司

3.您對以下各航空公司的服務態度滿意不滿意？

	很滿意	滿意	普通	不滿意	很不滿意	不知道
□(1)中華航空公司	□	□	□	□	□	□
□(2)遠東航空公司	□	□	□	□	□	□
□(3)永興航空公司	□	□	□	□	□	□
□(4)臺灣航空公司	□	□	□	□	□	□
□(5)復興航空公司	□	□	□	□	□	□
□(6)馬公航空公司	□	□	□	□	□	□
□(7)大華航空公司	□	□	□	□	□	□
□(8)中亞航空公司	□	□	□	□	□	□

4.您搭國內航線飛機容不容易訂位？

□(1)很容易 □(2)容易 □(3)普通

□(4)困難 □(5)很困難 □(6)不知道

5.您認爲國內航線飛機票價貴或不貴？

□(1)很貴 □(2)貴 □(3)普通

□(4)便宜 □(5)很便宜 □(6)不知道

6.您認爲國內航線班機準不準時起飛？

□(1)很準時 □(2)準時 □(3)普通

□(4)不準時 □(5)很不準時 □(6)不知道

7.您對下列各項之滿意程度如何？

	很滿意	滿意	普通	不滿意	很不滿意	不知道	8.若不滿意，請指出不滿意的航空站名稱：
(1)對國內航線班機櫃臺人員的服務態度滿意不滿意？	□	□	□	□	□	□	(1)____
(2)對國內航線班機空服人員的服務態度滿意不滿意？	□	□	□	□	□	□	(2)____
(3)對國內航線之登機安全檢查人員的服務態度滿意不滿意？	□	□	□	□	□	□	(3)____
(4)對國內航線之航空站設施滿意不滿意？	□	□	□	□	□	□	(4)____
(5)對國內航線之安全檢查作業滿意不滿意？	□	□	□	□	□	□	(5)____
(6)對國內航線之班機航線分布滿意不滿意？	□	□	□	□	□	□	(6)____
(7)對國內航線之班次密度滿意不滿意？	□	□	□	□	□	□	(7)____
(8)對國內航線航空站對外大衆交通工具之便利性滿意不滿意？	□	□	□	□	□	□	(8)____
(9)對國內航線航空站提供的停車位之便利性滿意不滿意？	□	□	□	□	□	□	(9)____

二、您最近一年中有沒有出國？

□(1)沒有(若沒出國，請轉答第三大題)

□(2)有—

- □(1)搭船→(若只搭船未搭飛機，請答完此小題後轉答第三大題)

  1.未搭飛機之原因？

  □(1)不敢搭飛機 □(2)沒有飛機 □(3)喜歡搭船

  □(4)其他原因(請說明：________)

- □(2)搭飛機→(若搭飛機，請續答以下第2～8小題)

  2.請問您是否經常搭飛機？

  □(1)經常搭 □(2)偶而搭

  3.您最近一年中搭過那些航空公司的國際航線飛機？

  □(1)中華航空

  □(2)長榮航空

□(3)華信航空
□(4)國泰航空
□(5)新加坡航空
□(6)日亞航空
□(7)美國聯合航空 →
□(8)泰國航空
□(9)美國西北航空
□(10)其他航空公司
(請列出：_____)

3.1.您不搭本國籍航空公司飛機之原因？
□(1)去的地方沒有本國籍航空公司航線飛機直飛
□(2)個人方便之故
□(3)本國籍航空公司服務較差
□(4)其他原因
(請說明：__________)

4.您對以下各航空公司之服務態度滿意不滿意？

	很滿意	滿意	普通	不滿意	很不滿意	不知道
□(1)中華航空	□	□	□	□	□	□
□(2)長榮航空	□	□	□	□	□	□
□(3)華信航空	□	□	□	□	□	□
□(4)國泰航空	□	□	□	□	□	□
□(5)新加坡航空	□	□	□	□	□	□
□(6)日亞航空	□	□	□	□	□	□
□(7)美國聯合航空	□	□	□	□	□	□
□(8)泰國航空	□	□	□	□	□	□
□(9)美國西北航空	□	□	□	□	□	□
□(10)其他航空公司	□	□	□	□	□	□

5.您搭進出我國的國際航線飛機容不容易訂到機位？
□(1)很容易　□(2)容易　□(3)普通
□(4)困難　□(5)很困難　□(6)不知道

6.您認爲在國內購買進出我國的國際航線飛機票價貴或不貴？
□(1)很貴　□(2)貴　□(3)普通
□(4)便宜　□(5)很便宜　□(6)不知道

7.您認爲由我國起飛的國際航線班機準不準時起飛？
□(1)很準時　□(2)準時　□(3)普通
□(4)不準時　□(5)很不準時　□(6)不知道

8.您對下列各項之滿意程度如何？

	很滿意	滿意	普通	不滿意	很不滿意	不知道
(1)對國際航線班機櫃臺人員的服務態度滿意不滿意？	□	□	□	□	□	□
(2)對國際航線班機空服人員的服務態度滿意不滿意？	□	□	□	□	□	□
(3)對國際航線之登機安全檢查人員的服務態度滿意不滿意？	□	□	□	□	□	□
(4)對國際航線之航空站設施滿意不滿意？	□	□	□	□	□	□
(5)對國際航線之安全檢查作業滿意不滿意？	□	□	□	□	□	□
(6)對國際航線之班機航線分布滿意不滿意？	□	□	□	□	□	□
(7)對國際航線之班次密度滿意不滿意？	□	□	□	□	□	□
(8)對國際航線航空站對外大衆交通工具之便利性滿意不滿意？	□	□	□	□	□	□
(9)對國際航線航空站提供的停車位之便利性滿意不滿意？	□	□	□	□	□	□

三、您認爲航空公司欲改善現行「國內航空」的營運，應優先採取那些措施？
(可複選，最多三項，並於□中以1表示最重要、2表示次重要、3表示第三重要)

□(1)保障飛航安全　□(6)票價不宜過高
□(2)重視乘客感覺　□(7)減低航空公司經營成本
□(3)注重訂位購票服務　□(8)重視航空公司員工訓練
□(4)注重機上服務　□(9)其他措施(請說明：＿＿＿＿)
□(5)注重搭機前及下機後乘客之服務

四、您認爲航空公司欲改善現行「國際航空」的營運應優先採取那些措施？
(可複選，最多三項，並於□中以1表示最重要、2表示次重要、3表示第三重要)

□(1)保障飛航安全　□(6)票價不宜過高
□(2)重視乘客感覺　□(7)減低航空公司經營成本
□(3)注重訂位購票服務　□(8)重視航空公司員工訓練
□(4)注重機上服務　□(9)其他措施(請說明：＿＿＿＿)
□(5)注重搭機前及下機後乘客之服務

五、您認爲政府發展航空事業應優先採取那些措施？
(可複選，最多三項，並於□中以1表示最重要、2表示次重要、3表示第三重要)

□(1)增闢或擴建國內機場　□(6)嚴格督導航空公司保障飛航安全
□(2)增闢或擴建國際機場　□(7)簡化出境手續
□(3)增闢國內航線　□(8)簡化入境手續
□(4)增闢國際航線　□(9)其他措施(請說明：＿＿＿＿)
□(5)檢討民營航空公司的設置政策

六、在國內水運方面，您有沒有搭過客輪(船)？

□(1)有 ——→ 1.您對下列各項之滿意程度如何？
□(2)沒有

	很滿意	滿意	普通	不滿意	很不滿意	不知道
(1)對國內客輪(船)地勤服務人員的服務態度滿意不滿意？	□	□	□	□	□	□
(2)對國內客輪(船)船上人員的服務態度滿意不滿意？……	□	□	□	□	□	□
(3)對國內客輪(船)安全設施滿意不滿意？…………………	□	□	□	□	□	□
(4)對國內客輪(船)之班次密度滿意不滿意？………………	□	□	□	□	□	□

七、您希望政府在水運事業方面應該採取那些措施？
(可複選，最多三項，並於□中以 1.2.3 表示其重要順序)

□(1)全面發展水運事業　□(4)嚴格檢查水運的船隻設施
□(2)增闢國內水運航線　□(5)嚴格督導水運公司保障航行安全
□(3)增闢國際水運航線　□(6)其他措施(請說明：＿＿＿＿)

八、您認爲下列重大航空與港埠建設計畫是否必要？依您認爲的重要性，其優先順序如何？

1. 中正國際機場航站擴建………………□(1)有必要　□(2)無意見　□(3)沒有必要
2. 高雄機場拓建計畫第二期工程………□(1)有必要　□(2)無意見　□(3)沒有必要
3. 建設金門機場民航站區………………□(1)有必要　□(2)無意見　□(3)沒有必要
4. 蘭嶼機場擴建工程……………………□(1)有必要　□(2)無意見　□(3)沒有必要

5. 恆春機場整建工程……………………□(1)有必要　□(2)無意見　□(3)沒有必要
6. 高雄港第五貨櫃儲運中心計畫………□(1)有必要　□(2)無意見　□(3)沒有必要
7. 安平港開發計畫………………………□(1)有必要　□(2)無意見　□(3)沒有必要
8. 淡水國內商港第一期建設……………□(1)有必要　□(2)無意見　□(3)沒有必要
9. 臺中港工業港區開發…………………□(1)有必要　□(2)無意見　□(3)沒有必要
10. 深水港可行性研究……………………□(1)有必要　□(2)無意見　□(3)沒有必要
11. 基隆港東西岸港區聯外道路建設計畫□(1)有必要　□(2)無意見　□(3)沒有必要
12. 馬公港開發計畫………………………□(1)有必要　□(2)無意見　□(3)沒有必要

上列建設優先順序：第一(　)　第二(　)　第三(　)　第四(　)
(請填其題號)　　　第五(　)　第六(　)　第七(　)　第八(　)
　　　　　　　　　第九(　)　第十(　)　第十一(　)　第十二(　)

九、塡答者基本資料(請塡答者再告訴我們您下列的資料)

1.性別：□(1)男　□(2)女

2.年齡：□(1) 20～29 歲　□(2) 30～39 歲　□(3) 40～49 歲
　　　　□(4) 50～59 歲　□(5) 60 歲及以上

3.學歷：□(1)大學及以上　　□(2)專科學校　□(3)高中、高職
　　　　□(4)國中、初中、初職　□(5)小學及以下

4.職業：□(1)民意代表、行政主管、企業主管及經理人員
　　　　□(2)專業人員
　　　　□(3)技術員及助理專業人員
　　　　□(4)事務工作人員
　　　　□(5)服務工作人員及售貨員
　　　　□(6)技術工及有關工作人員
　　　　□(7)農、林、漁、牧工作人員
　　　　□(8)機械設備操作工及組裝工
　　　　□(9)非技術工及體力工
　　　　□(10)現役軍人
　　　　□(11)家庭管理

5.您的住址：_____縣、市——→□(1)鄉　□(2)鎮　□(3)縣轄市　□(4)區

(二)廠商部分問卷

廠商對航空及水運事業意向調查表

一、請問貴公司最近一年中有沒有利用過進出我國的航空公司運送貨物?

□(1)沒有(若沒有, 請轉答第二大題)

□(2)有, 經常 → (有搭過, 請續答以下第 1～5 小題)

□(3)有, 偶而

1.貴公司最近一年中利用過那些進出我國的航空貨運運送貨物?

□(1)中華航空　□(7)美國聯合航空

□(2)長榮航空　□(8)泰國航空

□(3)華信航空　□(9)美國西北航空

□(4)國泰航空　□(10)飛遞航空

□(5)新加坡航空　□(11)其他航空公司(請指出: ______)

□(6)日亞航空

2.是運送貨物出口? 還是進口? (若進出口都有者請都回答)

□(1)出口 → 2.1.您對辦理航空貨物出口承攬公司或報關行提供之服務滿意不滿意?

□(1)很滿意　□(2)滿意　□(3)普通

□(4)不滿意　□(5)很不滿意　□(6)不知道

2.2.您對貨物空運出口的通關作業滿意不滿意?

□(1)很滿意　□(2)滿意　□(3)普通

□(4)不滿意　□(5)很不滿意　□(6)不知道

□(2)進口 → 2.3.您對辦理航空貨物進口承攬公司或報關行提供之服務滿意不滿意?

□(1)很滿意　□(2)滿意　□(3)普通

□(4)不滿意　□(5)很不滿意　□(6)不知道

2.4.您對貨物空運進口的通關作業滿意不滿意?

□(1)很滿意　□(2)滿意　□(3)普通

□(4)不滿意　□(5)很不滿意　□(6)不知道

3.您認爲國內貨物空運出口的運費算貴或不貴?

□(1)很貴　□(2)貴　□(3)普通

□(4)便宜　□(5)很便宜　□(6)不知道

4.您認爲我國貨物空運出口的起運時間準時不準時?

□(1)很準時　□(2)準時　□(3)普通

□(4)不準時　□(5)很不準時　□(6)不知道

5.您對下列各項之滿意程度如何?

	很滿意	滿意	普通	不滿意	很不滿意	不知道
(1)對我國辦理貨物空運進出口的機場地勤人員的服務態度滿意不滿意?	□	□	□	□	□	□
(2)對我國航空貨運站之設施滿意不滿意?	□	□	□	□	□	□

(3)對我國航空貨運之班機航線滿意不滿意？ ………………………… □ □ □ □ □ □
(4)對我國航空貨運之班次密度滿意不滿意？ ………………………… □ □ □ □ □ □
(5)對我國航空貨運站提供的停車設施滿意不滿意？ ……………………… □ □ □ □ □ □

二、請問貴公司最近一年中有沒有利用過進出我國的船舶貨運業運送貨物？
□(1)沒有(若沒有，請轉答第三大題)
□(2)有→(若有利用過，請續答以下第1～8小題)
1.您是利用本國籍或外籍輪船運送貨物？(可複選)
□(1)國籍──→ 1.1.您使用它運送貨物之原因是什麼？
(1)＿＿＿＿ (2)＿＿＿＿ (3)＿＿＿＿
□(2)外籍──→ 1.2.您使用它運送貨物之原因是什麼？
(1)＿＿＿＿ (2)＿＿＿＿ (3)＿＿＿＿
2.您認爲較滿意之輪船公司有那些？
(至多塡三家，其中(1)是最滿意的，(2)是次滿意的，(3)是第三滿意的)
(1)＿＿＿＿ (2)＿＿＿＿ (3)＿＿＿＿
3.是運送貨物出口？還是進口？(若進出口都有者請都回答)
□(1)出口──→ 3.1.您對辦理船舶貨運出口承攬公司提供之服務滿意不滿意？
□(1)很滿意 □(2)滿意 □(3)普通
□(4)不滿意 □(5)很不滿意 □(6)不知道
3.2.您對船舶貨物運送出口的通關作業滿意不滿意？
□(1)很滿意 □(2)滿意 □(3)普通
□(4)不滿意 □(5)很不滿意 □(6)不知道
□(2)進口──→ 3.3.您對辦理船舶貨運進口承攬公司提供之服務滿意不滿意？
□(1)很滿意 □(2)滿意 □(3)普通
□(4)不滿意 □(5)很不滿意 □(6)不知道
3.4.您對船舶貨物運送進口的通關作業滿意不滿意？
□(1)很滿意 □(2)滿意 □(3)普通
□(4)不滿意 □(5)很不滿意 □(6)不知道
4.您認爲船舶貨運運送貨物進口的運費算貴或不貴？
□(1)很貴 □(2)貴 □(3)普通
□(4)便宜 □(5)很便宜 □(6)不知道
5.您認爲船舶貨運運送貨物出口的運費算貴或不貴？
□(1)很貴 □(2)貴 □(3)普通
□(4)便宜 □(5)很便宜 □(6)不知道
6.您認爲船舶貨運運送貨物進口到港的時間準時不準時？
□(1)很準時 □(2)準時 □(3)普通
□(4)不準時 □(5)很不準時 □(6)不知道
7.您認爲船舶貨運運送貨物出口離港的時間準時不準時？
□(1)很準時 □(2)準時 □(3)普通
□(4)不準時 □(5)很不準時 □(6)不知道
8.您對下列各項之滿意程度如何？

	很滿意	滿意	普通	不滿意	很不滿意	不知道
(1)對我國辦理船舶貨運運送貨物進出口的港埠工作人員的服務態度滿意不滿意？ ……………	□	□	□	□	□	□

(2)對港務局辦理進出港之申請手續滿意不滿意?………… □ □ □ □ □ □
(3)對港務局承辦進出港之申請手續的工作人員的服務態度滿意不滿意? □ □ □ □ □ □
(4)對海關提供自動通關作業之服務滿意不滿意?………… □ □ □ □ □ □
(5)對現有的港埠裝卸作業滿意不滿意?…………………… □ □ □ □ □ □
(6)對港埠的聯外道路便捷性滿意不滿意?………………… □ □ □ □ □ □
(7)對貨櫃及貨物集散站的設施滿意不滿意?……………… □ □ □ □ □ □
(8)對船邊提交貨物作業滿意不滿意?……………………… □ □ □ □ □ □

三、您認爲航空公司欲改善航空貨運之營運應優先採取那些措施?

(可複選, 最多三項, 並於□中以1表示最重要、2表示次重要、3表示第三重要)

□(1)保障飛航安全 □(5)運送貨物要準時
□(2)重視顧客感覺 □(6)減低航空公司經營成本
□(3)注重服務品質 □(7)重視航空公司員工訓練
□(4)運費不宜過高 □(8)其他措施(請說明: ________)

四、您認爲輪船公司欲改善船舶貨運之營運應優先採取那些措施?

(可複選, 最多三項, 並於□中以1表示最重要、2表示次重要、3表示第三重要)

□(1)保障貨物不受損壞 □(5)運送貨物要準時
□(2)重視顧客感覺 □(6)減低輪船公司經營成本
□(3)注重服務品質 □(7)重視輪船公司員工訓練
□(4)運費不宜過高 □(8)其他措施(請說明: ________)

五、您認爲港務局欲改善營運應優先採取那些措施?

(可複選, 最多三項, 並於□中以1表示最重要、2表示次重要、3表示第三重要)

□(1)簡化作業申請手續 □(5)改善人員調派管理方式
□(2)改善裝卸作業效率 □(6)注重員工訓練
□(3)提高碼頭工人服務品質 □(7)其他措施(請說明: ________)
□(4)提高裝卸機器效能

六、您認爲下列重大航空與港埠建設計畫是否必要?依您認爲的重要性, 其優先順序如何?

1. 中正國際機場航站擴建……………………□(1)有必要 □(2)無意見 □(3)沒有必要
2. 高雄機場拓建計畫第二期工程…………□(1)有必要 □(2)無意見 □(3)沒有必要
3. 建設金門機場民航站區……………………□(1)有必要 □(2)無意見 □(3)沒有必要
4. 蘭嶼機場擴建工程…………………………□(1)有必要 □(2)無意見 □(3)沒有必要
5. 恆春機場整建工程…………………………□(1)有必要 □(2)無意見 □(3)沒有必要
6. 高雄港第五貨櫃儲運中心計畫…………□(1)有必要 □(2)無意見 □(3)沒有必要
7. 安平港開發計畫……………………………□(1)有必要 □(2)無意見 □(3)沒有必要
8. 淡水國內商港第一期建設………………□(1)有必要 □(2)無意見 □(3)沒有必要
9. 臺中港工業港區開發………………………□(1)有必要 □(2)無意見 □(3)沒有必要
10. 深水港可行性研究…………………………□(1)有必要 □(2)無意見 □(3)沒有必要
11. 基隆港東西岸港區聯外道路建設計畫…□(1)有必要 □(2)無意見 □(3)沒有必要
12. 馬公港開發計畫……………………………□(1)有必要 □(2)無意見 □(3)沒有必要

上列建設優先順序: 第一( ) 第二( ) 第三( ) 第四( )
(請填其題號) 第五( ) 第六( ) 第七( ) 第八( )
第九( ) 第十( ) 第十一( ) 第十二( )

七、如果發展國內航空貨運，您認爲您的公司會不會利用國內航空貨運運送貨物？
　　□⑴會　□⑵不會

八、如果發展國內水運貨運，您認爲您的公司會不會利用國內水運運送貨物？
　　□⑴會　□⑵不會

九、填答者基本資料(請填答者再告訴我們您下列的資料)
　　1.職稱：＿＿＿＿＿
　　2.性別：□⑴男　□⑵女
　　3.年齡：□⑴ 20～29 歲　□⑵ 30～39 歲　□⑶ 40～49 歲
　　　　　　□⑷ 50～59 歲　□⑸ 60 歲及以上
　　4.學歷：□⑴大學及以上　□⑵專科學校　□⑶高中、高職
　　　　　　□⑷國中、初中、初職　□⑸小學及以下
　　5.貴公司屬公營廠商或民營廠商？　□⑴公營廠商　□⑵民營廠商
　　6.貴公司屬那一行業？□⑴礦業及土石採取業
　　　　　　　　　　　　□⑵製造業
　　　　　　　　　　　　□⑶水電燃氣業
　　　　　　　　　　　　□⑷營造業
　　　　　　　　　　　　□⑸商業
　　　　　　　　　　　　□⑹運輸倉儲及通信業
　　　　　　　　　　　　□⑺金融、保險、不動產
　　　　　　　　　　　　□⑻工商服務業
　　　　　　　　　　　　□⑼社會服務及個人服務業

摘 要

重要詞語

問卷
問卷設計七步驟
開放型問題
封閉型問題
多選題
二選題
等級排序題
複選題
量表題
前導性問題
負荷字眼
引導性問題
確認性問題
暖身問題
核心問題
基本資料
預先測試

習　題

1.何謂問卷？請蒐集一份問卷樣張。

2.試簡短列出問卷設計的七個步驟。

3.開放型問題與封閉型問題各有何優缺點。

4.試舉出五種封閉型問題的型態。

5.何謂前導性的問題。

6.何謂引導性的問題。

7.問卷預先測試的目的爲何？

第四章　資料整理

在資料蒐集的過程中，資料的正確與否是調查研究者關心的重點。事實上，調查研究者對於所採用的資料蒐集方法、資料品質以及進行原始資料蒐集時所抽出的樣本是否具有代表性等問題，都應謹慎思考與判斷，以確保資料之正確與適切。

當原始資料或次級資料蒐集後，有時候某些資料可能是錯誤的，或所呈現的形式並不一定符合調查研究者想要的格式，因此必須透過資料的整理過程來減少錯誤或改變格式。本章第一節至第三節介紹資料整理的三項工作，分別為：⑴編校、⑵編碼、及⑶列表。至於第四節則介紹能增加資料整理效率的現代科技——電腦，其中包括數種常用的統計套裝軟體。

第一節　編校

編校(Editing)是指對所蒐集的原始資料找出錯誤予以更正，或對遺漏值進行探究及處理的過程。編校工作在初步階段可以由訪問員在問卷訪問的現場進行，此時訪問員對於剛剛進行過的訪問記憶猶新，因此最具成效。編校工作的第二階段則是待訪問員將問卷攜回調查中心後，由一名或數名對調查極富經驗的老手擔任編校，此時可對問卷進行詳細且完整的審視，目的在找出是否還有可能的錯誤存在，或者有矛盾不一致的答案，設法予以更正或採取適當的補救措施。

在編校的過程中可能遇到的狀況有：

1.問卷填答的字跡模糊，難以辨認

其處理方式是由原填答者重行填答，或由訪問員與原填答者聯繫予以更正。如果重行填答不可行，則只有剔除該份問卷，不予計入。

2.訪問員捏造的問卷填答內容

在進行涵蓋範圍大的調查時，訪問員人數多，難免良莠不齊，有可能會發生訪問員因訪問困難或地點偏遠等因素，而自行捏造填答問卷。有經驗的編校者可以經由審視的過程找出捏造填答的可能型態。事實上，爲了防止此類事情的發生，可以在訪問員的上面設置訪問督導員，由他們就轄區內的各訪問員已經進行過的調查問卷隨機抽檢。

3.填答問卷內容前後不一致

一份經過細心設計的問卷，在問卷題目上可以前後相互稽核是否有填答不一致的情形。例如，在就業別的題目上填答的是「失業」，但在另一題目詢問目前薪資所得水準時則填答月薪十萬元以上。關於此類問卷的眞實性如何應做進一步了解。如果無法就原填答者做進一步聯繫，則必須剔除該份問卷。

4.填答不完整

有時候受訪者對整份問卷中的某些題目未予以填答。沒有填答的原因很多，例如：受訪者不願意對所詢問的問題作答；受訪者並不知道眞實的答案爲何；因爲訪問員的疏忽，沒有詢問受訪者作答該題問卷；受訪者不確定應選那一個答案；受訪者在答覆時給予模糊不清的答案。對於以上所列各種原因所造成的填答不完整，編校者都應設法與原受訪者或訪問員聯繫，以補填這些不完整的題目。

對於不知道眞實答案及沒有填答的問卷題目，其處理方式有下列三種：⑴剔除不計，⑵另列一項，⑶依該題中各選項選答的人數比例將不知道的人數分配到各選項。例如，某題選答情形如下(以百分比表示)：

答案1	35
答案2	12
答案3	32
答案4	10
答案不知道	11

此時可依填答人數比例(35/89, 12/89, 32/89, 10/89)，將填答不知道的11%按比例分配給答案1～4。

根據上述在編校過程中所可能遭遇的狀況及處理方式可以知道：要求原填答者重填的方式會增加費用，而且可能會發生重填結果與原先所填答的並不相同的情形。至於剔除不計的方式可能會造成調查結果的偏差，為此考量可以將不知道或遺漏的情形另列一項，與該題其他選項並列以供使用者參考。

第二節　編碼

編碼(Coding)是指將問卷的答案選項以字母或數字等代碼來表示，以便於資料的整理與分析。當回收來的問卷資料完成編校工作後，就可以開始編碼的階段。一般而言，調查資料是以**檔案**(Files)的形式儲存起來，在檔案內有許多的**記錄**(Records)，每一單位的記錄包括一份問卷全部填答選項的代碼，至於每一填答選項的代碼則存放在記錄內的**欄位**(Fields)。此種資料結構便於資料的整理與分析，因此如何將問卷填答題目的選項以代碼表示，並指定應存放的欄位，是編碼階段的主要任務。

在編碼階段應注意的原則是每一個題目選項或答案在編碼時必須：⑴互斥，⑵周延。這表示全部的答案都有適當的代碼來表示，而且不可以有任何的答案隸屬有兩個或以上的代碼。根據問卷種類的不同，編碼可以分爲：**預先編碼(Precoding)**及**事後編碼(Postcoding)**兩類。預先編碼是指在問卷設計的階段就已經決定了各問題的代碼，例如封閉型多選題、封閉型二選題、或封閉型複選題等類型的題目都可以預先編碼。

例 1　您主要工作的身分是什麼？❶

⑴雇主

⑵自營作業者

⑶受政府雇用者

⑷受私人雇用者

⑸無酬家屬工作者

在各項身分選項的前面均已預先印上編碼。如果該題被設置在第 49 個欄位，則該欄位上出現 1 表示該記錄(如圖 4-1 記錄 1)所記載的受訪者是「雇主」工作身分。同理，若第 49 欄位出現 5，則表示該記錄(如圖 4-1 記錄 2)所記載的受訪者是「無酬家屬工作者」的工作身分。

圖 4-1　檔案、記錄、欄位儲存資料編碼的結構

第 49 欄位 ↓

檔案						
記錄 1	1	0	…	1	…	3
記錄 2	1	1	…	5	…	4
⋮						
記錄 n	2	0	…	3	…	7

❶資料來源爲行政院主計處民國八十年編印之〈臺灣地區人力資源訪問表〉第 21 題。

事後編碼通常是用在開放型的題目，由於該類型的題目容許受訪者以自己的話自由作答，因此無法在調查前預先編碼。待問卷回收後，可隨機檢視 10～20%的問卷，由這些問卷的填答列出開放型題目可能答案的**類別(Categories)**。對每一問題所歸納出來的類別分別給予代碼及欄位，然後再依照編定的代碼，對調查的全部問卷進行編碼工作。由於事後編碼必須對題目的可能答案進行類別分組，爲使編碼工作能將問卷所蒐集的資訊數量化，而在量化的過程中所損失的資訊愈少愈好，因此**編碼的原則**爲：(1)互斥、(2)周延、(3)相等組距、(4)分組不可太少或太多、(5)組內同質、組間異質、(6)不用開放組。如果類別的分組太少，這表示量化過程所保留下來的資訊很少。例如，您今年幾歲？若將此開放型問題所蒐集的答案分成兩組：50(含)以上、50(不含)以下，此時所保留的資訊不若分成 6 組：60(含)以上、50～59、40～49、30～39、20～29、20(含)以下，所保留的資訊來得多。同理，組數分太多時，資訊會顯得太細太雜，適當的合併有其必要。爲了在資料分析階段能凸顯資料的內含訊息，因此在分組時，同質的應歸併成一組，異質的則應分成不同的組。所謂開放組是指該組的範圍有一端是開放沒有界限的。例如，所得的分組，在所得 20 萬元或以上的這一組，因爲上界限是開放的，因此這一組的中心值或平均值無法計算。

通常爲了便於編碼，調查研究者會將問卷的全部題目及各題的可能答案的代碼以及對應的欄位等以書面的形式列出，稱爲**編碼手冊(Code Book)**。該手冊有助於編碼者進行編碼，同時也可供使用者易於辨認各變數以利分析的進行。圖 4-2 爲部分編碼手冊的例子，各問題的題號、對應欄位、編碼、變數名稱、問題題意都逐列表示出來。

圖 4-2 編碼手冊

題號	欄位	編碼	變數名稱	題意說明
9-1	31	1＝男	性別	填答者基本資料
		2＝女		
9-2	32	1＝20～29 歲	年齡	填答者基本資料
		2＝30～39 歲		
		3＝40～49 歲		
		4＝50～59 歲		
		5＝60 歲以上		
9-3	33	1＝大學及以上	學歷	填答者基本資料
		2＝專科學校		
		3＝高中、高職		
		4＝國中、初中		
		5＝小學及以下		
10	34	1＝是	電腦	是否曾經使用電腦
		2＝否		

第三節　列表

問卷資料經過編校及編碼程序後，可以進一步將資料按不同目的**列表**(Tabulating)。列表工作可以由人工或電腦來完成。人工列表適用於資料量不大，表格單純的情況。如果資料量大，且需要製作多種不同的表格時，為節省製作時間，寧可花一些時間，設計簡單的程式或運用電腦軟體進行電腦列表。由於電腦儲存量大，且速度快，精確度高，可根據不同的需要選取有關變數製作多種表格，因此是目前主要採用的方法。

列表以選取變數的多寡可以分為：**單欄表**(僅有一個變數)、**交叉表**(Cross Tabulating)(有兩個或以上的變數)。至於列表時所使用的單位有兩種：⑴次數、⑵百分比。爲說明起見，在表 4-1 所列爲單欄式百分比表，該表爲民國八十年臺灣地區十五歲以上人口過去一年曾參加進修者之進修動機。❷

表 4-1　單欄式百分比表

進修動機	百分比
便於尋找工作或轉換工作	10.40
爲提升工作技能、待遇等	25.60
提高生活情趣	10.95
滿足求知慾	24.31
爲升學考試	27.79
其他	0.95
總計	100.00

根據表 4-1 可以看出：國人參加進修的原動力主要是爲了升學與就業方面等現實考量。

表 4-2 爲二維交叉次數表，該表爲民國八十年臺灣地區十五歲以上人口過去一年曾參加進修者之進修動機與性別兩個變數的人數交叉表，單位爲千人(同❷)。由表中可以看出：男性較少爲了提升生活情趣而進修。如果將表 4-2 轉換成百分比表示，當可對男、女性在進修動機上做更進一步的比較。

❷資料來源爲行政院主計處民國八十一年編印的《國民休閒生活調查報告》。

表 4-2 二維交叉次數表

進修動機	性別 男	性別 女
便於尋找工作或轉換工作	57	84
爲提升工作技能、待遇等	236	111
提高生活情趣	36	113
滿足求知慾	181	148
爲升學考試	190	187
其他	7	6
總計	706	649

(單位：千人)

第四節 電腦與資料處理

近年來電腦快速發展，在處理速度方面愈來愈快，在重量與體積方面愈來愈輕薄短小，在儲存資料量方面則愈來愈大，至於價格方面則愈來愈低。由於電腦的普及、各種軟體的蓬勃發展，使得資料處理的效率大大提升，應用也愈形廣泛；諸如，選舉開票的計票工作、電視節目收視率調查等都藉由電腦的協助而提升了處理的時效與準確性。

電腦在**硬體**方面主要分爲四個部分：⑴**輸入裝置**、⑵**輸出裝置**、⑶**儲存裝置**、⑷**主記憶體**及**中央處理單元**。輸入裝置是將資料轉換成爲電波存放在主記憶體內，以便由中央處理單元處理，常見的輸入裝置有鍵盤、掃描器、光學閱讀機。輸出裝置是將經過中央處理單元處理過後存放在主記憶體內的資訊，轉換成爲適當的形式然後輸出，常見的輸出裝置有監視器、印表機、繪圖機。儲存裝置是指能存放輸入資料、輸出資訊及程式的裝置，常見的儲存裝置有磁碟片、磁帶、光碟。雖然儲存裝置與主記憶體都可以存放資料，但二者實有不同。前者在速度上較慢，但資料可以久存，不會因電源關閉而流失資料，而後者速度雖快但關機後失去電源就會同時失去存放的資料。因此主記憶體主要用來暫時儲存要進行處理的程式及資料，待中央處理單元完成處理後，主記憶體內的資訊可以再回存到儲存裝置。所以，中央處理單元可以說是控制全部電腦運作的心臟。

電腦硬體本身無法運作，它必須依賴**軟體**才能完成交付的任務。軟體就是指能運用電腦硬體處理資料的程式。

軟體可以分為：(1)**系統軟體**，(2)**應用軟體**。系統軟體是指用以控制電腦硬體全部運作的程式，通常稱為作業系統，例如 DOS 為個人電腦上使用的一種作業系統。應用軟體是指為滿足使用者的需要而設計的程式，可以協助使用者完成某項特定的工作，例如dBASE為資料庫管理系統、Excel為電子試算表、Word為文書處理，以上三者都是為滿足某種特定需要而設計的應用軟體❸。

除了上述各種應用軟體外，為了處理大量統計資料及完成各種統計方法所需的計算過程，統計軟體在近年來也有相當的發展。較常見的統計套裝軟體有：MINITAB、SAS、SPSS、BMDP、STATISTICA、S-PLUS、SYSTAT、STATGRAPHICS等。事實上，每一種統計軟體都可以完成相當多種統計方法的運算。由於以上所列各種統計套裝軟體各有其特色，因此建議讀者選定一種統計套裝軟體為主，勤加練習當可滿足大部分的需要。若仍有不足之時，可以參考使用其他統計軟體。

❸dBASE由Borland公司發行。Excel及Word由Microsoft公司發行。

摘　要

重要詞語

資料整理	編校	編碼
檔案	記錄	欄位
預先編碼	事後編碼	編碼原則
編碼手冊	列表	單欄表
交叉表	電腦硬體	輸入裝置
輸出裝置	儲存裝置	主記憶體
電腦軟體	系統軟體	應用軟體
統計軟體		

習　題

1.何謂編校？在編校過程中可能遇到那些狀況？

2.何謂編碼。編碼的原則爲何？

3.何謂編碼手冊？

4.資料整理的三項工作爲何？

5.電腦硬體的四個部分爲何？電腦軟體分爲那兩類？

第五章　敍述統計量

透過各種資料蒐集的管道所獲得的資料經過整理後可以進一步的計算各種敍述統計量來描述資料的特性。經由資料特性的描述可以有助於決策者對事物眞實情況的瞭解。本章所介紹的敍述統計量包括：⑴測量位置爲主的位置測量數，第一節討論集中趨勢測量數，例如算術平均數、中位數、衆數、幾何平均數。第二節討論其他位置測量數，諸如百分位數、十分位數、四分位數。⑵第三節討論測量資料分散的離散測量數，例如全距、裁剪全距、內四分位距、變異數及標準差、變異係數。⑶第四節討論描述資料分布情形的形狀測量數，諸如偏態係數、峯度係數。

第一節　集中趨勢測量數

集中趨勢測量數(Measures of Central Tendency)又稱爲**中心位置測量數**(Central Location Measures)是用來衡量資料的中心位置所在。一般常用的集中趨勢測量數有算術平均數、中位數、衆數及幾何平均數等。分別介紹如後：

㈠ 算術平均數

算術平均數(Arithmetic Mean)爲使用最廣泛的平均數，因此又稱爲**平均數**(mean)。令$x_1, x_2, \cdots, x_N$爲母體觀察值，則母體平均數μ(希臘

字母，發音爲“mu”）定義爲

$$\mu=\sum_{i=1}^{N} x_i/N$$

$$=(x_1+x_2+x_3+\cdots+x_N)/N$$

其中Σ爲加總符號，其下標及上標分別爲$i=1$及N，表示將$x_1, x_2, \cdots, x_N$全部加總。因此，$\sum_{i=1}^{N} x_i=x_1+x_2+\cdots+x_N$。

由於母體的全體資料通常爲未知，必須計算樣本平均數。令$x_1, x_2, \cdots, x_n$爲n個個數的樣本資料，則樣本平均數$\bar{x}$（發音爲“x bar”）定義爲

$$\bar{x}=\sum_{i=1}^{n} x_i/n$$

$$=(x_1+x_2+\cdots+x_n)/n$$

例 1 由行政院主計處發布之《中華民國臺灣地區國民所得統計摘要》得知以國民生產毛額計算的經濟成長率(以百分比爲單位)在民國七十六至七十九年分別爲 11.87，7.84，7.33 及 5.29。計算這四年的平均經濟成長率。

解：

$n=4, x_1=11.87, x_2=7.84, x_3=7.33, x_4=5.29$。所以算術平均數爲

$$\bar{x}=\sum_{i=1}^{n} x_i/n$$

$$=(11.87+7.84+7.33+5.29)/4$$

$$=8.0825$$

這四年的平均經濟成長率爲 8.0825%。

㈡ 中位數

中位數(Median, 縮寫爲Md)也是一種位置測量數，將全體觀察值按由小到大順序排列，取出中間位置的觀察值，令其爲中位數。令$x_{(1)}$, $x_{(2)}$, …, $x_{(N)}$爲經過排序的母體全部觀察值，即$x_{(1)} \leq x_{(2)} \leq \cdots \leq x_{(N)}$。當母體觀察值個數$N$爲奇數時，中位數所在的位置是$\left(\frac{N+1}{2}\right)$，所以母體中位數爲$x_{(\frac{N+1}{2})}$。若$N$爲偶數時，則中位數所在的位置應介於$\left(\frac{N}{2}\right)$及$\left(\frac{N}{2}+1\right)$兩個位置之間，所以母體中位數爲這兩位置所對應的觀察值的平均，即$[x_{(\frac{N}{2})}+x_{(\frac{N}{2}+1)}]/2$。如果是樣本資料，則排序後的觀察值爲$x_{(1)} \leq x_{(2)} \leq \cdots \leq x_{(n)}$。當樣本觀察值個數$n$爲奇數時，樣本中位數爲$x_{(\frac{n+1}{2})}$。若$n$爲偶數時，樣本中位數爲$[x_{(\frac{n}{2})}+x_{(\frac{n}{2}+1)}]/2$。

例 2　續例 1 資料，計算民國七十六年至七十九年經濟成長率的中位數。

解：

依題意，$x_{(1)}=5.29$, $x_{(2)}=7.33$, $x_{(3)}=7.84$, $x_{(4)}=11.87$。由於$n=4$爲偶數，所以中位數的位置介於第$\frac{n}{2}=2$項與第$\frac{n}{2}+1=3$項之間，所以中位數爲 7.33 與 7.84 的平均，即中位數爲 7.585%。

由於中位數的計算僅使用資料中間的一個數值或兩個數值的平均，所以不受極端值的影響。至於平均數則受極端值的影響。因此，當資料中含有極端值時，中位數是較佳的集中趨勢測量數。

例 3 五位選修社會學的同學學期成績分別爲 93、68、65、64 及 62，試計算這五位同學的學期平均成績，及中位數成績。

解：

算術平均數爲

$$\bar{x}=(93+68+65+64+62)/5$$
$$=70.4$$

至於中位數成績計算過程如下：先將五位同學的學期成績由小到大排序，得$x_{(1)}=62$，$x_{(2)}=64$，$x_{(3)}=65$，$x_{(4)}=68$，$x_{(5)}=93$。

因爲$n=5$爲奇數，所以中位數所在的位置爲第$\frac{n+1}{2}=3$項，

於是中位數成績爲$x_{(3)}=65$。

平均數因受極端值 93 的影響，所以平均數被拉高。至於中位數則不受該極端值的影響。由於五位同學中有四位的成績介於 62～68 之間，所以就目前情況而言，中位數成績 65 分是較佳的集中趨勢測量數。

㈢ 衆數

衆數(Mode)是指資料中出現次數最多的數或對應的類別。如果有兩個或兩個以上的數或類別其出現次數相同而且出現次數最多時，則衆數可以不止一個。衆數可以使用在名目變數或順序變數的場合，至於平均數或中位數則不適合使用於名目變數或順序變數的場合。由於衆數僅考慮出現次數最多的數或類別，沒有考量任何其他數或類別是其缺點。

例 4　調查臺灣地區十五歲以上人口過去一年曾參加學術進修者按舉辦單位所得到的人數(單位：千人)爲

舉辦單位	人數
政府行政機關	34
公營事業機關	12
民營事業單位	64
財團法人	18
公立學校	38
私立學校	15
其他	2

(資料來源：行政院主計處《中華民國八十年臺灣地區國民休閒生活調查報告》)

試問衆數爲何。

解：

由於舉辦單位是名目變數，所以人數最多的 64 所對應的類別爲民營事業單位，此即爲衆數所在的類別。

例 5　調查 50 位同學對圖書館安靜的滿意程度，依五個選項(很滿意、滿意、普通、不滿意、很不滿意)依序分別編碼爲 1、2、3、4、5。調查的結果列於下表：

圖書館安靜滿意程度	人數
1	8
2	15
3	15
4	10
5	2

試問衆數爲何。

解：

由調查結果表可以知道對圖書館安靜的滿意程度在編碼爲 2 及 3 所出現的人數相同，都是最多的次數 15，所以衆數所在爲 2 及 3 的類別，即滿意與普通的類別爲衆數。

(四) 幾何平均數

幾何平均數(Geometric Mean)主要用來衡量平均的變動百分率，例如銀行計算複利就是最明顯的應用。令$x_1, x_2, \cdots, x_N$爲母體的N個數值，則母體幾何平均數爲

$$G=(x_1\ x_2\ \cdots\ x_N)^{1/N}$$
$$=\left(\prod_{i=1}^{N} x_i\right)^{1/N}$$

其中π爲連乘符號，下標$(i=1)$及上標(N)表示由x_1連乘到x_N。樣本幾何平均數可由$x_1, x_2, \cdots, x_n$連乘後開n次方根得到，即

$$g=(x_1\ x_2\ \cdots\ x_n)^{1/n}$$
$$=\left(\prod_{i=1}^{n} x_i\right)^{1/n}$$

在計算幾何平均數時應注意全部數值必須爲正數，因此通常以 1 加變動率爲x值，例如民國七十六年的經濟成長率爲 11.87%則其x值爲 1+11.87%=1.1187。待求得幾何平均數g後扣除 1 可得到幾何平均的變動率。

例 6 續例 1 資料來源,民國七十六至七十九年的經濟成長率(單位爲百分比)分別爲 11.87, 7.84, 7.33 及 5.29。試計算這四年期間經濟成長率的幾何平均數。

解:

依幾何平均數的定義, 知道$x_1=1+0.1187=1.1187$。同理, $x_2=1.0784$, $x_3=1.0733$, $x_4=1.0529$, 所以幾何平均數爲

$$
\begin{aligned}
g &= (1.1187\times 1.0784\times 1.0733\times 1.0529)^{1/4} \\
&= 1.0806
\end{aligned}
$$

因此這四年期間幾何平均的經濟成長率爲$g-1=0.0806$或 8.06%, 稍低於例 1 所計算的算術平均成長率8.0825%。

第二節 其他位置測量數

第一節介紹的集中趨勢測量數是用來衡量資料中心位置的所在, 本節則對資料中其他的位置測量數, 諸如百分位數、十分位數及四分位數等加以說明。

(一) 百分位數

百分位數(Percentiles)是將資料$x_1, x_2, \cdots, x_n$依由小到大的順序排列後成爲$x_{(1)}\leq x_{(2)}\leq\cdots\leq x_{(n)}$, 並定義第$P$百分位數爲$x(P)$, 使得資料中有$P$%的觀察值小於或等於$x(P)$, 而且有$(100-P)$%的觀察值大於或等於$x(P)$。

根據上述定義計算第P百分位數的過程爲:

(1)計算指標$i=(P\times n)/100$

(2)若i爲整數, 則第P百分位數爲

$$x(P)=[x_{(i)}+x_{(i+1)}]/2,$$

若i不爲整數，則第P百分位數所在位置爲大於i的最小整數，即所在位置爲$[i]$❶，所以第P百分位數爲

$$x(P)=x_{([i])}$$

例 7 計算下列 12 個數所組成樣本資料的第 60 分位數及第 50 分位數。

27, 8, 13, 7, 9, 18, 5, 21, 33, 24, 3, 19

解：

先將這 12 個數值依由小到大順序排列成爲

3, 5, 7, 8, 9, 13, 18, 19, 21, 24, 27, 33

第 60 分位數的指標爲

$$i=(60\times 12)/100=7.2$$

因爲指標$i=7.2$不是整數，所以第 60 分位數所在的位置爲$[7.2]=8$，即由小到大排序中的第 8 個位置的數值就是第 60 分位數。所以，第 60 分位數爲 19。

同理，第 50 分位數的指標爲

$$i=(50\times 12)/100=6$$

因爲指標$i=6$是整數，所以第 50 分位數所在的位置落於由小到大排序中的第 6 個與第 7 個位置之間，所以第 50 分位數爲

$$(13+18)/2=15.5$$

---

❶$[i]$表示大於i的最小整數，例如：$[9.6]=10$。

(二) 十分位數

十分位數(Deciles)是將由小到大排序後的資料分成十等分，並定義第D十分位數爲$x(D)$使得資料中有$10D\%$的觀察值小於或等於$x(D)$，而且有$(100-10D)\%$的觀察值大於或等於$x(D)$。

至於計算第D十分位數的過程與計算百分位數的過程一樣，僅將指標改爲$i=(D\times n)/10$。若i爲整數，則第D十分位數爲$x(D)=[x_{(i)}+x_{(i+1)}]/2$；若$i$不爲整數，則第$D$十分位數爲$x(D)=x_{([i])}$。

例 8　計算下列 8 個數所組成樣本資料的第 6 十分位數。

12, 5, 8, 19, 2, 10, 13, 22

解：

先將這 8 個數值依由小到大順序排列成爲

2, 5, 8, 10, 12, 13, 19, 22

第 6 十分位數的指標爲

$$i=(6\times 8)/10=4.8$$

因爲指標$i=4.8$不是整數，所以第 6 十分位數所在的位置爲$[4.8]=5$，即由小到大排序中的第 5 個位置的數值就是第 6 十分位數。所以，第 6 十分位數爲 12。

值得一提的是：百分位數的第 10 分位數就是十分位數的第 1 分位數。同理，第 50 百分位數就是第 5 十分位數，同時也是中位數。

(三) 四分位數

四分位數(Quartiles)是將由小到大排序後的資料分成四等分，並定義第 1 四分位數為 Q_1 使得資料中有 25% 的觀察值小於或等於 Q_1，而且有 75% 的觀察值大於或等於 Q_1。第 2 四分位數為 Q_2，資料中有 50% 觀察值小於或等於 Q_2，而且有 50% 的觀察值大於或等於 Q_2。同理，第 3 四分位數為 Q_3，資料中有 75% 觀察值小於或等於 Q_3，而且有 25% 觀察值大於或等於 Q_3。由四分位數的定義知道：第 1 四分位數就是第 25 百分位數，第 2 四分位數就是第 50 百分位數同時也等於中位數，至於第 3 四分位數則是第 75 百分位數。

第 1 四分位數 Q_1 又稱為**下四分位數(Lower Quartile)**，而第 3 四分位數則可稱為**上四分位數(Upper Quartile)**。關於四分位數在離散測量數的應用將在稍後討論。

例 9 計算七家上市公司今日股票收盤價的上、下四分位數及中位數。收盤價分別為：

28.5, 36, 75, 49.8, 126, 80.5, 93

解：

先將收盤價依由小到大排序成為

28.5、36、49.8、75、80.5、93、126

第 1 四分位數(即，下四分位數) Q_1 的指標為

$$i=(25\times 7)/100=1.75$$

因為指標 $i=1.75$ 不是整數，所以下四分位數 Q_1 所在的位置為 $[1.75]=2$。第 2 個位置所對應的數值為 $Q_1=36$。

第 3 四分位數(即，上四分位數)的指標為

$$i=(75\times 7)/100=5.25$$

因為指標 $i=5.25$ 不是整數，所以上四分位數 Q_3 所在的位置為 $[5.25]=6$。第 6 個位置所對應的數值為 $Q_3=93$。同理，第 2 四

分位數(即，中位數)的指標爲

$$i=(50\times7)/100=3.5$$

所以中位數所在的位置爲[3.5]=4，即中位數在第 4 個位置，其值爲 75。

第三節　離散測量數

離散測量數(Measures of Dispersion)是用來衡量資料分散或集中的情形。雖然集中趨勢測量數可以表達資料的中心位置，但無法傳達資料離散的情形。例如，兩個國家的平均家庭所得水準相同，但是其中一個國家的貧富差距比另一個國家貧富差距來得大，則貧富差距大的國家其家庭所得水準呈現較分散的情形，因此其離散測量數會較大。由這個例子可以看出：在描述資料特性時，集中趨勢測量數與離散測量數是相輔爲用的兩種統計量數。常用的離散測量數有：全距、內四分位距、平均絕對差、變異數、標準差及變異係數。分別介紹如後：

(一) 全距

全距(Range，縮寫爲R)是資料中最大值減最小值的差。例如股票市場中個股每日交易的最高價與最低價的差距就是當日該股股票成交價格的全距。由於全距僅使用全部資料中的最大值與最小值，因此易受極端值影響是其缺點。爲了改進全距易受極端值影響的缺失，可以先刪除少數最大與最小的極端值，並以刪除後的資料重新計算全距，此種全距稱爲**裁剪全距**(Trimmed Range)。若將最大的 25%資料及最小的 25%資料刪除後計算裁剪全距就等於第 3 四分位數與第 1 四分位數的差(即，Q_3-Q_1)，此種裁剪全距稱爲**內四分位距**(Interquartile Range，縮寫爲

IQR)。雖然全距有易於計算與解釋的優點，但是在比較兩組資料時全距無法告知各組資料實際分布的情況爲何。例如：甲、乙兩班學生學期成績的全距都是 30 分(最高 90 分，最低 60 分)，但甲班絕大多數的成績都落在 80～85 分之間，而乙班絕大多數的成績都落在 65～70 分之間。顯然的甲、乙兩班分數分布的情況不同，但由全距卻無法得知兩組資料分布的差異。

例 10 下列資料爲中華民國臺灣地區十年來(民國七十年至七十九年)國民生產毛額成長率：

5.76, 4.05, 8.65, 11.59, 5.55, 12.57, 11.87, 7.84, 7.33, 5.29

(資料來源：行政院主計處民國八十年二月編印之《中華民國臺灣地區國民所得統計摘要》)

試計算全距、內四分位距。

解：

先依由小到大順序排列成爲：

4.05, 5.29, 5.55, 5.76, 7.33, 7.84, 8.65, 11.59, 11.87, 12.57

最大值爲 12.57，最小值爲 4.05，所以全距爲

$$R = 12.57 - 4.05$$
$$= 8.52$$

第 1 四分位數 Q_1 的指標爲 $i=(25\times 10)/100=2.5$，所以 Q_1 的位置爲 $[2.5]=3$。第 3 個位置所對應的數值爲 $Q_1=5.55$。同理，第 3 四分位數所在位置爲 $[7.5]=8$，所以 $Q_3=11.59$。根據內四分位距定義

$$IQR = Q_3 - Q_1$$
$$= 11.59 - 5.55$$
$$= 6.04$$

㈡ 平均絕對差

平均絕對差(Mean Absolute Deviation，縮寫MAD)的定義有兩種：⑴以平均數爲中心的平均絕對差；⑵以中位數爲中心的平均絕對差。令$x_1, x_2, \cdots, x_n$爲樣本資料，並令其平均數爲$\bar{x}$，中位數爲Md，則兩種平均絕對差的定義分別爲：

⑴以平均數爲中心，則

$$\text{MAD} = \frac{\sum_{i=1}^{n} |x_i - \bar{x}|}{n}$$

⑵以中位數爲中心，則

$$\text{MAD} = \frac{\sum_{i=1}^{n} |x_i - \text{Md}|}{n}$$

若考慮母體的平均絕對差，則將上述MAD公式中的n以N代換，且以母體平均數及中位數代換$\bar{x}$及Md即可。

例 11　令$x_1=5, x_2=4, x_3=8, x_4=3$，試計算以平均數爲中心的平均絕對差及以中位數爲中心的平均絕對差。

解：

依題意，平均數$\bar{x}=(5+4+8+3)/4=5$, Md$=4.5$，所以

$\sum_{i=1}^{4} |x_i - \bar{x}| = |5-5| + |4-5| + |8-5| + |3-5| = 6,$

$$\sum_{i=1}^{4}|x_i-\text{Md}|=|5-4.5|+|4-4.5|+|8-4.5|+|3-4.5|=6。$$

於是兩種定義的平均絕對差分別爲:

(1)以平均數爲中心，則

$$\text{MAD}=6/4=1.5$$

(2)以中位數爲中心，則

$$\text{MAD}=6/4=1.5$$

(三) 變異數與標準差

變異數(Variance)是離散測量數中最受到廣泛使用的一種測量數。令$x_1, x_2, \cdots, x_N$爲母體觀察値，並令母體平均數爲μ，則母體變異數σ^2(發音爲"sigma square")可定義爲

$$\sigma^2=\sum_{i=1}^{N}(x_i-\mu)^2/N=\frac{\sum_{i=1}^{N}x_i^2}{N}-\mu^2$$

如果面對的是樣本資料：$x_1, x_2, \cdots, x_n$，則定義樣本變異數爲

$$s^2=\sum_{i=1}^{n}(x_i-\bar{x})^2/(n-1)$$ ❷

❷樣本變異數s^2使用$(n-1)$爲分母的原因是分子中$(x_i-\bar{x})$的**自由度**(Degree of Freedom，縮寫df)爲$(n-1)$。即n個項目$(x_1-\bar{x}), (x_2-\bar{x}), \cdots, (x_n-\bar{x})$中只要知道其中的$(n-1)$項，則餘下的最後一項就固定了，這是因爲$\sum_{i=1}^{n}(x_i-\bar{x})=0$。因此自由度爲$(n-1)$。以自由度爲分母的樣本變異數$S^2$是母體變異數的不偏估計式(請參閱本書第十章不偏估計式定義)。

$$=\frac{\sum_{i=1}^{n}x_i^2-n\bar{x}^2}{n-1}$$

其中$\bar{x}=\sum_{i=1}^{n}x_i/n$爲樣本平均數。

由於變異數的分子是將各觀察值減去平均數後平方來計算，因此變異數的單位與原觀察值所使用的單位不同。例如，原觀察值的單位是「人」，則變異數的單位就成爲「人的平方」。爲解決此一困難，定義**標準差(Standard Deviation)**爲變異數的平方根，即母體標準差定義爲

$$\sigma=\sqrt{\sigma^2}$$

$$=\sqrt{\sum_{i=1}^{N}(x_i-\mu)^2/N}$$

$$=\sqrt{\frac{\sum_{i=1}^{N}x_i^2}{N}-\mu^2}$$

樣本標準差定義爲

$$s=\sqrt{s^2}$$

$$=\sqrt{\sum_{i=1}^{n}(x_i-\bar{x})^2/(n-1)}$$

$$=\sqrt{\frac{\sum_{i=1}^{n}x_i^2-n\bar{x}^2}{n-1}}$$

標準差是目前使用最廣泛的離散測量數。

例 12　某公司在北、中、南、東四個分區部門的營業額分別爲 3.2, 2.8, 3.1, 1.7 百萬元，試計算變異數與標準差。

解:

先計算樣本平均數$\bar{x}=\sum_{i=1}^{4}x_i/4=(3.2+2.8+3.1+1.7)/4=$

2.7，然後建立下表：

x_i	x_i^2
3.2	10.24
2.8	7.84
3.1	9.61
1.7	2.89
10.8	30.58

所以 $\sum_{i=1}^{n} x_i^2 = 30.58$

根據樣本變異數公式可得

$$s^2 = \frac{\sum_{i=1}^{n} x_i^2 - n\bar{x}^2}{n-1}$$

$$= \frac{30.58 - 4 \times 2.7^2}{4-1}$$

$$= 0.4733$$

樣本標準差爲

$$s = \sqrt{s^2}$$

$$= 0.688 \text{(百萬元)}$$

(四) 變異係數

變異係數(Coefficient of Variation，縮寫爲CV)是用來衡量資料相對變異的大小，通常以百分比表示。令μ及σ爲母體平均數及標準差，則定義母體變異係數爲

$$CV = (\sigma/\mu) \times 100\%$$

令 $\bar{x}$ 及 s 爲樣本平均數及標準差，則樣本變異係數可定義爲

$$\mathrm{cv}=(s/\bar{x})\times 100\%$$

變異係數的主要用途是在衡量兩組資料變異的大小。例如，比較臺灣地區與大陸地區工資的變異大小，由於兩個地區工資水準不同，因此僅從標準差進行比較有可能產生誤導，必須先分別計算變異係數，然後比較變異係數的大小來決定那個地區的變異來得大或小。因此，變異係數又可稱爲**相對標準差**(Relative Standard Deviation)。

例 13　甲、乙兩地區工資(單位：美元)的標準差及平均數分別爲：

甲地區	乙地區
$\mu_1=20000$	$\mu_2=3000$
$\sigma_1=100$	$\sigma_2=60$

試計算變異係數。

解：

本題是在比較兩個地區工資變異的大小。若由標準差來比較 $\sigma_2=60<\sigma_1=100$，明顯的乙地區的變異較小。事實上，甲地區與乙地區工資水準的平均數有很大的差距存在，將此一差距納入考量於是計算變異係數可得甲地區的變異係數爲

$$\begin{aligned}CV_1&=(\sigma_1/\mu_1)\times 100\%\\&=(100/20000)\times 100\%\\&=0.5\%\end{aligned}$$

乙地區的變異係數爲

$$\begin{aligned}CV_2&=(\sigma_2/\mu_2)\times 100\%\\&=(60/3000)\times 100\%\end{aligned}$$

$=2\%$

乙地區的相對變異較大，是甲地區相對變異的四倍。

第四節　形狀測量數

除了前述位置測量數與離散測量數外，要描述資料分布的形狀可以使用本節介紹的**形狀測量數**(Shape Measures)——偏態係數及峯度係數。

(一) 偏態係數

偏態係數(Coefficient of Skewness，縮寫爲Sk)可用來衡量資料分布的形狀是偏向中心位置的右邊，或是偏向中心位置的左邊，還是以中心位置呈對稱形狀。首先介紹對稱分布。對稱分布是指資料繪成圖形後中心位置的右邊與左邊互爲影像，如圖 5-1 所示。此時中心位置就是平均數、中位數及衆數的所在，三者一致。

圖5-1　對稱分布

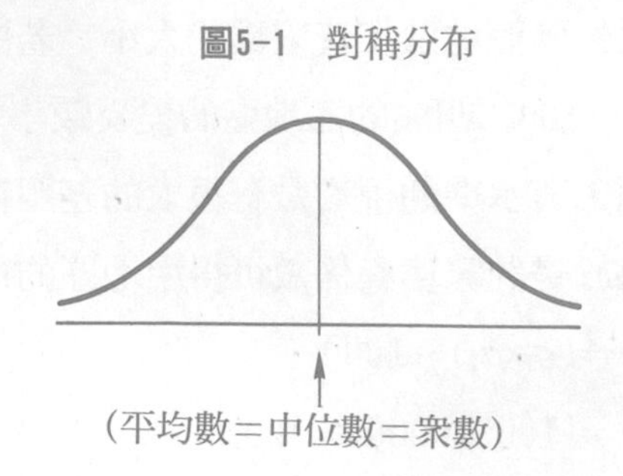

非對稱的分布就是**偏的**(Skewed)分布。**偏向右邊**(Skew to the Right)的分布是指分布的右尾比左尾長(如圖 5-2 (a)所示)，**偏向左邊**(Skew to the Left)的分布是指分布的左尾比右尾長(如圖 5-2(b)所示)。

圖5-2　偏的分布

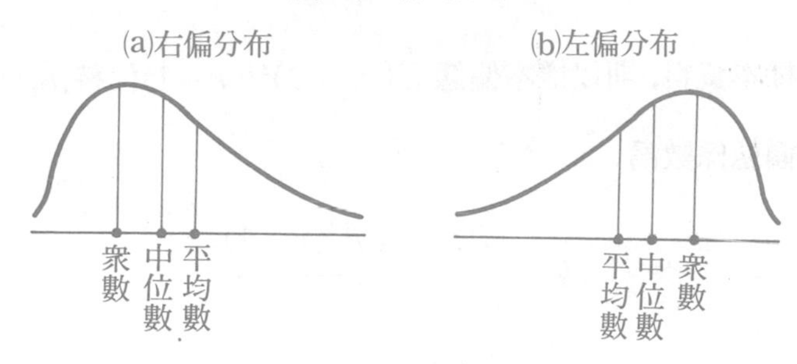

右偏分布的平均數受右尾的極端值的影響而增大，所以三個位置量數具有下列關係式：

衆數＜中位數＜平均數

同理，左偏分布的平均數受左尾極端值的影響而減小，所以三個位置量數有下列關係式：

平均數＜中位數＜衆數

根據以上關係式，定義**皮爾生係數**(Pearson Coefficient，縮寫爲SKp)爲

$$SK_p=3(\text{平均數}-\text{中位數})/(\text{標準差})$$

由皮爾生係數的定義知道：右偏分布的平均數大於中位數，所以SK_p爲正數。同理，左偏分布的平均數小於中位數，所以SK_p爲負數。至於對稱分布，由於平均數等於中位數，所以SK_p爲零。綜上所述，右偏分布又稱正偏，左偏分布又稱負偏。

偏態係數的另一定義是：先根據母體資料定義三級動差μ_3爲母體偏態，即

$$\mu_3=\sum_{i=1}^{N}(x_i-\mu)^3/N$$

然後以σ^3除之，得到母體偏態係數

$$SK=\frac{\mu_3}{\sigma^3}$$

若是樣本資料，則以樣本偏態$\sum_{i=1}^{n}(x_i-\bar{x})^3/(n-1)$代替$\mu_3$，$s^3$代替$\sigma^3$，所以樣本偏態係數爲

$$sk=\frac{\sum_{i=1}^{n}(x_i-\bar{x})^3/(n-1)}{s^3}$$

例 14 有八位同學修習數學課程，其學期成績爲：

82, 77, 86, 66, 73, 95, 70, 75

試計算成績分布的偏態及偏態係數。

解：

依題意，建立計算表如下：

x_i	$x_i-\bar{x}$	$(x_i-\bar{x})^2$	$(x_i-\bar{x})^3$
82	4	16	64
77	-1	1	-1
86	8	64	512
66	-12	144	-1728
73	-5	25	-125
95	17	289	4913
70	-8	64	-512
75	-3	9	-27
624	0	612	3096

因為$\Sigma x_i=624$，所以$\bar{x}=\sum_{i=1}^{n} x_i/n=624/8=78$,

$$s=\sqrt{\sum_{i=1}^{n}(x_i-\bar{x})^2/(n-1)}=\sqrt{612/7}=9.35$$

根據偏態的定義得到$\sum_{i=1}^{n}(x_i-\bar{x})^3=3096$，於是偏態係數為

$$sk=\frac{\sum_{i=1}^{n}(x_i-\bar{x})^3/(n-1)}{s^3}$$

$$=\frac{3096/7}{9.35^3}$$

$$=0.54$$

這表示偏態係數為正數，資料呈右偏分布。

若以皮爾生係數公式計算偏態係數，先將資料排序如下：66, 70, 73, 75, 77, 82, 86, 95

於是中位數所在位置介於第 4 與第 5 兩個位置之間，所以中位數

$$Md=\frac{75+77}{2}=76$$

根據皮爾生公式，偏態係數為

$$SK=\frac{3(\bar{x}-Md)}{s}$$

$$=\frac{3(78-76)}{9.35}$$

$$=0.64$$

仍為正數，表示資料呈右尾較長的右偏分布。

(二) 峯度係數

峯度係數(Coefficient of Kurtosis, 縮寫爲CK)是用來衡量資料分布的峯度高低。首先，定義四級動差μ_4爲母體峯度，即

$$\mu_4=\sum_{i=1}^{N}(x_i-\mu)^4/N$$

然後以σ^4除之，得到母體峯度係數

$$CK=\frac{\mu_4}{\sigma^4}$$

若是樣本資料，則以樣本峯度$\sum_{i=1}^{n}(x_i-\bar{x})^4/(n-1)$代替$\mu_4$，$s^4$代替$\sigma^4$，所以樣本峯度係數爲

$$ck=\frac{\sum_{i=1}^{n}(x_i-\bar{x})^4/(n-1)}{s^4}$$

若峯度係數$ck>3$表示資料分布呈**高狹峯**(Leptokurtosis)，$ck=3$表示資料分布呈**常態峯**(Mesokurtosis)，$ck<3$表示資料分布呈**低闊峯**(Playkurtosis)❸。

例 15 根據表 5-1 所列民國四十一年至民國七十九年臺灣地區國民生產毛額年成長率，計算峯度係數。

表 5-1 民國四十一年至七十九年國民生產毛額年成長率

(按民國七十五年價格計算)

民國	41	42	43	44	45	46	47	48	49	50
年成長率	12.00	9.34	9.54	8.11	5.50	7.27	6.56	7.75	6.44	6.84

❸因爲常態分配(本書第九章討論)的峯度係數$ck=3$，所以資料分布的峯度係數$ck=3$又稱爲常態峯。

民國	51	52	53	54	55	56	57	58	59	60
年成長率	7.89	9.36	12.29	11.01	8.97	10.61	9.13	9.05	11.32	13.01
民國	61	62	63	64	65	66	67	68	69	70
年成長率	13.38	12.78	1.16	4.44	13.70	10.25	13.99	8.45	7.12	5.76
民國	71	72	73	74	75	76	77	78	79	
年成長率	4.05	8.65	11.59	5.55	12.57	11.87	7.84	7.33	5.29	

(資料來源：行政院主計處民國八十年編印之《中華民國臺灣地區國民所得統計摘要》。)

解：

計算年成長率的樣本平均數得$\bar{x}=8.916923$，於是

$$\Sigma(x_i-\bar{x})^2=344.9442,$$

$$\Sigma(x_i-\bar{x})^4=7911.434,$$

所以樣本變異數爲

$$s^2=\Sigma(x_i-\bar{x})^2/(n-1)$$

$$=344.9442/(39-1)$$

$$=9.077479$$

根據峯度係數公式得

$$ck=\frac{\Sigma(x_i-\bar{x})^4/(n-1)}{s^4}$$

$$=\frac{7911.434/(39-1)}{(9.077479)^2}$$

$$=2.526626$$

由於$ck=2.526626<3$，所以民國四十一年至民國七十九年的年經濟成長率呈現低闊峯分布。

摘要

重要詞語

集中趨勢測量數	位置測量數	算術平均數
中位數	衆數	幾何平均數
百分位數	十分位數	四分位數
上四分位數	下四分位數	離散測量數
全距	裁剪全距	内四分位距
平均絕對差	變異數	自由度
標準差	變異係數	相對標準差
形狀測量數	偏態	偏態係數
峯度	峯度係數	高狹峯
常態峯	低闊峯	

公式

1.算術平均數

母體： $\mu=\sum_{i=1}^{N}x_i/N=(x_1+x_2+\cdots+x_N)/N$

樣本： $\bar{x}=\sum_{i=1}^{n}x_i/N=(x_1+x_2+\cdots+x_n)/n$

2.中位數

母體： $Md=\begin{cases} x_{(\frac{N+1}{2})} & \text{，若}N\text{爲奇數} \\ [x_{(\frac{N}{2})}+x_{(\frac{N}{2}+1)}]/2 & \text{，若}N\text{爲偶數} \end{cases}$

$$樣本：md=\begin{cases} x_{(\frac{n+1}{2})} & ，若n為奇數 \\ [x_{(\frac{n}{2})}+x_{(\frac{n}{2}+1)}]/2 & ，若n為偶數 \end{cases}$$

3.幾何平均數

$$母體：G=(x_1\ x_2\cdots x_N)^{\frac{1}{n}}=(\prod_{i=1}^{N}x_i)^{\frac{1}{n}}$$

$$樣本：g=(x_1\ x_2\cdots x_n)^{\frac{1}{n}}=(\prod_{i=1}^{n}x_i)^{\frac{1}{n}}$$

4.第P百分位數

$$x(P)=\begin{cases} [x_{(P\times n/100)}+x_{(P\times n/100+1)}]/2 & ，若(P\times n/100)為整數 \\ x_{(\lfloor P\times n/100\rfloor)} & ，若(P\times n/100)不為整數 \end{cases}$$

5.第D十分位數

$$x(D)=\begin{cases} [x_{(D\times n/10)}+x_{(D\times n/10+1)}]/2 & ，若(D\times n/10)為整數 \\ x_{(\lfloor D\times n/10\rfloor)} & ，若(D\times n/10)不為整數 \end{cases}$$

6.四分位數

$$\begin{cases} Q_1=x(P),其中P為第\ 25\ 百分位數 \\ Q_3=x(P),其中P為第\ 75\ 百分位數 \end{cases}$$

7.全距

$$R=Max(x_i)-Min(x_i)$$

8.內四分位距

$$IQR=Q_3-Q_1$$

9.平均絕對差

$$MAD=\begin{cases} \sum_{i=1}^{n}|x_i-\bar{x}|/n, & 以平均數為中心 \\ \sum_{i=1}^{n}|x_i-Md|/n, & 以中位數為中心 \end{cases}$$

10.變異數

母體：$\sigma^2=\sum_{i=1}^{N}(x_i-\mu)^2/N=\frac{\sum_{i=1}^{N}x_i^2}{N}-\mu^2$

樣本：$s^2=\sum_{i=1}^{n}(x_i-\bar{x})^2/(n-1)=\frac{\sum_{i=1}^{n}x_i^2-n\bar{x}^2}{n-1}$

11.標準差

母體：$\sigma=\sqrt{\sigma^2}=\sqrt{\sum_{i=1}^{N}(x_i-\mu)^2/N}=\sqrt{\frac{\Sigma x_i^2}{N}-\mu^2}$

樣本：$s=\sqrt{s^2}=\sqrt{\sum_{i=1}^{n}(x_i-\bar{x})^2/(n-1)}=\sqrt{\frac{\sum_{i=1}^{n}x_i^2-n\bar{x}^2}{n-1}}$

12.變異係數

母體：$CV=(\sigma/\mu)\times100\%$

樣本：$cv=(s/\bar{x})\times100\%$

13.皮爾生係數

$SK_p=3$(平均數－中位數)/(標準差)

14.偏態係數

母體：$SK=\frac{\mu_3}{\sigma^3}$，其中$\mu_3=\sum_{i=1}^{N}(x_i-\mu)^3/N$

樣本：$sk=\frac{\sum_{i=1}^{n}(x_i-\bar{x})^3/(n-1)}{s^3}$

15.峯度係數

母體：$CK=\mu_4/\sigma^4$，其中$\mu_4=\sum_{i=1}^{N}(x_i-\mu)^4/N$

樣本：$ck=\frac{\sum_{i=1}^{n}(x_i-\bar{x})^4/(n-1)}{s^4}$

習　題

1.八家連鎖超市上個月的營業額(單位：萬元)爲：

30, 65, 70, 83, 86, 88, 95, 95

(1)試計算平均數、中位數及衆數。

(2)試計算變異數、全距、標準差。

(3)請就平均數、中位數及衆數三者，説明何者較具集中趨勢的代表性。

2.試計算下列資料的中位數，上四分位數，及下四分位數。

18, 12, 11, 19, 22, 21, 17, 9, 25, 13, 5, 9

3.下列資料爲民國八十二年一月至十二月的新臺幣對美元匯率：(資料來源：《中華民國統計月報》，民國八十三年五月，行政院主計處編印)

25.48, 25.82, 26.11, 25.91, 26.09, 26.39, 26.94, 26.95, 26.92, 26.86, 26.93, 26.63

試計算下列各子題：

(1)内四分位全距，中位數。

(2)標準差、變異係數。

4.下列資料爲臺北市及高雄市在民國七十三年至八十二年的垃圾平均每日清運量(公噸)：

臺北市	2292.2	2529.9	2684.3	2652.2	2893.2	3138.3
高雄市	1083.8	1315.1	1247.8	1245.4	1241.2	1320.9

臺北市	3342.5	3435.6	3561.1	3710.6
高雄市	1476.0	1522.8	1705.6	1851.0

(資料來源：《中華民國統計月報》，民國八十三年五月，行政院主計處

編印)

試比較北、高兩市平均每日垃圾清運量的變化在這十年來何者較大。

5.試根據習題3的匯率資料，計算樣本資料的

(1)皮爾生偏態係數。

(2)以三級動差定義的偏態係數。

6.下列資料爲中國大陸的鐵路客運每旅客平均運距(公里)：

西元	1981	1982	1983	1984	1985	1986	1987	1988	1989
公里	156	159	169	182	218	241	255	268	269

西元	1990	1991
公里	275	300

(資料來源:《主要國家交通統計比較》，民國八十二年十二月，交通部統計處編印)

試計算樣本資料的

(1)峯度係數。

(2)偏態係數。

7.試根據習題6的資料，計算第3十位分數、第6十分位數。

8.民國八十年至八十二年的消費者物價指數年增率(%)分別爲3.62、4.47、2.94。(資料來源:《中華民國統計月報》，民國八十三年五月，行政院主計處編印)

試計算這三年期間消費者物價指數年增率的幾何平均數。

9.(由全距估計標準差公式爲：標準差≈全距／4)

已知統計學成績的最高分及最低分爲98及62，試估計標準差爲何?

第六章　統計圖表

對於資料描述的方法除了第五章介紹的各種敍述統計量外，統計表及統計圖也是描述資料的重要工具。第一節介紹的統計表包括次數分配、相對次數分配、累積次數分配、累積相對次數分配，至於如何根據次數分配表計算分組資料的各種敍述統計量也在第一節中說明。第二節介紹六種常見的統計圖，分別爲直方圖、次數多邊圖、肩形圖、圓瓣圖、條圖及線圖。第三節則介紹探索性資料分析方面的莖葉圖及箱形圖。

第一節　統計表

爲了使大量資料所涵蓋的訊息能夠清楚呈現，根據某種選定的標準將全部資料分成適當的組別數，並依此一選定的標準將全部資料一一歸屬到所屬的組別內，計算各組別內資料出現的次數。此種將組別及對應次數以表格方式呈現出來以傳達資料訊息的方式稱爲**統計表**。常見的統計表有四種，分別爲：⑴次數分配、⑵相對次數分配、⑶累積次數分配及⑷累積相對次數分配。

㈠ 次數分配

次數分配(Frequency Distribution)或**次數表**(Frequency Table)是將資料分組並根據各組觀察值的次數來說明資料特性的一種表列方

式。其分組**組數**的決定可參考下列公式❶：

$$組數=[2\times(資料個數)]^{0.3333}$$

如果等式右邊的值不是整數，則組數應選取爲大於該值的最小整數。例如，資料個數$n=100$，代入公式得$(2\times100)^{0.3333}=5.847$(不是整數)，所以組數應選取大於5.847的最小整數 6，即建議將資料分成 6 組。

一旦組數決定後，則可根據資料的全距及組數來決定組的寬度即**組距**(Class interval)，其公式爲

$$組距=\frac{全距}{組數}$$

如此計算得到的各組組距相同，因此又稱爲等組距。通常，全距除以組數的值僅能提供選定組距的一項參考，例如，全距爲 71，組數爲 6 得到

$$組距=71/6=11.8333$$

爲了計算的方便可以令組距爲 12。

根據組數及組距可以進一步決定各組的**組界**(Class Boundaries)。首先決定第一組的下組界，其選定原則爲：以資料中最小值爲依據，選定一個小於該最小值且易於表示的簡便數。一旦決定了第一組的下組界，則上組界是由組距加下組界得到。以銜接方式來決定第二組的下組界，並依組距得到第二組的上組界，其餘各組依此類推得到對應組界。

最後根據各組組界將全體資料歸屬到各組，並計算各組內資料出現的次數。將組界及次數以表列方式表達就是次數表或稱次數分配。次數表中各組**組中點**(Class Mark)就是各組上、下組界的平均數。

---

❶參閱Terrel, G. R., and D. W. Scott. "Oversmoothed Nonparametric Density Estimates." *Journal of the American Statistical Association 80*, 1985, pp.209-14.

例 1　根據下列 40 名學生學期成績建立次數表

99	72	83	74	59	69	88	70	52	51
78	99	66	54	76	88	90	76	69	81
78	63	55	66	82	68	80	65	79	85
79	69	71	93	80	71	96	89	78	73

解:

首先找出 40 名學生成績的最高分數及最低分數，分別爲 99 及 51，因此全距爲 $99-51=48$。然後根據資料個數 $n=40$ 決定組數，即

$$組數=[2\times 40]^{0.3333}$$
$$=4.308$$

取整數，因此建議組數分成 5 組。第二步，根據全距 49 及組數 5，計算得

$$組距=48/5=9.6$$

建議組距爲 10。由於資料中最小值爲 51，可以取第一組的下組界爲小於 51 且易於表示的簡便數，令其爲 50。於是第一組的上組界爲 $50+10=60$。以此類推，第二組至第五組的下、上組界分別爲 60～70、70～80、80～90、90～100。爲求緊鄰兩組的上、下組界不重疊，因此在銜接時一律定義下組界包含等號。以 x 代表學生成績，則各組組界爲：

組別	組界(成績)
1	$50\leq x< 60$
2	$60\leq x< 70$
3	$70\leq x< 80$
4	$80\leq x< 90$
5	$90\leq x<100$

將全部資料逐一登錄到所屬組別內得各組劃記及次數表如下:

組別	組界(成績)	劃記	次數
1	$50 \leq x < 60$	𝍸	5
2	$60 \leq x < 70$	𝍸 ///	8
3	$70 \leq x < 80$	𝍸 𝍸 ///	13
4	$80 \leq x < 90$	𝍸 ////	9
5	$90 \leq x < 100$	𝍸	5
總計			40

次數表中組數的決定不宜太少或太多，太少的組數會造成無法掌握資料分析的特性，而太多的組數則會使得分組的意義模糊。通常分成5～20組是最常見的情形，資料個數愈多所分的組數也會較多。至於前面所述組數決定的公式應視爲是參考的依據，在實際分組時，以能明確彰顯資料分布特性的分組爲最佳分組原則。

在建立次數表時必須掌握周延與互斥兩個原則，周延是指全部資料都可歸屬到其中的一個組內，互斥是指各組彼此間沒有交集，因此各資料值僅能歸屬到其中的一個組無法同時屬於二個或以上的組。爲了計算的方便，儘可能採用等組距的分組方式，但在某些情況下有可能採用不等的組距。例如，對家庭所得的調查資料建立次數表時，因爲少數家庭的所得水準可能高出其他家庭的所得水準數倍。此時最高所得級距組的上組界可採**開放組界(Open-ended Class)**的方式表示。表 6-1 爲中華民國臺灣地區七十九年個人所得按所得收入級距分組的組別及人數，其中第一組及第十一組都是開放組。

表 6-1　個人所得收入級距分組次數表❷

組別	組界	人數
1	未滿 40,000 元	394555
2	40,000～ 80,000 元	420027
3	80,000～120,000 元	485408
4	120,000～160,000 元	755990
5	160,000～200,000 元	858839
6	200,000～240,000 元	767577
7	240,000～280,000 元	861925
8	280,000～320,000 元	766080
9	320,000～360,000 元	572490
10	360,000～400,000 元	592703
11	400,000 元以上	2098952
總計		8574546

由於次數表是將原有資料分組表示成次數表，因此以次數表形式表示的資料又稱爲**分組資料**(Grouped Data)。根據分組資料來計算各種敍述統計量是不可能與依據原有資料所計算的敍述統計量相同，因爲在分組的過程中個別資料值的訊息已經不復存在。因此，由分組資料計算的敍述統計量僅爲依據原有資料所計算的敍述統計量的近似值。雖然如此，在許多場合，原有資料經過分組處理，使用者僅能就接觸到的分組資料計算敍述統計量。

令分組資料的組數爲r，各組組中點分別爲$M_1, M_2, \cdots, M_r$，至於各組對應的次數爲$f_1, f_2, \cdots, f_r$，總次數$n=\sum_{i=1}^{r} f_i$。關於就分組資料計算平均數、中位數、衆數、第P百分位數、標準差的公式分別爲：

❷資料來源爲行政院主計處中華民國臺灣地區七十九年個人所得分配調查報告中表十二。

1.平均數

$$\bar{x}=\frac{\sum_{i=1}^{r} f_i M_i}{n}$$

2.中位數

令L_m及U_m為中位數所在組的下組界及上組界，f_m為中位數所在組的次數，且F_m為小於中位數所在組下組界L_m的次數，則

$$\text{中位數}=L_m+\frac{\frac{n}{2}-F_m}{f_m}(U_m-L_m)$$

3.衆數

分組資料的衆數就是次數最高組(又稱衆數組)的組中點。

4.第P百分位數

令L_P及U_P為第P百分位數所在組的下組界及上組界，f_P為第P百分位數所在組的次數，且F_P為小於第P百分位數所在組下組界L_P的次數，則

$$\text{第P百分位數}=L_P+\frac{\frac{np}{100}-F_P}{f_P}(U_P-L_P)$$

5.標準差

$$s=\sqrt{\frac{\sum_{i=1}^{r} f_i(M_i-\bar{x})^2}{n-1}}$$

$$=\sqrt{\left(\sum_{i=1}^{r} f_i M_i^2-n\bar{x}^2\right)/(n-1)}$$

其中$\bar{x}$為分組資料的平均數。

例 2 續例 1 資料經分組後成為表 6-2 的次數表，計算分組資料的平均數、中位數、衆數、第 1 四分位數及標準差。

表 6-2　成績分組次數表

組別	組界(成績)	次數
1	$50 \le x < 60$	5
2	$60 \le x < 70$	8
3	$70 \le x < 80$	13
4	$80 \le x < 90$	9
5	$90 \le x < 100$	5
總計		40

解:

(1)平均數:

由表 6-2 組界定義找出各組組中點分別爲$M_1=55$, $M_2=65$, $M_3=75$, $M_4=85$, $M_5=95$。至於各組對應的次數分別爲$f_1=5$, $f_2=8$, $f_3=13$, $f_4=9$, $f_5=5$。總次數$n=\sum_{i=1}^{5} f_i=5+8+13+9+5=40$。所以平均數爲

$$\bar{x}=\frac{\sum_{i=1}^{r} f_i M_i}{n}$$

$$=\frac{5\times 55+8\times 65+13\times 75+9\times 85+5\times 95}{40}$$

$$=75.25$$

(2)中位數:

首先找出中位數所在組。由於小於 70 的次數與總次數的比爲$\frac{5+8}{40}=0.325$，而大於或等於 80 的次數與總次數的比爲$\frac{9+5}{40}=0.35$。因此，中位數所在組爲第三組，其下組界及上組界分別爲 70 及 80，即$L_m=70$, $U_m=80$。至於中位數

所在組的次數爲$f_m=13$, 小於中位數所在組下組界L_m的次數爲$F_m=5+8=13$。代入中位數公式得

$$中位數=L_m+\frac{\frac{n}{2}-F_m}{f_m}(U_m-L_m)$$

$$=70+\frac{\frac{40}{2}-13}{13}(80-70)$$

$$=75.385$$

⑶衆數：

分組資料中出現次數最高的衆數組爲第三組，其次數爲13。該組組中點爲 75，所以分組資料的衆數爲 75。

⑷第 1 四分位數

第 1 四分位數就是第 25 百分位數，所以P＝25。首先決定第 25 百分位數所在組。由於小於 60 的次數與總次數的比爲$\frac{5}{40}=0.125$，而大於或等於 70 的次數與總次數的比爲$\frac{13+9+5}{40}=0.675$。因此，第 25 百分位數所在組爲第二組，其下組界$L_P=60$, 上組界$U_P=70$。至於第 25 百分位數所在組的次數爲$f_P=8$，小於第 25 百分位數所在組下組界L_P的次數爲$F_P=5$。代入百分位數公式得

$$第\ 25\ 百分位數=60+\frac{\frac{40\times 25}{100}-5}{8}(70-60)$$

$$=66.25$$

即第 1 四分位數爲66.25。

⑸標準差

由於分組資料的平均數爲$\bar{x}=75.25$，且各組次數爲$f_1=5$,

$f_2=8, f_3=13, f_4=9, f_5=5$，總次數$n=40$。各組組中點爲$M_1=55, M_2=65, M_3=75, M_4=85, M_5=95$。代入標準差公式得

$$s=\sqrt{\frac{\sum_{i=1}^{r} f_i M_i^2 - n\bar{x}^2}{n-1}}$$

$$=\sqrt{\frac{(5\times 55^2+8\times 65^2+13\times 75^2+9\times 85^2+5\times 95^2)-40\times 75.25^2}{40-1}}$$

$$=12.087$$

(二) 相對次數分配

相對次數分配(Relative Frequency Distribution)或**相對次數表**(Relative Frequency Table)是將分組資料的各組次數(f_i)除以總次數(n)得到相對次數(f_i/n)，並根據各組組界與對應的相對次數來說明資料特性的一種表列方式。

例 3 續例 2 表 6-2 成績分組資料，建立相對次數表。

解：

將各組次數除以總次數$n=40$即得各組相對次數。所以相對次數表爲：

組別	組界(成績)	相對次數
1	$50\leq x< 60$	0.125
2	$60\leq x< 70$	0.200
3	$70\leq x< 80$	0.325

4	$80\leq x<90$	0.225
5	$90\leq x<100$	0.125
	總計	1.000

(三) 累積次數分配

累積次數分配(Cumulative Frequency Distribution)或**累積次數表(Cumulative Frequency Table)**是將分組資料的各組次數以累加的方式表達，即第j組的累積次數爲由第 1 組至第j組的次數和，即 $\sum_{i=1}^{j} f_i=f_1+f_2+\cdots+f_j$。

例 4 續例 2 中表 6-2 成績分組資料，建立累積次數表。

解：

第 1 組的累積次數爲$f_1=5$，第 2 組的累積次數爲$f_1+f_2=5+8=13$，第 3 組的累積次數爲$f_1+f_2+f_3=5+8+13=26$，第 4 組的累積次數爲$f_1+f_2+f_3+f_4=5+8+13+9=35$，第 5 組的累積次數爲$f_1+f_2+f_3+f_4+f_5=n=40$。所以累積次數表爲：

組別	組界(成績)	累積次數
1	$50\leq x<60$	5
2	$60\leq x<70$	13
3	$70\leq x<80$	26

4	$80 \leq x < 90$	35
5	$90 \leq x < 100$	40

(四) 累積相對次數分配

累積相對次數分配(Cumulative Relative Frequency Distribution)或**累積相對次數表**(Cumulative Relative Frequency Table)是將累積次數表中各組所對應的累積次數除以總次數，即第j組的累積相對次數為$\sum_{i=1}^{j} f_i/n$。

例 5　續例 4 累積次數表，建立累積相對次數表。

解：

第 1 組的累積相對次數為$f_1/n=5/40=0.125$，第 2 組的累積相對次數為$\sum_{i=1}^{2} f_i/n=13/40=0.325$，第 3 組的累積相對次數為$\sum_{i=1}^{3} f_i/n=0.65$，第 4 組的累積相對次數為$\sum_{i=1}^{4} f_i/n=0.875$，第 5 組的累積相對次數為$\sum_{i=1}^{5} f_i/n=40/40=1$。所以累積相對次數表為：

組別	組界(成績)	累積相對次數
1	$50 \leq x < 60$	0.125
2	$60 \leq x < 70$	0.325
3	$70 \leq x < 80$	0.650

4	$80 \leq x < 90$	0.875
5	$90 \leq x < 100$	1.000

前面提到關於次數分配及相對次數分配不但可以應用在**量的資料**(Quantitative Data)，也可應用在**質的資料**(Qualitative Data)上。至於累積次數分配及累積相對次數分配則僅能適用在量的資料上，這是因爲質的資料上不同的組別具有不同的性質，累積相加沒有意義。

例 6 根據臺北市政府主計處編印之中華民國八十二年《台北市統計要覽》建立臺北市各行政區公園座數的次數表及相對次數表如下：

行政區	次數(公園座數)	相對次數
松山區	38	0.1016
信義區	28	0.0749
大安區	51	0.1364
中山區	53	0.1417
中正區	19	0.0508
大同區	20	0.0535
萬華區	20	0.0535
文山區	46	0.1230
南港區	19	0.0508
內湖區	27	0.0722
士林區	25	0.0668
北投區	28	0.0749

總　計	374	1.0000

由於各行政區是質的分組資料，因此僅能建立次數表及相對次數表，無法建立累積次數表或累積相對次數表。

第二節　統計圖

分組資料不但可以統計表的形式來表達資料分布的情形，同時也可以表示爲統計圖的形式。較常見的六種統計圖爲：(1)直方圖、(2)次數多邊圖、(3)肩形圖、(4)圓瓣圖、(5)條圖、及(6)線圖。

(一) 直方圖

直方圖(Histogram)可以視爲是量化分組資料統計表的圖示。透過直方圖可以輕易的辨別出資料所呈現的分布爲何？例如，是否呈對稱分布、左偏分布或右偏分布等。又如，分布的最高峯在何處？直方圖的水平軸用來表示各組組界，垂直軸用來表示次數或相對次數。若以垂直軸表示次數，則直方圖就是次數表的圖示，可稱爲**次數直方圖**；若以垂直軸表示相對次數，則直方圖就是相對次數表的圖示，可稱爲**相對次數直方圖**。事實上，次數直方圖與相對次數直方圖二者的圖形形狀完全相同，唯一不同的是垂直軸的座標。

例 7 (續例 1 及例 3) 40 名學生成績分組次數及相對次數如下:

組別	組界	次數	相對次數
1	$50 \leq x < 60$	5	0.125
2	$60 \leq x < 70$	8	0.200
3	$70 \leq x < 80$	13	0.325
4	$80 \leq x < 90$	9	0.225
5	$90 \leq x < 100$	5	0.125
總計		40	1.000

試繪製次數直方圖及相對次數直方圖。

解:

水平軸以組界爲分界點,垂直軸若以次數爲座標則繪出的是次數直方圖,如圖 6-1 (a)所示。垂直軸若以相對次數爲座標,則繪出的是相對次數直方圖,如圖 6-1 (b)所示。

圖 6-1 (a) 40 名學生成績的次數直方圖

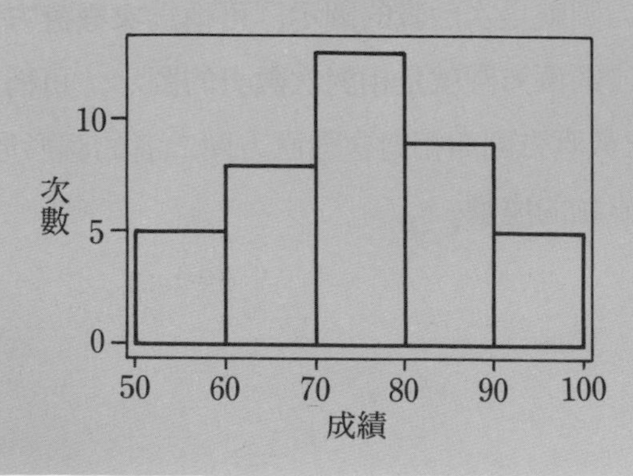

圖 6-1(b)　40 名學生成績的相對次數直方圖

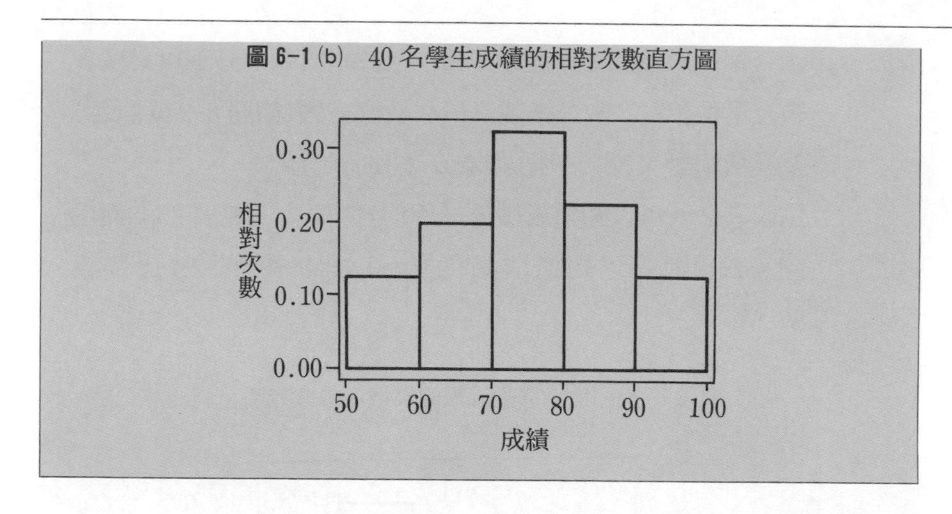

對應於統計表中的累積次數表及累積相對次數表，在直方圖中也有累積次數直方圖及累積相對次數直方圖。其繪製方式與次數直方圖相同，但在垂直軸上座標隨累積次數或累積相對次數而有不同。

例 8　根據例 4 及例 5 所建立的累積次數及累積相對次數(表列如下)，繪製累積次數直方圖及累積相對次數直方圖。

組別	組界	累積次數	累積相對次數
1	$50\leq x<60$	5	0.125
2	$60\leq x<70$	13	0.325
3	$70\leq x<80$	26	0.650
4	$80\leq x<90$	35	0.875
5	$90\leq x<100$	40	1.000

解:

水平軸仍以各組組界爲分界點，至於垂直軸則分別以累積次數及累積相對次數來繪製累積次數直方圖(如圖 6-2 (a)所示)及累積相對次數直方圖(如圖 6-2 (b)所示)。

由圖 6-2 (a)可以知道成績低於 90 分的學生人數爲 35。而由圖 6-2 (b)則可以知道成績低於 90 分的學生人數比例爲 87.5%。

圖 6-2 (a) 40 名學生成績的累積次數直方圖

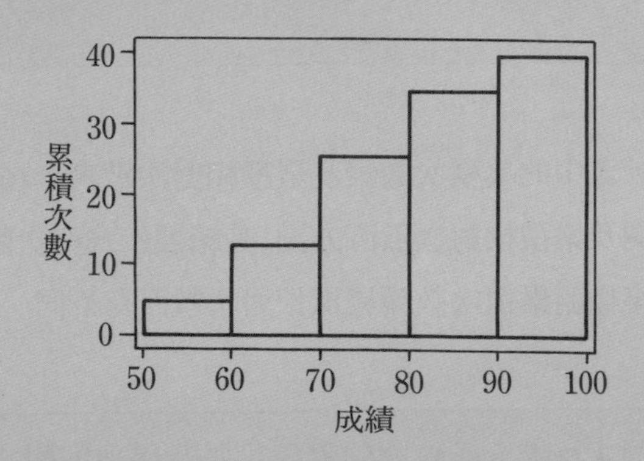

圖 6-2 (b) 40 名學生成績的累積相對次數直方圖

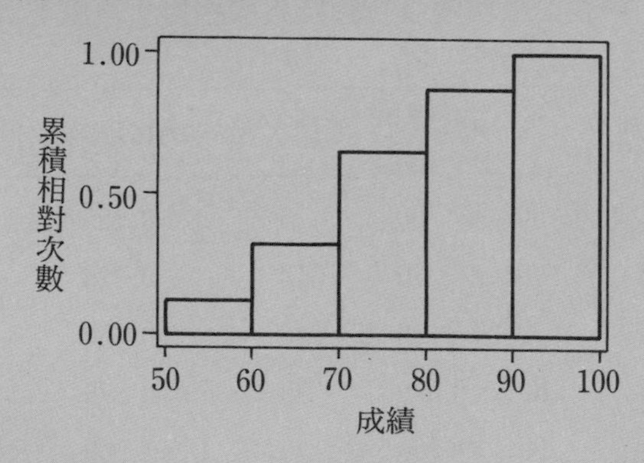

㈡ 次數多邊圖

次數多邊圖(Frequency Polygon)是將直方圖中各條狀(組)頂端的中心點以直線連結，至於直方圖的第一個及最後一個條狀頂端的中心點則分別向外端一個條狀寬度的水平軸中心點連結。次數多邊圖是一個多邊形的線狀圖，主要目的是在凸顯其分布形狀的特性，因此適合於比較兩種甚至多種的分組資料的分布特性。

以例 7 中圖 6-1 (a)次數直方圖繪製次數多邊圖(如圖 6-3 所示)。首先將圖 6-1 (a)中各條狀頂端的中心點，即水平軸座標 55、65、75、85、95 所對應的條狀頂端以直線連結。然後由第一個條狀頂端的中心點向左邊一個條狀寬度的水平軸中心點(即，水平軸座標 45 處)連結。同理，最後一個條狀頂端的中心點向右邊一個條狀寬度的水平軸中心點(即，水平軸 105 處)連結。

圖6-3　40名學生成績的次數多邊圖

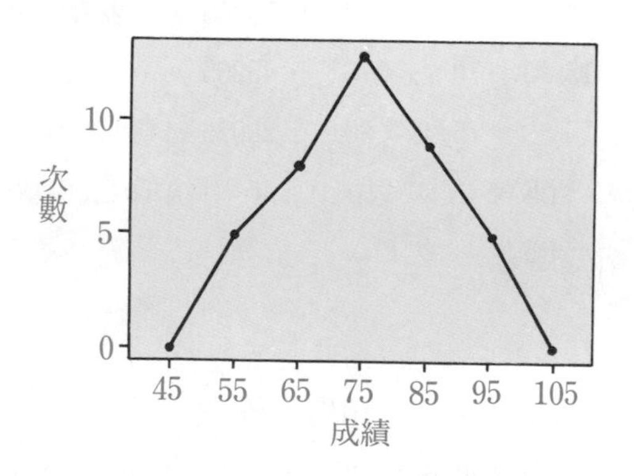

例 9　繪製民國七十八年年底臺北市及高雄市由 0 歲至 80 歲按年齡分組人口數的多邊次數圖，並比較北、高兩市次數多邊圖

的差異。

組別	年齡分組	臺北市	高雄市
1	0≤x< 5	196233	100214
2	5≤x<10	242057	137324
3	10≤x<15	244713	147766
4	15≤x<20	221994	128621
5	20≤x<25	231134	124025
6	25≤x<30	268067	130264
7	30≤x<35	284473	135079
8	35≤x<40	259004	127634
9	40≤x<45	166799	79573
10	45≤x<50	130714	64997
11	50≤x<55	107260	52771
12	55≤x<60	95336	44919
13	60≤x<65	91560	41218
14	65≤x<70	70758	28753
15	70≤x<75	45265	15928
16	75≤x<80	28096	9724

(資料來源：行政院主計處民國八十年六月編印之《中華民國統計月報》表 5。)

解：

由圖 6-4 可以比較臺北市與高雄市人口在不同年齡層的分布情形。顯然的臺北市人口較高雄市人口多，尤以 30～35 歲年齡組最爲明顯。大致上，北、高兩市人口分布形狀大致相似。

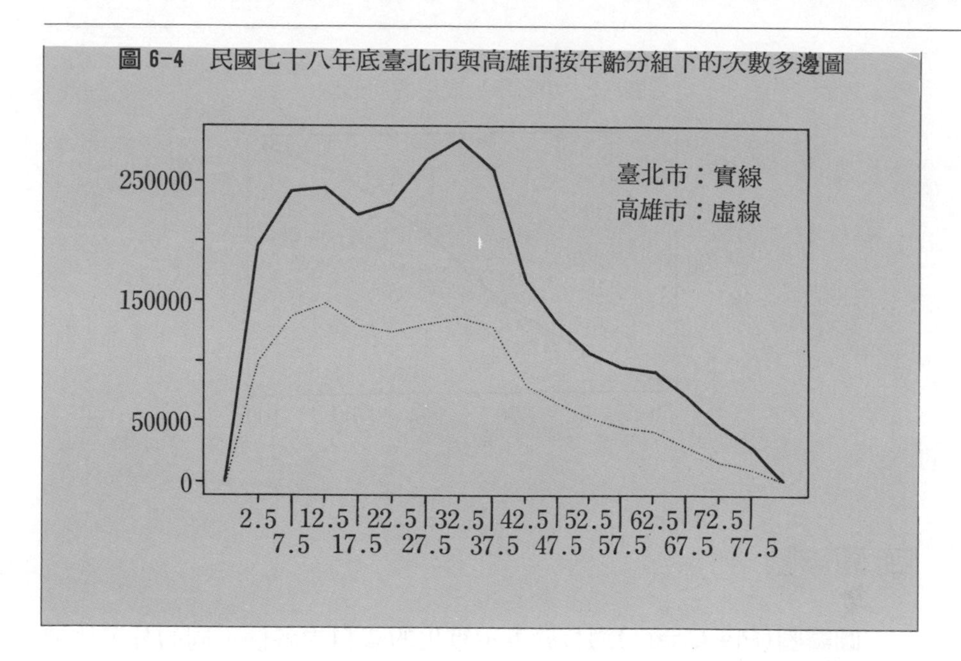

圖 6-4　民國七十八年底臺北市與高雄市按年齡分組下的次數多邊圖

㈢ 肩形圖

肩形圖(Ogive)是將累積次數表或累積相對次數表的分組資料以圖形的方式表達。由肩形圖可以知道有多少次數或多少比例的觀察值低於某一特定值。以例 8 所列 40 名學生成績的累積次數表為例說明如何繪製肩形圖。以各組組界來決定小於各組組界的次數，於是得：

小於 50 的次數為 0
小於 60 的次數為 5
小於 70 的次數為 13
小於 80 的次數為 26
小於 90 的次數為 35
小於 100 的次數為 40

根據上列六個組界與對應次數可繪製肩形圖(如圖 6-5 所示)。

圖6-5 40名學生成績的肩形圖

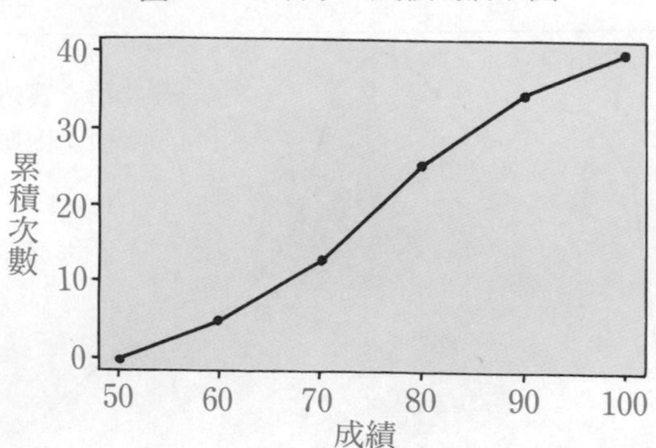

(四) 圓瓣圖

圓瓣圖(Pie Chart)適合於表示質化的資料中各個不同的分子佔總數的比例，因此可以說是質化資料下相對次數表的圖示。以例 6 臺北市各行政區公園座數的相對次數建立圓瓣圖。由於整個圓角度爲 360°，而松山區公園座數佔總座數的比例(即相對次數)爲 0.1016，所以松山區的圓弧瓣角度爲

$$0.1016\times360^\circ=36.576^\circ$$

同理，信義區的圓弧瓣角度爲相對次數 0.0749 乘以全圓角度 360°，即

$$0.0749\times360^\circ=26.964^\circ$$

以此類推可得圓瓣圖(如圖 6-6 所示)。在建立圓瓣圖時，可以將某個分子的弧瓣拉離中心以凸顯該分子，圖 6-6 中左下方文山區拉離中心有凸顯該區之效果存在。

(五) 條圖

條圖(Bar Chart)與直方圖最大的不同在於前者適用於質化的資料，而後者則適用於量化的資料。條圖的水平軸是用來標示質化資料的

圖6-6　臺北市各行政區公園座數圓瓣圖

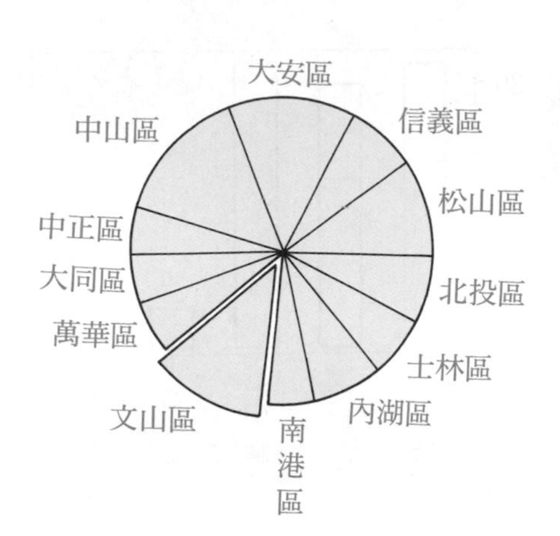

變數值，例如性別變數的男、女，教育程度變數的國小及以下、國(初)中、高中(職)、專科、大學及以上。條圖的垂直軸是用來表示質化資料變數值的次數或相對次數。

以臺灣地區計程車司機的教育程度爲例❸，國小及以下的百分比爲32.2%，國(初)中爲29.9%，高中(職)爲32.2%，專科爲4.6%，大學及以上爲1.0%，繪製條圖如圖6-7所示。

(六) 線圖

線圖(Line Graph)是指將圖形中表示觀察值的各點以線連結起來的圖形，此種圖形適合於找出存在於資料中的型態。常見的線圖是時間序列的資料，例如臺灣地區工業生產指數在民國八十年元月至民國八十一年十二月間的線圖(如圖6-8所示)。由圖中可以看出臺灣地區工業生

❸資料來源爲交通部統計處民國八十一年編印之《臺灣地區計程車營運狀況調查報告》。

圖6-7 臺灣地區計程車司機教育程度百分比條圖

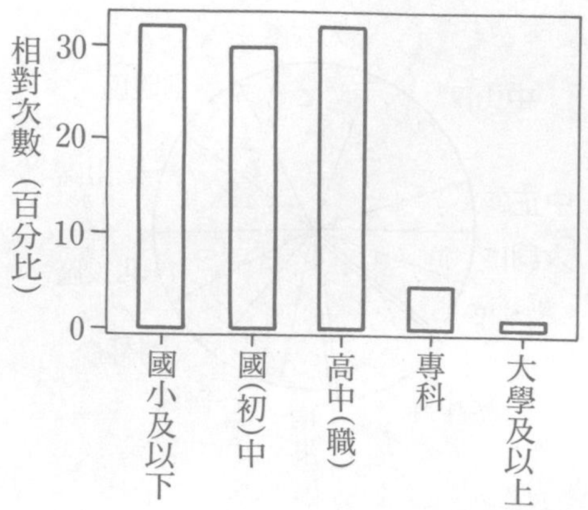

相對次數（百分比）
30
20
10
0
國小及以下
國(初)中
高中(職)
專科
大學及以上

產指數在每年的二月左右有一低生產指數的型態重複出現，可能是因爲農曆春節假期的緣故。

圖6-8 臺灣地區工業生產指數線圖

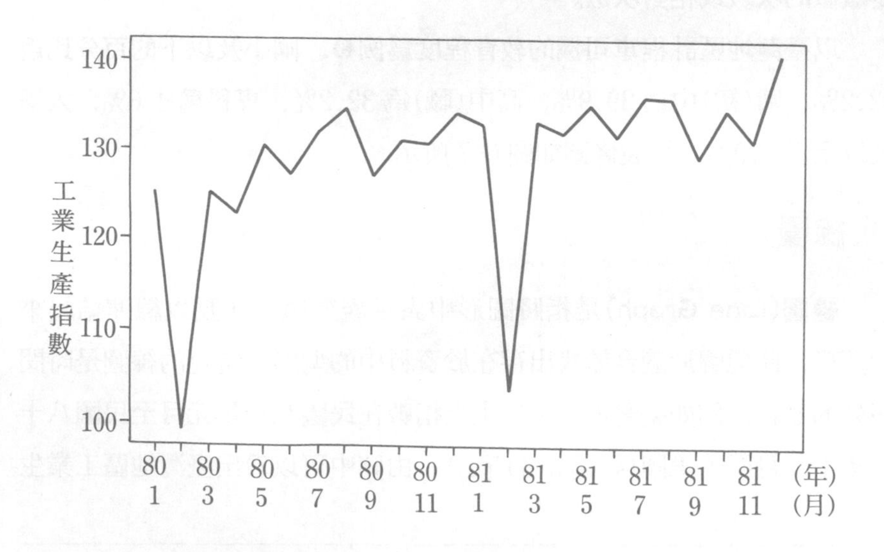

資料來源：行政院主計處編印之《中華民國統計月報》。

第三節　探索性資料分析

前面所提到的統計表、統計圖以及第五章所討論的敍述統計量都是用來描述資料特性的方法。至於**探索性資料分析**(Exploratory Data Analysis)不僅可用來描述資料特性，也可用來偵測**異常值**(Outliers)的存在。異常值是指該值離資料分布的中心很遠，其造成的原因很多，例如可能是因爲登錄的錯誤，或是因爲製程上的差誤造成，也有可能是該值原本就是正常狀況下所產生的值。不論如何，在統計分析之前，對於異常值加以注意是必須的一項工作。本節介紹兩種探索性資料分析方法：(1)莖葉圖、(2)箱形圖。

(一) 莖葉圖

莖葉圖(Stem and Leaf Display)是融合了直方圖及統計表兩種表示法的一種探索性資料分析方法。莖葉圖兼具了圖與表的優點，因此是一種比較優良的表示方法，本法能夠表達資料分布特性，標示中位數所在，告知是否有可能的異常值存在、資料分散程度，同時也能將全部資料的原始值保留下來，不會像統計表或圖一樣的失去某些資訊。

莖葉圖的製作方法是根據資料的個別觀察值決定莖的數字位數，即**領先數**(Leading Digit)，同時也決定葉的位數。然後將全部資料按莖與葉的定義排序出來，相同莖的全部葉排在同一列。至於莖則以行的方式遞增排序。莖葉之間以空格或垂直線分開。

例 10　續例 1，40 名學生學期成績資料，並將最低分數 51 分改爲 25 分來說明異常值之情形，修改後的資料列於下面：

99	72	83	74	59	69	88	70	52	25
78	99	66	54	76	88	90	76	69	81
78	63	55	66	82	68	80	65	79	85
79	69	71	93	80	71	96	89	78	73

試建立莖葉圖。

解:

定義莖的位數爲十位數, 葉的位數爲個位數, 則

5 | 2

表示莖爲 5, 葉爲 2, 即 52 分。以同樣方法將全部資料以莖葉表示並排序後得莖葉圖如下:

```
2 | 5
3 |
4 |
5 | 2459
6 | 35668999
7 | 0112346688899
8 | 001235889
9 | 03699
```

莖葉圖中的 5 | 2459 表示觀察值 52、54、55 及 59。圖 6-9 爲 MINITAB的莖葉圖。

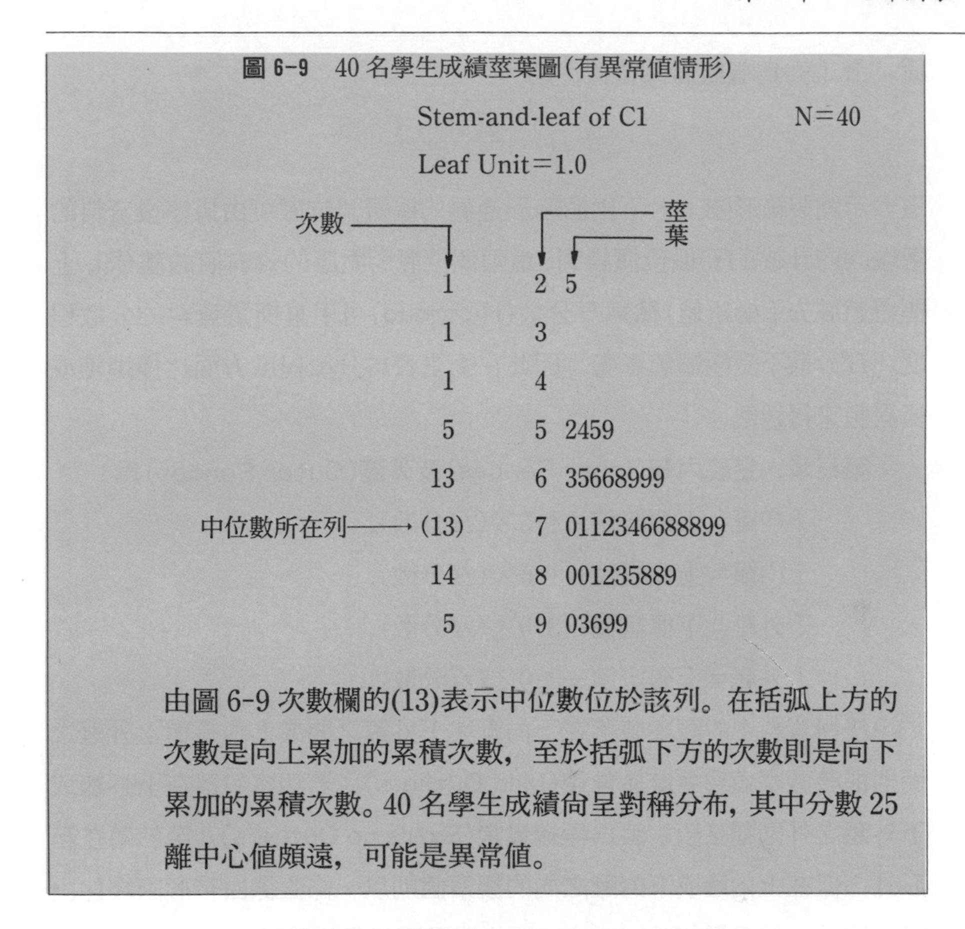

圖 6-9 40 名學生成績莖葉圖(有異常值情形)

Stem-and-leaf of C1　　N=40

Leaf Unit=1.0

次數	莖	葉
1	2	5
1	3	
1	4	
5	5	2459
13	6	35668999
(13)	7	0112346688899
14	8	001235889
5	9	03699

由圖 6-9 次數欄的(13)表示中位數位於該列。在括弧上方的次數是向上累加的累積次數，至於括弧下方的次數則是向下累加的累積次數。40 名學生成績尚呈對稱分布，其中分數 25 離中心值頗遠，可能是異常值。

(二) 箱形圖

箱形圖(Box Plot)不但可清楚指出中位數所在，也可指出資料是否呈對稱、左偏，或右偏分布，此外也能告知資料中是否有異常值存在。箱形圖的繪製方法是先由資料決定中位數所在位置。令$i(M)$爲中位數所在位置取整數部分，例如：20 個數值的中位數所在位置爲$(20+1)/2=10.5$，則位置取整數得 $i(M)=10$；而 15 個數值的中位數位置爲$(15+1)/2=8$，則$i(M)=8$。第二步，由$i(M)$決定**樞紐值(Hinges)**的位

置。令$i(H)$爲樞紐值的位置，則

$$i(H)=\frac{i(M)+1}{2}$$

這表示繪製箱形圖上、下兩個箱形邊界的樞紐值位置可由排序後資料的兩端向內計數$i(H)$個位置得到。這兩個位置所對應的資料值的差(即，上樞紐值減去下樞紐值)稱爲H**分散**(H-spread)可用來衡量資料的分散程度。H分散不受極端值影響，因此在衡量資料分散程度方面比標準差或變異數來得穩健。

第三步，定義**內籬**(Inner Fences)及**外籬**(Outer Fences)爲：

下內籬＝下樞紐值$-1.5\times(H$分散$)$，

上內籬＝上樞紐值$+1.5\times(H$分散$)$，

下外籬＝下樞紐值$-3.0\times(H$分散$)$，

上外籬＝上樞紐值$+3.0\times(H$分散$)$。

任何資料中的觀察值落在下內籬與下外籬之間或上內籬與上外籬之間則稱該觀察值爲**中度異常值**(Mild Outliers)。若觀察值落在上外籬或下外籬之外則稱該觀察值爲**極端異常**(Extreme Outliers)。至於落在箱形外，但在上內籬或下內籬之內的觀察值則以一條直線由箱形兩端伸出將之連結，稱爲**鬚**(Whisker)；爲此箱形圖又稱**箱鬚圖**(Box and Whisker Plot)。大約有 50%的觀察值落在箱內，而鬚的長短可以看出資料分布尾端的情形。箱形內的橫線表示中位數所在的位置，若橫線位於箱形靠近上方處，表示呈左偏分布。反之，橫線位於箱形靠近下方處，表示呈右偏分布。

例 11　續例 10 資料，建立箱形圖。

解：

樣本數$n=40$，所以中位數所在位置爲$\frac{40+1}{2}=20.5$，取整數得$i(M)=20$。根據$i(M)$決定樞紐值位置

$$i(H)=\frac{i(M)+1}{2}=\frac{20+1}{2}=10.5$$

由排序後的資料(可參閱圖 6-9 的莖葉圖)找到上、下樞紐值爲第 10 與第 11 個位置對應數值的平均數，即

$$下樞紐值=\frac{68+69}{2}=68.5$$

$$上樞紐值=\frac{82+83}{2}=82.5$$

於是H分散爲

$$\begin{aligned}H分散&=上樞紐值-下樞紐值\\&=82.5-68.5\\&=14\end{aligned}$$

內、外籬分別爲：

$$下內籬=68.5-1.5\times(14)=47.5$$

$$上內籬=82.5+1.5\times(14)=103.5$$

$$下外籬=68.5-3.0\times(14)=26.5$$

$$上外籬=82.5+3.0\times(14)=124.5$$

繪製成箱形圖(如圖 6-10 所示)，資料呈對稱分布，極端異常值爲 25(落在下外籬 26.5 之外)。

圖 6-10 40 名學生成績箱形圖(有異常值情形)

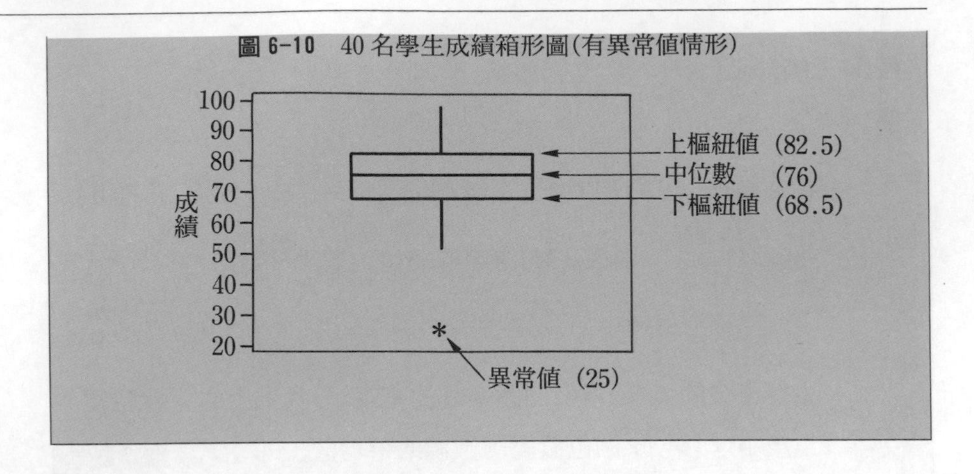

摘　要

重要詞語

統計表	次數分配	組數
組距	組界	組中點
分組資料	相對次數表	相對次數分配
累積次數分配	累積次數表	累積相對次數分配
累積相對次數表	直方圖	次數直方圖
相對次數直方圖	次數多邊圖	肩形圖
圓瓣圖	條圖	線圖
探索性資料分析	異常值	莖葉圖
領先數	箱形圖	樞紐值
H分散	內籬	外籬
中度異常值	極端異常值	箱鬚圖

公式

1.分組組數

$$組數=[2\times(資料個數)]^{0.3333}$$

2.組距

$$組距=全距/組數$$

3.中位數

$$\text{中位數} = L_m + \frac{\frac{n}{2} - F_m}{f_m}(U_m - L_m)$$

4.第P百分位數

$$\text{第P百分位數} = L_P + \frac{\frac{np}{100} - F_P}{f_P}(U_P - L_P)$$

5.平均數

$$\bar{x} = \frac{\sum_{i=1}^{r} f_i M_i}{n}$$

6.標準差

$$s = \sqrt{\frac{\sum_{i=1}^{r} f_i M_i^2 - n\bar{x}^2}{n-1}}$$

習　題

1.何謂統計表？統計表可以分為那幾種？

2.將個數為 60 的資料分組，試建議可分成幾組？

3.建立次數表的原則為何？

4.試列出六種常見的統計圖。

5.某保險公司招收業務員，第五梯次有五十名應徵者參加性向測驗，其分數如下：

70	78	94	80	96	92	71	75	84	74
84	66	71	82	78	77	91	76	67	68
89	92	90	89	83	66	71	96	67	84
89	84	74	63	63	86	81	71	71	68
63	91	89	78	88	84	80	82	87	79

試根據上述資料，建立次數表。

6.根據習題 5 所建立的次數表，計算分組資料的下列敘述統計量：

(1)平均數。

(2)中位數。

(3)第 1 四分位數。

(4)標準差。

(5)衆數。

7.根據習題 5 所建立的次數表，建立：

(1)相對次數表。

(2)累積次數表。

(3)累積相對次數表。

8.根據習題6所建立的次數表及習題7的相對次數表、累積次數表、累積相對次數表，繪製下列各統計圖：

(1)次數直方圖。

(2)相對次數直方圖。

(3)累積次數直方圖。

(4)累積相對次數直方圖。

(5)次數多邊圖。

9.試根據下列世界各主要國家於西元1991年的郵政局所數，繪製圓瓣圖。

國　　名	德國	美國	日本	英國	中國大陸	加拿大
郵政局所數	26135	39985	24181	20306	51544	18210

(資料來源：《主要國家交通統計比較》，民國八十二年十二月，交通部統計處編印)

10.根據習題9所列資料，繪製條圖。

11.試根據民國七十二年至八十二年的我國貨幣供給額M 2(新臺幣百萬元)，繪製線圖。

民國(年)	72	73	74	75	76
貨幣供給額M2	1568424	1939116	2356096	2901887	3679103

民國(年)	77	78	79	80	81
貨幣供給額M2	4493613	5250680	5834381	6749409	8098627

民國(年)	82
貨幣供給額M2	9440845

(資料來源：《中華民國統計月報》，民國八十三年五月，行政院主計處編印)

12.根據習題5性向測驗資料，建立下列各圖。

(1)莖葉圖。

(2)箱形圖。並列出H分散、樞紐值及內、外籬。

第七章　機　率

機率理論在現代推論統計領域中扮演著極爲重要的角色。由於推論統計是就樣本所獲得的資訊來對母體上的未知現象進行推論，因此可以視爲是在不確定的狀態下做決策的一種行爲。至於不確定狀態的敍述則有賴於機率理論來完成，因此本章就機率的基本定義與概念加以介紹。

第一節介紹隨機試驗、樣本空間、簡單事件、事件及周延與互斥的性質。第二節定義機率及說明機率的基本性質。第三節探討集合與機率間的關係。第四節考慮聯合機率、邊際機率及條件機率，並介紹機率乘法法則。第五節說明獨立事件的意義及相依事件與互斥事件的關係。第六節針對貝氏定理加以介紹，包括事前機率及事後機率的說明。

第一節　隨機試驗

隨機試驗(Random Experiment)是一項在多個可能的試驗結果中僅會發生其中一種結果的試驗。由於在試驗之前無法預知何種結果會發生，所以稱爲隨機試驗，亦即發生結果是不確定的一項試驗。

隨機試驗的例子相當普遍，例如：

(1)擲一枚硬幣的試驗。可能發生的結果有正面與反面兩種情形，在硬幣擲出之前無法預知結果爲正面或反面，所以擲一枚硬幣的試驗是一項隨機試驗。

(2)擲一粒骰子的試驗。可能發生的結果有點數 1，2，3，4，5，6 等六種情形，在擲出之前無法預知出現的點數爲多少，所以擲一粒骰子的試驗也是一項隨機試驗。

(3)由 500 位參加抽獎的名單中抽出獨得第一特獎的幸運者。這項抽獎活動也是一項隨機試驗。

由於隨機試驗的發生結果是不確定的，爲了決定隨機試驗中各種結果發生的可能性，必須對隨機試驗的全部可能結果加以定義，此即**樣本空間(Sample Space)**。樣本空間是由隨機試驗的全部可能結果所形成。由於樣本空間涵蓋了全部的可能結果，所以是具有**周延性(Exhaustive)**。同時，爲了避免重複計算，要求在隨機試驗的樣本空間中任何兩種可能結果不能同時出現，此一性質稱爲**互斥(Mutually Exclusive)**。簡言之，沒有遺漏稱爲周延，沒有交集稱爲互斥。能滿足周延與互斥的全部可能結果形成樣本空間，通常以英文大寫字母S表示。

例 1　擲一枚硬幣的隨機試驗，其樣本空間爲

$$S=\{\text{正面，反面}\}$$

例 2　擲一粒骰子的隨機試驗，其樣本空間爲

$$S=\{1, 2, 3, 4, 5, 6\}$$

例 3　由 500 位參加抽獎名單中抽出第一特獎乙名的抽獎活動，其樣本空間(按名單編號)爲

$$S=\{1, 2, 3, \cdots, 499, 500\}$$

具有周延與互斥性質的樣本空間中各種個別可能的結果稱爲**簡單事件**(Simple Event)，通常以英文大寫字母$E_1,E_2,\cdots,E_n$等表示。至於**事件**(Event)則定義爲一個或一個以上的簡單事件集合而成，通常以英文大寫字母A，B或C等表示。

例 4　擲一粒骰子的隨機試驗，以E_1代表出現點數爲1的簡單事件，即$E_1=\{1\}$。同理，$E_2, E_3, \cdots, E_6$分別代表出現點數爲2, 3, …, 6的簡單事件，即$E_2=\{2\}$, $E_3=\{3\},\cdots,E_6=\{6\}$。

例 5　續例4，令A爲出現偶數點數的事件，即$A=\{2, 4, 6\}$，所以事件A是由E_2、E_4及E_6三個簡單事件集合而成。

第二節　機率與機率基本性質

隨機試驗中任一事件A發生的**可能性**(Likelyhood)稱爲此一事件發生的**機率**(Probability)，以$P(A)$表示。根據隨機試驗中樣本空間及簡單事件的定義，可將機率的**基本性質**說明如下：

令$E_1,E_2,\cdots,E_n$代表樣本空間S的所有簡單事件，則任一簡單事件E_i的機率滿足

$$0\leq P(E_i)\leq 1$$

而且全部簡單事件的機率和滿足

$$\sum_{i=1}^{n} P(E_i)=1$$

若事件A是由E_1, E_2, …, E_k的k個簡單事件集合而成，則事件A的

機率滿足

$$P(A)=P(E_1)+P(E_2)+\cdots+P(E_k)$$

例 6 續例 4 及例 5，擲一粒骰子的樣本空間$S=\{1, 2, 3, 4, 5, 6\}$，其所有簡單事件爲$E_1=\{1\}$, $E_2=\{2\}$, $E_3=\{3\}$,$E_4=\{4\}$, $E_5=\{5\}$, $E_6=\{6\}$；令出現偶數點數的事件$A=\{2, 4, 6\}$，則由機率的基本性質知道：

(1)$0\leq P(E_i)\leq 1$, 其中$i=1, 2, \cdots, 6$。

(2)$\sum_{i=1}^{6} P(E_i)=1$。

(3)$P(A)=P(E_2)+P(E_4)+P(E_6)$。

在機率及其基本性質的介紹中並未說明如何決定事件的機率，關於此點有三種處理方式：

1.古典方法

事件機率的決定是根據隨機試驗的邏輯必然性推演得到。例如擲骰子一粒出現的點數有六種可能，而且假定各點數出現的**可能性相同**(Equally Likely)，所以$P(E_1)=P(E_2)=\cdots=P(E_6)=1/6$。

2.相對次數方法

根據長期重複試驗以求得事件發生的次數x占總試驗次數n的比例做爲該事件發生的機率。例如某推銷員拜訪 100 位客戶，有 20 位客戶購買其產品，因此拜訪一位客戶生意成交的機率以 0.2 表示。

3.主觀方法

根據個人主觀的看法來決定事件的機率。例如部屬預測其直屬上司次日心情愉快的機率爲 0.7。

例 7　續例 6 擲一粒骰子的試驗，根據古典方法可以得到：$P(E_1)=P(E_2)=\cdots=P(E_6)=1/6$，而且$P(A)=1/6+1/6+1/6=1/2$，其中$A$爲出現偶數點數的事件。

第三節　集合與機率

在本章第一節隨機試驗中所討論的樣本空間、簡單事件及事件都是以集合的觀念表示；在第二節則是針對事件所對應的機率做介紹，因此探討集合與機率之間的關係有助於事件機率的計算。

首先介紹三個集合的概念：

1.聯集

A、B兩個事件的聯集是表示A發生或B發生或A、B同時發生的事件，以$A\cup B$表示。例如：$A=\{2, 4, 6\}$, $B=\{1, 2, 3\}$,則$A\cup B=\{1, 2, 3, 4, 6\}$。

2.交集

A、B兩個事件的交集是表示A和B同時發生的事件，以$A\cap B$表示(也可以AB表示)。例如：$A=\{2, 4, 6\}$,$B=\{1, 2, 3\}$, 則$A\cap B=\{2\}$。

3.餘集

事件A的餘集是所有在樣本空間S內不屬於A事件的簡單事件所形成的集合，以$\bar{A}$表示。例如：$S=\{1, 2, 3, 4, 5, 6\}$,$A=\{2, 4, 6\}$, 則$\bar{A}=\{1, 3, 5\}$。

樣本空間S的餘集爲$\bar{S}$，以空集合ϕ表示，所以**空集合**內沒有任何元素。

英國邏輯學家約翰・文(John Venn)的**文氏圖形(Venn Diagram)**

可用來表示聯集、交集、餘集的概念如圖 7-1 所示。

圖7-1 聯集(a)、交集(b)、餘集(c)

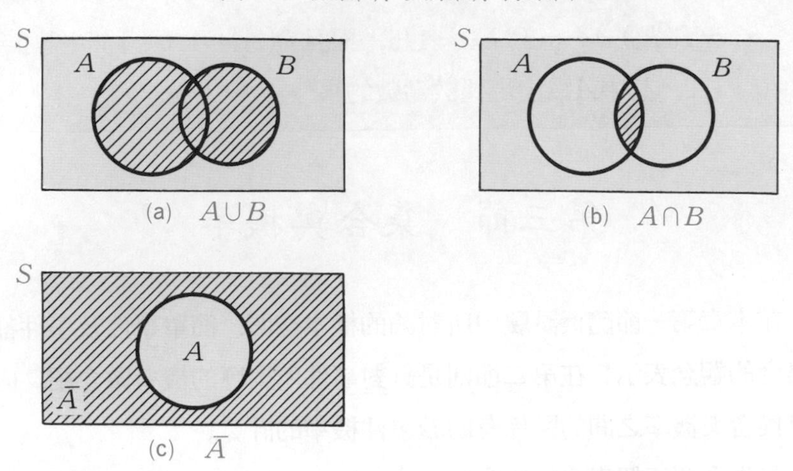

根據上述三個集合的概念，配合本章第二節機率的基本性質可以得到下列五個機率性質：

(1)若A, B爲樣本空間中的兩個事件，則$A \cup B$事件的機率爲

$$P(A \cup B)=P(A)+P(B)-P(A \cap B)$$

稱爲**機率加法法則(Additive Law of Probability)**。

(2)若A爲樣本空間中的事件，則$\bar{A}$事件的機率爲

$$P(\bar{A})=1-P(A)$$

(3)樣本空間S的機率爲

$$P(S)=1$$

(4)空集合ϕ的機率爲

$$P(\phi)=0$$

(5)若A, B爲樣本空間中的兩個互斥事件，則$A \cap B$的機率爲

$$P(A \cap B)=0$$

例 8　擲一粒骰子的隨機試驗中，令事件A爲偶數點數的集合，事件B爲點數大於4的集合，事件C爲奇數點數的集合，則樣本空間$S=\{1, 2, 3, 4, 5, 6\}$，事件$A=\{2, 4, 6\}$，事件$B=\{5, 6\}$，事件$C=\{1, 3, 5\}$，至於樣本空間中各簡單事件分別爲$E_1=\{1\}$, $E_2=\{2\}$,$E_3=\{3\}$, $E_4=\{4\}$, $E_5=\{5\}$, $E_6=\{6\}$。所以

(1)$P(A\cup B)=P(A)+P(B)-P(A\cap B)=\{P(E_2)+P(E_4)+P(E_6)\}+\{P(E_5)+P(E_6)\}-\{P(E_6)\}$

$$=\frac{3}{6}+\frac{2}{6}-\frac{1}{6}$$

$$=\frac{2}{3},$$

(2)$P(\bar{A})=1-P(A)=1-\{P(E_2)+P(E_4)+P(E_6)\}=1-\frac{3}{6}$

$$=\frac{3}{6},$$

(3)$P(S)=P(E_1)+P(E_2)+P(E_3)+P(E_4)+P(E_5)+P(E_6)$

$$=1,$$

(4)$P(A\cap C)=P(\phi)=0$, 表示事件A, C互斥。

(5)$P(A\cup C)=P(A)+P(C)-P(A\cap C)$

$$=\{P(E_2)+P(E_4)+P(E_6)\}+\{P(E_1)+P(E_3)+P(E_5)\}-P(\phi)$$

$$=\frac{3}{6}+\frac{3}{6}-0$$

$$=1$$

例 9 考慮隨機試驗其樣本空間S是由簡單事件E_1, E_2, E_3, E_4, E_5所組成，且各簡單事件所對應的機率分別爲$P(E_1)=0.08$, $P(E_2)=0.22$, $P(E_3)=0.35$, $P(E_4)=0.20$,$P(E_5)=0.15$。假設事件A是由E_1, E_2, E_5所組成，事件B是由E_2, E_4, E_5所組成，則

(1)$P(A)=P(E_1)+P(E_2)+P(E_5)$

$=0.08+0.22+0.15$

$=0.45$

(2)$P(B)=P(E_2)+P(E_4)+P(E_5)$

$=0.22+0.20+0.15$

$=0.57$

(3)$P(A\cap B)=P(E_2)+P(E_5)$

$=0.22+0.15$

$=0.37$

(4)$P(A\cup B)=P(A)+P(B)-P(A\cap B)$

$=0.45+0.57-0.37$

$=0.65$

第四節　聯合機率、邊際機率、條件機率

在現實世界中有許多事件的發生是受到其他事件的影響，例如工作升遷是否受到性別的影響、心情是否受到天氣的影響、考試成績是否受到上課出勤的影響。因此**條件機率(Conditional Probability)**是考慮兩種不同屬性的事件A_i與B_j，在事件A_i發生的前提下問事件B_j發生的機率，以$P(B_j|A_i)$表示。

由於條件機率同時考慮兩種不同屬性的事件，因此可經由**聯合機率表**(Joint Probability Table)來說明。聯合機率表是將兩種(或兩種以上)不同屬性的各事件列表，表中各機率值是由分屬兩種(或兩種以上)不同屬性的事件交集的發生機率。令A_1, A_2 …, A_m爲屬性A的m個彼此互斥的事件，B_1,B_2…, B_n爲屬性B的n個彼此互斥的事件，則屬性A與屬性B的聯合機率表爲：

屬性A	屬性B B_1　B_2 … B_j … B_n	邊際機率
A_1	P_{11}　P_{12} … P_{1j} … P_{1n}	$P_{1\cdot}$
A_2	P_{21}　P_{22} … P_{2j} … P_{2n}	$P_{2\cdot}$
⋮	⋮　⋮　⋮　⋮	⋮
A_i	P_{i1}　P_{i2} … P_{ij} … P_{in}	$P_{i\cdot}$
⋮	⋮　⋮　⋮　⋮	⋮
A_m	P_{m1}　P_{m2} … P_{mj} … P_{mn}	$P_{m\cdot}$
邊際機率	$P_{\cdot 1}$　$P_{\cdot 2}$ … $P_{\cdot j}$ … $P_{\cdot n}$	1

表中P_{11}表示屬性A的事件A_1與屬性B的事件B_1同時發生的機率，亦即$P(A_1 \cap B_1) = P_{11}$。同理，事件A_i與事件B_j同時發生的機率爲

$$P(A_i \cap B_j) = P_{ij},$$

其中$i=1, 2, \cdots, m$, 且 $j=1, 2, \cdots, n$。

若將聯合機率表中任一橫列(或縱行)加總可得此列(或行)所對應事件的**邊際機率**(Marginal Probability)。例如：B_1事件的機率

$$P(B_1) = P(A_1 \cap B_1) + P(A_2 \cap B_1) + \cdots + P(A_m \cap B_1)$$
$$= P_{11} + P_{21} + \cdots + P_{m1}$$

$=P_{\cdot 1}$

因爲$P(B_1)$是由第一縱行的機率加總而得，所以稱爲邊際機率，以$P_{\cdot 1}$表示。A屬性中，A_i事件的邊際機率爲

$$P(A_i)=P(A_i\cap B_1)+P(A_i\cap B_2)+\cdots+P(A_i\cap B_n)$$
$$=P_{i1}+P_{i2}+\cdots+P_{in}$$
$$=P_{i\cdot}$$

至於B屬性中，B_j事件的邊際機率爲

$$P(B_j)=P(A_1\cap B_j)+P(A_2\cap B_j)+\cdots+P(A_m\cap B_j)$$
$$=P_{1j}+P_{2j}+\cdots+P_{mj}$$
$$=P_{\cdot j}$$

任何一種屬性的全部邊際機率的和等於1，即$\sum_{i=1}^{m}P(A_i)=\sum_{i=1}^{m}P_{i\cdot}=1$, 且$\sum_{j=1}^{n}P(B_j)=\sum_{j=1}^{n}P_{\cdot j}=1$。

例 10　依據調查，民國八十年臺灣地區十五歲以上人口性別與抽菸兩種屬性人數，建立下列聯合機率表。

性　別	抽　菸 有	 沒有	邊際機率
男	0.31	0.19	0.50
女	0.01	0.49	0.50
邊際機率	0.32	0.68	1

由上表知道：具有抽菸及男性兩種屬性事件的人數占總調查

人數的 0.31，即P(男性∩有抽菸)=0.31。同理，P(男性∩沒抽菸)=0.19，P(女性∩有抽菸)=0.01，P(女性∩沒抽菸)=0.49。

若欲計算抽菸屬性中「有抽菸」事件的邊際機率，則可由下式求得，即

$$P(\text{有抽菸})=P(\text{男性}\cap\text{有抽菸})+P(\text{女性}\cap\text{有抽菸})$$
$$=0.31+0.01$$
$$=0.32$$

同理，抽菸屬性中「沒抽菸」事件的邊際機率爲

$$P(\text{沒抽菸})=P(\text{男性}\cap\text{沒抽菸})+P(\text{女性}\cap\text{沒抽菸})$$
$$=0.19+0.49$$
$$=0.68$$

至於性別屬性中「男性」事件的邊際機率爲

$$P(\text{男性})=P(\text{男性}\cap\text{有抽菸})+P(\text{男性}\cap\text{沒抽菸})$$
$$=0.31+0.19$$
$$=0.50$$

同理, 性別屬性中「女性」事件的邊際機率爲

$$P(\text{女性})=P(\text{女性}\cap\text{有抽菸})+P(\text{女性}\cap\text{沒抽菸})$$
$$=0.01+0.49$$
$$=0.50$$

由聯合機率表中的邊際機率知道：性別屬性的邊際機率和爲 1，即

$$P(\text{男性})+P(\text{女性})=0.5+0.5=1$$

同理，抽菸屬性的邊際機率和亦爲 1，即

$$P(\text{有抽菸})+P(\text{沒抽菸})=0.32+0.68=1$$

在事件A_i發生的前提下，事件B_j發生的機率稱爲**條件機率**，以$P(B_j|A_i)$表示，其公式爲：

$$P(B_j|A_i)=\frac{P(A_i\cap B_j)}{P(A_i)}，其中P(A_i)\neq 0。$$

根據條件機率的公式及聯合機率表，知道條件機率$P(B_j|A_i)$爲事件A_i與B_j交集的機率除以事件A_i的邊際機率，即

$$P(B_j|A_i)=\frac{P_{ij}}{P_{i\cdot}}$$

同理，在事件B_j發生的前提下，事件A_i發生的條件機率爲：

$$P(A_i|B_j)=\frac{P(A_i\cap B_j)}{P(B_j)}, 其中P(B_j)\neq 0$$

$$=\frac{P_{ij}}{P_{\cdot j}}$$

根據條件機率的公式，可以得到**機率乘法法則(Multiplicative Law of Probability)**：

$$P(A_i\cap B_j)=P(A_i)P(B_j|A_i)$$

而且

$$P(A_i\cap B_j)=P(B_j)P(A_i|B_j)。$$

例 11 續例 10 的聯合機率表資料，在抽菸人口中是男性的條件機率爲

$$P(男性|抽菸)=\frac{P(男性\cap 抽菸)}{P(抽菸)}$$

$$=\frac{0.31}{0.32}$$

$$=0.96875,$$

至於抽菸人口中是女性的條件機率爲

$$P(\text{女性}|\text{抽菸})=\frac{P(\text{女性}\cap\text{抽菸})}{P(\text{抽菸})}$$

$$=\frac{0.01}{0.32}$$

$$=0.03125$$

同理, 沒抽菸人口中是男性的條件機率爲

$$P(\text{男性}|\text{沒抽菸})=\frac{P(\text{男性}\cap\text{沒抽菸})}{P(\text{沒抽菸})}$$

$$=\frac{0.19}{0.68}$$

$$=0.279$$

至於沒抽菸人口中是女性的條件機率爲

$$P(\text{女性}|\text{沒抽菸})=\frac{P(\text{女性}\cap\text{沒抽菸})}{P(\text{沒抽菸})}$$

$$=\frac{0.49}{0.68}$$

$$=0.721$$

例 12 某班有 50 位同學修習統計學課程, 已知僅有 4 位同學的成績在 95 分以上, 隨機抽取兩位同學成績皆爲 95 分以上的機率爲何?

解:

令A表第一位同學成績在 95 分以上的事件, B表第二位同學成績在 95 分以上的事件。兩位同學成績皆爲 95 分以上的機率爲$P(A\cap B)$, 由機率乘法法則

$$P(A\cap B)=P(A)P(B|A)$$

其中$P(A)=\frac{4}{50}$, $P(B|A)=\frac{3}{49}$

所以

$$P(A\cap B)=\frac{4}{50}\times\frac{3}{49}=0.00489$$

第五節　獨立與互斥

由條件機率的定義知道：若A, B爲兩事件，則在事件A發生的前提下事件B發生的條件機率爲

$$P(B|A)=\frac{P(A\cap B)}{P(A)}$$

同理，在事件B發生的前提下事件A發生的條件機率爲

$$P(A|B)=\frac{P(A\cap B)}{P(B)}$$

如果A事件與B事件**獨立**(Independence)，即A事件發生機率不受B事件發生的影響，而且B事件發生機率也不受A事件發生的影響，則條件機率$P(A|B)$等於$P(A)$，而且條件機率$P(B|A)$等於$P(B)$，即

$$P(A|B)=P(A)$$

$$P(B|A)=P(B)$$

將A、B事件獨立的假設代入條件機率可以得到獨立事件的公式

$$P(A\cap B)=P(A)P(B)$$

如果A事件與B事件**相依**(Dependence)，則A事件發生機率受到B事件發生的影響，即$P(A|B)\neq P(A)$。同理，B事件發生機率受到A事件發生的影響，即$P(B|A)\neq P(B)$。因此，當獨立事件公式不成立時，

$$P(A\cap B)\neq P(A)P(B)$$

則A，B事件爲相依。

互斥事件與獨立事件不同。假設$P(A)\neq 0$，且$P(B)\neq 0$，若A、B兩事件互斥，則A事件發生時B事件必不發生，亦即$P(B|A)=0$。同理，B事件發生時A事件必不發生，亦即$P(A|B)=0$。所以 $P(A\cap B)=0$爲A、B兩事件互斥的條件，由於$P(A)\neq 0$，且$P(B)\neq 0$，所以當A、B兩事件互斥時，

$$P(A\cap B)=0\neq P(A)P(B)$$

所以互斥事件是相依事件。

例 13　考慮性別與寵物飼養的聯合機率表：

性　別	飼養寵物 有	飼養寵物 無	邊際機率
男	0.18	0.42	0.6
女	0.12	0.28	0.4
邊際機率	0.3	0.7	1.0

性別與寵物飼養是否相互獨立。

解：

依據獨立事件的公式可以一一驗證性別與寵物飼養兩者間是否獨立。由聯合機率表知道：

P(男性)$=0.6$,　　P(女性)$=0.4$,

P(有飼養)$=0.3$,　　P(無飼養)$=0.7$,

P(男性$\cap$有飼養)$=0.18$,　P(男性$\cap$無飼養)$=0.42$

P(女性$\cap$有飼養)$=0.12$,　P(女性$\cap$無飼養)$=0.28$

所以，

P(男性∩有飼養)$=P$(男性)P(有飼養),

同理,

P(男性∩無飼養)$=P$(男性)P(無飼養),

P(女性∩有飼養)$=P$(女性)P(有飼養),

P(女性∩無飼養)$=P$(女性)P(無飼養),

於是性別與飼養寵物相互獨立。

例 14 令樣本空間S中的簡單事件有$E_1, E_2, E_3,$ 及E_4。且各簡單事件的機率爲$P(E_1)=0.2$, $P(E_2)=0.3$,$P(E_3)=0.1$, $P(E_4)=0.4$。根據樣本空間中簡單事件的定義知道各簡單事件爲互斥。令事件$A=\{E_1, E_2\}$,事件$B=\{E_3, E_4\}$,則A,B事件互斥且各自的機率爲

$$P(A)=P(E_1)+P(E_2)=0.2+0.3=0.5,$$

$$P(B)=P(E_3)+P(E_4)=0.1+0.4=0.5,$$

然而,$P(A\cap B)=P(\phi)=0$

所以 $P(A\cap B)\neq P(A)P(B)$

即事件A與事件B互斥同時也相依。

例 15 令樣本空間S由簡單事件E_1, E_2, E_3及E_4所構成,且各簡單事件的機率爲$P(E_1)=0.3$, $P(E_2)=0.3$, $P(E_3)=0.2$, $P(E_4)=0.2$。令事件$A=\{E_1, E_2\}$, $B=\{E_2, E_3\}$,則事件A與事件B的各自機率爲

$$P(A)=P(E_1)+P(E_2)=0.3+0.3=0.6,$$

$$P(B)=P(E_2)+P(E_3)=0.3+0.2=0.5,$$

至於事件A與事件B的交集事件為E_2，所以

$$P(A\cap B)=P(E_2)=0.3$$

於是

$$P(A|B)=\frac{P(A\cap B)}{P(B)}=\frac{0.3}{0.5}=0.6=P(A)$$

而且　$P(B|A)=\frac{P(A\cap B)}{P(A)}=\frac{0.3}{0.6}=0.5=P(B)$

所以事件A與事件B獨立。

第六節　貝氏定理

貝氏定理是將條件機率及機率乘法法則等概念應用在決策分析的機率方法。根據本章第四節所列的聯合機率表知道：在事件B_j發生的前提下，事件A_i發生的條件機率為

$$P(A_i|B_j)=\frac{P(A_i\cap B_j)}{P(B_j)}，其中P(B_j)\neq 0$$

另外，由機率乘法法則可以將上式等號右邊分子項$P(A_i\cap B_j)$改寫成

$$P(A_i\cap B_j)=P(A_i)P(B_j|A_i)$$

至於等號右邊分母項$P(B_j)$的邊際機率則可依據第四節邊際機率公式寫成

$$P(B_j)=P(A_1\cap B_j)+P(A_2\cap B_j)+\cdots+P(A_m\cap B_j)$$

依據機率乘法法則可以進一步將$P(A_1\cap B_j)$寫成$P(A_1)P(B_j|A_1)$。

同理，$P(A_2\cap B_j)=P(A_2)P(B_j|A_2)$,

…,　$P(A_m\cap B_j)=P(A_m)P(B_j|A_m)$

所以，邊際機率$P(B_j)$成為

$$P(B_j)=P(A_1)P(B_j|A_1)+P(A_2)P(B_j|A_2)+\cdots$$

$+P(A_m)P(B_j|A_m)$

於是在事件B_j發生的前提下，事件A_i發生的條件機率成爲

$$P(A_i|B_j)=\frac{P(A_i\cap B_j)}{P(B_j)}$$

$$=\frac{P(A_i)P(B_j|A_i)}{P(A_1)P(B_j|A_1)+P(A_2)P(B_j|A_2)+\cdots+P(A_m)P(B_j|A_m)}$$

此即**貝氏定理**公式。在貝氏定理中，$A_1, A_2, \cdots, A_m$爲m個相互互斥的事件，而$P(A_1), P(A_2), \cdots P(A_m)$稱爲**事前機率(Prior Probabilities)**，至於$P(B_j|A_1), P(B_j|A_2), \cdots, P(B_j|A_m)$稱爲條件機率，$P(A_i|B_j)$則爲**事後機率(Posterior Probability)**。

例 16 考慮某工廠有三條生產線以A_1, A_2, 及A_3表示，由各生產線的產能知道：A_1生產線產量占總產量的四成，即$P(A_1)=0.4$。生產線A_2及A_3的產量比例爲$P(A_2)=P(A_3)=0.3$。令B_j爲產品是不良品的事件，條件機率$P(B_j|A_1)=0.01$，表示由生產線A_1生產的不良品的機率爲0.01。同理，$P(B_j|A_2)=0.02$, $P(B_j|A_3)=0.03$分別代表由生產線A_2及A_3所生產的不良品機率。貝氏定理可用來計算觀察到不良品B_j是從A_1生產線生產出來的事後機率，即

$$P(A_1|B_j)=\frac{P(A_1)P(B_j|A_1)}{P(A_1)P(B_j|A_1)+P(A_2)P(B_j|A_2)+P(A_3)P(B_j|A_3)}$$

$$=\frac{0.4\times0.01}{0.4\times0.01+0.3\times0.02+0.3\times0.03}$$

$$=\frac{0.004}{0.010}$$

$$=0.2105$$

同理，觀察到不良品B_j是從A_2生產線生產出來的事後機率爲

$$P(A_2|B_j)=\frac{P(A_2)P(B_j|A_2)}{P(A_1)P(B_j|A_1)+P(A_2)P(B_j|A_2)+P(A_3)P(B_j|A_3)}$$

$$=\frac{0.3\times0.02}{0.4\times0.01+0.3\times0.02+0.3\times0.03}$$

$$=\frac{0.006}{0.019}$$

$$=0.3158$$

觀察到不良品B_j是從A_3生產線生產出來的事後機率爲

$$P(A_3|B_j)=\frac{P(A_3)P(B_j|A_3)}{P(A_1)P(B_j|A_1)+P(A_2)P(B_j|A_2)+P(A_3)P(B_j|A_3)}$$

$$=\frac{0.3\times0.03}{0.4\times0.01+0.3\times0.02+0.3\times0.03}$$

$$=\frac{0.009}{0.019}$$

$$=0.4737$$

例 17 從臺北火車站前往世貿中心，假設目前有三條可行道路分別爲信義路，忠孝東路及南京東路(以A,B及C表示三路線)。各路線被隨機選中的機率分別爲$P(A)=0.3$, $P(B)=0.4$,及$P(C)=0.3$。假設走信義路塞車的機率爲0.4，走忠孝東路塞車的機率爲0.5，走南京東路塞車的機率爲0.3。試問不塞車以走那條路線爲宜。

解：

依題意，$P(A)=0.3$, $P(B)=0.4$, $P(C)=0.3$,以G表示塞車，$\bar{G}$表示不塞車。所以，走信義路塞車的機率爲$P(G|A)=0.4$，由此可得到走信義路不塞車的機率爲$P(\bar{G}|A)=1-P(G|A)$ $=1-0.4=0.6$。

同理，$P(\bar{G}|B)=1-P(G|B)=1-0.5=0.5$爲走忠孝東路不塞車的機率。$P(\bar{G}|C)=1-P(G|C)=1-0.3=0.7$爲走南京東路不塞車的機率。

由貝氏定理公式可分別計算出下列事後機率：

$$P(A|\bar{G})=\frac{P(A)P(\bar{G}|A)}{P(A)P(\bar{G}|A)+P(B)P(\bar{G}|B)+P(C)P(\bar{G}|C)}$$

$$=\frac{0.3\times0.6}{0.3\times0.6+0.4\times0.5+0.3\times0.7}$$

$$=\frac{0.18}{0.59}$$

$$=0.3051$$

$$P(B|\bar{G})=\frac{P(B)P(\bar{G}|B)}{P(A)P(\bar{G}|A)+P(B)P(\bar{G}|B)+P(C)P(\bar{G}|C)}$$

$$=\frac{0.20}{0.59}$$

$$=0.3390$$

$$P(C|\bar{G})=\frac{P(C)P(\bar{G}|C)}{P(A)P(G|A)+P(B)P(\bar{G}|B)+P(C)P(\bar{G}|C)}$$

$$=\frac{0.21}{0.59}$$

$$=0.3559$$

由於$P(C|\bar{G})$的機率最大，所以走南京東路爲宜。

摘 要

重要詞語

隨機試驗	樣本空間	周延性
互斥	簡單事件	事件
機率	古典方法	相對次數方法
主觀方法	聯集	交集
餘集	條件機率	聯合機率表
邊際機率	獨立事件	相依事件
互斥事件	貝氏定理	事前機率
事後機率	文氏圖形	

公 式

1.機率基本性質:

令樣本空間$S=\{E_1, E_2, \cdots, E_n\}$則

$$0 \leq P(E_i) \leq 1, 且$$

$$\sum_{i=1}^{n} P(E_i)=1$$

2.機率加法法則

$$P(A \cup B)=P(A)+P(B)-P(A \cap B)$$

3.$P(\bar{A})=1-P(A)$

4.$P(S)=1$

5.$P(\phi)=0$

6.若A與B兩事件互斥，則

$$P(A\cap B)=0$$

7.條件機率

$$P(B|A)=P(A\cap B)/P(A)$$

8.機率乘法法則

$$\begin{aligned}P(A\cap B)&=P(B|A)P(A)\\&=P(A|B)P(B)\end{aligned}$$

9.若A、B兩事件相互獨立，且$P(A)\neq 0$, $P(B)\neq 0$，則

$$P(A|B)=P(A),\ P(B|A)=P(B),\ P(A\cap B)=P(A)P(B)$$

10.貝氏定理

$$P(A_i|B)=\frac{P(A_i)P(B|A_i)}{P(A_1)P(B|A_1)+P(A_2)P(B|A_2)+\cdots+P(A_m)P(B|A_m)}$$

習　題

1.何謂隨機試驗？試舉一隨機試驗例子。

2.何謂樣本空間？樣本空間具有何種性質？

3.何謂機率？其基本性質爲何？

4.決定樣本空間中各事件機率的方法有幾種？

5.何謂獨立事件？何謂相依事件？各舉一例說明。

6.教師在同樂會上由50名同學中抽出一名學生頒發特別獎的試驗。試回答下列問題：

(1)樣本空間中有多少個可能的簡單事件？

(2)應以何種方法來決定樣本空間中各事件的機率？

7.由52張紙牌隨機抽取一張牌，試決定下列各子題的機率。

(1)抽到Q或K的機率。

(2)抽到黑桃7的機率。

(3)抽到人面牌(K，Q，J)的機率。

8.由52張紙牌隨機抽取一張牌，令事件A爲抽出紅心的事件，事件B爲抽出人面牌的事件，事件C爲抽出梅花的事件。試回答下列各子題：

(1)事件A與事件B是否獨立？

(2)事件A與事件C是否互斥？

9.若$P(A)=0.5$，$P(B)=0.6$，且$P(A \cap B)=0.15$，試計算下列各子題的機率。

(1)$P(A|B)=?$

(2)$P(A \cup B)=?$

10.某公司有三種投資方案以A_1，A_2及A_3表示，各方案採行的機率分別爲

0.3, 0.5 及 0.2。假設採行方案A_1而虧損的機率爲 0.15, 採行方案A_2而虧損的機率爲 0.22, 採行方案A_3而虧損的機率爲 0.10。試問採行何種方案可以有最小的虧損機率。

11. 調查臺灣地區十五歲以上人口過去一年是否有兩天以上旅行或出國觀光人數，按性別建立下列兩種屬性人數表：

兩天以上旅行或出國觀光者	性別		列總和
	男	女	
有	4422	4459	8881
無	2874	2814	5688
行總和	7296	7273	14569

（資料來源：《國民休閒生活調查報告》，民國八十一年六月，行政院主計處編印。）

試根據上列人數表，回答下列問題：

(1)建立有無兩天以上旅行或出國觀光者與男女性別的聯合機率表。

(2)計算有兩天以上旅行或出國觀光者中是男性的條件機率。

(3)計算沒有兩天以上旅行或出國觀光者中是女性的條件機率。

12. 某銀行根據過去客戶提存款記錄，列出該行每日現金需求的可能情形及對應機率如下：

現金需求額度(萬元)	0～200	201～500	501～700	701～1000
機　　率	0.25	0.35	0.30	0.10

試回答下列問題：

(1)該行某日需求現金額度超過 500 萬元的機率爲何？

(2)由於年節關係，該行已知某日現金需求會超過 500 萬元，試問該日現金需求超過 700 萬元的機率爲何?

13. 在一項擲鏢比賽中，某選手每支鏢能射中紅心的機率爲 0.40。如果該選手擲 4 支鏢，試計算下列各子題的機率。

(1) 4 支鏢皆射中紅心。

(2) 至少有一支鏢射中紅心。

(3) 4 支鏢都沒有射中紅心。

(4) 至多有 3 支鏢射中紅心。

第八章　離散機率分配

本章探討離散隨機變數的定義，並對離散機率分配的性質、期望值及變異數加以介紹。自第四節起，分別介紹重要的離散機率分配：**貝努利分配**(Bernoulli Distribution)、**二項分配**(Binomial Distribution)、**波氏分配**(Poisson Distribution)及**超幾何分配**(Hypergeometric Distribution)。各節除了介紹分配的意義、應用、平均數、變異數及機率圖外，並說明貝努利分配與二項分配、二項分配與波氏分配、超幾何分配與二項分配間的關係。

第一節　離散隨機變數

隨機變數是將隨機試驗的樣本空間中各簡單事件以數值來表示的函數。例如擲一枚硬幣的隨機試驗其樣本空間爲$S=\{$正面，反面$\}$，令隨機變數X爲將樣本空間中各簡單事件映至數字$\{1,\ 0\}$的函數。即

$$X\text{：正面}\rightarrow 1$$

$$X\text{：反面}\rightarrow 0$$

如果這枚硬幣是一枚公正的硬幣，則正、反面出現的機率都相同，即$P($正面$)=P($反面$)=1/2$。經由隨機變數，也可將正、反面出現的機率寫成

$$P(X=1)=\frac{1}{2}$$

$$及\quad P(X=0)=\frac{1}{2}$$

例 1 擲二枚公正的硬幣，其樣本空間$S=\{$(正面，正面)，(正面，反面)，(反面，正面)，(反面，反面)$\}$。定義隨機變數X爲將樣本空間中各簡單事件映至數字$\{2, 1, 0\}$的函數，即

X：(正面, 正面)$\rightarrow 2$

X：(正面, 反面)$\rightarrow 1$

X：(反面, 正面)$\rightarrow 1$

X：(反面, 反面)$\rightarrow 0$

於是，經由隨機變數可將隨機試驗的結果以數字表示，即

$$P(X=2)=\frac{1}{4}$$

$$P(X=1)=\frac{1}{2}$$

$$P(X=0)=\frac{1}{4}$$

以圖形來表示此一隨機變數函數如下：

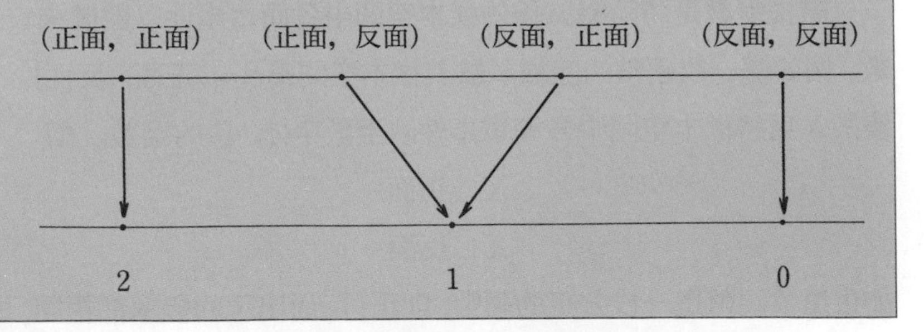

如果隨機變數將隨機試驗的樣本空間中各簡單事件以有限的或可計數的無限數來表示，則此種隨機變數稱爲**離散隨機變數**(Discrete Random Variables)。例如臺灣省一天的電話發話次數可以隨機變數$X=0, 1, 2, \cdots$來表示。臺灣股市在一週內收紅盤的天數可以隨機變數$X=0, 1, 2, 3, 4, 5, 6$來表示。

第二節　離散機率分配

離散隨機變數X將隨機試驗的結果以數值來表示，此數值稱爲離散隨機變數X的變數值，通常以小寫字母 x 表示。至於離散隨機變數X的值爲x的機率可以寫成**機率函數**(Probability Function)

$$P(X=x)=p$$

也可寫成

$$P(x)=p$$

例 2　續例 1，擲二枚硬幣的隨機試驗，定義離散隨機變數X爲

X：(正面, 正面)→2

X：(正面, 反面)→1

X：(反面, 正面)→1

X：(反面, 反面)→0

由於試驗中出現二次正面的機率爲1/4，出現一次正面的機率爲1/2，出現零次正面的機率爲1/4。所以離散隨機變數X的可能值爲$x=0, 1, 2$。即

$$\begin{cases} P(X=2)=\dfrac{1}{4} \\ P(X=1)=\dfrac{1}{2} \\ P(X=0)=\dfrac{1}{2} \end{cases}$$

或寫成

$$\begin{cases} P(2)=\dfrac{1}{4} \\ P(1)=\dfrac{1}{2} \\ P(0)=\dfrac{1}{4} \end{cases}$$

令X為離散隨機變數，則將隨機變數X的所有可能值x及其對應的機率以表格或公式或圖形表示者，稱為**離散機率分配**(Discrete Probability Distribution)。以例 2 擲二枚硬幣的隨機試驗，其離散機率分配可以表格形式表示為：

x	$P(x)$
0	$\frac{1}{4}$
1	$\frac{1}{2}$
2	$\frac{1}{4}$

離散機率分配也可以圖形表示為：

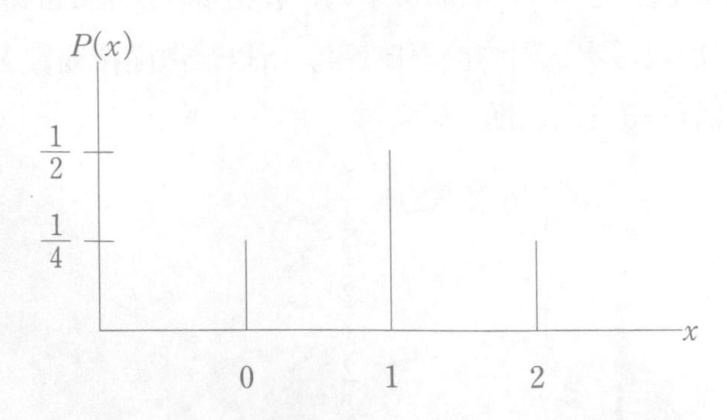

若以公式表示則爲:

$$P(x)=\begin{cases}\frac{1}{4} & ,若x=0,\ 2\\ \frac{1}{2} & ,若x=1\\ 0 & ,其他\end{cases}$$

由於離散機率分配是將隨機試驗的全部可能結果以變數值 x 來表示，所以離散機率分配滿足下列兩個條件:

(1)就所有變數值 x 而言，其對應機率介於0與1之間，即

$$0\leq P(x)\leq 1$$

(2)所有變數值所對應的機率和爲1，即

$$\sum_{x}P(x)=1$$

例 3　續例2資料，$P(X=2)=1/4$, $P(X=1)=1/2$, $P(X=0)=1/4$，所以離散隨機變數X的變數值$x=0, 1, 2$所對應的機率均介於0與1之間，即滿足性質(1)。將全部機率加總，得

$$\begin{aligned}&\sum_{x=0}^{2}P(x)\\ &=P(0)+P(1)+P(2)\\ &=\frac{1}{4}+\frac{1}{2}+\frac{1}{4}\\ &=1\end{aligned}$$

滿足性質(2)。所以滿足離散機率分配。

例 4 令離散隨機變數X所定義的機率公式如下：

$$P(x)=\frac{x^2}{30}$$

其中$x=1, 2, 3, 4$。試驗證$P(x)$是否爲一機率分配。

解：

由於$P(1)=\frac{1}{30}$, $P(2)=\frac{4}{30}$,$P(3)=\frac{9}{30}$, $P(4)=\frac{16}{30}$,都介於0與1之間，滿足性質(1)。

因爲 $\sum_{x=1}^{4} P(x)$

$=P(1)+P(2)+P(3)+P(4)$

$=\frac{1}{30}+\frac{4}{30}+\frac{9}{30}+\frac{16}{30}$

$=1$

滿足性質(2)。所以$P(x)$爲離散機率分配。

令離散隨機變數X的機率函數爲$P(X=x)$，則定義X的變數值累積到 x 的**累積分配函數**(Cumulative Distribution Function，簡寫爲CDF)爲

$$F(x)=P(X\leq x)=\sum_{k\leq x} P(X=k)$$

累積分配函數又簡稱爲**分配函數**(Distribution Fuction)，具有下列性質：

(1)若$a\leq$b　則$F(a)\leq$F(b)

(2)$F(-\infty)=0$　且$F(\infty)=1$

(3)對任何x而言，$0\leq F(x)\leq 1$

例 5　續例 4，令隨機變數X的機率函數爲$P(x)=x^2/30$，其中$x=1, 2, 3, 4$。則X變數值累積到2的機率爲

$$\begin{aligned} F(2) &= P(X \leq 2) \\ &= P(1)+P(2) \\ &= \frac{5}{30} \\ &= \frac{1}{6} \end{aligned}$$

同理，X變數值累積到3的機率爲

$$\begin{aligned} F(3) &= P(X \leq 3) \\ &= P(1)+P(2)+P(3) \\ &= \frac{14}{30} \\ &= \frac{7}{15} \end{aligned}$$

由於$2 \leq 3$，所以$F(2) \leq F(3)$。

第三節　期望值與變異數

令X爲離散隨機變數，其機率分配爲$P(x)$。定義**期望值**(Expected Value)爲

$$E(X)=\sum_x xP(x)$$

由於$P(x)$是描述母體在各可能值出現的相對次數，所以期望值可以視爲各可能值以相對次數加權所得到的平均數。因此期望值$E(X)$就是母體平均數μ。

例 6 給定下列離散機率分配，試計算期望值μ。

x	$P(x)$
10	0.1
20	0.3
30	0.3
40	0.3

解：

根據期望值公式，期望值爲

$$\mu = E(X) = \Sigma x P(x)$$
$$= 10 \times 0.1 + 20 \times 0.3 + 30 \times 0.3 + 40 \times 0.3$$
$$= 28$$

例 7 參加電視公司舉辦的趣味競賽活動，報名費爲 100 元。若得到優勝名次則可獲得 5,000 元獎金。假設參加者獲得優勝名次的機率爲 0.2，試問該活動的期望值爲何？

解：

令 x 爲該活動可能獲得的各可能淨值，依題意列出其機率分配爲

x	$P(x)$
−100	0.8
4900	0.2

由於獲得優勝可得獎金 5,000 元，扣除報名費 100 元，所以獲得優勝的淨值爲 5,000－100＝4,900(元)，其獲得的機率則爲 0.2。若未能獲得優勝，則損失報名費 100 元，所以未獲優勝的淨值爲－100 元，其機率則爲 1－0.2＝0.8。

依據期望值公式，該活動期望值爲

$$\begin{aligned}\mu=E(X)&=\sum_x xp(x)\\&=(-100)\times 0.8+4900\times 0.2\\&=900(\text{元})\end{aligned}$$

由於期望值是用來評量在不確定狀態下的平均數水準，所以也可應用在風險(不確定)投資的平均報酬水準之計算。至於期望值的有關公式介紹如下：令X與Y爲離散隨機變數。a、b及c爲固定數，則

(1)固定數c的期望值仍爲c，即

$$E(c)=c$$

(2)$E(aX+bY)=aE(X)+bE(Y)$

(特例 1)當$b=0$, 則$E(aX)=aE(X)$。

(特例 2)當$a=b=1$, 則$E(X+Y)=E(X)+E(Y)$。

(特例 3)當$a=1$, $b=-1$, 則$E(X-Y)=E(X)-E(Y)$。

(3)若X與Y爲獨立的隨機變數，則

$$E(XY)=E(X)E(Y)$$

例 8 給定獨立隨機變數X與Y的離散機率分配，分別爲：

x	$P(x)$
−10	0.2
0	0.3
5	0.3
0	0.2

y	$P(y)$
−20	0.1
−10	0.4
10	0.4
30	0.1

試計算下列各子題的期望值。

(1)$E(2X+3Y)$。

(2)$E(X-Y)$。

(3)$E(XY)$。

解：

首先分別計算隨機變數X與Y的期望值,

$$E(X)=\Sigma xP(x)$$
$$=(-10)\times 0.2+0\times 0.3+5\times 0.3+0\times 0.2$$
$$=1.5$$

及 $$E(Y)=\Sigma yP(y)$$
$$=(-20)\times 0.1+(-10)\times 0.4+10\times 0.4+30\times 0.1$$
$$=1$$

分別求解各子題期望值如下：

(1)$$E(2X+3Y)=2E(X)+3E(Y)$$
$$=2\times 1.5+3\times 1$$
$$=6$$

(2)$$E(X-Y)=E(X)-E(Y)$$

$$=1.5-1$$
$$=0.5$$

(3)由於隨機變數X與Y獨立，所以

$$E(XY)=E(X)E(Y)$$
$$=1.5\times 1$$
$$=1.5$$

除了期望值外，**變異數**能在不確定狀態下用來衡量變數值散布範圍的大小。因此，變異數也被廣泛的應用在許多領域，例如財務投資中風險大小的衡量。關於變異數的定義爲：令X爲隨機變數，其離散機率分配爲$P(x)$，則隨機變數X的變異數爲

$$\sigma^2=V(X)=E[(X-\mu)^2]$$
$$=E[(X-E(X))^2]$$
$$=\sum_x (x-\mu)^2 P(x)$$

若將變異數 σ^2 開平方根則可得到**標準差** σ 的定義，即隨機變數X的標準差爲

$$\sigma=\sqrt{\sigma^2}$$
$$=\sqrt{\sum_x (x-\mu)^2 P(x)}$$

例 9　假設某風險投資的可能報酬率以隨機變數X表示，其機率分配爲

x	$P(x)$
−12	0.2
−6	0.2

5	0.3
15	0.3

試計算該風險投資報酬率的變異數及標準差。

解:

先計算期望值

$$\mu=E(X)$$
$$=\sum_x xP(x)$$
$$=(-12)\times0.2+(-6)\times0.2+5\times0.3+15\times0.3$$
$$=2.4$$

依據變異數公式，投資報酬率的變異數爲

$$\sigma^2=E[(X-\mu)^2]$$
$$=\sum_x(x-\mu)^2P(x)$$
$$=(-12-2.4)^2\times0.2+(-6-2.4)^2\times0.2+(5-2.4)^2\times0.3+(15-2.4)^2\times0.3$$
$$=41.472+14.112+2.028+47.628$$
$$=105.24$$

將變異數開平方根可得標準差爲

$$\sigma=\sqrt{105.24}$$
$$=10.2587$$

令X與Y爲獨立隨機變數，且a, b及c爲固定數，則變異數的有關公式爲:

(1)任何固定數c的變異數爲0，即

$$V(c)=0$$

(2) $V(aX+bY)=a^2V(X)+b^2V(Y)$

(特例 1) 當$b=0$時，則 $V(aX)=a^2V(X)$

(特例 2) 當$a=b=1$時，則 $V(X+Y)=V(X)+V(Y)$

(特例 3) 當$a=1$, $b=-1$時，則 $V(X-Y)=V(X)+V(Y)$

例 10 續例 8 所列獨立隨機變數X與Y的離散機率分配

x	$P(x)$
-10	0.2
0	0.3
5	0.3
10	0.2

y	$P(y)$
-20	0.1
-10	0.4
10	0.4
30	0.1

試計算下列各子題的變異數。

(1) $V(2X+3Y)$

(2) $V(X-Y)$

(3) $V(10)$

解：

由例 8 的計算得到隨機變數X與Y的期望值分別爲

$E(X)=1.5$ 及 $E(Y)=1$

依據變異數公式，計算隨機變數X與Y的變異數爲

$$V(X)=\sum_x (x-E(X))^2P(x)$$

$$=(-10-1.5)^2\times0.2+(0-1.5)^2\times0.3$$

$$+(5-1.5)^2\times0.3+(10-1.5)^2\times0.2$$

$$=26.45+0.675+3.675+14.45$$

$$=45.25,$$

及 $V(Y)=\sum_y (y-E(Y))^2 P(y)$

$$=(-20-1)^2\times 0.1+(-10-1)^2\times 0.4+(10-1)^2\times 0.4+(30-1)^2\times 0.1$$

$$=44.1+48.4+32.4+84.1$$

$$=209$$

分別求解各子題變異數如下:

(1) $V(2X+3Y)=2^2 V(X)+3^2 V(Y)$

$$=4V(X)+9V(Y)$$

$$=4\times 45.25+9\times 209$$

$$=2062$$

(2) $V(X-Y)=V(X)+V(Y)$

$$=45.25+209$$

$$=254.25$$

(3)由於10爲固定數。因爲任何固定數的變異數皆爲0,所以

$V(10)=0$

第四節　貝努利分配

貝努利(Bernoulli)分配又稱點二項分配,這個隨機試驗的可能結果爲互斥的兩個簡單事件,通常以「成功」(s)及「失敗」(f)來表示這兩個事件。因此這個試驗的樣本空間爲$S=\{s, f\}$,假設離散隨機變數X將貝努利隨機試驗的樣本空間中各簡單事件 s 及 f 分別映至數値1及0,則可定義**貝努利分配**爲

$$\begin{cases} P(X=1)=p \\ P(X=0)=q=1-p \end{cases}$$

其中$X=1$表示試驗出現結果為「成功」，其機率為p。同理，$X=0$表示試驗出現結果為「失敗」，其機率為$q=1-p$。

由於貝努利試驗的所有變數值$x=1$或0所對應的機率p及$1-p$都介於0與1之間，即$0\leq p\leq 1$且$0\leq 1-p\leq 1$。而且所有變數值所對應的機率和為1，即

$$P(X=1)+P(X=0)=p+(1-p)=1。$$

所以貝努利試驗滿足機率分配的性質。能滿足貝努利試驗的隨機變數X稱為貝努利隨機變數，以$X\sim\text{Bernoulli}(p)$表示。由於貝努利試驗僅試行一次，且出現結果僅有二項(「成功」及「失敗」)，所以又稱為點二項分配。

例 11 下列各隨機試驗都是貝努利試驗：

(1)擲一枚公正的硬幣一次。

(2)隨機抽訪一位青少年，調查其是否抽菸。

(3)隨機抽檢一份產品，檢視是否為良品或劣品的試驗。

貝努利分配的平均數(期望值)、變異數、及標準差分別為：

(1)平均數 $\mu=E(X)$

$$=\sum_x xP(x)$$

$$=1\times p+0\times(1-p)$$

$$=p$$

(2)變異數 $\sigma^2=V(X)$

$$=\sum_x (x-\mu)^2 P(x)$$
$$=(1-p)^2\times p+(0-p)^2\times(1-p)$$
$$=p(1-p)[(1-p)+p]$$
$$=p(1-p)$$

(3)標準差 $\sigma=\sqrt{V(X)}$
$$=\sqrt{p(1-p)}$$

例 12 某電子零件製造商製造的積體晶片零件良品率爲 0.96。今隨機抽檢一個零件，試問其爲良品的期望值爲何？變異數及標準差爲何？

解：

令 X 爲貝努利試驗的隨機變數，且令良品機率 $p=0.96$，所以

$$X\sim\text{Bernoulli}(0.96)。$$

依據貝努利分配的平均數(期望值)、變異數及標準差公式，分別計算得到

(1)平均數 $\mu=E(X)$
$$=p$$
$$=0.96$$

(2)變異數 $\sigma^2=p(1-p)$
$$=0.96\times 0.04$$
$$=0.0384$$

(3)標準差 $\sigma=\sqrt{p(1-p)}=\sqrt{0.0384}=0.196$

第五節 二項分配

第四節介紹的貝努利分配是僅試行一次，且出現結果僅有二項(「成功」及「失敗」)的試驗，所以又稱爲點二項分配。若將貝努利試驗重複試行 n 次，各次試驗相互獨立，此種試驗是貝努利試驗的擴展，稱爲**二項分配(Binomial Distribution)**。

令 n 次獨立的貝努利隨機試驗中各次試驗的樣本空間爲$S=\{s, f\}$，其中 s 代表試驗結果爲「成功」，f 代表試驗結果爲「失敗」，且令各次試驗的「成功」機率爲p，「失敗」機率爲$q=1-p$。若離散隨機變數X定義爲 n 次試驗中「成功」的次數，則X稱爲二項分配的隨機變數，以$X \sim B(n, p)$表示，其機率函數爲

$$P(X=x)=\binom{n}{x}p^x(1-p)^{n-x}$$

其中$x=0, 1, 2, \ldots, n$

$$\binom{n}{x}=\frac{n!}{x!(n-x)!}$$ ❶

由於**二項分配機率函數**$P(X=x)$的各子項均爲正數(即，$\binom{n}{x}$, p^x, 及$(1-p)^{n-x}$均爲正數)，所以所有變數值$x=0, 1, 2, \ldots, n$所對應的機率$P(X=x)$皆大於0。其次，所有變數值所對應的機率和爲1，即

$$\begin{aligned}&\sum_{x=0}^{n} P(X=x)\\ &=\sum_{x=0}^{n}\binom{n}{x}p^x(1-p)^{n-x}\\ &=[p+(1-p)]^n\end{aligned}$$

---

❶ $k!=k\times(k-1)\times(k-2)\times\ldots\times3\times2\times1$，例如：$5!=5\times4\times3\times2\times1=120$。

$$=1$$

所以可進一步推知$P(X=x)\leq 1$。根據機率分配的性質，知道二項分配機率函數滿足機率分配的性質。

當$n=1$時，二項分配公式

$$P(X=x)=\binom{n}{x}p^x(1-p)^{n-x}$$

$$=\binom{1}{x}p^x(1-p)^{1-x}$$

其中$x=0$或1。因為$\binom{1}{0}=1$，$\binom{1}{1}=1$，所以機率分配公式成為

$$P(X=x)=p^x(1-p)^{1-x}$$

亦即成為貝努利機率分配公式，

$$\begin{cases}P(X=1)=p\\P(X=0)=1-p\end{cases}$$

所以貝努利分配可以視為$n=1$的二項分配。

例 13 擲一枚公正硬幣 4 次的隨機試驗。令X為 4 次試驗中出現正面的次數，則隨機變數X服從二項分配$B(4, 0.5)$。根據二項分配的機率函數公式，可得各變數值$x=0, 1, 2, 3, 4$所對應的機率值分別為

$$P(X=0)=\binom{4}{0}(0.5)^0(0.5)^4=0.0625,$$

$$P(X=1)=\binom{4}{1}(0.5)^1(0.5)^3=0.25,$$

$$P(X=2)=\binom{4}{2}(0.5)^2(0.5)^2=0.375,$$

$$P(X=3)=\binom{4}{3}(0.5)^3(0.5)^1=0.25,$$

$P(X=4)=\binom{4}{4}(0.5)^4(0.5)^0=0.0625$。

將各變數值及其對應機率以圖形表示爲：

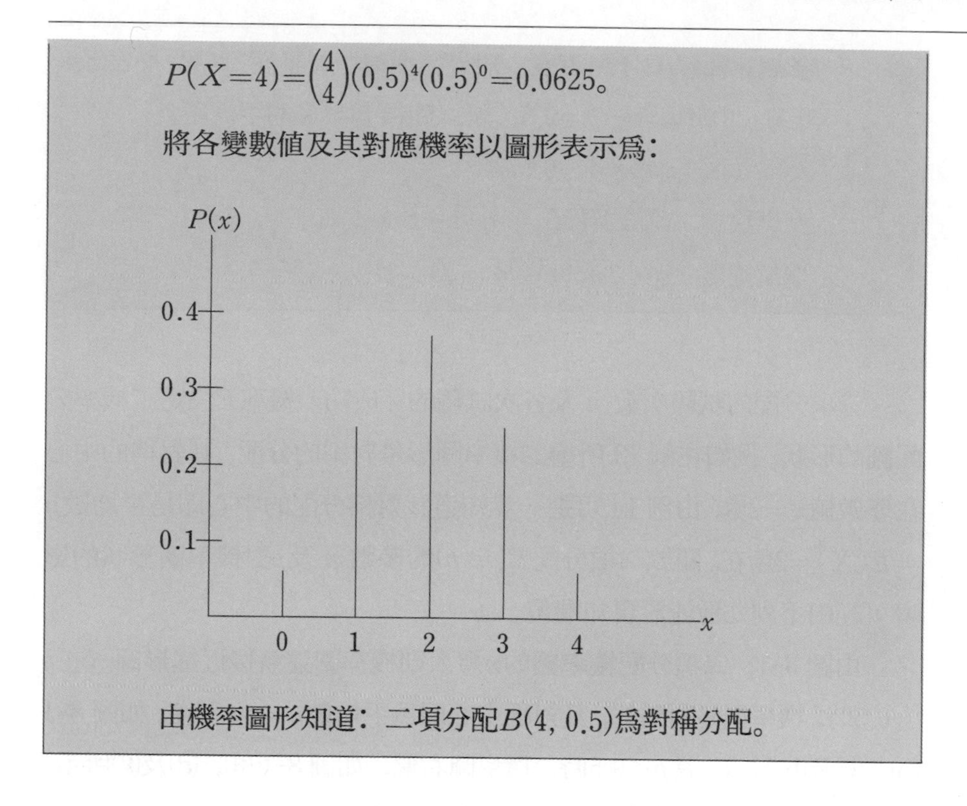

由機率圖形知道：二項分配$B(4, 0.5)$爲對稱分配。

若隨機變數X服從二項分配$B(n, p)$，則隨機變數X的平均數，變異數及標準差分別爲

(1)平均數　$\mu=E(X)=np$

(2)變異數　$\sigma^2=V(X)=np(1-p)$

(3)標準差　$\sigma=\sqrt{np(1-p)}$

例 14　續例 13，擲一枚公正硬幣 4 次的隨機試驗。

令X爲 4 次試驗中出現正面的次數。試計算隨機變數X的平均數、變異數、及標準差。

解：

依題意及二項分配定義，知道隨機變數X服從二項分配$B(4, 0.5)$。由於$n=4$, $p=0.5$，所以隨機變數X的平均數爲

$\mu=E(X)=np=4\times0.5=2$

變異數爲　$\sigma^2=V(X)=np(1-p)=4\times0.5\times0.5=1$

標準差爲　$\sigma=\sqrt{np(1-p)}=\sqrt{1}=1$

二項分配的試驗次數 n 及各次試驗的「成功」機率P決定了機率分配圖的形狀。例如在例 13 所繪的機率圖形是對稱的分配，其對稱的中心在變數值$x=2$處，由例 14 可進一步知道該對稱分配的中心即是平均數$\mu=E(X)=2$所在。關於二項分配$B(n, p)$的參數 n 及p對機率圖形狀的影響可經由下列九種情形窺知端倪。

由圖 8-1，二項分配**機率圖**的n愈大則機率圖逐漸接近鐘形圖。在$p=0.5$時，機率圖是對稱的，其對稱中心即爲平均數$\mu=np$所在，如圖 8-1 (b)，(e)及(h)所示。當$p<0.5$時，機率圖右偏，如圖 8-1 (a)，(d)及(g)所示。當$p<0.5$時，機率圖左偏，如圖 8-1 (c)，(f)及(i)所示。

在附表 1 列有$n=5$, 6, 7, 8, 9, 10, 15, 20, 25,及$p=0.01$, 0.05, 0.10, 0.20, 0.30, 0.40, 0.50, 0.60, 0.70, 0.80, 0.90, 0.95, 0.99，組合下的二項分配累積機率$P(X\leq k)$。例如$n=10$, $p=0.3$的二項分配變數值 x 由 0 累積至$k=3$的累積機率爲

$$\begin{aligned}P(X\leq3)&=P(X=3)+P(X=2)+P(X=1)+P(X=0)\\&=\sum_{x=0}^{3}\binom{10}{x}(0.3)^x(1-0.3)^{10-x}\\&=0.650\end{aligned}$$

如欲由機率表查出在$n=10$, $p=0.3$下$X=2$的機率，則可經由累積機率表相減求得，即

圖8-1　當n=5, 10, 30及P=0.2, 0.5, 0.9時九種不同n, P組合的二項分配機率圖

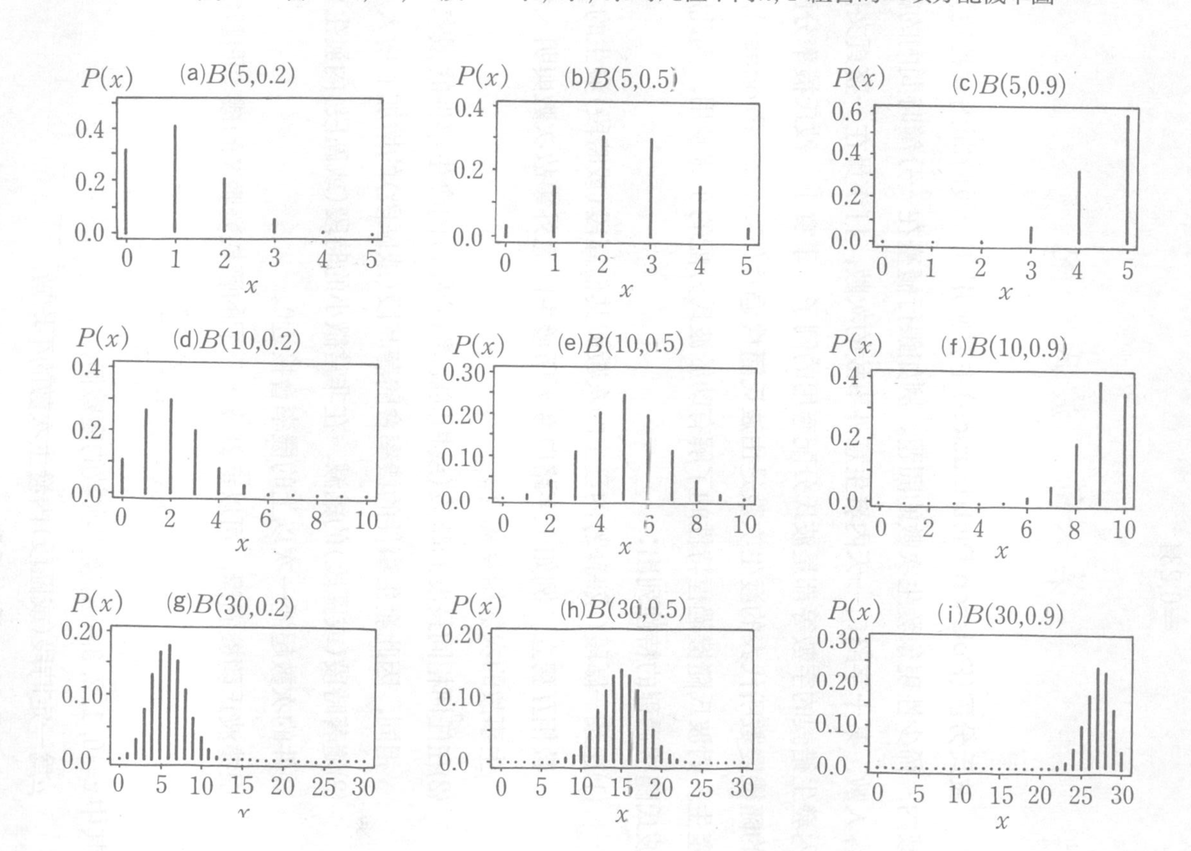

$$P(X=2)=P(X\leq 2)-P(X\leq 1)$$
$$=0.383-0.149$$
$$=0.234$$

第六節　波氏分配

波氏分配(Poisson Distribution)主要應用在一段時間內或特定區域內，稀少性現象發生次數的問題。例如銀行櫃臺在一分鐘時間內的顧客人數，某十字路口一天內發生意外事故的次數，打字員在一整頁文件內發生錯誤的字數等都是波氏分配應用的例子。事實上，波氏機率分配的隨機變數所代表的發生次數是由**波氏隨機過程(Poisson Process)**所產生。對波氏隨機過程特性的了解有助於波氏分配的正確應用，因此將波氏隨機過程的特性列出：

(1)在某一區段(或時段)內發生的次數與其他區段(或時段)發生的次數相互獨立。例如十字路口今天所發生的意外事故次數與明天發生事故的次數相互獨立。

(2)在任何相同長度的時段(或相同範圍的區段)內發生事件的機率都相同，因此發生事件的機率會隨著時段(或區段)的增加而增大。

(3)隨著時段(或區段)的縮減，在非常微小的時段(或區段)內發生事件的次數超過一次以上的機率會接近0。

根據波氏隨機過程，可以定義波氏分配的隨機變數X的機率函數爲

$$P(X=x)=\frac{\mu^x e^{-\mu}}{x!}$$

其中$x=0, 1, 2, 3,\cdots$爲發生次數的變數值，

μ爲一定時段(或區段)內發生次數的平均數，

$e=2.71828\cdots$爲自然數，

通常以$X \sim P(\mu)$表示隨機變數X服從平均數為μ的波氏分配。

例 15 假設高速公路某交流道入口由上午 8 時至中午 12 時，每分鐘車輛進入數服從以$\mu=6$為平均數的波氏分配。試問：

(1)在一分鐘時段內，無車經由交流道進入高速公路的機率。

(2)在 10 秒鐘時段內，恰有二輛車經由交流道進入高速公路的機率。

(3)在一分鐘時段內，至少有三輛車經由交流道進入高速公路的機率。

解：

各子題分別解答如下：

(1)令X為波氏分配的隨機變數，以$\mu=6$為平均數。在一分鐘時段內，無車經由交流道進入高速公路的機率為

$$P(X=0)=\frac{6^0 e^{-6}}{0!}=e^{-6}\approx 0.002479$$

(2)由於本子題要求以 10 秒鐘為時段，因此應先將以一分鐘為時段的平均數$\mu=6$除以6，換算成以 10 秒鐘為時段的平均數$\mu=6/6=1$。於是，令X為隨機變數服從以 10 秒鐘為時段，平均數為$\mu=1$的波氏分配。恰有二輛車經由交流道進入高速公路的機率為

$$P(X=2)=\frac{1^2 e^{-1}}{2!}=\frac{e^{-1}}{2}\approx\frac{0.367879}{2}=0.18394$$

(3)令X為波氏分配的隨機變數，以$\mu=6$為平均數。在一分鐘時段內，至少有三輛車經由交流道進入高速公路的機率為

$$\begin{aligned}P(X\geq 3)&=1-P(X\leq 2)\\&=1-P(X=2)-P(X=1)-P(X=0)\end{aligned}$$

$$=1-\frac{6^2e^{-6}}{2!}-\frac{6^1e^{-6}}{1!}-\frac{6^0e^{-6}}{0!}$$

$$\approx 1-0.04462-0.01487-0.00248$$

$$=0.93803$$

在波氏分配應用的數字例題中必須計算自然數 e 的次方，例如在例 15 的子題(1)中計算$e^{-6}\approx 0.002479$，子題(2)計算$e^{-1}\approx 0.367879$。爲節省計算時間，將μ的值以0.01爲間隔，由0.00到0.99及1～10列出$e^{-\mu}$的值於附表 2-A。

若隨機變數X服從**波氏分配**$P(\mu)$，則隨機變數X的平均數、變異數及標準差分別爲

(1)平均數　$E(X)=\mu$

(2)變異數　$\sigma^2=V(X)=\mu$

(3)標準差　$\sigma=\sqrt{\mu}$

波氏分配的唯一參數爲 μ，且平均數與變異數相等(皆爲μ)。

例 16　令X爲離散隨機變數服從以$\mu=0.3$的波氏分配，試求隨機變數X的平均數及變異數，並以平均數的定義驗證之。

解：

根據波氏分配平均數及變異數公式知道：

平均數　$E(X)=\mu=0.3$

變異數　$V(X)=\mu=0.3$

以平均數定義驗證之前，先將$\mu=0.3$的波氏分配各變數值對應的機率列出：

$$P(X=0)=\frac{0.3^0 e^{-0.3}}{0!}\approx 0.7408$$

$$P(X=1)=\frac{0.3^1 e^{-0.3}}{1!}\approx 0.2222$$

$$P(X=2)=\frac{0.3^2 e^{-0.3}}{2!}\approx 0.0333$$

$$P(X=3)=\frac{0.3^3 e^{-0.3}}{3!}\approx 0.0033$$

$$P(X=4)=\frac{0.3^4 e^{-0.3}}{4!}\approx 0.0002$$

$$P(X=5)=\frac{0.3^5 e^{-0.3}}{5!}\approx 0.0000$$

同理，$P(X\geq 6)\approx 0.0000$。

根據平均數定義驗證如下：

$$\begin{aligned}E(X)&=\sum_x xP(x)\\&=0\times P(0)+1\times P(1)+2\times P(2)+3\times P(3)+\cdots\\&=0\times 0.7408+1\times 0.2222+2\times 0.0333+3\times 0.0033\\&\quad+4\times 0.0002\\&=0.3\end{aligned}$$

波氏分配的機率圖形狀受平均數 μ 的影響。在圖 8-2 由(a)至(f)分別繪製$\mu=1, 2, 3, 4, 5, 6$的波氏機率圖，由圖中可看出：隨著μ的增加機率圖由右偏的形狀逐漸趨近對稱的鐘形圖。

由圖 8-2 波氏分配機率圖與 8-1 二項分配機率圖比照得知：當二項分配的隨機試驗次數 n 很大且「成功」機率p很小時，波氏分配可用來**近似於二項分配**。通常$p<0.05$且$np<5$時，二項分配$B(n, p)$的機率可以波氏分配$P(\mu)$來計算近似值，其中$\mu=np$。

圖8-2　$\mu=1, 2, 3, 4, 5, 6$的波氏分配機率圖

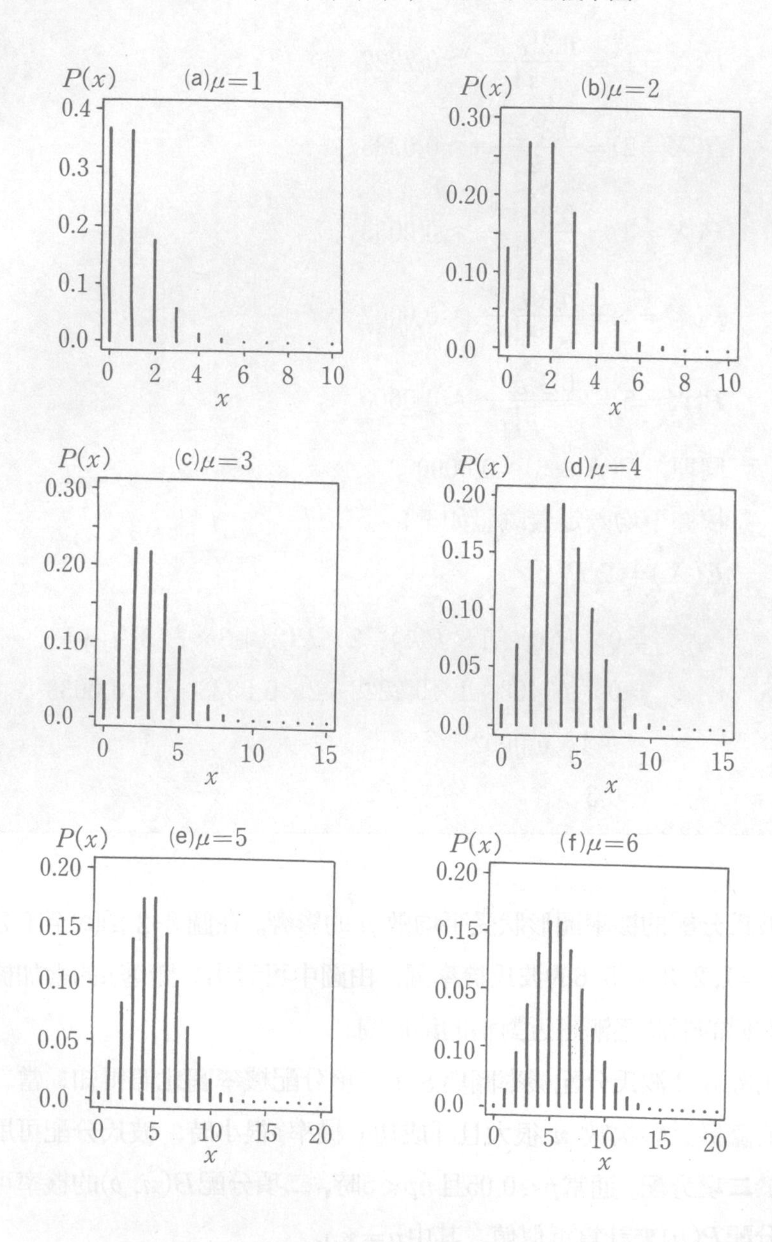

例 17　某推銷員以電話促銷產品，每通電話能成功促銷產品的機率爲 0.042，該推銷員共計撥出 100 通電話，試問至少能促銷 2 件產品的機率爲何？

解：

由於 100 通電話中，各通電話的「成功」與否相互獨立且「成功」機率均爲 0.042，所以是二項分配的問題。

令X爲促銷產品的「成功」件數，則X服從二項分配$B(100, 0.042)$。依題意，至少 2 件成功的機率爲

$$
\begin{aligned}
P(X\geq 2) &= 1-P(X=0)-P(X=1) \\
&= 1-\binom{100}{0}(0.042)^0(1-0.042)^{100} \\
&\quad -\binom{100}{1}(0.042)^1(1-0.042)^{99} \\
&= 1-0.0137-0.0600 \\
&= 0.9263
\end{aligned}
$$

由於二項分配的$n=100$(很大)，$P=0.042$(很小)，且$np=4.2<5$，所以隨機變數X也可以用波氏分配$P(4.2)$來計算機率的近似值，即

$$
\begin{aligned}
P(X\geq 2) &= 1-P(X=0)-P(X=1) \\
&= 1-\frac{4.2^0 e^{-4.2}}{0!}-\frac{4.2^1 e^{-4.2}}{1!} \\
&= 1-0.0150-0.0630 \\
&= 0.922
\end{aligned}
$$

由波氏分配計算的近似值與二項分配計算的正確值二者的差異不大(相差 0.0043)。

例 18 續例 17 資料，分別繪製二項分配$B(100,\ 0.042)$及波氏分配$P(4.2)$機率圖於圖 8-3，兩個機率圖非常接近，表示以波氏分配來近似二項分配效果很好。

圖8-3 二項分配$B(100, 0.042)$及波氏分配$P(4.2)$機率圖

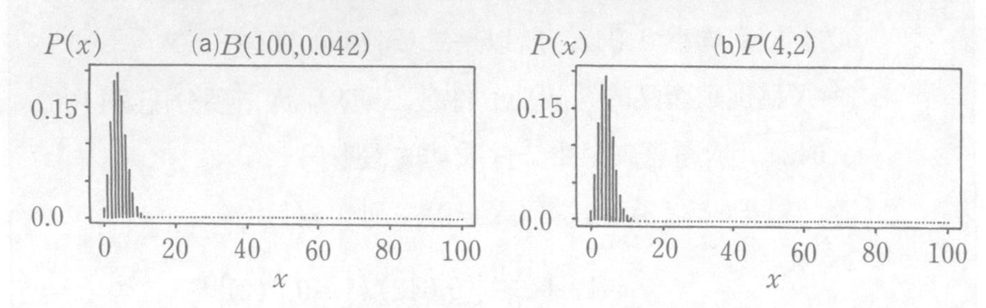

第七節 超幾何分配

超幾何分配(Hypergeometric Distribution)是考慮在有限母體的情況下，樣本抽出後不放回的隨機試驗。假設有限母體的個數為N，分成兩種屬性(「成功」與「失敗」)，具「成功」屬性的個數為N_1，具「失敗」屬性的個數為$N_2=N-N_1$。隨機由母體中抽取 n 個樣本，令隨機變數X為樣本中具「成功」屬性的個數，則隨機變數X服從超幾何分配，以$X\sim H(x;\ N,\ N_1,\ n)$表示，其**機率函數**為

$$P(X=x)=\frac{\binom{N_1}{x}\binom{N-N_1}{n-x}}{\binom{N}{n}}$$

其中抽出具「成功」屬性的個數x應介於$max(0,\ n-N_2)\le x\le min(n,\ N_1)$且$n\le N$。

例 19　袋中有 16 枚球，其中紅球數爲 9 枚，白球數爲 7 枚。採抽後不放回方式，隨機自袋中抽取 5 枚球，試問下列各子題機率。

(1)抽中 3 枚紅球的機率。

(2)至多抽中 4 枚紅球的機率。

解：

由於採抽後不放回方式，且袋中球的顏色有兩種屬性（紅色與白色），令X爲抽中紅球的個數，所以隨機變數X服從超幾何分配$H(x;16,9,5)$，其機率函數爲

$$P(X=x)=\frac{\binom{9}{x}\binom{16-9}{5-x}}{\binom{16}{5}}$$

根據機率函數，計算各子題機率如下：

(1)抽中 3 枚紅球的機率爲

$$P(X=3)=\frac{\binom{9}{3}\binom{16-9}{5-3}}{\binom{16}{5}}$$

$$=\frac{84\times 21}{4368}$$

$$=0.40385$$

(2)至多抽中 4 枚紅球的機率爲

$$P(X\leq 4)=1-P(X=5)$$

$$=1-\frac{\binom{9}{5}\binom{16-9}{0}}{\binom{16}{5}}$$

$$=1-\frac{126\times 1}{4368}$$

$$=1-0.02885$$

$$=0.97115$$

超幾何分配的平均數、變異數及標準差分別為:

(1)平均數

$$E(X)=n\left(\frac{N_1}{N}\right)$$

(2)變異數

$$\sigma^2=V(X)=\left(\frac{N-n}{N-1}\right)n\left(\frac{N_1}{N}\right)\left(1-\frac{N_1}{N}\right)$$

(3)標準差

$$\sigma=\sqrt{V(X)}=\sqrt{\left(\frac{N-n}{N-1}\right)n\left(\frac{N_1}{N}\right)\left(1-\frac{N_1}{N}\right)}$$

例 20 續例 19 資料, 令隨機變數X服從$H(x;16,9,5)$, 試計算平均數$E(X)$及變異數$V(X)$。

解:

依據超幾何分配的平均數及變異數公式, 得

$$E(X)=5\cdot\frac{9}{16}=2.8125$$

$$V(X)=\left(\frac{16-5}{16-1}\right)5\left(\frac{9}{16}\right)\left(1-\frac{9}{16}\right)=0.9023$$

超幾何分配的變異數公式第一項為$\left(\frac{N-n}{N-1}\right)$, 該項稱為**有限母體校**

正項(Finite Population Correction)。當母體總個數N趨近於無限大時,

$$\frac{N-n}{N-1}=\frac{1-\frac{n}{N}}{1-\frac{1}{N}} \text{ 趨近1。}$$

若令$P=\frac{N_1}{N}$, 則超幾何分配的平均數及變異數會隨著N趨近無限大而趨近於二項分配的平均數及變異數, 即當$N\to\infty$

$$E(X)=n\left(\frac{N_1}{N}\right)\to np,$$

$$V(X)=\left(\frac{N-n}{N-1}\right)n\left(\frac{N_1}{N}\right)\left(1-\frac{N_1}{N}\right)\to npq$$

因此當母體總個數N很大時, 二項分配$B(n, p)$可用來做爲超幾何分配$H(x; N, N_1, n)$的近似分配。

例 21　某校學生總數 1200 人, 其中男生爲 556 人。假設隨機抽訪 20 人, 試問受訪學生中至少有 3 人爲男生的機率爲何?

解:

本題受訪同學不能重複, 因此可視爲是抽後不放回的抽樣方式, 且全部學生分成兩種屬性(男生與女生), 所以是超幾何分配的問題。令X爲服從$H(x; 1200, 556, 20)$的隨機變數, 則受訪學生中至少有 3 人爲男生的機率爲

$$P(X\geq 3)=1-P(X\leq 2)$$
$$=1-P(X=0)-P(X=1)-P(X=2)$$

$$=1-\frac{\binom{556}{0}\binom{1200-556}{20}}{\binom{1200}{20}}-\frac{\binom{556}{1}\binom{1200-556}{19}}{\binom{1200}{20}}$$

$$-\frac{\binom{556}{2}\binom{1200-556}{18}}{\binom{1200}{20}}$$

$$=1-0.00000342-0.00006082-0.00051222$$

$$=0.99942354$$

由於本題學生總數為 1200 人，可以二項分配來計算近似的機率。令$p=\frac{N_1}{N}=\frac{556}{1200}=0.46333$，所以隨機變數$X$近似的服從

$B(20, 0.46333)$

受訪學生中至少有 3 人為男生的機率為

$$P(X\geq 3)=1-P(X\leq 2)$$

$$=1-P(X=0)-P(X=1)-P(X=2)$$

$$=1-\binom{20}{0}(0.46333)^0(1-0.46333)^{20}-$$

$$\binom{20}{1}(0.46333)^1(1-0.46333)^{19}-$$

$$\binom{20}{2}(0.46333)^2(1-0.46333)^{18}$$

$$=1-0.000627$$

$$=0.9993730$$

由二項分配計算的近似值與由超幾何分配計算的正確值二者差異甚小，因此以二項分配計算的近似效果很好。

例 22　續例 21 資料，超幾何分配$H(x;\ 1200,\ 556,\ 20)$與二項分配$B(20,\ 0.4633)$的平均數及變異數分別爲：

(1)超幾何分配

$$\text{平均數}E(X)=n\left(\frac{N_1}{N}\right)=20\times\frac{556}{1200}=9.2667$$

$$\text{變異數}V(X)=\left(\frac{N-n}{N-1}\right)n\left(\frac{N_1}{N}\right)\left(1-\frac{N_1}{N}\right)$$

$$=\left(\frac{1200-20}{1200-1}\right)20\left(\frac{556}{1200}\right)\left(1-\frac{556}{1200}\right)$$

$$=4.8943$$

(2)二項分配

$$\text{平均數}E(X)=np=20\times0.46333=9.2667$$

$$\text{變異數}V(X)=np(1-p)=20\times0.46333\times(1-0.46333)=4.9731$$

由於有限母體校正項$\left(\frac{1200-20}{1200-1}\right)$使得超幾何分配與二項分配的變異數有些微差異。

摘 要

重要詞語

隨機變數 離散隨機變數 離散機率
離散機率分配 累積分配函數 期望值
變異數 標準差 貝努利試驗
二項分配 波氏分配 波氏隨機過程
超幾何分配

公 式

1.離散機率分配的性質

(1) $0 \leq P(x) \leq 1$ (2) $\sum_x P(x) = 1$

2.離散隨機變數的期望值

$$E(X) = \sum_x xP(x)$$

3.期望值的性質

(1) $E(c) = c$

(2) $E(aX + bY) = aE(X) + bE(Y)$

(3)若 X 與 Y 相互獨立則

$$E(XY) = E(X)E(Y)$$

4.離散隨機變數的變異數

$$V(X) = E[(X-\mu)^2]$$
$$= \sum_x (x-\mu)^2 P(x)$$

5.變異數的性質

(1) $V(c)=0$

(2)若X與Y爲相互獨立的隨機變數則

$$V(aX+bY)=a^2V(X)+b^2V(Y)$$

6.幾個離散分配機率函數及其對應的期望值、變異數：

分　配	機　率　函　數	$E(X)$	$V(X)$
貝努利分配	$P(x)=\begin{cases} p & x=1 \\ 1-p & x=0 \end{cases}$	p	$p(1-p)$
二項分配	$P(x)=\binom{n}{x}p^x(1-p)^{n-x}$	np	$np(1-p)$
波氏分配	$P(x)=\dfrac{\mu^x e^{-\mu}}{x!}$	μ	μ
超幾何分配	$P(x)=\dfrac{\binom{N_1}{x}\binom{N-N_1}{n-x}}{\binom{N}{x}}$	$n\left(\dfrac{N_1}{N}\right)$	$\left(\dfrac{N-n}{N-1}\right)n\left(\dfrac{N_1}{N}\right)\left(1-\dfrac{N_1}{N}\right)$

7.二項分配與波氏分配

當n很大，p很小且$np<5$時，二項分配$B(n, p)$的機率可以波氏分配$P(np)$來計算近似值。

8.超幾何分配與二項分配

當N很大時，二項分配$B\left(n, \dfrac{N_1}{N}\right)$可用來做爲超幾何分配$H(x; N, N_1, n)$的近似分配。

習 題

1. 何謂隨機變數？何謂離散隨機變數？

2. 離散機率分配的性質爲何？

3. 何謂期望值？何謂變異數？

4. 令隨機變數X的變數值x與對應的機率$P(X=x)$分別爲：

$X=x$	0	1	2	3
$P(X=x)$	0.5	0.3	0.1	0.1

試回答下列各子題：

(1)$P(X\geq 2)=$？

(2)期望值$E(X)=$？

(3)變異數$\sigma^2=$？

(4)標準差$\sigma=$？

5. 根據習題4的機率函數，計算下列各子題：

(1)$E(5X+3)=$？

(2)$V(2X+3)=$？

6. 試根據離散機率分配的性質，決定下列各子題所列的函數是否滿足離散機率分配性質。

(1)$P(X=x)=(x^2-2)/23,\quad x=2, 3, 4$

(2)

$X=x$	0	1	2	3	4
$P(X=x)$	0.1	-0.4	0.5	0.5	0.3

(3)$P(X=x)=1/2x,\quad x=1, 2, 3, 6$

(4)

$X=x$	5	10	15	20
$P(X=x)$	0.2	0.2	0.5	0.05

7. 購買刮刮樂一張花費50元，若刮中可兌換獎金1000元。假設刮刮樂中獎機率爲千分之一，試問刮刮樂的中獎期望值爲何？

8. 令隨機變數X的機率函數爲

$$P(X=x)=\frac{1}{2x}$$

其中$x=1, 2, 3, 6$。令隨機變數$Y=2X+3$。

試計算下列各子題：

(1)$E(Y)=$？

(2)$V(Y)=$？

9. 已知班上50名同學中有20名參加宗教活動。若由班上隨機抽出一名同學，若該名學生未參加宗教活動則令隨機變數$X=0$，若有參加宗教活動則令$X=1$。回答下列問題：

(1)隨機變數X的機率分配爲何，並請寫出其機率函數。

(2)計算期望值$E(X)=$？

(3)計算變異數$V(X)=$？

10. 稅捐稽徵處宣稱所得稅申報案件有10%的錯誤率。今隨機抽取20件申報案件，發現有2件的錯誤申報案件。如果稅捐稽徵處的宣稱是眞實的，那麼由20件申報案中會發現至少2件錯誤的機率爲何？

11. 某地區竊盜案件破獲率爲0.30。本月份有25件竊案發生，試問：

(1)至少可破獲10件的機率。

(2)可破獲5件的機率。

(3)至多破獲14件的機率。

12.根據習題11，計算下列各子題：

(1)本月份破獲竊案的期望值爲何？

(2)本月份破獲竊案的變異數及標準差爲何？

13.令隨機變數X服從平均數$\mu=1.5$的波氏分配。試計算下列各子題的機率：

(1) $P(X=0)=?$

(2) $P(X\geq 2)=?$

(3) $P(X<3)=?$

14.某銀行在每20分鐘內顧客出現的人次服從以$\mu=2$的波氏分配。試回答下列問題：

(1)在一小時內有5位顧客光臨的機率爲何？

(2)每小時內的顧客平均數，變異數各爲何？

15.某研究所今年招收的新生當中有12位女生，8位男生。今隨機抽出4位新生參加學校舉辦的師生座談。試問：

(1)有3位女生參加的機率爲何？

(2)至少有2位男生參加的機率爲何？

16.根據習題15，令隨機變數X服從$H(x;\ 20, 12, 4)$，試計算：

(1)平均數$E(X)=?$

(2)變異數$V(X)=?$

17.某校今年招收的新生總數爲1000人，其中男生爲400人。今隨機抽出20人參加國慶遊行，試問參加遊行學生中男生至少有10人的機率爲何？

18.根據習題17，令隨機變數X爲男生參加遊行的人數，試回答下列各子題：

(1)期望值$E(X)=?$

(2)變異數$V(X)=?$

19.某保全公司在臺北市有150個服務點，假設一週內每個服務點發生狀況的機率爲0.01。試問一週內至少有三個點發生狀況的機率爲何?

20.(變異數計算的另一個公式：$V(X)=E(X^2)-[E(X)]^2$)

試由上述公式，驗證本章例9所計算的變異數。

第九章　連續機率分配

雖然離散分配能處理日常生活中所面對的許多不確定問題，但是仍有許多其他現象必須仰賴連續分配來解答，例如日光燈的壽命、等候所需的時間。本章第一節介紹連續隨機變數，並說明其與離散隨機變數不同的意義。第二節介紹連續機率分配的定義、性質及密度函數，並將連續隨機變數的期望值及變異數公式加以介紹。第三節至第五節則分別說明**一致分配**(Uniform Distribution)、**指數分配**(Exponential Distribution)及**常態分配**(Normal Distribution)的密度函數、期望值、變異數及機率圖。此外，並介紹以常態分配來做爲二項分配的近似。至於常態分配查表及常態隨機變數的標準化都在本章討論之列。由於本章處理連續隨機變數的機率問題，因此數學上的積分運算會出現在有關內容中，略去與否並不會影響對本章的了解。

第一節　連續隨機變數

連續隨機變數與離散隨機變數在定義上主要的不同在於變數值並非是有限的，也就是說在變數值的區間內任何二個變數值之間存在有無限多的變數值。例如汽車每公升耗油量的里程數是介於8到12公里，則在此區間內任選二個數値，假設爲9與10，於是汽車每公升耗油量的里程數介於9到10公里的可能數有無限多，此時必須以連續隨機變數來定義汽車每公升耗油量的里程數。又如等待公車的時間爲隨機變數，並假設等待時間的變數值區間以0到10分鐘爲範圍，則等待時間可能爲0與10分鐘之間的任何一個時點，也就是說0到10分鐘之間的時點數有無限多個。

事實上，由於衡量單位的取捨，有許多現象在本質上是連續的變數，但是在測量時因單位的取捨，使得資料呈現離散的數字形態。例如身高的衡量，本質上是連續的現象，即在任何不同的兩個身高之間應有介於其間的身高存在。但在測量時(假設以公分爲單位)，身高180公分與181公分之間無法有無限多個身高存在其間，因此使得在觀察上成爲離散的數據。此類問題雖然數據呈現離散形態，但仍可以連續變數的方式處理。

第二節 連續機率分配

連續隨機變數X將隨機試驗的結果以區間來表示機率，例如連續隨機變數X在區間(a,b)的機率以$P(a<X<b)$表示。在離散機率分配的情況下，計算隨機變數X等於變數值c的機率是以變數值代入機率函數$P(X=c)$表求得；但在連續機率分配的情況下，則必須先定出隨機變數X的變數值區間，然後以積分方式計算在該區間內，隨機變數X的密度函數曲線下的面積做爲機率，例如計算隨機變數X在區間(a,b)間的機率爲 $P(a<X<b)=\int_a^b f(x)dx$。

以圖形表示機率，則圖9-1斜影面積爲機率$P(a<X<b)$，其中密度函數$f(x)$爲一平滑曲線。任何變數值，以$X=a$爲例，代入密度函數可得到$X=a$時的**密度(density)**，而非機率。此爲連續機率分配與離散機率分配的不同之處。

圖 9-1 連續機率分配的機率$P(a<X<b)$

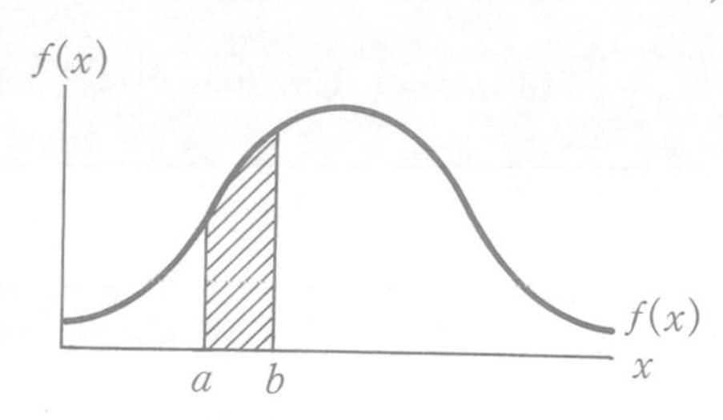

令$f(x)$爲連續隨機變數X的**密度函數**，則$f(x)$必須滿足下列條件：

(1)對任何變數值x所對應的密度函數$f(x)$爲非負數，即$f(x)\geq 0$。

(2)就變數值的全部區間，通常以$(-\infty,+\infty)$表示，積分等於1，即

$\int_{-\infty}^{+\infty} f(x)dx=1$。

令連續隨機變數X的密度函數爲$f(x)$，則定義X累積到x的累積分配函數爲

$$
\begin{aligned}
F(x) &= P(X\leq x)\\
&= \int_{-\infty}^{x} f(t)dt
\end{aligned}
$$

$F(x)$又可稱爲**分配函數(Distribution Function)**，具有下列性質：

(1)若$a\leq b$，則$F(a)\leq F(b)$，

(2)$F(-\infty)=0$，則$F(\infty)=1$，

(3)對任何x而言，$0\leq F(x)\leq 1$

例 1 令隨機變數X的密度函數爲$f(x)=3x^2$，其中變數值x介於區間$(0,1)$，其他區間的密度函數值定義爲$f(x)=0$。則所定義的$f(x)$滿足密度函數的二個條件：

(1)對所有x值而言，$f(x)\geq 0$。

(2)就全部區間積分等於1，即

$$\int_{-\infty}^{+\infty} f(x)\,dx=\int_0^1 3x^2\,dx=x^3\Big|_0^1=1-0=1。$$

例 2 續例 1 密度函數$f(x)$定義，試計算下列各子題的機率：

(1)$P(X\leq 0.4)$，(2)$P(X\geq 0.5)$，(3)$P(0.2\leq X<0.6)$，(4)$P(X=0.5)$。

解：

$$(1)P(X\leq 0.4)=\int_0^{0.4} 3x^2\,dx$$
$$=x^3\Big|_0^{0.4}$$
$$=(0.4)^3-0^3$$
$$=0.064$$

$$(2)P(X\geq 0.5)=\int_{0.5}^{1} 3x^2\,dx$$
$$=x^3\Big|_{0.5}^{1}$$
$$=1-(0.5)^3$$
$$=0.875$$

$$(3)P(0.2\leq X<0.6)=\int_{0.2}^{0.6} 3x^2\,dx$$
$$=x^3\Big|_{0.2}^{0.6}$$
$$=(0.6)^3-(0.2)^3$$
$$=0.208$$

$$(4)P(X=0.5)=\int_{0.5}^{0.5}3x^2dx$$
$$=x^3\Big|_{0.5}^{0.5}$$
$$=(0.5)^3-(0.5)^3$$
$$=0$$

由例2子題(4)知道：在連續隨機變數X下，任何單一變數值的機率爲零，至於其函數值則爲密度。例如密度函數$f(x)=3x^2$在$X=0.5$的機率爲$P(X=0.5)=0$，但在$X=0.5$時的密度則爲$f(0.5)=3(0.5)^2=0.75$。

連續隨機變數X的密度函數爲$f(x)$，則X的平均數、變異數及標準差公式分別爲：

(1)平均數

$$\mu=E(x)=\int_{-\infty}^{\infty}xf(x)dx$$

(2)變異數

$$\sigma^2=V(x)=E[(x-\mu)^2]$$
$$=\int_{-\infty}^{\infty}(x-\mu)^2f(x)dx$$

(3)標準差

$$\sigma=\sqrt{\sigma^2}$$
$$=\sqrt{\int_{-\infty}^{\infty}(x-\mu)^2f(x)dx}$$

例 3　續例 2，令連續隨機變數X服從密度函數

$$f(x)=3x^2,\ 0<x<1$$
$$=0$$

其他則依據平均數公式得

$$\mu=E(x)$$
$$=\int_0^1 x(3x^2)\,dx$$
$$=\int_0^1 3x^3\,dx$$
$$=\frac{3}{4}x^4\Big|_0^1$$
$$=\frac{3}{4}$$
$$=0.75$$

同理，依據變異數公式得

$$\sigma^2=V(x)=E[(x-\mu)^2]$$
$$=\int_0^1 (x-\frac{3}{4})^2(3x^2)\,dx$$
$$=\frac{3}{80}$$
$$=0.0375$$

因此，標準差爲$\sigma=\sqrt{\frac{3}{80}}=0.1936$

至於期望值的有關公式與離散機率分配的期望值公式有相同的結果。令X與Y爲連續隨機變數，且假設a，b及c爲固定數，則

(1)固定數c的期望值仍爲c，即

$$E(c)=c,$$

(2)$E(aX+bY)=aE(X)+bE(Y)$

(特例1)當$b=0$，則$E(aX)=aE(X)$，

(特例2)當$a=b=1$，則$E(X+Y)=E(X)+E(Y)$，

(特例3)當$a=1$，$b=-1$，則$E(X-Y)=E(X)-E(Y)$，

(3)若X與Y為獨立的隨機變數，則

$$E(XY)=E(X)E(Y)。$$

例 4　令獨立連續隨機變數X與Y的密度函數分別為$f(x)=3x^2$及$f(y)=2y$，其中$0<x<1$，$0<y<1$。試計算下列各子題的期望值。

(1)$E(3X+2Y)$

(2)$E(X-Y)$

(3)$E(XY)$

解：

先求得X與Y個別的期望值。由例3知道：$E(X)=\frac{3}{4}$，同理，

$$E(Y)=\int_0^1 y(2y)dy=\frac{2}{3}y^3\Big|_0^1=\frac{2}{3}。$$

分別求各子題期望值如下：

(1)
$$\begin{aligned}E(3X+2Y)&=3E(X)+2E(Y)\\&=3\times\frac{3}{4}+2\times\frac{2}{3}\\&=\frac{43}{12}\\&=3.5833\end{aligned}$$

(2)
$$\begin{aligned}E(X-Y)&=E(X)-E(Y)\\&=\frac{3}{4}-\frac{2}{3}\\&=\frac{1}{12}\end{aligned}$$

$=0.0833$

(3) $E(XY)=E(X)E(Y)$

$=\frac{3}{4}\times\frac{2}{3}$

$=0.5$

令X與Y爲獨立隨機變數，且a，b及c爲固定數，則變異數的有關公式爲：

(1)任何固定數c的變異數爲 0，即

$V(c)=0$

(2) $V(aX+bY)=a^2V(X)+b^2V(Y)$

(特例1)：當$b=0$時，則$V(aX)=a^2V(X)$

(特例2)：當$a=b=1$時，則$V(X+Y)=V(X)+V(Y)$

(特例3)：當$a=b=1$時，則$V(X-Y)=V(X)+V(Y)$

例 5 續例 4 所列獨立隨機變數X與Y的密度函數分別爲$f(x)=3x^2$及$f(y)=2y$，其中$0<x<1$，$0<y<1$。試計算下列各子題的變異數。

(1) $V(3X+2Y)$

(2) $V(X-Y)$

(3) $V(5)$

解：

由例4已求得$E(X)=3/4$及$E(Y)=2/3$。依據變異數公式，計算隨機變數X與Y的變異數爲

$$V(X)=\int_0^1 (x-\frac{3}{4})^2(3x^2)\,dx$$

$$=\frac{3}{80}$$

同理，$V(Y)=\int_0^1 (y-\frac{2}{3})^2(2y)\,dy$

$$=\left[\frac{1}{2}y^4-\frac{8}{9}y^3+\frac{4}{9}y^2\right]_0^1$$

$$=\frac{1}{18}$$

然後依據變異數性質的有關公式求解各子題如下：

(1) $V(3X+2Y)=9V(X)+4V(Y)$

$$=9\times\frac{3}{80}+4\times\frac{1}{18}$$

$$=\frac{403}{720}=0.5597$$

(2) $V(X-Y)=V(X)+V(Y)$

$$=\frac{3}{80}+\frac{1}{18}$$

$$=\frac{67}{720}=0.0931$$

(3) $V(5)=0$

第三節　一致分配

一致分配是指連續隨機變數X的密度函數$f(x)$爲固定數的分配。假設隨機變數X的變數值範圍爲$[a,b]$❶，則一致分配的**密度函數**爲

$$f(x)=\frac{1}{b-a}$$

其中$a \leq x \leq b$，並以$X \sim U(a,b)$表示。一致分配在統計上扮演著相當重要的角色，這是由於任何連續機率分配的累積分配都服從一致分配❷，因此模擬分析中許多分配的隨機亂數產生都可經由一致分配的隨機亂數轉換得到。至於一致分配的平均數、變異數及標準差分別為：

⑴平均數

$$\mu = E(X) = \frac{(a+b)}{2}$$

⑵變異數

$$\sigma^2 = V(X) = \frac{(b-a)^2}{12}$$

⑶標準差

$$\sigma = \frac{(b-a)}{\sqrt{12}}$$

例 6　假設臺北市捷運大安站每日上午 10 時正至 10 時 10 分間的 10 分鐘間距中任何時點有車入站的可能性相同，試問在 10 時 3 分至 10 時 6 分間有車入站的機率為何？

解：

令X表入站時間，為服從一致分配的連續隨機變數，則X的密度函數為$f(x) = 1/10$，$0 \leq x \leq 10$。

在10時3分至10時6分有車入站的機率為

---

❶隨機變數X的變數值x的區間$[a,b]$表示$a \leq x \leq b$，由於變數值x包含區間的端點值，因此稱$[a,b]$為一封閉區間(closed interval)，有別於不含區間端點值的開放區間(open interval)(a,b)所表示的$a < x < b$。

❷事實上，任何機率分配只要其累積分配$F(x)$是連續的，則$F(X)$服從一致分配$U(0,1)$。

$$P(3 \leq x \leq 6) = \int_3^6 \frac{1}{10} dx$$
$$= \frac{1}{10} x \Big|_3^6$$
$$= \frac{1}{10}(6-3)$$
$$= 0.3$$

例 7　續例 6，令連續隨機變數 X 服從密度函數爲 $f(x)=1/10$，$0 \leq x \leq 10$ 的一致分配，計算 X 的平均數、變異數及標準差。

解：

由於隨機變數 X 服從一致分配，且密度函數爲

$f(x)=1/10$，$0 \leq x \leq 10$

依題意令 $a=0$，$b=10$，根據一致分配平均數、變異數及標準差公式可得：

(1)平均數

$$\mu = E(X) = \frac{0+10}{2}$$
$$= 5$$

(2)變異數

$$\sigma^2 = V(X) = \frac{(10-0)^2}{12}$$
$$= 8.333$$

(3)標準差

$$\sigma = \sqrt{V(X)}$$
$$= 2.887$$

第四節 指數分配

指數分配是連續的機率分配，主要應用在時間的等候問題上，例如機器零件損壞的時間間距，超級市場顧客到達結帳櫃臺的時間間距等都是應用的例子。令連續隨機變數X服從指數分配，定義其密度函數爲

$$f(x)=\frac{1}{\mu}e^{-x/\mu}$$

其中$e=2.71828...$爲自然數，

$x\geq 0$表示等候時間爲非負數。

$\mu>0$爲參數，在意義上可解釋爲平均等候時間，通常以$X\sim\epsilon(\mu)$表示隨機變數服從均數爲μ的指數分配。

例 8 某銀行活期儲蓄存款櫃臺專責辦理提存款業務，假設客戶出現的時間間距服從平均數爲 5 分鐘的指數分配，試計算下一位客戶在 12 分鐘內出現的機率。

解：

令連續隨機變數X爲客戶出現的時間間距，其密度函數依題意爲

$$f(x)=\frac{1}{5}e^{-x/5}$$

其中$x\geq 0$。下一位客戶在12分鐘內出現的機率爲

$$\begin{aligned}P(X\leq 12)&=\int_0^{12}\frac{1}{5}e^{-x/5}dx\\&=1-e^{-12/5}\\&=0.9093\end{aligned}$$

例 9　續例 8，試問下一位客戶會在 3 分鐘至 5 分鐘內出現的機率爲何。

解：

依題意，下一位客戶會在3分鐘至5分鐘內出現的機率爲

$$P(3\leq X\leq 5)=\int_{3}^{5}\frac{1}{5}e^{-x/5}dx$$

$$=\left[-e^{-x/5}\right]_{3}^{5}$$

$$=(-e^{-1})-(-e^{-3/5})$$

$$=e^{-3/5}-e^{-1}$$

$$=0.1809$$

關於指數分配的平均數、變異數及標準差公式分別爲

(1)平均數

$E(X)=\mu$

(2)變異數

$\sigma^2=V(X)=\mu^2$

(3)標準差

$\sigma=\mu$

例 10　令連續隨機變數X服從平均數爲 10 的指數分配，試計算變數X的平均數、變異數及標準差。

解：

依題意，隨機變數X的密度函數爲

$$f(x)=\frac{1}{10}e^{-x/10}$$

其中$x\geq 0$，且$\mu=10$。根據指數分配的平均數、變異數及標準差公式可得：

(1)平均數

$E(X)=\mu=10$

(2)變異數

$\sigma^2=V(X)=\mu^2=10^2=100$

(3)標準差

$\sigma=\mu=10$

由於指數分配的密度函數$f(x)=\frac{1}{\mu}e^{-x/\mu}$會隨著$x$值的增大而逐漸縮小，因此密度函數是屬於右偏的分配。至於密度函數的最大值則出現在x值爲零的時候，即當$x=0$時，$f(0)=1/\mu$值最大。圖9-2(a)～(d)分別繪製

圖9-2　平均數分別爲$\mu=10$，5，1及0.67的指數分配密度函數

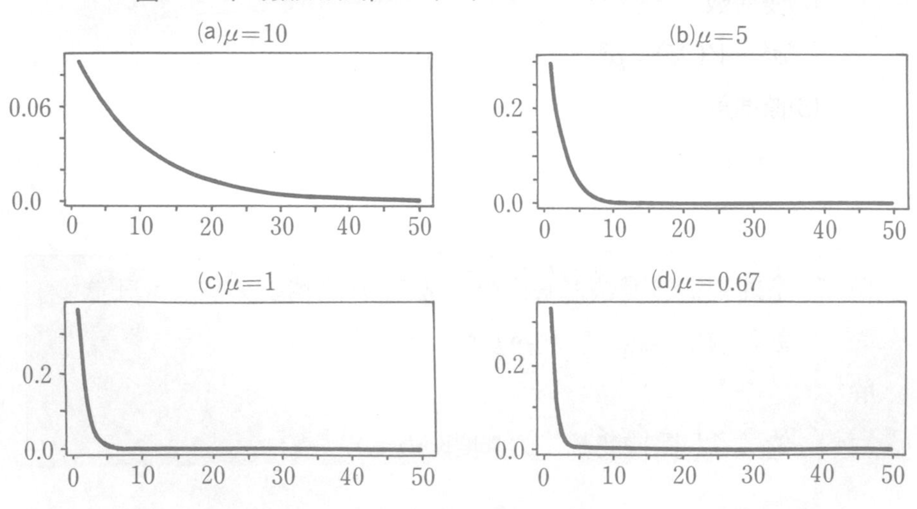

平均數$\mu=10$，5，1及0.67的指數分配密度函數圖。由圖形可看出：平均數μ愈小則密度函數下降愈快，因此密度函數圖愈陡峭；反之，平均數μ愈大則密度函數下降愈緩，因此密度函數圖愈平緩。

指數分配與波氏分配之間的關聯性爲：指數分配的隨機變數X表示兩個事件發生的時間間距，因此是連續的隨機變數。至於波氏分配的隨機變數則表示在一單位時段內發生事件的次數，因此是離散的隨機變數。如果在指數分配中兩個事件發生的平均時間間距爲μ，則可將μ轉換成$1/\mu$表示在一單位時段內發生的平均次數，即$\lambda=1/\mu$。

例 11　假設客戶出現的時間間距服從以$\mu=10$分鐘的指數分配，試問客戶在一小時內出現的人次服從何種分配，且其平均人次爲何。

解：

由於客戶出現的時間間距服從指數分配，且平均時間間距爲$\mu=10$分鐘，亦即$\mu=1/6$小時爲平均時間間距。所以，在一小時時段內出現客戶的平均人次爲

$$\lambda=\frac{1}{\mu}=\frac{1}{(\frac{1}{6})}=6$$

即客戶在一小時內出現的人次服從以$\lambda=6$人次爲平均數的波氏分配。

第五節 常態分配

常態分配在統計領域裏是最重要而且應用最廣泛的連續機率分配。在日常生活中許多現象都服從常態分配，例如：人們的身高、體重、智商等現象都可以常態分配來視之。在統計模型中關於測量誤差也可以常態分配做爲其機率分配。令連續隨機變數X服從以μ爲平均數，σ^2爲變異數的常態分配，則X的**密度函數**爲

$$f(x)=\frac{1}{\sqrt{2\pi}\,\sigma}e^{-\frac{1}{2}(\frac{X-\mu}{\sigma})^2}$$

其中$-\infty<x<\infty$

$\pi=3.14159\cdots$

$e=2.71828\cdots$

通常以$X\sim N(\mu,\sigma^2)$表示隨機變數X服從以μ爲平均數，σ^2爲變異數的常態分配。爲說明常態分配的特性，將平均數μ皆爲10，而變異數分別爲1，5，10的三個常態分配密度函數圖形繪製於圖9-3(a)。另外在圖9-3(b)則繪製$N(-10,1)$，$N(0,5)$及$N(10,10)$的三條常態分配密度函數圖形。

由圖9-3(a)及9-3(b)可以看出：

(1)常態分配密度函數曲線呈現以平均數μ爲中心的鐘形對稱分配。

(2)變異數愈小則常態分配密度函數曲線愈狹高；反之，變異數愈大則密度函數曲線愈寬低。

(3)常態分配的平均數決定了密度函數的鐘形最高峰所在。

(4)常態分配密度函數曲線向兩端無限延伸，並以水平軸爲漸近線。因此也符合密度函數值$f(x)$爲非負數的機率分特性。

(5)根據機率分配的特性，無論常態分配的平均數及變異數爲何，在密度函數曲線下的面積皆爲1，即

圖9-3(a)　平均數$\mu=10$，變異數$\sigma^2=1$，5，10的三條常態密度曲線

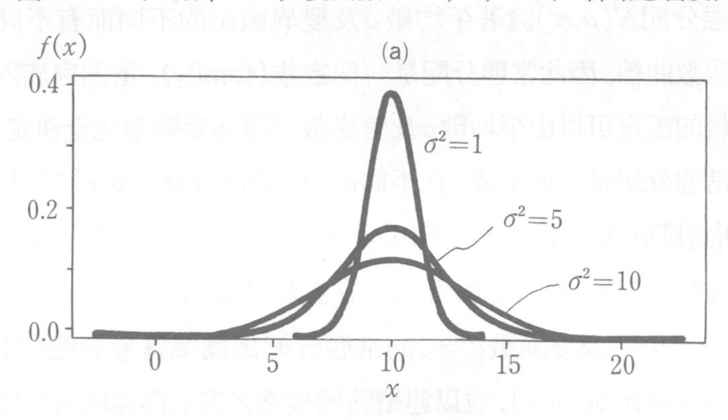

圖9-3(b)　$N(-10,1)$，$N(0,5)$及$N(10,10)$的三條常態密度曲線

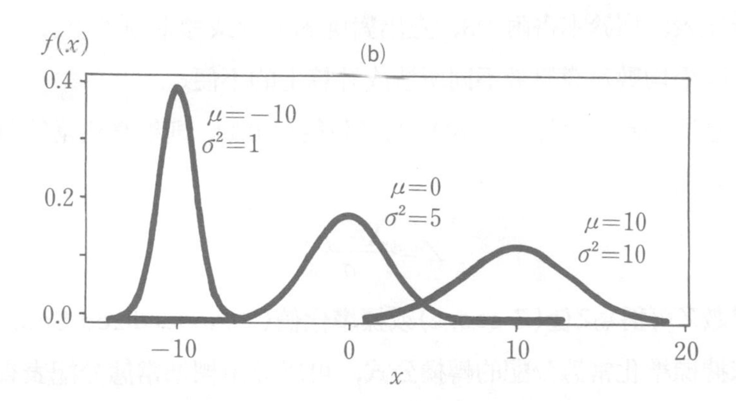

$$\int_{-\infty}^{\infty} f(x)\,dx$$

$$=\int_{-\infty}^{\infty} \frac{1}{\sqrt{2\pi}\,\sigma} e^{-\frac{1}{2}\frac{(x-\mu)2}{\sigma 2}} dx$$

$$=1$$

(6)由於是鐘形對稱分配，所以常態分配的平均數，衆數及中位數皆

相等。

(7)常態分配$N(\mu,\sigma^2)$隨著平均數μ及變異數σ^2的不同而有不同的密度函數曲線，因此常態分配是一個**家族**(family)。這個家族內個別成員的認定可以由平均數μ及變異數σ^2兩個參數來完全決定。

由於常態分配是一個家族，在不同的平均數μ及變異數σ^2下，相同的變數值x所對應的密度函數值並不相同，同時，在相同的變數值區間所對應的常態曲線下機率也不相同。因此，在計算及應用上頗為不便。為此，定義以平均數$\mu=0$及變異數$\sigma^2=1$的常態分配為**標準常態分配**(Standard Normal Distribution)，並以連續隨機變數Z表示為標準常態隨機變數，即Z服從標準常態分配$N(0,1)$。在計算任何常態分配的機率問題時，先將$X\sim N(\mu,\sigma^2)$轉換成標準化的$Z\sim N(0,1)$，並由預先計算表列的標準常態分配表，列於本書附表3，查出對應的機率或標準變數值z，如此可以節省因平均數及變異數不同所造成計算上的不便。

令隨機變數X服從$N(\mu,\sigma^2)$，且Z服從$N(0,1)$，則標準化常態分配轉換的公式為

$$Z=\frac{X-\mu}{\sigma}$$

隨機變數Z可稱為**Z值**(Z score)或**標準化值**(Standardized Score)。

依據標準化常態分配的轉換公式，可以經由標準常態分配表查出任何常態分配的機率，其過程為：

(1)假設隨機變數X服從$N(\mu,\sigma^2)$，欲計算$P(a\leq x\leq b)$的機率。

(2)根據機率定義，知道

$$P(a\leq X\leq b)=P\left(\frac{a-\mu}{\sigma}\leq\frac{x-\mu}{\sigma}\leq\frac{b-\mu}{\sigma}\right)$$

$$=P\left(\frac{a-\mu}{\sigma}\leq Z\leq\frac{b-\mu}{\sigma}\right)$$

(3)令$c=\dfrac{a-\mu}{\sigma}$且$d=\dfrac{b-\mu}{\sigma}$，則

$P(a\le X\le b)=P(c\le Z\le d)$

即查標準常態分配表在c,d之間的機率就是常態隨機變數X在a，b之間的機率。

例 12 假設去年大學聯招數學科成績服從常態分配以$\mu=50$爲平均數，$\sigma^2=16$爲變異數，試問計算成績在 45 分與 60 分之間的考生所占的比例如何由標準常態分配來轉換表示。

解：

根據題意，令數學科成績爲X服從常態分配$N(50,16)$，所以$\mu=50$，$\sigma^2=16$，$\sigma=4$。計算$P(45\le X\le 60)$的機率可依標準化轉換公式來表示，即：

$$P(45\le X\le 60)=P\left(\frac{45-50}{4}\le\frac{X-\mu}{\sigma}\le\frac{60-50}{4}\right)$$
$$=P(-1.25\le Z\le 2.5)$$

所以，計算成績介於45分與60分之間考生的比例可經由查標準常態分配表在-1.25與2.5之間的機率得到。

由於任何常態分配的機率問題皆可經由標準常態分配表查出其機率，因此如何查標準常態分配表是相當重要的工作。

因爲常態分配的對稱性，附表3僅列出標準常態隨機變數Z介於0與變數值z之間的機率，即$P(0\le Z\le z)$，其中變數值z由0開始到3.99，間隔爲0.01。由附表3，z值所在行0.0到3.9可讀出z值的個位數及第一位小數，而z值所在的最上一列0到9，則爲z值的第二位小數值，例如：機率$P(0\le$

$Z \leq 0.09$)爲0.0359，該值可由z值的0.0所在列與9所在行的交叉位置查得。又如，機率$P(0 \leq Z \leq 2.0)$爲0.4772，可由z值的2.0所在列與0所在行的交叉位置查得。

由於標準常態分配表以零爲中心呈對稱分配，所以

$P(-z \leq Z \leq 0) = P(0 \leq Z \leq z)$，且$P(Z \leq 0) = P(Z \geq 0) = 0.5$。例如：$P(-2 \leq Z \leq 0) = P(0 \leq Z \leq 2)$。

前面所提到的查表過程都是由z值去查對應的機率，有時候也必須由機率去查對應的z值，例如：已知$P(0 \leq Z \leq z) = 0.0557$，則$z$值應爲多少？此類問題的查表過程如下：由於標準常態分配表內的機率是依由左至右，由上至下方式呈遞增排列，因此可從機率表內直接找出機率的位置，再由該位置所在行與列讀出對應的z值。依據所述過程於附表3知道機率0.0557所在行列爲第5行第2列，所以對應的z值爲0.14，即

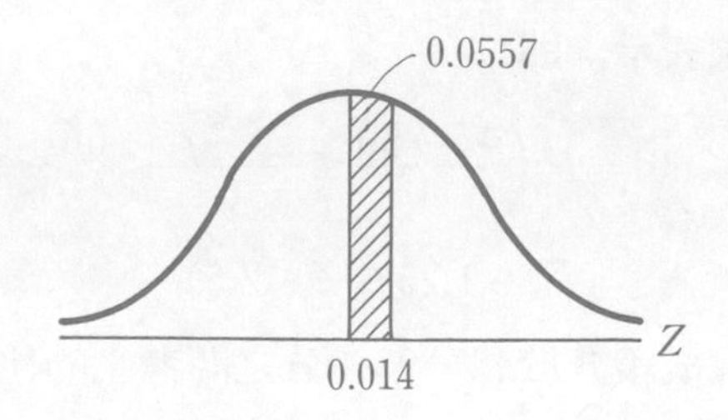

例 13 續例 12 資料，令變數X服從$N(50, 16)$，計算$P(45 \leq X \leq 60)$。

解：

由例12已知：

$$
\begin{aligned}
P(45 \leq X \leq 60) &= P(-1.25 \leq Z \leq 2.5) \\
&= P(-1.25 \leq Z \leq 0) + P(0 \leq Z \leq 2.5) \\
&= P(0 \leq Z \leq 1.25) + P(0 \leq Z \leq 2.5)
\end{aligned}
$$

(如陰影面積所示)

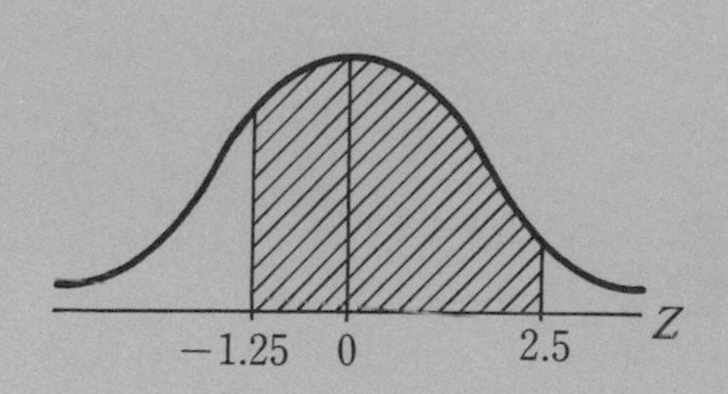

查附表 3，$P(0 \le Z \le 1.25)=0.3944$，$P(0 \le Z \le 2.5)=0.4938$，

所以 $\quad P(45 \le X \le 60)=0.3944+0.4938$

$$=0.8882$$

即考生分數介於45與60之間的比例爲88.82%。

例 14　令隨機變數X服從$N(100,10^2)$，計算下列各子題機率。

(1)$P(X>120)$

(2)$P(X \le 110)$

(3)$P(X \ge 95)$

(4)$P(X<90)$

解：

依題意，$\mu=100$，$\sigma=10$。各子題分別解答如下：

(1)由於常態分配爲連續分配，所以任何特定變數值對應的機率爲零，即$P(X=120)=0$，所以

$$P(X>120)=P(X \ge 120)$$

$$=P(\frac{X-\mu}{\sigma} \ge \frac{120-100}{10})$$

$=P(Z\geq 2)$（如陰影面積所示）

$=1-P(Z\leq 2)$

其中$P(Z\leq 2)=P(Z\leq 0)+P(0\leq Z\leq 2)$

$=0.5+0.4772$

$=0.9772$

所以　$P(X>120)=1-0.9772$

$=0.0228$

(2)$P(X\leq 110)=P\left(\frac{X-\mu}{\sigma}\leq\frac{110-100}{10}\right)$

$=P(Z\leq 1)$（如陰影面積所示）

$=P(Z\leq 0)$

$+P(0\leq Z\leq 1)$

$=0.5+0.3413$

$=0.8413$

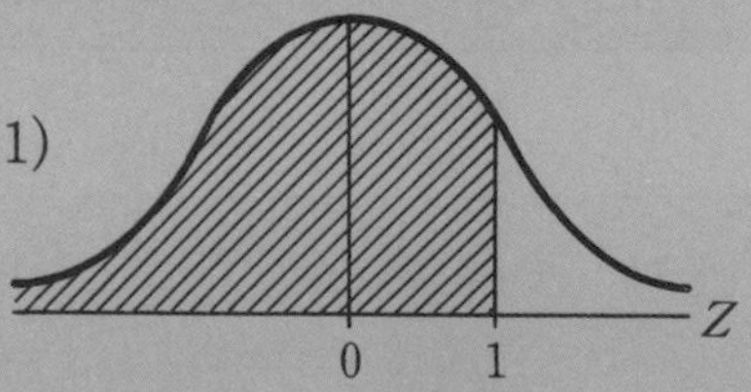

Z
0　1

(3)$P(X\geq 95)=P\left(\frac{X-\mu}{\sigma}\geq\frac{95-100}{10}\right)$

$=P(Z\geq -0.5)$（如陰影面積所示）

$=P(-0.5\leq Z\leq 0)$

$+P(0\leq Z)$

$=P(0\leq Z\leq 0.5)$

$+P(0\leq Z)$

$=0.1915+0.5$

$=0.6915$

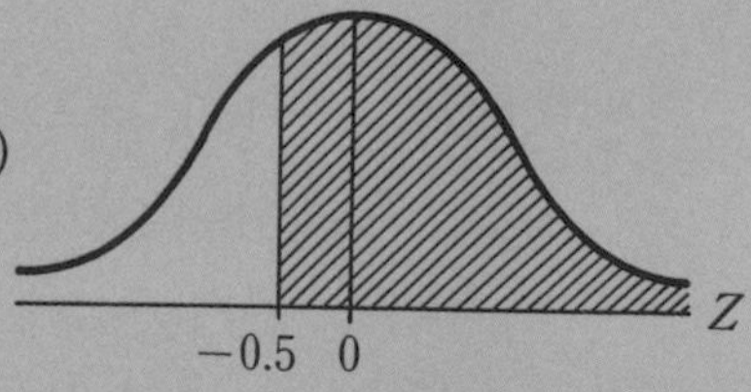

Z
−0.5　0

(4)$P(X<90)=P(X\leq 90)$　（因爲$P(X=90)=0$）

$=P\left(\frac{X-\mu}{\sigma}\leq\frac{90-100}{10}\right)$

$=P(Z\leq -1)$（如陰影面積所示）

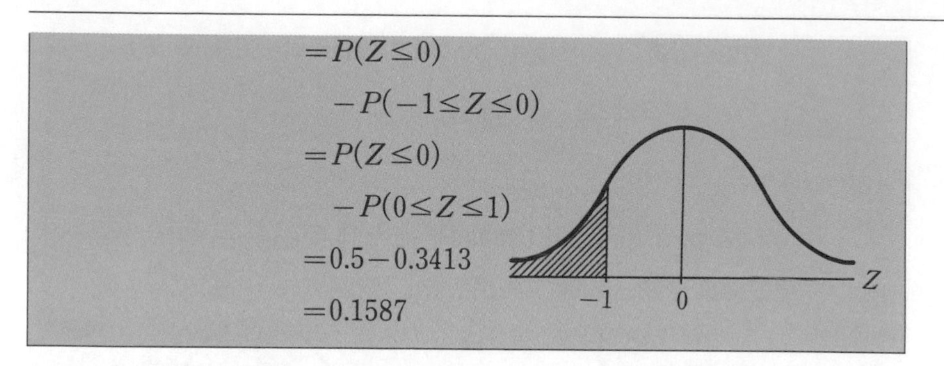

$$=P(Z\leq 0)-P(-1\leq Z\leq 0)$$
$$=P(Z\leq 0)-P(0\leq Z\leq 1)$$
$$=0.5-0.3413$$
$$=0.1587$$

例 15　假設高中三年級學生數學科競賽成績呈常態分配$N(56, 36)$。若成績採五等第計分，即全部成績按高低排序，最高分數的20%以A計等第，其次的20%以B計等第；以此類推，最低分數的20%以E計等第，則下列各子題所對應的分數爲何。

(1)多少分以上才能得A等第。

(2)多少分以下會得到E等第。

(3)多少分之間會得到B或C的等第。

解：

依題意，$\mu=56$，$\sigma^2=36$，$\sigma=6$。令數學科成績X爲服從常態分配$N(56,\ 36)$的隨機變數。各子題分別解答如下：

(1)令a爲能得到A等第的最低分數，

於是

$$P(X\geq a)=0.2$$

標準化可得

$$P\left(\frac{X-\mu}{\sigma}\geq\frac{a-\mu}{\sigma}\right)=0.2$$

即，$P\left(Z\geq\frac{a-56}{6}\right)=0.2$

0.2　Z　0　$\frac{a-56}{6}=0.845$

由附表3查得右尾機率為0.2所對應的z值為0.845，即

$$\frac{a-56}{6}=0.845$$

所以　　$a=61.07$

只要成績能高於61.07的同學都得到A等第。

(2)令e為得到E等第的最高分數，依題意

$$P(X\leq e)=0.2$$

標準化可得

$$P\left(Z\leq\frac{e-56}{6}\right)=0.2$$

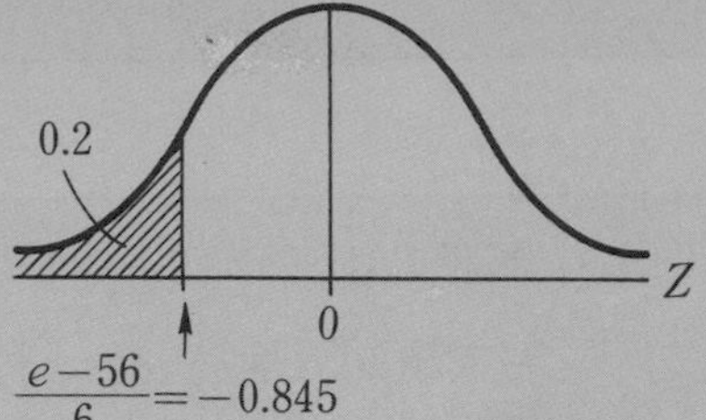

由於常態分配的對稱性，　$\frac{e-56}{6}=-0.845$

由(1)子題查得的z值可得到

$$\frac{e-56}{6}=-0.845 \text{即} e=50.93$$

所以成績落在50.93以下者都是E等第。

(3)令b及c為獲得B或C等第的上下限成績，於是

$$P(b\leq X\leq c)=0.4$$

標準化可得

$$P\left(\frac{b-\mu}{\sigma}\leq\frac{X-\mu}{\sigma}\leq\frac{c-\mu}{\sigma}\right)=0.4$$

即，$P\left(\frac{b-56}{6}\leq Z\leq\frac{c-56}{6}\right)=0.4$

亦可寫成

$$P\left(\frac{b-56}{6}\leq Z\leq 0\right)+P\left(0\leq Z\leq\frac{c-56}{6}\right)=0.4$$

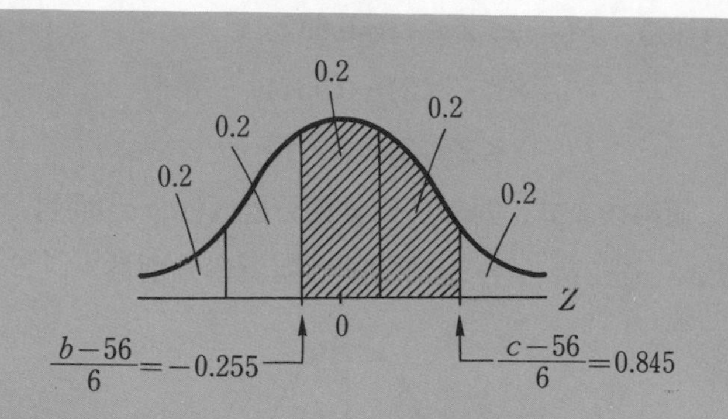

根據常態分配的對稱性及各等第均佔20%的規定可將上式分開成爲

$$P\left(\frac{b-56}{6}\leq Z\leq 0\right)=0.1$$

及

$$P\left(0\leq Z\leq \frac{c-56}{6}\right)=0.3$$

分別查表得：$\frac{b-56}{6}=-0.255$及$\frac{c-56}{6}=0.845$

所以$b=54.47$　$c=61.07$。

分數在(54.47，61.07)區間內的同學會得到等第B或C。

標準常態分配表中較常用到的機率爲Z值分別落在±1，±2及±3間的情形，以圖形表示爲

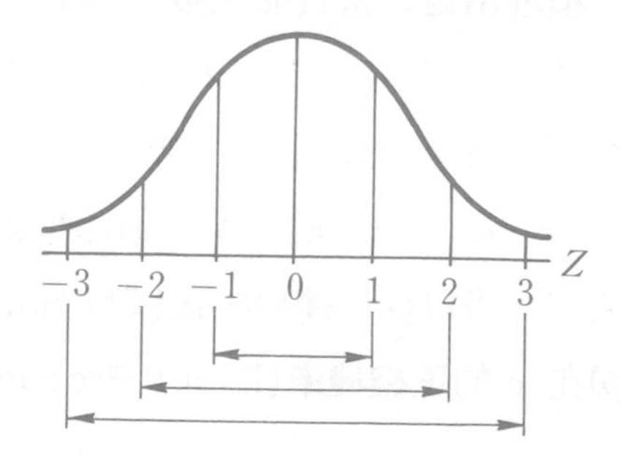

查表知道：$P(-1 \leq Z \leq 1)=0.6826$

$P(-2 \leq Z \leq 2)=0.9544$

$P(-3 \leq Z \leq 3)=0.9974$

根據 z 值轉換公式，對於任何常態分配$N(\mu,\ \sigma^2)$而言，其隨機變數X落在$\mu \pm \sigma$，$\mu \pm 2\sigma$，$\mu \pm 3\sigma$間的圖形與機率分別爲：

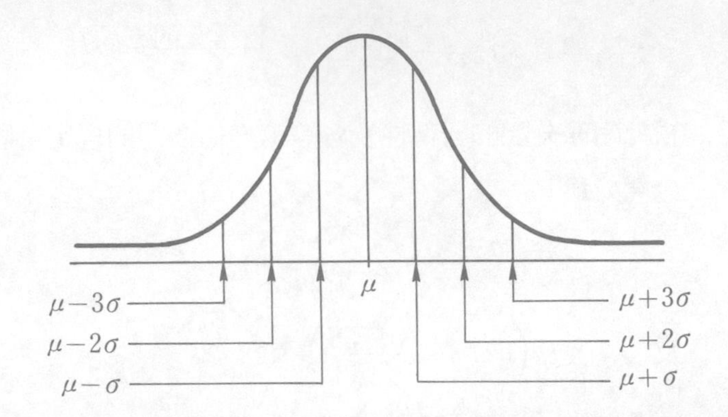

$P(\mu-\sigma \leq X \leq \mu+\sigma)=0.6826$

$P(\mu-2\sigma \leq X \leq \mu+2\sigma)=0.9544$

$P(\mu-3\sigma \leq X \leq \mu+3\sigma)=0.9974$

常態分配除了在諸多實務問題上的應用外，也能用來做爲離散二項分配的近似分配。當二項分配中實驗次數n大，而且$np \geq 5$，$n(1-p) \geq 5$則以常態分配來近似二項分配可以得到較佳的近似效果。以常態分配來近似二項分配的另一項理由是：當實驗次數n大時，二項分配機率的計算頗爲耗時。因此，當n大，且$np \geq 5$，$nq \geq 5$都成立，則服從二項分配$B(n,p)$的離散隨機變數X在變數值爲 x 的機率可以常態分配$N(\mu,\ \sigma^2)$計算近似機率，其中$\mu=np$，$\sigma^2=np(1-p)$。爲使連續機率分配在近似離散機率分配的效果更佳，可以採用**連續校正(Continuity Correction)**，即二項分配$B(n,\ p)$在 x 的**正確機率(Exact Probability)**爲

$$P(X=x)=\binom{n}{x}p^x(1-p)^{n-x}$$

可以由常態分配$N(np,\ np(1-p))$在$(x-0.5,\ x+0.5)$的機率做爲**近似機率**(Approximate Probability)

$$P(x-0.5\leq X\leq x+0.5)$$
$$=P\left(\frac{x-0.5-np}{\sqrt{np(1-p)}}\leq\frac{X-\mu}{\sigma}\leq\frac{x+0.5-np}{\sqrt{np(1-p)}}\right)$$
$$=P\left(\frac{x-np-0.5}{\sqrt{np(1-p)}}\leq Z\leq\frac{x-np+0.5}{\sqrt{np(1-p)}}\right)$$

所以連續校正是指以連續分配的機率$P(x-0.5\leq X\leq x+0.5)$來做爲離散分配機率$P(X=x)$的近似值。

例 16　民意調查機構電話訪問受訪者，按過去記錄有四成的受訪者願意回答問卷。今電話訪問 100 位受訪者，有 52 位願意回答的機率爲何。

解：

依題意，令離散隨機變數X服從二項分配$B(100,0.4)$，有52位願意回答的正確機率爲

$$P(X=52)=\binom{100}{52}(0.4)^{52}(0.6)^{100-52}$$
$$=0.0042$$

因爲$n=100$且$np=40\geq5$，$n(1-p)=60\geq5$，故可以常態分配來計算近似機率，則平均數$\mu=np=100\times0.4=40$，變異數$\sigma^2=np(1-p)=100\times0.4\times0.6=24$，標準差$\sigma=\sqrt{24}=4.899$，所以近似機率爲

$$P(52-0.5\leq X\leq 52+0.5)$$

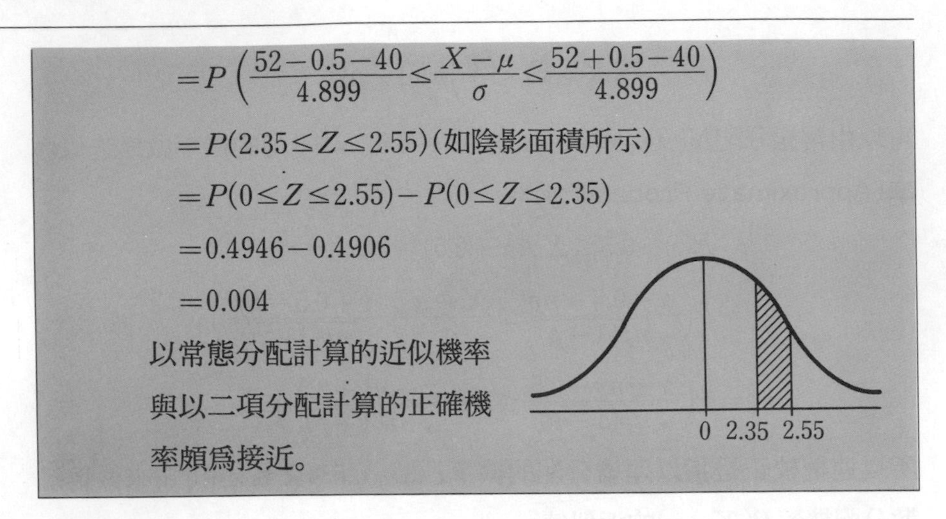

$$=P\left(\frac{52-0.5-40}{4.899}\leq\frac{X-\mu}{\sigma}\leq\frac{52+0.5-40}{4.899}\right)$$

$$=P(2.35\leq Z\leq 2.55)\text{（如陰影面積所示）}$$

$$=P(0\leq Z\leq 2.55)-P(0\leq Z\leq 2.35)$$

$$=0.4946-0.4906$$

$$=0.004$$

以常態分配計算的近似機率與以二項分配計算的正確機率頗爲接近。

爲說明在各種不同n、p組合下的二項分配，是否適合由常態分配來近似，在圖9-4(a)，(c)，(e)及(g)中分別繪製$n=10$，50與$p=0.1$，0.5四種組合的二項分配，即$B(10, 0.1)$、$B(10, 0.5)$、$B(50, 0.1)$及$B(50, 0.5)$。同時也將這四種情況的二項分配n，p值轉換成對應的常態分配$N(1, 0.9)$，$N(5, 2.5)$，$N(5, 4.5)$，$N(25, 12.5)$分別繪製於圖9-4(b)，(d)，(f)及(h)。比對圖9-4(a)及(b)可以知道：由於$np=1$不滿足$np\geq 5$的條件，且$n=10$並不大，所以在此種情況若要以常態分配來近似二項分配，其差異會很大。其次，比對圖9-4(c)及(d)，雖然$n=10$並不大，但由於$p=0.5$，使得$np\geq 5$且$n(1-p)\geq 5$的條件成立，因此在近似效果上要比前一情況好。至於圖9-4(e)及(f)所比對的是$n=50$，$p=0.1$的情形，由於$np=5$，$n(1-p)=45$都滿足不小於 5 的條件，雖然 p 值不接近0.5，但 n 很大，所以常態分配來近似二項分配也可以得到不錯的結果。最後，在圖9-4(g)及(h)中可以看出近似效果最佳，這是因爲$n=50$符合 n 大的條件，另外，$np=25$，$n(1-p)=25$也符合不小於 5 的條件。事實上，只要二項分配的機率圖能夠接近對稱形狀就可以常態分配做爲其近似分配，n愈大近似效果會愈佳。

圖 9-4　四種n，p組合的二項分配機率圖及其對應的常態分配密度函數圖

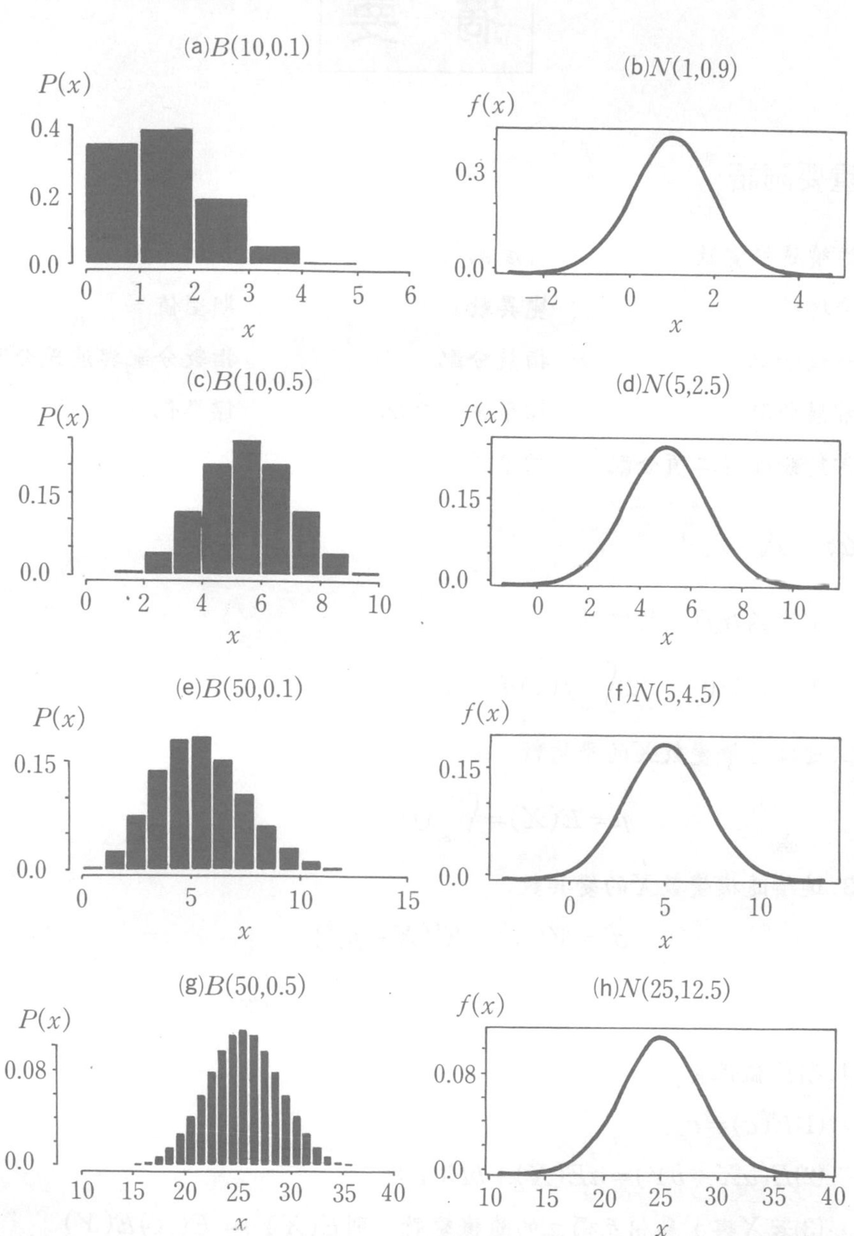

摘　要

重要詞語

連續隨機變數	密度函數	分配函數
平均數	變異數	期望值
一致分配	指數分配	指數分配與波氏分配
常態分配	標準常態分配	標準化
常態分配與二項分配	標準差	

公　式

1.密度函數$f(x)$的特性

(1)$f(x)\geq 0$　　(2)$\int_{-\infty}^{\infty} f(x)dx=1$

2.連續隨機變數X的平均數

$$\mu=E(X)=\int_{-\infty}^{\infty} xf(x)dx$$

3.連續隨機變數X的變異數

$$\begin{aligned}\sigma^2=V(X)&=E[(X-\mu)^2]\\&=\int_{-\infty}^{\infty}(x-\mu)^2 f(x)dx\end{aligned}$$

4.期望值性質

(1)$E(c)=c$

(2)$E(aX+bY)=aE(X)+bE(Y)$

(3)若X與Y爲相互獨立的隨機變數，則$E(XY)=E(X)E(Y)$

5.變異數性質

(1) $V(c)=0$

(2) X與Y爲獨立的隨機變數，則

$$V(aX+bY)=a^2V(X)+b^2V(Y)$$

6.幾個連續分配的pdf，及其對應的平均數、變異數：

分配名稱	符號表示	機率密度函數$f(x)$	平均數	變異數
一致分配	$U(a,\ b)$	$\frac{1}{b-a},\ x\in[a,\ b]$	$\frac{(a+b)}{2}$	$\frac{(b-a)^2}{12}$
指數分配	$\varepsilon(\mu)$	$\frac{1}{\mu}e^{-x/\mu},\ x\geq 0$	μ	μ^2
常態分配	$N(\mu,\ \sigma^2)$	$\frac{1}{\sqrt{2\pi}\sigma}e^{-\frac{1}{2}(\frac{x-\mu}{\sigma})^2},\ -\infty<x<\infty$	μ	σ^2

7.以常態分配來近似二項分配

當n大且$np\geq 5$，$n(1-p)\geq 5$時，二項分配$B(n,\ p)$在x的正確機率

$$P(X=x)=\binom{n}{x}p^x(1-p)^{n-x}$$

可以常態分配$N(np,\ np(1-p))$在$(x-0.5,\ x+0.5)$的機率做爲近似機率，即

$$P(x-0.5\leq X\leq x+0.5)$$
$$=P\left(\frac{x-0.5-np}{\sqrt{np(1-p)}}\leq\frac{x-\mu}{\sigma}\leq\frac{x+0.5-np}{\sqrt{np(1-p)}}\right)。$$

8.若$Z\sim N(0, 1)$，則

(1) $P(-z\leq Z\leq 0)=P(0\leq Z\leq z)$

(2) $P(Z\leq 0)=P(Z\geq 0)=0.5$

習　題

1. 令隨機變數X服從一致分配，以$[1, 10]$爲範圍。試回答下列各子題：

(1)$P(2<X<4)=?$

(2)$P(X=5)=?$

(3)$P(1\leq X\leq 3)=?$

2. 根據習題1，計算下列各問題：

(1)$E(X)=?$

(2)$V(X)=?$

3. 假設某客運公司臺北開往高雄的班車平均8分鐘有一班車抵達終點站，令其服從指數分配，試回答下列各子題：

(1)班車在5分鐘內抵達終點站的機率爲何？

(2)班車在3至5分鐘之間抵達終點站的機率爲何？

(3)班車在4分鐘以上抵達的機率爲何？

4. 根據習題3，令隨機變數X爲班車抵達終點站的時間，試計算下列各子題：

(1)平均抵達時間$E(X)=?$

(2)抵達時間的變異數$V(X)=?$

5. 假設某工廠跳機時間間距是服從以6小時爲平均數的指數分配，試問每天的跳機次數服從何種分配？且其平均跳機次數爲何？

6. 令隨機變數X服從常態分配$N(40, 16)$，試計算下列各子題：

(1) $P(X\geq 48)=?$

(2) $P(36<X<44)=?$

7. 令Z服從標準常態分配，試計算下列各題中的a，b，c值。

(1)$P(|Z|<a)=0.34$。

(2)$P(|Z|<b)=0.95$。

(3)$P(|Z|>c)=0.10$。

8.由調查得知：有40%的電腦系同學家中有個人電腦。今隨機抽訪120位同學，試問至少有60位同學家中有個人電腦的機率爲何？

9.(變異數計算的另一個公式：$V(X)=E(X^2)-[E(X)]^2$)
試由上述公式，驗證本章例3所計算的變異數。

第十章　抽樣與抽樣分配

第八、九章已分別介紹離散及連續的機率分配，這些機率分配依本身特性在實務應用上各有其適用時機。在應用時可依所面對的問題提出可能適用的機率分配，至於機率分配的參數則必須由樣本資料來加以推論。如何由母體中抽取具有代表性的樣本，以及由樣本計算得到的表徵數——統計量的機率分配爲何？從統計量機率分配可以對母體參數進行估計及檢定的推論工作。

本章第一節介紹隨機抽樣以及隨機亂數表的使用，第二節介紹四種抽樣方法分別爲簡單隨機抽樣、分層隨機抽樣、族群抽樣和系統抽樣。因此一、二節主要是介紹如何由母體中抽取具有代表性的樣本。第三節針對統計量的機率分配及中央極限定理做一說明。根據第三節的基礎，在第四、五、六節分別介紹樣本比例抽樣分配、兩組樣本平均數差的抽樣分配、兩組樣本比例差的抽樣分配。由這些抽樣分配的介紹可以做爲第十一及十二章估計與檢定的討論基礎，因此本章可以說是扮演著由機率分配跨越到統計推論的橋梁。

第一節　隨機抽樣

由於資源有限，大多數的調查都無法在有限的人力、物力及時間的限制下對全體的研究對象進行調查。因此，如何從全體研究對象中抽取部分的研究對象來進行調查是一項相當重要的統計工作。通常稱全體研究對象爲**母體**(Population)，而由其中抽出的部分研究對象爲**樣本**(Sample)。例如，化粧品進口總代理想要瞭解引進新產品的可行性，則所有潛在客戶就是母體，而實際受訪的對象就是樣本，由潛在客戶中抽取受訪者的過程就是**抽樣**。

由母體中抽取樣本並針對樣本進行調查所獲得的資料經整理與計算得到樣本的各種表徵數稱爲**統計量**(Statistic)。如果樣本是母體具體而微的縮影，則吾人希望藉由樣本統計量能夠對母體的各種表徵數——**參數**(Parameter)加以推論，其間關係如圖10-1所示。因爲樣本統計量被用來估計母體參數所以又稱爲**估計量**(Estimator)，若將樣本數據代入估計量計算得到的數值稱爲**估計值**(Estimate)。例如：樣本平均數$\bar{X}$爲母體參數μ的估計量，樣本變異數S^2是母體參數 σ^2 的估計量。如果根據樣本計算得到樣本平均數爲5，則5就是 μ 的估計值。

圖 10-1　母體、樣本關係圖

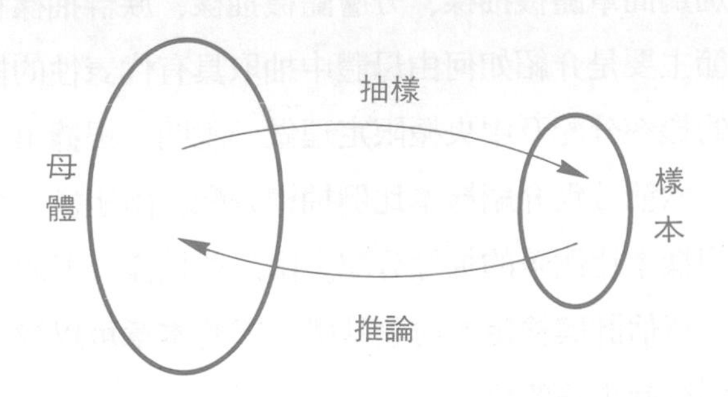

如何使樣本具有代表性，有賴於不偏頗的使用各種隨機抽樣方法。事實上，**隨機抽樣**(Random Sampling)又稱爲**機率抽樣**(Probability Sampling)，這是因爲母體中各元素被抽中的機率是已知的。例如，從10位同學中抽出一名同學出公差，若假設每一位同學被抽中的機率都是

0.1，則此一抽樣爲隨機抽樣。

在實際抽取樣本時可以根據**隨機亂數表**(Table of Random Numbers)來決定誰被抽中，或透過各種統計軟體來產生被抽中的隨機亂數名單。假設從80位同學中隨機抽取10位同學進行問卷調查，首先將這80位同學編列號碼(1～80)形成抽樣名册，然後自隨機亂數表中任何一個位置開始按自由決定的方向有系統的方式抽取亂數做爲被抽中的號碼。例如：由表10-1所列的四位數隨機亂數表的第二行第三列開始按由上而下的方式逐行取所列四位亂數的前兩欄數字爲抽取之亂數，即取得的隨機亂數爲3，59，54，15，12，~~93~~，42，36，22，33，5。由於以上的亂數中93超過抽樣名册所列的號碼所以略去不計，因此由隨機亂數表所抽出的
10位同學編號分別爲3，5，12，15，22，33，36，42，54及59。事實上，

表 10-1　四位數隨機亂數表*

302	4137	3350	6494	1379	9581	7352	9269	3859	2824	5909
3997	7283	501	8592	2007	1854	5766	7353	5778	2412	3818
7321	389	9732	4509	4145	6902	6332	5484	2572	8611	8983
4286	5930	6109	5102	2855	1231	2097	5225	2882	9557	1872
8735	5426	6431	441	5043	3252	1856	2195	7407	9326	4705
4075	1572	9889	1159	8174	6423	5565	1877	4707	8837	8936
7575	1298	9923	2016	7720	9499	4834	2063	2011	4507	3343
9169	9346	8992	3369	4073	3949	6992	4631	9613	3360	8793
4643	4278	7965	2754	4202	1283	6755	4997	4589	1612	9006
2907	3651	4455	6563	3375	2957	3498	6414	1733	3216	2480
8252	2297	149	8468	6695	6484	7988	6285	2874	9413	2808

※讀者有可能使用其他隨機亂數表，其使用方法與本節所介紹者應相同。

一旦選取了亂數表中的任一起始點，可按其他任意決定的系統方式抽取亂數，例如：自起始點由左至右逐列方式進行選樣工作。至於選取四位亂數的後兩欄數字爲抽取的亂數也是可行的方式之一。

至於由統計軟體產生被抽中的隨機亂數號碼，以MINITAB統計軟體爲例，其指令爲

MTB >RANDOM 10 $C1$;

SUBC>INTEGERS 1 80.

表示自整數1到80之間產生10個隨機亂數存於MINITAB 工作表的第一行($C1$)。

通常，在抽樣時所面對的母體有兩種，分別爲**有限母體**(Finite Population)及**無限母體**(Infinite Population)。有限母體是指母體的元素個數是有限的。無限母體則是指在理論上無法觀察到母體的全部元素。例如：以臺北市全體國小學生爲母體做近視研究的抽樣調查，此爲有限母體。若針對內湖地區某十字路口進行噪音監測的抽樣調查，由於理論上無法觀察到全部時間的噪音，即全部時間的噪音爲無限母體。

由母體中抽出的元素依放回與否可分成**抽後放回**(Sampling With Replacement)及**抽後不放回**(Sampling Without Replacement)兩種方式。從有限母體中採抽後放回的方式會使得母體中元素有重複出現的機會，在統計實務中很少採用抽後放回的方式，因此爾後除非特別指明，否則均爲抽後不放回的抽樣方式。

第二節 抽樣方法

爲了以較低的成本獲得能充足代表母體的樣本，在抽樣方法上可依不同的情況採用不同的抽樣方法。比較常用的四種基本抽樣方法爲：簡單隨機抽樣、分層隨機抽樣、族群抽樣及系統抽樣。各種方法的意義及

適用時機均有不同，分別說明如後。

1.簡單隨機抽樣(Simple Random Sampling)

假設母體中全體元素能夠編列成抽樣名册。令有限母體的元素個數爲N，由其中隨機抽取 n 個元素形成隨機樣本，若每一組可能的隨機樣本都有相同被抽中的機率，則此種抽樣方法稱爲簡單隨機抽樣。

例 1　令有限母體個數$N=5$，其編號分別爲1，2，3，4，5。由母體中抽出$n=2$的所有可能樣本組數有$\binom{5}{2}=10$組，分別爲{1,2}，{1,3}，{1,4}，{1,5}，{2,3}，{2,4}，{2,5}，{3,4}，{3,5}，{4,5}。每一組可能的樣本都有相同被抽中的機率$\frac{1}{\binom{5}{2}}=\frac{1}{10}$。此種抽樣是簡單隨機抽樣。

2.分層隨機抽樣(Stratified Random Sampling)

將母體分成數個互斥的**層(Strata)**，然後就各層分別進行簡單隨機抽樣，此種方法稱爲分層隨機抽樣。分層隨機抽樣在層間差異大，層內差異小時有較佳效果。例如交通部統計處於民國八十一年八月編印的臺灣地區計程車營運狀況調查報告中所採用的抽樣方法在第一階段是將臺灣地區按縣市分爲23層。

3.族群抽樣(Cluster Sampling)

將母體分成K個**族群(Cluster)**，然後就全體族群編號(以1，2，…，K表示)，採簡單隨機抽樣自K個族群中抽出 r 個族群並就其全部元素進行調查，此種方式是爲族群抽樣，當族群內差異大，族群間差異小的情況效果較佳。例如：對臺北市各住戶訂閱或零購報章、雜誌的支出金額進行調查，則可將臺北市按人口分布情形分成數個族群，然後以簡單隨機抽樣方式抽出小部分的族群數進行全面調查。此法的優點在於不必列出母體全部元素的名册。

4.系統抽樣(Systematic Sampling)

主要應用在母體中的全部N個元素都依某種方式排序時，假設由N個元素的母體中抽出 n 個元素形成樣本，先將母體的N個元素分成 n 組各有 r 個元素的小區塊，然後以簡單隨機抽樣由1至 r 中抽出一個隨機亂數，令其為 k，則每一區塊的第 k 個元素都取出形成一組樣本，此法稱為系統抽樣。若n不能整除 N 時，可以最接近$\left(\frac{N}{n}\right)$的整數為 r，然後就1到N之間隨機抽取一個亂數，並將1到N的數字視為頭接尾的圓形排列，由該數起每隔 r 個元素抽取一個元素，直到 n 個元素被取出為止。例如：$N=100$的母體抽出5個元素形成樣本，若由1到20之間抽取的隨機亂數為8，則編號為8，28，48，68及88形成樣本。若由$N=20$的母體中抽出3個元素形成樣本，由於$\frac{N}{n}=6.67$取最接近的整數$r=7$，於是自1到20之間隨機抽取一個亂數，假設為15，則由編號15的元素起，每隔7號抽取一個元素，所以樣本是由編號15、2、9的元素所組成的樣本。在系統抽樣方式下，母體中每一個元素都有相同被抽出的機率，但與簡單隨機抽樣的不同點在於各種可能的樣本並沒有相同被抽中的機率。

第三節　抽樣分配

由隨機抽樣方式所產生的樣本是隨機樣本，因此樣本統計量也是隨機的。換言之，以樣本統計量估計母體參數的估計值會隨著樣本的不同而不同。如何衡量樣本統計量的表現必須從樣本統計量的機率分配來加以瞭解。

由母體中以重複試行的方式進行樣本大小相同的隨機抽樣，則所有可能的樣本所計算的統計量各估計值及其對應的機率形成該統計量的機率分配，此種機率分配稱爲該統計量的**抽樣分配**(Sampling Distribution)。

爲說明統計量的抽樣分配，以樣本平均數$\bar{X}$爲例解釋如下：

例 2　令隨機變數X服從下列機率分配：

X	1	2	3	4	5
$p(x)$	0.2	0.2	0.2	0.2	0.2

則母體平均數及變異數分別爲

$$\begin{aligned}\mu &= E(X)\\ &= \Sigma xP(x)\\ &= 1\times0.2+2\times0.2+3\times0.2+4\times0.2+5\times0.2\\ &= 3\end{aligned}$$

$$\begin{aligned}\sigma^2 &= V(X)\\ &= \Sigma(x-\mu)^2P(x)\\ &= (1-3)^2\times0.2+(2-3)^2\times0.2+(3-3)^2\times0.2+(4-3)^2\\ &\quad\times0.2+(5-3)^2\times0.2\\ &= 2\end{aligned}$$

至於隨機變數X的機率圖則如下圖所示。

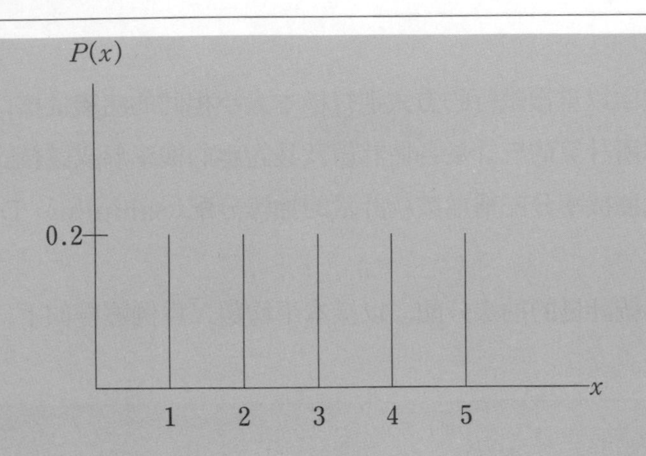

考慮由母體中重複試行樣本大小$n=2$的隨機抽樣，並分別討論抽後不放回及抽後放回兩種情形：

(1)抽後不放回：共有10組樣本。

所有可能的樣本及其對應的平均數列於表 10-1。由於各組樣本都有相同被抽中的機率，因此各組樣本所對應的機率皆爲0.1，所以各平均數所對應的機率$P(\bar{x})$可由對應樣本組數的機率相加而得。

表 10-1 10 組可能樣本及對應的平均數$(\bar{x})$與機率$P(\bar{x})$

可能樣本	平均數$\bar{x}$	機率$P(\bar{x})$
(1,2)	1.5	0.1
(1,3)	2.0	0.1
(1,4),(2,3)	2.5	0.1+0.1=0.2
(1,5),(2,4)	3.0	0.1+0.1=0.2
(2,5),(3,4)	3.5	0.1+0.1=0.2

	(3,5)	4.0	0.1
	(4,5)	4.5	0.1

由表 10-1 的樣本平均數$\bar{x}$及對應機率$P(\bar{x})$可以計算$\bar{X}$抽樣分配的母體平均數(以符號$\mu_{\bar{x}}$表示)

$$\begin{aligned}\mu_{\bar{x}} &= E(\bar{X})\\ &= \Sigma \bar{x} P(\bar{x})\\ &= 1.5\times 0.1+2\times 0.1+2.5\times 0.2+3\times 0.2\\ &\quad +3.5\times 0.2+4\times 0.1+4.5\times 0.1\\ &= 3,\end{aligned}$$

$\bar{X}$抽樣分配的母體變異數(以符號$\sigma_{\bar{x}}^2$表示)爲

$$\begin{aligned}\sigma_{\bar{x}}^2 &= V(\bar{X})\\ &= \Sigma(\bar{x}-\mu_{\bar{x}})^2 P(\bar{x})\\ &= (1.5-3)^2\times 0.1+(2-3)^2\times 0.1+(2.5-3)^2\times 0.2\\ &\quad +(3-3)^2\times 0.2+(3.5-3)^2\times 0.2+(4-3)^2\times 0.1\\ &\quad +(4.5-3)^2\times 0.1=0.75\end{aligned}$$

至於$\bar{X}$抽樣分配的機率圖則如圖 10-2 所示。

圖 10-2　統計量$\bar{x}$的抽樣分配(抽後不放回)

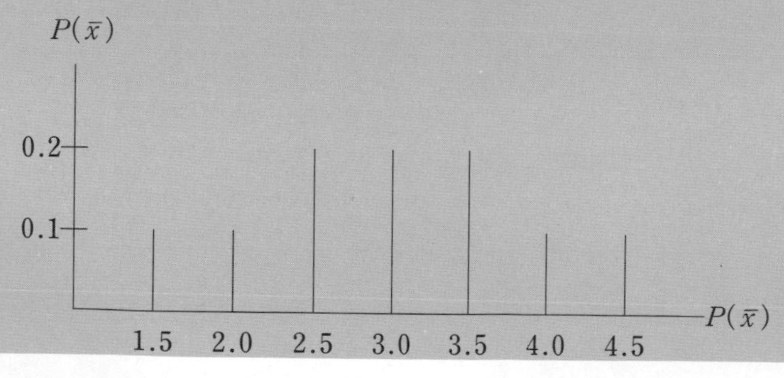

⑵抽後放回：共有25組可能樣本。

所有可能的樣本及其對應的平均數列於表 10-2。由於各組樣本都有相同被抽中的機率，因此各組樣本所對應的機率皆爲1/25，至於平均數$\bar{x}$的機率$P(\bar{x})$則由相同平均數的樣本組數的機率相加而得。

表 10-2　25 組可能樣本及對應的平均數$\bar{x}$與機率$P(\bar{x})$

可能樣本	平均數$\bar{x}$	機率$P(\bar{x})$
(1,1)	1	$\frac{1}{25}$
(1,2),(2,1)	1.5	$\frac{1}{25}+\frac{1}{25}=\frac{2}{25}$
(1,3),(2,2),(3,1)	2	$\frac{1}{25}+\frac{1}{25}+\frac{1}{25}=\frac{3}{25}$
(1,4),(2,3), (3,2),(4,1)	2.5	$\frac{1}{25}+\frac{1}{25}+\frac{1}{25}+\frac{1}{25}=\frac{4}{25}$
(1,5),(2,4),(3,3), (4,2),(5,1)	3	$\frac{1}{25}+\frac{1}{25}+\frac{1}{25}+\frac{1}{25}+\frac{1}{25}=\frac{5}{25}$
(2,5),(3,4), (4,3),(5,2)	3.5	$\frac{1}{25}+\frac{1}{25}+\frac{1}{25}+\frac{1}{25}=\frac{4}{25}$
(3,5),(4,4),(5,3)	4	$\frac{1}{25}+\frac{1}{25}+\frac{1}{25}=\frac{3}{25}$
(4,5),(5,4)	4.5	$\frac{1}{25}+\frac{1}{25}=\frac{2}{25}$
(5,5)	5	$\frac{1}{25}$

於是$\bar{x}$抽樣分配的母體平均數爲

$$\mu_{\bar{x}}=E(\bar{X})$$
$$=\Sigma\bar{x}P(\bar{x})$$
$$=1\times\frac{1}{25}+1.5\times\frac{2}{25}+2\times\frac{3}{25}+2.5\times\frac{4}{25}+3\times\frac{5}{25}+3.5\times\frac{4}{25}+4\times\frac{3}{25}+4.5\times\frac{2}{25}+5\times\frac{1}{25}$$
$$=3,$$

$\bar{X}$抽樣分配的母體變異數爲

$$\sigma^2_{\bar{x}}=V(\bar{X})$$
$$=\Sigma(\bar{x}-\mu_{\bar{x}})^2P(\bar{x})$$
$$=(1-3)^2\times\frac{1}{25}+(1.5-3)^2\times\frac{2}{25}+(2-3)^2\times\frac{3}{25}+(2.5-3)^2\times\frac{4}{25}+(3-3)^2\times\frac{5}{25}+(3.5-3)^2\times\frac{4}{25}+(4-3)^2\times\frac{3}{25}+(4.5-3)^2\times\frac{2}{25}+(5-3)^2\times\frac{1}{25}$$
$$=1$$

在抽後放回情形下，$\bar{X}$抽樣分配的機率圖繪於圖 10-3。

圖 10-3　統計量$\bar{x}$的抽樣分配圖(抽後放回)

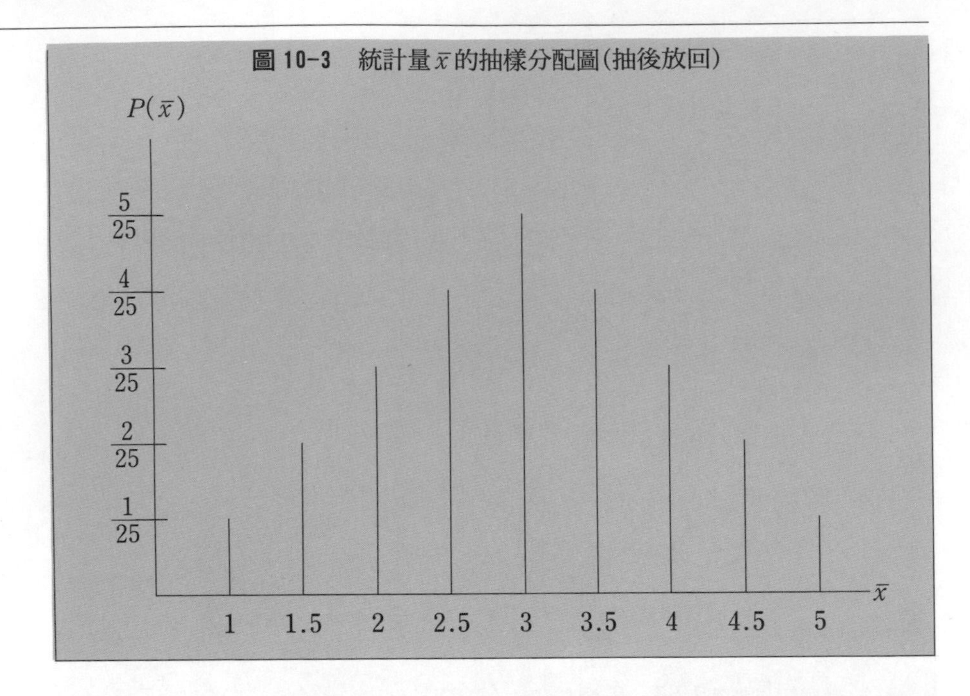

$\bar{X}$抽樣分配與隨機變數X的機率分配間的平均數及變異數關係為：

(1)$\mu=\mu_{\bar{x}}$

隨機變數X機率分配的母體平均數與抽後放回或抽後不放回情形下，$\bar{X}$抽樣分配的母體平均數相同。

(2)$\sigma_{\bar{x}}^2=\frac{\sigma^2}{n}\cdot\frac{N-n}{N-1}$(抽後不放回)

$\sigma_{\bar{x}}^2=\frac{\sigma^2}{n}$　(抽後放回)

其中$\frac{N-n}{N-1}$稱為**有限母體校正項(Finite Population Correction)**❶。

---

❶當N相對於n很大時，有限母體校正項$(N-n)/(N-1)$接近1，則抽後放回下的$\sigma_{\bar{x}}^2$與抽後不放回下的$\sigma_{\bar{x}}^2$趨近一致。

例 3　續例 2 資料，驗證$\bar{X}$抽樣分配與隨機變數X間平均數、變異數關係。

解：

由例2知道隨機變數X的母體平均數及變異數分別為：$\mu=3$，$\sigma^2=2$，而且$\bar{X}$的抽樣分配在抽後不放回下的母體平均數$\mu_{\bar{x}}=3$，母體母體變異數$\sigma^2_{\bar{x}}=0.75$。在抽後放回下的母體平均數$\mu_{\bar{x}}=3$，母體變異數$\sigma^2_{\bar{x}}=1$。

驗證(1)：無論抽後放回與否，$\bar{X}$機率分配的母體平均數與X機率分配的母體平均數相同，即$\mu_{\bar{x}}=\mu=3$。

驗證(2)：在抽後不放回下，$\bar{X}$機率分配的母體變異數$\sigma^2_{\bar{x}}=0.75$，而且$N=5$，$n=2$，$\sigma^2=2$，所以

$$\frac{\sigma^2}{n}\cdot\frac{N-n}{N-1}=\frac{2}{2}\cdot\frac{5-2}{5-1}=0.75=\sigma^2_{\bar{x}}$$，故驗證。

在抽後放回下，$\bar{X}$機率分配的母體變異數$\sigma^2_{\bar{x}}=1$，且因$N=5$，$n=2$，$\sigma^2=2$，所以

$$\frac{\sigma^2}{n}=\frac{2}{2}=1=\sigma^2_{\bar{x}}$$，故驗證。

令獨立的隨機樣本$X_1, X_2, \cdots, X_n$為來自於以μ為平均數，σ^2為變異數的同一母體。當抽樣的樣本數n逐漸增大時，樣本平均數$\bar{X}$的抽樣分配會逐漸趨近於常態分配，即在n很大時，

$$\bar{X}\stackrel{\cdot}{\sim}N(\mu,\frac{\sigma^2}{n})$$

此即**中央極限定理(Central Limit Theorem)**。

中央極限定理是統計上非常重要的一項定理，不論隨機變數X的母

圖10-4 在母體分配及樣本數不同情形下，樣本平均數的機率分配

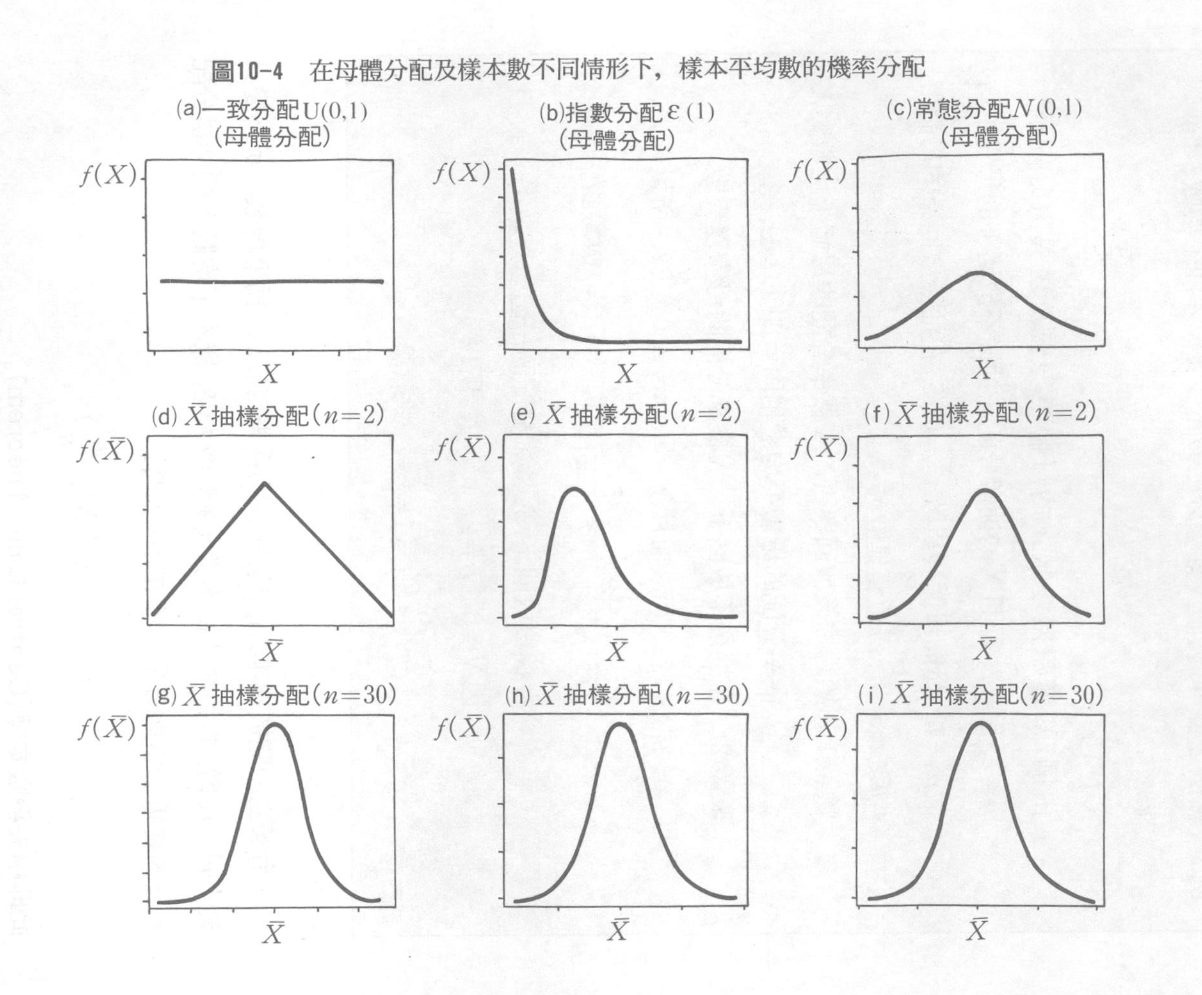

體爲何種機率分配，只要樣本數n很大，則樣本平均數$\bar{X}$的機率分配會趨近常態分配。爲說明中央極限定理的意義及結果，分別由常態分配、一致分配及指數分配進行樣本數n爲 2 或 30 的重複試行抽樣。由圖 10-4 可以看出在不同的母體機率分配下，隨著樣本數n的增加，樣本平均數$\bar{X}$的抽樣分配會趨近常態分配。

圖 10-4 (a)爲一致分配$U(0,1)$的母體機率分配，由一致分配中抽取$n=2$及$n=30$的隨機樣本計算樣本平均數$\bar{X}$，重複試行繪出$\bar{X}$抽樣分配圖形於圖10-4(d)及(g)。由圖形可以明顯知道：$\bar{X}$抽樣分配以一致分配$U(0,1)$的平均數$\mu=0.5$爲中心且由$\bar{X}$及機率密度函數$f(\bar{X})$得知在$n=30$時的$\bar{X}$抽樣分配的變異數要比$n=2$時的$\bar{X}$抽樣分配的變異數來得小，因此隨著n的增大，密度函數曲線愈來愈高狹。

圖 10-4 (b)爲指數分配$\epsilon(1)$的機率分配圖。若由$\epsilon(1)$的指數分配抽取$n=2$及$n=30$的隨機樣本計算樣本平均數$\bar{X}$，重複試行繪出$\bar{X}$抽樣分配圖形於圖 10-4 (e)及(h)。由圖形知道：即使是非常右偏的機率分配，圖 10-4(b)，其$\bar{X}$的抽樣分配也會隨著n的增大而漸趨近於常態分配。$\bar{X}$抽樣分配以$\epsilon(1)$的平均數爲中心，且隨著n的增大，使得機率分配漸呈高狹曲線。

若機率分配原本就服從常態分配，如圖 10-4 (c)所示的標準常態分配$N(0,1)$，則不論n的大小，$\bar{X}$抽樣分配都會服從常態分配，且以母體機率分配的平均數$\mu=0$爲中心。隨n增大，而漸呈高狹的常態分配。

例 4　某銀行由過去三年的存款交易記錄知道每日存款金額服從以600萬元爲平均數，400萬元爲變異數的機率分配。試問隨機抽取36日的平均存款金額介於500萬元到560萬元間的機率爲何?

解:

依題意, 令隨機變數X表示每日存款金額, 且平均數$\mu=E(X)=600$, 變異數$\sigma^2=V(X)=400$。今隨機抽取$n=36$, 並定義$\bar{X}$爲平均存款金額, 則依中央極限定理, $\bar{X}$的抽樣分配趨近於常態分配, 以$\mu=600$爲平均數, $\sigma^2/n=400/36$爲變異數。所以$\bar{X}$介於500萬元到560萬元間的機率爲

$$\begin{aligned}
&P(500<\bar{X}<560)\\
&=P\left(\frac{500-600}{400/\sqrt{36}}\le\frac{\bar{X}-\mu}{\sigma/\sqrt{n}}\le\frac{560\text{-}600}{400/\sqrt{36}}\right)\\
&=P(-1.5\le Z\le -0.6)\\
&=P(0.6\le Z\le 1.5)\\
&=P(0\le Z\le 1.5)-P(0\le Z\le 0.6)\\
&=0.4332\text{-}0.2257\\
&=0.2075
\end{aligned}$$

−1.5 −0.6 0 Z

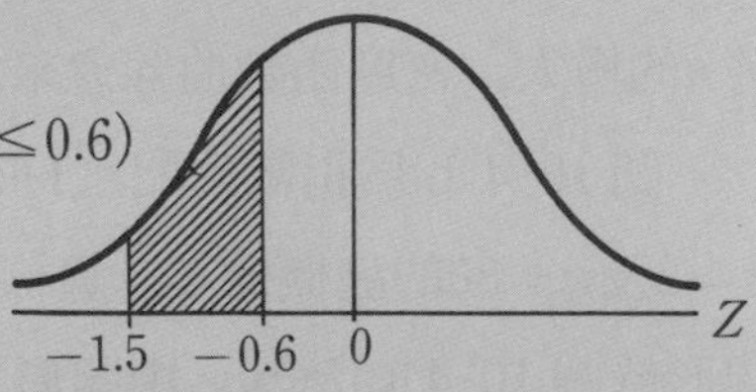

例 5 將一枚公正的骰子, 重複擲100次, 試問樣本平均數的抽樣分配爲何。

解:

令X爲擲骰子一次所出現的點數, 則X服從離散的一致分配, 即

$P(X=x)=1/6$, 其中$x=1, 2, 3, 4, 5, 6$

由平均數及變異數定義計算得到

$$\mu=E(X)=\Sigma xP(x)$$

$$=1\times\frac{1}{6}+2\times\frac{1}{6}+3\times\frac{1}{6}+4\times\frac{1}{6}+5\times\frac{1}{6}+6\times\frac{1}{6}$$

$$=3.5,$$

$$\sigma^2=V(X)=\Sigma(x-\mu)^2P(x)$$

$$=(1-3.5)^2\times\frac{1}{6}+(2-3.5)^2\times\frac{1}{6}+(3-3.5)^2$$

$$\times\frac{1}{6}+(4-3.5)^2\times\frac{1}{6}+(5-3.5)^2\times\frac{1}{6}$$

$$+(6-3.5)^2\times\frac{1}{6}$$

$$=\frac{35}{12}$$

依中央極限定理，樣本平均數$\overline{X}$服從$N(\mu_{\overline{x}},\sigma^2_{\overline{x}})$，其中

$$\mu_{\overline{x}}=\mu=3.5,$$

$$\sigma^2_{\overline{x}}=\frac{\sigma^2}{n}=\frac{\frac{35}{12}}{100}=0.02917,$$

即$\overline{X}\sim N(3.5,0.02917)$。

第四節　樣本比例抽樣分配

在統計應用領域中，經常面對**比例(Proportion)**的問題。例如：臺北市政交通設施，公車逆向專用道路規畫方案受到市民支持的比例爲何；又如，臺灣省省長選舉某位候選人受到全體省民支持的比例爲何。在這些比例的問題中，由於母體的比例 p 未知，通常以隨機抽樣的方式抽取樣本數n，觀察其中具有某種屬性(如「支持」的屬性)的個數爲x，於是以**樣本比例**

$$\bar{p}=\frac{x}{n}$$

來估計母體比例p。由於樣本比例$\bar{p}$爲統計量，經由統計量抽樣分配有助

於了解統計量在估計母體參數的表現。

由二項分配的意義知道：在n次重複的獨立試行中，令X爲具有「成功」屬性的次數，p爲每次試行的「成功」機率，則隨機變數X的平均數及變異數分別爲

$$E(X)=np$$
$$V(X)=np(1-p)$$

根據二項分配的平均數及變異數公式可以得到樣本比例$\hat{p}$抽樣分配的平均數及變異數如下：

$$\begin{aligned}E(\hat{p})&=E\left(\frac{X}{n}\right)\\&=\frac{1}{n}E(X)\\&=\frac{1}{n}np\\&=p,\\V(\hat{p})&=V\left(\frac{X}{n}\right)\\&=\frac{1}{n^2}V(X)\\&=\frac{1}{n^2}np(1-p)\\&=\frac{p(1-p)}{n}\end{aligned}$$

在n很大且$np\geq 5$, $n(1-p)\geq 5$, 則樣本比例$\hat{p}$近似地服從常態分配，即當n大時，

$$\hat{p}\stackrel{\cdot}{\sim}N\left(p\,,\frac{p(1-p)}{n}\right)$$

令$\sigma_{\hat{p}}=\sqrt{p(1-p)/n}$爲樣本比例$\hat{p}$的**標準誤**(**Standard Error**)，隨n的增

大，標準誤$\sigma_{\hat{p}}$會變小；換言之，樣本比例$\hat{p}$的抽樣分配會隨著樣本數n的增大而愈來愈向母體比例p集中，如圖 10-5 所示。

圖10-5　不同樣本數(n=100,300,500)時，樣本比例的抽樣分配

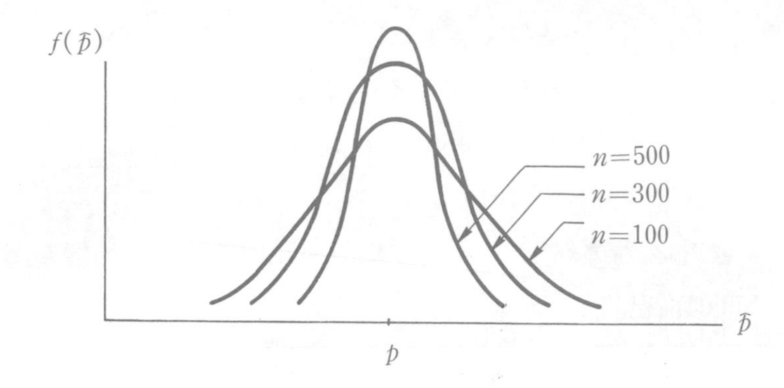

由於$\hat{p}$近似地服從常態分配$N(p, p(1-p)/n)$，所以在計算樣本比例$\hat{p}$的有關問題時，可以將$\hat{p}$變數轉換爲標準常態變數，即定義標準化變數

$$Z=\frac{\hat{p}-p}{\sqrt{\frac{p(1-p)}{n}}}\quad \text{服從} N(0,1)$$

此種轉換在計算上有極大幫助。

例 6　忠孝商圈一西式速食業者的顧客群中有70%爲15歲至19歲的青少年。隨機抽取256名消費顧客，試問該樣本中青少年所佔比例低於65%的機率爲何?

解：

已知$n=256$，$p=0.7$，$1-p=0.3$，由於$np=256\times 0.7=179.2$且$n(1-p)=256\times 0.3=76.8$　滿足$np\geq 5$且$n(1-p)\geq 5$的條件，所以$\hat{p}$近似地服從以$p=0.7$爲平均數，$p(1-p)/n=0.7\times$

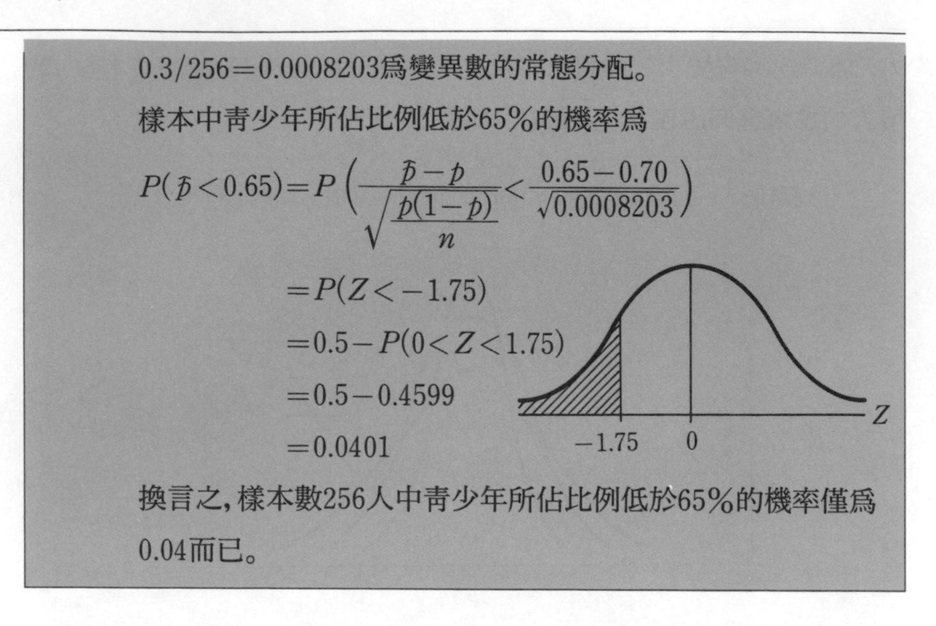

0.3/256＝0.0008203為變異數的常態分配。

樣本中青少年所佔比例低於65%的機率為

$$P(\hat{p}<0.65)=P\left(\frac{\hat{p}-p}{\sqrt{\frac{p(1-p)}{n}}}<\frac{0.65-0.70}{\sqrt{0.0008203}}\right)$$

$$=P(Z<-1.75)$$

$$=0.5-P(0<Z<1.75)$$

$$=0.5-0.4599$$

$$=0.0401$$

換言之，樣本數256人中青少年所佔比例低於65%的機率僅為0.04而已。

第五節　兩組樣本平均數差的抽樣分配

兩個母體平均數的比較通常以平均數差的形式最常見。例如：工廠日夜班平均壞品數的差異為何？又如，高中男女學生在數學能力上平均成績的差異如何？以及比較兩個社區家庭平均所得水準的差異。基本上，比較兩個母體平均數差的問題，可以經由隨機抽樣方式分別自兩個母體中抽取兩組獨立的樣本，並以兩組樣本的平均數差來做為探討的依據。因此，兩組樣本平均數差的抽樣分配有助於兩個母體平均數差的比較。

假設自平均數為μ_1，變異數σ_1^2的第1個母體中隨機抽取樣本數為n_1的一組樣本，其樣本平均數為$\bar{x}_1$。自平均數為μ_2，變異數σ_2^2的第2個母體中隨機抽取樣本數為n_2的一組樣本，其樣本平均數為$\bar{x}_2$。假設兩組樣本相互獨立。

根據中央極限定理，當n_1及n_2大($n_1\geq30, n_2\geq30$)時，則隨機變數$\bar{X}_1$、$\bar{X}_2$的機率分配分別趨近於常態分配，即

$$\bar{X}_1 \overset{\cdot}{\sim} N(\mu_1, \sigma_1^2/n_1),$$

$$\bar{X}_2 \overset{\cdot}{\sim} N(\mu_2, \sigma_2^2/n_2)。$$

於是隨機變數$(\bar{X}_1-\bar{X}_2)$的平均數及變異數分別爲

$$E(\bar{X}_1-\bar{X}_2)=E(\bar{X}_1)-E(\bar{X}_2)$$

$$=\mu_1-\mu_2,$$

$$V(\bar{X}_1-\bar{X}_2)=V(\bar{X}_1)+V(\bar{X}_2) \qquad (因爲\bar{X}_1與\bar{X}_2相互獨立)$$

$$=\sigma_1^2/n_1+\sigma_2^2/n_2。$$

再根據常態分配的性質知道：兩個服從常態分配且相互獨立統計量的差仍會服從常態分配。所以當樣本數n_1及n_2都大時$(n_1 \geq 30, n_2 \geq 30)$，隨機變數$\bar{X}_1-\bar{X}_2$的機率分配會趨近於常態分配，即

$$\bar{X}_1-\bar{X}_2 \overset{\cdot}{\sim} N\left(\mu_1-\mu_2, \frac{\sigma_1^2}{n_1}+\frac{\sigma_2^2}{n_2}\right)$$

此即爲兩樣本平均數差$\bar{X}_1-\bar{X}_2$在樣本數大時的抽樣分配。

例 7　根據就業市場的資料顯示大專教育程度的男性在步入就業市場時的平均月薪爲20,000元，變異數爲90,000元，至於相同教育程度的女性步入就業市場時的平均月薪爲19,000元，變異數爲78,400元。今隨機抽取兩組獨立樣本，男性80人，女性100人。試問樣本中男性平均月薪比女性平均月薪高出1,050元的機率爲何。

解：

依題意，令大專教育程度初入就業的男性爲第一個母體，女性爲第二個母體。所以

$\mu_1=20,000,\ \sigma_1^2=90,000,\ n_1=80$

$\mu_2=19,000,\ \sigma_1^2=78,400,\ n_2=100$

雖然題目中並未告知兩個母體的機率分配爲何，由於$n_1=80 \geq 30$，且$n_2=100 \geq 30$，所以樣本平均數差的機率分配會趨近於常態分配，其平均數爲

$$\mu_1-\mu_2=20{,}000-19{,}000$$
$$=1{,}000$$

變異數爲 $\sigma_1^2/n_1+\sigma_1^2/n_2=90{,}000/80+78{,}400/100$
$$=1{,}909$$

樣本中男性平均月薪($\bar{X}_1$)比女性平均月薪($\bar{X}_2$)高出1,050元的機率爲

$$P(\bar{X}_1-\bar{X}_2>1050)=P\left(\frac{(\bar{X}_1-\bar{X}_2)-(\mu_1-\mu_2)}{\sqrt{\sigma_1^2/n_1+\sigma_2^2/n_2}}>\frac{1050-1000}{\sqrt{1909}}\right)$$
$$=P(Z>1.14)$$
$$=0.5-P(0<Z<1.14)$$
$$=0.5-0.3729$$
$$=0.1271$$

第六節　兩組樣本比例差的抽樣分配

隨著經濟的發展，國人除了充實自我外，從事社會服務性工作的情形亦日漸普遍，是否性別不同具有不同的從事社會服務性工作的比例。又如，受私人雇用與受政府雇用的勞動者爲提升工作技能及待遇等而參與電腦資訊進修課程的比例是否相同。比較兩個母體中具有某種特定屬

性的比例是否相同的問題確實經常見到。

令第一個母體中具有某種特定屬性的比例爲p_1，第二個母體中具有是項特定屬性的比例爲p_2。若分別由兩個母體中各自抽取兩組獨立樣本，樣本數分別爲n_1及n_2。假設第一組樣本中具有此種特定屬性的人數爲X_1，第二組樣本中具有特定屬性的人數爲X_2。由於兩組樣本相互獨立，根據本章第四節的討論知道：若n_1大時，且$n_1p_1\geq5$，$n_1(1-p_1)\geq5$，則樣本比例$\bar{p}_1$的機率分配趨近於常態分配

$$N(p_1, p_1(1-p_1)/n_1),$$

同理；若n_2大，且$n_2p_2\geq5$，$n_2(1-p_2)\geq5$，則樣本比例$\bar{p}_2$的機率分配趨近於常態分配

$$N(p_2, p_2(1-p_2)/n_2)$$

根據常態分配的性質知道：兩個服從常態分配且相互獨立統計量的差仍服從常態分配。所以兩組樣本比例差$\bar{p}_1-\bar{p}_2$也會在大樣本時服從常態分配。換言之，當n_1，n_2大且$n_1p_1\geq5$，$n_1(1-p_1)\geq5$，$n_2p_2\geq5$，$n_2(1-p_2)\geq5$均成立時，兩組樣本比例差$\bar{p}_1-\bar{p}_2$的抽樣分配趨近於常態分配，並以

$$\begin{aligned}E(\bar{p}_1-\bar{p}_2)&=E(\bar{p}_1)-E(\bar{p}_2)\\&=p_1-p_2\end{aligned}$$

爲平均數，變異數則爲

$$\begin{aligned}V(\bar{p}_1-\bar{p}_2)&=V(\bar{p}_1)+V(\bar{p}_2)\text{(因爲兩組樣本獨立)}\\&=\frac{p_1(1-p_1)}{n_1}+\frac{p_2(1-p_2)}{n_2}\end{aligned}$$

可以寫成

$$\bar{p}_1-\bar{p}_2\dot{\sim}N\left(p_1-p_2, \frac{p_1(1-p_1)}{n_1}+\frac{p_2(1-p_2)}{n_2}\right)$$

例 8 交通部統計處調查臺灣地區計程車營運狀況得知在臺灣地區計程車按專職與兼業而言，每月營業收入爲二萬元以下所佔的比例分別爲39.8%及60.0%。今由專職與兼業兩個母體中隨機抽取相互獨立的兩組樣本，樣本數分別爲$n_1=60$，$n_2=80$。試問兩組樣本比例$\bar{p}_1$與$\bar{p}_2$相差超過0.10的機率爲何。

解：

依題意，第一個母體(專職)中每月營業收入低於二萬元的比例爲$p_1=0.398$，第二個母體(兼業)中每月營業收入低於二萬元的比例$p_2=0.60$。兩組獨立樣本的樣本數分別爲$n_1=60$，$n_2=80$，且$n_1p_1=23.88\geq 5$，$n_1(1-p_1)=36.12\geq 5$，$n_2p_2=48\geq 5$，$n_2(1-p_2)=32\geq 5$，所以兩組樣本比例差$\bar{p}_1-\bar{p}_2$的抽樣分配趨近於常態分配，即

$$\bar{p}_1-\bar{p}_2 \dot{\sim} N\left(0.398-0.60, \frac{0.398\times 0.602}{60}+\frac{0.6\times 0.4}{80}\right)$$

或寫成

$$\bar{p}_1-\bar{p}_2 \dot{\sim} N(-0.202, 0.007)$$

兩組樣本比例差$\bar{p}_1-\bar{p}_2$，超過0.1的機率爲

$$\begin{aligned}
&P(|\bar{p}_1-\bar{p}_2|>0.1)\\
&=P(\bar{p}_1-\bar{p}_2>0.1)+P(\bar{p}_1-\bar{p}_2<-0.1)\\
&=P\left(\frac{(\bar{p}_1-\bar{p}_2)-(p_1-p_2)}{\sqrt{\frac{p_1(1-p_1)}{n_1}+\frac{p_2(1-p_2)}{n_2}}}>\frac{0.1-(-0.202)}{\sqrt{0.007}}\right)\\
&+P\left(\frac{(\bar{p}_1-\bar{p}_2)-(p_1-p_2)}{\sqrt{\frac{p_1(1-p_1)}{n_1}+\frac{p_2(1-p_2)}{n_2}}}<\frac{-0.1-(-0.202)}{\sqrt{0.007}}\right)\\
&=P(Z>3.61)+P(Z<1.22)
\end{aligned}$$

$=0.5-P(0<Z<3.61)+0.5$
$\quad +P(0<Z<1.22)$
$=0.5-0.4998+0.5+0.3888$
$=0.889$

摘 要

重要詞語

母體	樣本	統計量
參數	估計量	估計值
隨機抽樣	隨機亂數表	有限母體
無限母體	抽後放回	抽後不放回
族群抽樣	簡單隨機抽樣	分層隨機抽樣
系統抽樣	抽樣分配	抽樣分配性質
中央極限定理	樣本比例	樣本比例抽樣分配
有限母體校正項	樣本比例標準誤	

公 式

1. $E(\bar{X})=\mu$

2. $V(\bar{X})=\sigma_{\bar{x}}^2=\dfrac{\sigma^2}{n}$ (無限母體或抽後放回)

$=\dfrac{\sigma^2}{n}\cdot\dfrac{N-n}{N-1}$ (有限母體或抽後不放回)

3. 樣本比例

$$\bar{p}=\frac{x}{n}$$

4. $E(\bar{p})=p$

5. $V(\bar{p})=\dfrac{p(1-p)}{n}$

6.n很大時，$\bar{X} \dot{\sim} N\left(\mu, \frac{\sigma^2}{n}\right)$

$$\hat{p} \dot{\sim} N\left(p, \frac{p(1-p)}{n}\right)$$

7.當n_1、n_2很大時

$$\bar{X}_1 - \bar{X}_2 \dot{\sim} N\left(\mu_1 - \mu_2, \frac{\sigma_1^2}{n_1} + \frac{\sigma_2^2}{n_2}\right)$$

$$\hat{p}_1 - \hat{p}_2 \dot{\sim} N\left(p_1 - p_2, \frac{p_1(1-p_1)}{n_1} + \frac{p_2(1-p_2)}{n_2}\right)$$

習　題

1.何謂估計量？估計值？

2.何謂簡單隨機抽樣？

3.何謂分層隨機抽樣？

4.何謂族群抽樣？

5.何謂系統抽樣？

6.何謂抽樣分配？

7.何謂中央極限定理？

8.某國立大學就其畢業生月薪所作的調查知道：平均月薪為$\mu=25000$元，標準差$\sigma=2000$元。今隨機抽訪36位畢業生，試問這36位畢業生的平均月薪落在25000元與25500元之間的機率為何？

9.已知女性觀光旅行之比例為40%，今隨機抽訪80位女性，試問該樣本中觀光旅行的比例高於50%的機率為何？

10.假設國人從事觀光旅行活動中，就業者參與觀光旅行活動之比例為43%，失業者參與是項活動之比例為38%。今由就業者與失業者各抽出兩組樣本，樣本數分別為$n_1=60$，$n_2=50$。試問兩組樣本比例$\bar{p}_1$與$\bar{p}_2$相差超過0.10的機率為何？

11.根據就業市場資料顯示紡織業的受雇員工平均薪資為31000元，標準差為2000元。成衣及服飾品製造業的受雇員工平均薪資為21000元，標準差為1000元。今隨機抽取兩組樣本，紡織業受雇員工人數為$n_1=50$，成衣及服飾品製造業受雇員工人數$n_2=60$。試問樣本中紡織業受雇員工平均薪資比成衣及服飾品製造業平均薪資高出9500元的機率為何？

12.已知在不同工作經驗年數下，為滿足求知慾而參加進修的機率分別為：

工作經驗年數	機率
0	0.1
2	0.4
4	0.4
8	0.1

令工作經驗年數爲隨機變數X，由其中抽出樣本數爲2的樣本，試寫出樣本平均年資的抽樣分配。

第十一章　估計

本書第七至第九章介紹的是機率、離散機率分配及連續機率分配。根據機率及機率分配的基礎在第十章介紹抽樣及抽樣分配，本章及下一章(第十二章)則根據抽樣分配對母體未知參數做推論。統計推論的方式有二種：一爲由樣本估計母體的未知參數，另一爲由樣本對母體未知參數的假設檢定其眞僞。前者爲本章的主題，後者爲第十二章的主題。

本章第一節介紹估計的基本概念，第二節針對大樣本情形下，一個母體的平均數(μ)、一個母體的比例(p)、二個母體平均數的差($\mu_1-\mu_2$)、二個母體比例的差(p_1-p_2)等四種情形的估計分別做介紹。第三節除介紹t分配外，並討論由常態母體隨機抽取的是小樣本時，對一個母體的平均數(μ)、二個母體平均數差($\mu_1-\mu_2$)的估計及成對資料差的估計。第四節介紹卡方分配並對一個母體的變異數估計做一說明。第五節討論兩個母體變異比的估計，同時也介紹F分配的定義，機率圖及如何查表。

第一節　基本概念

由樣本對母體未知參數做估計可以分爲：(1)**點估計**(Point Estimation)及(2)**區間估計**(Inteval Estimation)兩種。在介紹點估計及區間估計的意義之前，先區別**估計式**(Estimator)及**估計值**(Estimate)的不同。估計式是指估計未知參數的公式，而估計值則是指將樣本資料代入估計式所得到的特定值。例如，以樣本平均數$\bar{X}$來估計母體平均數μ，則統計量$\bar{X}=\sum_{i=1}^{n}X_i/n$稱爲估計式，若樣本平均數爲$\bar{x}=5$，則$\bar{x}=5$稱爲估計值。

剛才所舉的例子中，根據樣本平均數的公式，由樣本資料計算得到一個單一特定值，以之估計母體平均數。以此種方式估計母體未知參數的估計公式稱爲**點估計式**(Point Estimator)，至於此單一特定值稱爲**點估計值**(Point Estimate)。若在估計母體未知參數時，使用兩個數字形成一個區間，以之估計母體參數的估計公式可以稱爲**區間估計式**(Interval Estimator)，至於將樣本實際資料代入估計公式後所得的兩個特定值稱爲**區間估計值**(Interval Estimate)或稱**信賴區間**(Confidence Interval，簡寫C. I.)。信賴區間的兩個特定值，大的數字是區間估計的**上信賴界限**(Upper Confidence Limit，簡寫UCL)，小的數字則稱爲**下信賴界限**(Lower Confidence Limit，簡寫LCL)。

如何評量點估計及區間估計的表現有助於選取適合的統計量對母體參數做推論。在點估計的評量標準有：(1)**不偏性**(Unbiasedness)，(2)**一致性**(Consistency)，(3)**有效性**(Efficiency)，(4)**充分性**(Sufficiency)。至於區間估計的評量標準則爲**信賴係數**(Confidence Coefficient)。

首先說明點估計的四個評量標準如下：令統計量$\hat{\theta}$爲母體未知參數θ的點估計式，則

1. 不偏性

指統計量$\hat{\theta}$的期望值爲θ，即

$$E(\hat{\theta})=\theta$$

此時$\hat{\theta}$稱爲θ的**不偏估計式**(Unbiased Estimator)。如果$E(\hat{\theta})\neq\theta$，則$\hat{\theta}$爲**偏的估計式**(Biased Estimator)並令$B=E(\hat{\theta})-\theta$爲**偏誤**(Bias)。至於**估計誤差**(Error of Estimation)則定義爲估計式與母體參

數間的差距以$E=|\hat{\theta}-\theta|$表示。

例 1 令$\hat{\theta}_1=\bar{X}-2$及$\hat{\theta}_2=\bar{X}$分別爲母體未知參數θ(令爲μ)的估計式。由第十章抽樣分配知道:

$$E(\hat{\theta}_1)=E(\bar{X}-2)=\mu-2$$

$$E(\hat{\theta}_2)=E(\bar{X})=\mu$$

因此$\hat{\theta}_1$爲參數μ偏的估計式,$\hat{\theta}_2$爲不偏估計式。且$\hat{\theta}_1$的偏誤爲$B=E(\hat{\theta}_1)-\mu=\mu-2-\mu=-2$,至於估計誤差$\epsilon=|\hat{\theta}_1-\theta|=|\bar{X}-2-\mu|$。由於$\hat{\theta}_2$爲不偏估計式,所以其偏誤爲零,即$B=E(\hat{\theta}_2)-\mu=\mu-\mu=0$,至於估計誤差則爲$\epsilon=|\hat{\theta}_2-\theta|=|\bar{X}-\mu|$。

例 1 中由於$\bar{X}$爲隨機變數,當樣本資料一旦抽出,則$\bar{X}$成爲一特定值(以$\bar{x}$表示),此時估計誤差亦成爲固定數,但仍爲未知(因爲參數μ未知)。事實上,即使是不偏估計式其估計誤差$E=|\bar{X}-\mu|$通常不會爲零。換言之,雖然統計量$\bar{X}$是μ的不偏估計式,即抽樣分配沒有偏誤存在,但是由母體中隨機抽取一組樣本所計算得到的樣本平均數$\bar{X}$與母體平均數μ之間,會因抽樣誤差造成二者不相等。

2. 一致性

指當樣本數n趨向無限大時,統計量$\hat{\theta}$與母體參數θ之間的差距超過微小值ε的機率爲0。換言之

$$\lim_{n\to\infty}P(|\hat{\theta}-\theta|>\varepsilon)=0$$

或

$$\lim_{n\to\infty}P(|\hat{\theta}-\theta|\leq\varepsilon)=1$$

事實上，若$\hat{\theta}$爲θ的不偏估計式，且$\lim_{n\to\infty} V(\hat{\theta})=0$則$\hat{\theta}$爲$\theta$的一致估計式。

3.有效性

指兩個不偏統計量中具有較小變異數的統計量較有效。令$\hat{\theta}_1$與$\hat{\theta}_2$爲θ的不偏統計量，若

$$V(\hat{\theta}_1) < V(\hat{\theta}_2)$$

則$\hat{\theta}_1$比$\hat{\theta}_2$有效。定義$\hat{\theta}_1$對$\hat{\theta}_2$的**相對效率**(Relative Efficiency，簡寫爲RE)爲

$$RE=\frac{V(\hat{\theta}_2)}{V(\hat{\theta}_1)}$$

4.充分性

指統計量含有估計母體參數的全部訊息。令$f(x_1,x_2,\cdots,x_n;\theta)$爲隨機變數$X_1$，$X_2$，…，$X_n$的聯合機率函數，而$\hat{\theta}$爲估計母體參數$\theta$的統計量，若聯合機率函數可以分解成

$$f(x_1,x_2,\cdots,x_n;\theta)=g(\hat{\theta},\theta)h(x_1,x_2,\cdots,x_n)$$

其中$g(\hat{\theta},\theta)$爲$\hat{\theta}$及θ的函數，$h(x_1,\cdots,x_n)$爲不含θ的式子，則稱$\hat{\theta}$爲θ的充分統計量。

由於點估計式在評量時所探討的一致性，有效性及充分性的詳細推導不是初等統計學的範疇，因此從略。

例 2　令母體是以μ爲平均數，σ^2爲變異數的常態分配。考慮以樣本平均數$\bar{X}$及樣本中位數Md爲估計母體未知參數μ的兩個統計量。根據前述四個點估計評量的性質，說明這兩個統計量的比較如下：

(1)樣本平均數$\bar{X}$及樣本中位數Md都是常態母體參數μ的不偏估計式。

(2)由於 $V(\bar{X})=\frac{\sigma^2}{n}$ 及 $V(Md)=\frac{\pi\sigma^2}{2n}$，所以 $\bar{X}$ 對 Md 的相對效率爲

$$RE=\frac{V(Md)}{V(\bar{X})}=\frac{\pi\sigma^2/2n}{\sigma^2/n}=\pi/2\doteq 1.57$$

即，$\bar{X}$ 與 Md 二者的變異數比較，以 $\bar{X}$ 的變異數較小，所以 $\bar{X}$ 較有效。

(3)樣本平均數 $\bar{X}$ 及樣本中位數 Md 都是不偏的且當 n 趨向無限大時，$V(\bar{X})$ 及 $V(Md)$ 都趨近於零。所以 $\bar{X}$ 及 M 都具有一致性。

(4)樣本平均數 $\bar{X}$ 具有充分性，樣本中位數 Md 則無。

綜合上述各性質知道：在估計常態母體平均數 μ 時，以樣本平均數 $\bar{X}$ 爲較佳的統計量。事實上，當樣本數相同下，樣本平均數 $\bar{X}$ 及樣本中位數 Md 的抽樣分配(如圖 11-1 所示)可以看出 $\bar{X}$ 的抽樣分配較集中。

圖 11-1　樣本平均數 $\bar{X}$ 及樣本中位數 Md 的抽樣分配

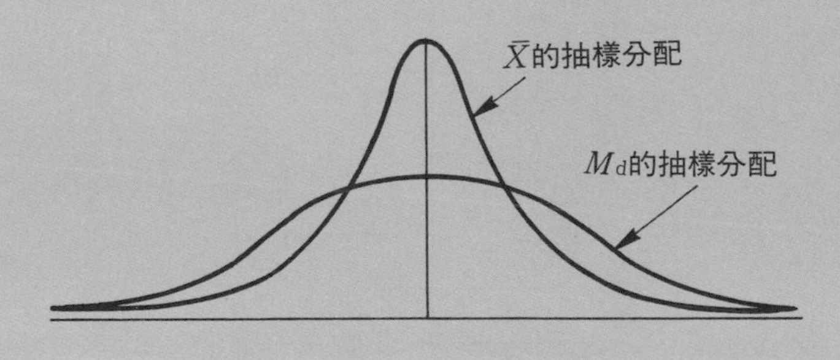

在區間估計方面的評量標準爲**信賴係數**(Confidence Coefficient)又稱**信賴水準**(Level of Confidence)。信賴係數是指區間估計式能夠包含母體未知參數 θ 的機率，通常以 $(1-\alpha)$ 表示。由於區間估計式，以 $(\hat{\theta}_1,\ \hat{\theta}_2)$

表示，是隨機變數構成的式子，所以隨著不同的樣本可以計算出不同的區間估計值。有的區間包含未知參數θ，有的區間不包含未知參數θ。因此，以機率來表示這個區間估計式能夠包含未知參數θ的可能性，這個機率就是信賴係數。例如，100 個可能的樣本分別代入區間估計式($\widehat{\theta}_1$，$\widehat{\theta}_2$)可以得到 100 對的區間估計值。若其中的 95%區間都包含未知參數θ，則此一區間估計的信賴係數爲 0.95。以圖 11-2 表示母體未知參數μ的 100 個信賴區間，其中 95 個包含未知參數μ。

圖 11-2　母體平均數μ的 100 個信賴區間

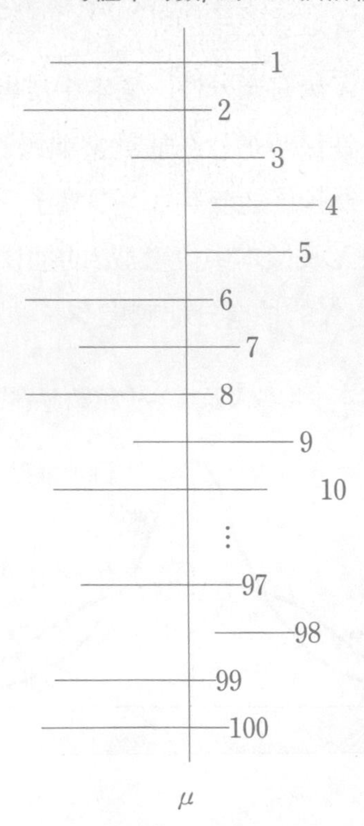

圖 11-2 僅繪出 14 個信賴區間，其中第 4，5，98 爲不包含未知參數μ的信賴區間。

一個較佳的信賴區間是指區間長度較短或信賴係數較接近1。換言之，如果兩個信賴區間的長度相同，則信賴係數高者爲佳；同理，在相同的信賴係數下，以較短長度的信賴區間爲佳。

第二節　大樣本估計

本節討論在大樣本($n \geq 30$)下，分別針對一個母體平均數μ，一個母體比例p，兩個母體平均數差$\mu_1-\mu_2$，及兩個母體比例差p_1-p_2等四種情形的點估計、區間估計及樣本數的決定做介紹。

(一) 一個母體平均數μ的估計

點估計爲樣本平均數$\bar{X}$

$100(1-\alpha)\%$區間估計爲$(\bar{X}-Z_{\alpha/2}\frac{\sigma}{\sqrt{n}}, \bar{X}+Z_{\alpha/2}\frac{\sigma}{\sqrt{n}})$，其中$\sigma$爲母體標準差，$n$爲樣本數。至於$Z_{\alpha/2}$表示在標準常態分配下，右尾機率爲$\alpha/2$所對應的$z$值，即

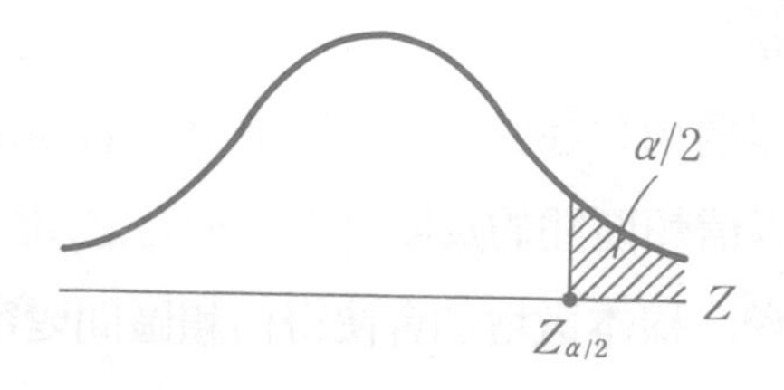

區間估計的推導過程如下：

令$\bar{X}$爲常態母體$N(\mu,\sigma^2)$的樣本平均數，且樣本數爲n，則由第十章抽樣分配知道$\bar{X}$服從常態分配$N(\mu, \sigma^2/n)$，所以標準化變數爲

$$Z=\frac{\bar{X}-\mu}{\sigma/\sqrt{n}}$$

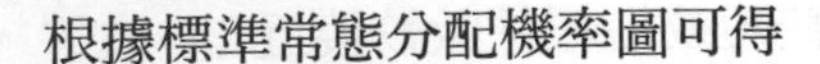

根據標準常態分配機率圖可得

標準常態分配機率圖

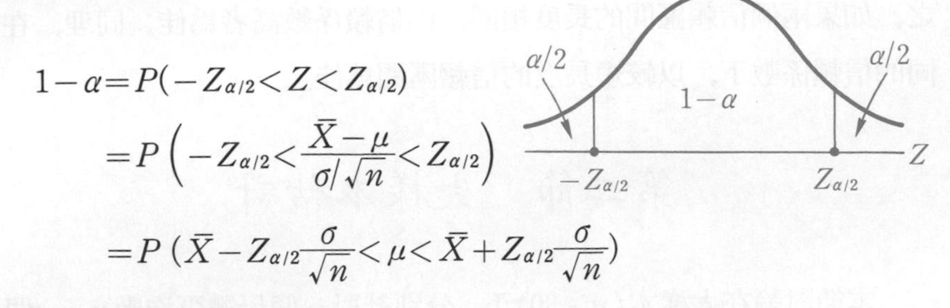

$$1-\alpha=P(-Z_{\alpha/2}<Z<Z_{\alpha/2})$$
$$=P\left(-Z_{\alpha/2}<\frac{\bar{X}-\mu}{\sigma/\sqrt{n}}<Z_{\alpha/2}\right)$$
$$=P\left(\bar{X}-Z_{\alpha/2}\frac{\sigma}{\sqrt{n}}<\mu<\bar{X}+Z_{\alpha/2}\frac{\sigma}{\sqrt{n}}\right)$$

這表示隨機的區間$(\bar{X}-Z_{\alpha/2}\frac{\sigma}{\sqrt{n}},\bar{X}+Z_{\alpha/2}\frac{\sigma}{\sqrt{n}})$包含未知參數$\mu$的機率爲$1-\alpha$。即，該區間估計式的信賴水準爲$100(1-\alpha)\%$。

如果樣本並非抽取自常態母體，仍可依據中央極限定理知道：在大樣本($n\geq 30$)下，上述推導過程全部成立。至於區間長度則爲$2Z_{\alpha/2}\frac{\sigma}{\sqrt{n}}$。

若母體標準差σ未知，由於是大樣本，可以樣本標準差S代替σ，所以$100(1-\alpha)\%$的區間估計式成爲

$$\left(\bar{X}-Z_{\alpha/2}\frac{S}{\sqrt{n}},\bar{X}+Z_{\alpha/2}\frac{S}{\sqrt{n}}\right)$$

其區間長度爲$2Z_{\alpha/2}\frac{S}{\sqrt{n}}$。

由區間估計式可以看出：在其他條件不變下，若要求的信賴水準愈高，則$Z_{\alpha/2}$值愈大，所以信賴區間的長度變大；換言之，信賴區間變寬了。同理，若其他條件不變，樣本數增加會使得信賴區間變窄；換言之，區間估計愈精確。

例 3　雷射唱碟發行公司為估計顧客的平均年齡，隨機抽取 64 名購買者，計算得到樣本平均數 $\bar{x}=22$，樣本變異數為 $s^2=36$。試計算全體顧客平均年齡（令為 μ）的點估計及 95% 信賴區間，並計算區間長度。

解：

依題意點估計為樣本平均數 $\bar{x}=22$。因為樣本數 $n=64$ 為大樣本，雖然不知道樣本是否來自常態母體，都可使用標準化變數 Z 所導出的區間估計式。由於母體標準差 σ 未知，以樣本標準差 $s=6$ 代替。信賴水準 $1-\alpha=0.95$，所以 $\alpha=0.05$，$\alpha/2=0.025$，查標準常態分配表（附表 3）得 $Z_{\alpha/2}=1.96$。根據區間估計式可得 95% 信賴區間為

$$\left(\bar{x}-Z_{\alpha/2}\frac{s}{\sqrt{n}}, \bar{x}+Z_{\alpha/2}\frac{s}{\sqrt{n}}\right)$$

即

$$\left(22-1.96\times\frac{6}{\sqrt{64}}, 22+1.96\times\frac{6}{\sqrt{64}}\right)$$

或

$$(20.53, 23.47)$$

換言之，有 95% 的信心認為全體顧客的平均年齡會介於 20.53 與 23.47 之間。區間的長度為 $23.47-20.53=2.94$。

例 4　假設樣本平均數 $\bar{x}=100$，母體變異數 $\sigma^2=49$，試建立下列各子題的信賴區間。

(1)令樣本數 $n=100$，信賴水準為 95%，

(2)令樣本數 $n=100$，信賴水準為 99%，

(3)令樣本數$n=169$，信賴水準爲 95%。

解：

依題意，$\bar{x}=100$，$\sigma^2=49$，$\sigma=7$。所以區間估計式爲

$$\left(\bar{X}-Z_{\alpha/2}\frac{\sigma}{\sqrt{n}}, \bar{X}+Z_{\alpha/2}\frac{\sigma}{\sqrt{n}}\right)$$

分別解答各子題如下：

(1)$n=100$，$1-\alpha=0.05$，$\alpha=0.05$，$\alpha/2=0.025$，查標準常態分配表(附表 3) $Z_{\alpha/2}=1.96$。所以 95%信賴區間爲

$$\left(100-1.96\times\frac{7}{\sqrt{100}},\quad 100+1.96\times\frac{7}{\sqrt{100}}\right)$$

或 $(98.628, 101.372)$

其區間長度爲$101.372-98.628=2.744$。

(2)$n=100$，$1-\alpha=0.99$，$\alpha=0.01$，$\alpha/2=0.005$，查標準常態分配表(附表 3) $Z_{\alpha/2}=2.58$。所以 99%信賴區間爲

$$\left(100-2.58\times\frac{7}{\sqrt{100}}, 100+2.58\times\frac{7}{\sqrt{100}}\right)$$

或 $(98.194, 101.806)$

其區間長度爲$101.806-98.194=3.612$。與子題(1)比較：區間長度因信賴水準增加而變大，由 2.744 增加爲 3.612。

(3)$n=169$，$1-\alpha=0.95$，$\alpha=0.05$，$\alpha/2=0.025$，查標準常態分配表(附表 3) $Z_{\alpha/2}=1.96$。所以 95%信賴區間爲

$$\left(100-1.96\times\frac{7}{\sqrt{169}}, 100+1.96\times\frac{7}{\sqrt{169}}\right)$$

或 $(98.945, 101.055)$

其區間長度爲$101.055-98.945=2.11$。與子題(1)比較：區間長度因樣本數增大而變短，由 2.744 減爲 2.11。

由例 4 知道：信賴區間的長度會隨樣本數增大而變短。如果將信賴區間的長度預先固定，那麼需要多少的樣本數才能達到此固定區間長度的要求呢？此一樣本數的決定過程如下：由$(1-\alpha)100\%$的區間估計式

$$\left(\bar{X}-Z_{\alpha/2}\frac{\sigma}{\sqrt{n}}\ ,\ \bar{X}+Z_{\alpha/2}\frac{\sigma}{\sqrt{n}}\right)$$

可以知道它是以$\bar{X}$爲中心向兩端延伸$Z_{\alpha/2}\frac{\sigma}{\sqrt{n}}$的距離所形成的區間包含未知參數$\mu$的機率爲$(1-\alpha)$；換言之，估計誤差$|\bar{X}-\mu|<Z_{\alpha/2}\frac{\sigma}{\sqrt{n}}$的機率爲$(1-\alpha)$。令$E$爲最大能容忍的估計誤差，則由$|\bar{X}-\mu|<E$可得到

$$\bar{X}-E<\mu<\bar{X}+E$$

因此最大能容忍的估計誤差就是區間長度的一半，即

$$E=Z_{\alpha/2}\frac{\sigma}{\sqrt{n}}$$

將上式兩邊平方後，整理得

$$n=\left[\frac{Z_{\alpha/2}\sigma}{E}\right]^2$$

這表示最大估計誤差爲E時，要達到$100(1-\alpha)\%$信賴水準所需的樣本數。

例 5　某新設立銀行想要估計顧客花費在銀行櫃臺作業上的平均時間(分鐘)。銀行經理希望能建立 90%的區間估計，且要求估計誤差至多爲 0.5 分鐘，試問需要多少的樣本數。假設$\sigma=3$。

解：

依題意，$1-\alpha=0.90$，$\alpha=0.1$，$\alpha/2=0.05$，查標準常態分配表得$Z_{\alpha/2}=1.645$，最大估計誤差$E=0.5$，且$\sigma=3$，代入公式

$$n=\left[\frac{Z_{\alpha/2}\sigma}{E}\right]^2$$
$$=\left[\frac{1.645\times 3}{0.5}\right]^2$$
$$=97.4169$$

由於樣本數是整數，所以要達到銀行經理的各項要求其樣本數應至少爲 98。

(二) 一個母體比例p的估計

估計母體中具有某種屬性的比例p，其**點估計**爲$\bar{p}=X/n$，這表示在樣本數n中具有此種屬性的個數有X。

$100(1-\alpha)\%$**區間估計**爲$\left(\bar{p}-Z_{\alpha/2}\sqrt{\dfrac{\bar{p}(1-\bar{p})}{n}},\bar{p}+Z_{\alpha/2}\sqrt{\dfrac{\bar{p}(1-\bar{p})}{n}}\right)$，

其推導過程爲：

令X爲樣本中具有某種屬性的次數，且令p爲母體中具有某種屬性的比例，n爲樣本數，則依據第八章第五節二項分配的介紹知道：X服從二項分配$B(n,p)$。由第十章第四節樣本比例抽樣分配可得到下列結論：在n很大時，且$np\geq 5$，$n(1-p)\geq 5$則樣本比例$\bar{p}$近似地服從常態分配，即

$$\bar{p}\dot{\sim}N\left(p,\frac{p(1-p)}{n}\right)$$

所以標準化變數爲

$$Z=\frac{\bar{p}-p}{\sqrt{\dfrac{p(1-p)}{n}}}$$

根據標準常態分配機率圖可得

$$1-\alpha=p(-Z_{\alpha/2}<Z<Z_{\alpha/2})$$

$$=p\left(-Z_{\alpha/2}<\frac{\hat{p}-p}{\sqrt{\frac{p(1-p)}{n}}}<Z_{\alpha/2}\right)$$

$$=p\,(\hat{p}-Z_{\alpha/2}\sqrt{\frac{p(1-p)}{n}}<p<\hat{p}+Z_{\alpha/2}\sqrt{\frac{p(1-p)}{n}})$$

這表示隨機的區間$(\hat{p}-Z_{\alpha/2}\sqrt{\frac{p(1-p)}{n}},\hat{p}+Z_{\alpha/2}\sqrt{\frac{p(1-p)}{n}})$包含未知參數$p$的機率為$(1-\alpha)$，即該區間估計的信賴水準為$100(1-\alpha)\%$。由於區間估計式含有未知的參數$p$，大樣本時且$np\geq 5$，$n(1-p)\geq 5$可以樣本比例$\hat{p}$代替，於是$100(1-\alpha)\%$區間估計成為

$$(\hat{p}-Z_{\alpha/2}\sqrt{\frac{\hat{p}(1-\hat{p})}{n}},\hat{p}+Z_{\alpha/2}\sqrt{\frac{\hat{p}(1-\hat{p})}{n}})$$

例 6　政府希望對 55～65 歲年齡層從事社會服務工作之意願進行研究。隨機抽取 1,000 位該年齡層人口進行調查，發現有 625 位表示有從事社會服務工作之意願。試對全體 55～65 歲年齡層人口從事社會服務意願的比例建立 90%信賴區間。

解：

依題意，$x=625$，$n=1{,}000$，所以樣本比例為

$$\hat{p}=\frac{x}{n}$$

$$=\frac{625}{1{,}000}$$

$$=0.625$$

在 90%信賴水準下，$\alpha/2=0.05$，所以$Z_{\alpha/2}=1.645$，代入區間估計公式

$$\left(\hat{p}-Z_{\alpha/2}\sqrt{\frac{\hat{p}(1-\hat{p})}{n}}, \hat{p}+Z_{\alpha/2}\sqrt{\frac{\hat{p}(1-\hat{p})}{n}}\right)$$

得

$$\left(0.625-1.645\times\sqrt{\frac{0.625\times(1-0.625)}{1,000}},\right.$$

$$\left.0.625+1.645\times\sqrt{\frac{0.625\times(1-0.625)}{1,000}}\right)$$

或

$$(0.60, 0.65)$$

至於區間長度則爲0.65－0.60＝0.05。

由$100(1-\alpha)\%$區間估計$\left(\hat{p}-Z_{\alpha/2}\sqrt{\frac{\hat{p}(1-\hat{p})}{n}}, \hat{p}+Z_{\alpha/2}\sqrt{\frac{\hat{p}(1-\hat{p})}{n}}\right)$知道它是以$\hat{p}$爲中心向兩端延伸$Z_{\alpha/2}\sqrt{\frac{\hat{p}(1-\hat{p})}{n}}$的距離所形成的區間包含未知母體比例$p$的機率爲$(1-\alpha)$；換言之，估計誤差

$$|\hat{p}-p|<Z_{\alpha/2}\sqrt{\frac{\hat{p}(1-\hat{p})}{n}}$$

的機率爲$(1-\alpha)$。令E爲最大能容忍的估計誤差，則由

$$|\hat{p}-p|<E$$

可得

$$\hat{p}-E<p<\hat{p}+E$$

因此最大能容忍的估計誤差就是區間長度的一半，即

$$E=Z_{\alpha/2}\sqrt{\frac{\hat{p}(1-\hat{p})}{n}}$$

將上式兩邊平方後，整理得

$$n=\frac{Z_{\alpha/2}^2\hat{p}(1-\hat{p})}{E^2}$$

這表示最大估計誤差爲E時，要達到$100(1-\alpha)\%$信賴水準所需之樣本數。如果沒有估計值$\bar{p}$可資利用時，可以保守的態度將$\bar{p}(1-\bar{p})$的最大可能值 0.25 代入公式得

$$n=\frac{Z_{\alpha/2}^2\times 0.25}{E^2}$$

例 7 某省轄市市長選舉有兩位候選人。民意調查機構對甲候選人的得票率建立 99%區間估計，並希望估計誤差不得大於 0.02，試問應抽取多少樣本數。

解：

依題意，$1-\alpha=0.99$，$\alpha=0.01$，$\alpha/2=0.005$，查標準常態分配表(附表 3)得$Z_{\alpha/2}=2.58$，估計誤差$E=0.02$。由於對甲侯選人得票率沒有任何事前資訊可供使用，所以採用下列公式

$$n=\frac{Z_{\alpha/2}^2\times 0.25}{E^2}$$

$$=\frac{2.58^2\times 0.25}{0.02^2}$$

$$=4160.25$$

即至少應抽取 4,161 人進行調查。

(三) 兩個母體平均數差$\mu_1-\mu_2$的估計

兩個母體平均數差的估計應用相當廣泛，例如比較兩個採用不同管理制度的工廠其每人平均產量的差異，又如比較某校最近畢業男女同學平均薪資的差異。

假設由兩個常態母體中各自抽取獨立樣本，令第一個母體的平均數

爲μ_1，變異數爲σ_1^2；第二個母體的平均數爲μ_2，變異數爲σ_2^2。假設$\bar{X}_1$及$\bar{X}_2$分別爲樣本數n_1及n_2的兩個樣本平均數，則由第十章第五節兩組樣本平均數差的抽樣分配可知：

$$\bar{X}_1-\bar{X}_2\sim N\left(\mu_1-\mu_2, \frac{\sigma_1^2}{n_1}+\frac{\sigma_2^2}{n_2}\right)$$

所以兩個母體平均數差$\mu_1-\mu_2$的點估計爲$\bar{X}_1-\bar{X}_2$。至於$100(1-\alpha)\%$區間估計則可由抽樣分配得到，其過程如下：

令標準化變數爲

$$Z=\frac{(\bar{X}_1-\bar{X}_2)-(\mu_1-\mu_2)}{\frac{\sigma_1^2}{n_1}+\frac{\sigma_2^2}{n_2}}$$

根據標準常態分配機率圖得

$$\begin{aligned}1-\alpha&=p(-Z_{\alpha/2}<Z<Z_{\alpha/2})\\&=p\left(-Z_{\alpha/2}<\frac{(\bar{X}_1-\bar{X}_2)-(\mu_1-\mu_2)}{\frac{\sigma_1^2}{n_1}+\frac{\sigma_2^2}{n_2}}<Z_{\alpha/2}\right)\\&=p\left((\bar{X}_1-\bar{X}_2)-Z_{\alpha/2}\sqrt{\frac{\sigma_1^2}{n_1}+\frac{\sigma_2^2}{n_2}}<\mu_1-\mu_2<\right.\\&\qquad\left.(\bar{X}_1-\bar{X}_2)+Z_{\alpha/2}\sqrt{\frac{\sigma_1^2}{n_1}+\frac{\sigma_2^2}{n_2}}\right)\end{aligned}$$

這表示隨機的區間$\left((\bar{X}_1-\bar{X}_2)-Z_{\alpha/2}\sqrt{\frac{\sigma_1^2}{n_1}+\frac{\sigma_2^2}{n_2}}, (\bar{X}_1-\bar{X}_2)+Z_{\alpha/2}\sqrt{\frac{\sigma_1^2}{n_1}+\frac{\sigma_2^2}{n_2}}\right)$包含未知參數$\mu_1-\mu_2$的機率爲$1-\alpha$。即該區間估計式的信賴水準爲$100(1-\alpha)\%$。若兩組樣本並非抽取自常態分配，仍可依據中央極限得到相同的區間估計。

如果母體標準差σ_1及σ_2未知，由於是大樣本$n_1\geq30$，$n_2\geq30$，可以樣本標準差S_1及S_2代替對應的σ_1及σ_2。所以$100(1-\alpha)\%$區間估計成爲

$$\left((\bar{X}_1-\bar{X}_2)-Z_{\alpha/2}\sqrt{\frac{S_1^2}{n_1}+\frac{S_2^2}{n_2}},\ (\bar{X}_1-\bar{X}_2)+Z_{\alpha/2}\sqrt{\frac{S_1^2}{n_1}+\frac{S_2^2}{n_2}}\right)$$

其區間長度爲$2Z_{\alpha/2}\sqrt{\frac{S_1^2}{n_1}+\frac{S_2^2}{n_2}}$。

例 8　爲瞭解民間企業雇用大學男女畢業生的平均薪資的差異。令大學畢業的男、女員工分別代表母體1及母體2。假設由母體1中隨機抽取$n_1=100$的樣本計算得到樣本平均數爲$\bar{x}_1=23,000$元，樣本標準差爲$s_1=2,200$元。由母體2中隨機抽取$n_2=120$的樣本計算得到樣本平均數爲$\bar{x}_2=21,800$元，樣本標準差爲$s_2=2,300$元。試建立下列估計：

(1)母體平均數差$\mu_1-\mu_2$的點估計

(2)母體平均數差$\mu_1-\mu_2$的 98%信賴區間。

解：

依題意$\mu_1-\mu_2$的點估計爲$\bar{x}_1-\bar{x}_2=23,000-21,800=1,200$元。因爲$n_1=100$，$n_2=120$爲大樣本，不論母體是否服從常態母體，皆可使用大樣本區間估計公式。樣本資料分別爲$\bar{x}_1=23,000$，$s_1=2,200$，$\bar{x}_2=21,800$，$s_2=2,300$，且信賴水準$1-\alpha=0.98$，$\alpha=0.02$，$\alpha/2=0.01$，查標準常態分配表(附表3)得$z_{\alpha/2}=2.33$。根據區間估計公式可得 98%信賴區間爲

$$\left((\bar{x}_1-\bar{x}_2)-Z_{\alpha/2}\sqrt{\frac{S_1^2}{n_1}+\frac{S_2^2}{n_2}},(\bar{x}_1-\bar{x}_2)+Z_{\alpha/2}\sqrt{\frac{S_1^2}{n_1}+\frac{S_2^2}{n_2}}\right)$$

即 $$\left((23000-21800)-2.33\times\sqrt{\frac{2200^2}{100}+\frac{2300^2}{120}},\right.$$

$$\left.(23000-21800)+2.33\times\sqrt{\frac{2200^2}{100}+\frac{2300^2}{120}}\right)$$

或 (1200−708.58, 1200+708.58)

或 (491.42, 1908.58)

由信賴區間(491.42,1908.58)可以知道大學畢業的民營企業員工男性的平均薪資要比女性平均薪資高出491.42到1908.58元的機率爲0.98。區間長度爲1908.58−491.42=1417.16。

由 $100(1-\alpha)\%$ 區間估計 $\left((\bar{X}_1-\bar{X}_2)-Z_{\alpha/2}\sqrt{\frac{\sigma_1^2}{n_1}+\frac{\sigma_2^2}{n_2}},\ (\bar{X}_1-\bar{X}_2)+Z_{\alpha/2}\sqrt{\frac{\sigma_1^2}{n_1}+\frac{\sigma_2^2}{n_2}}\right)$ 知道它是以 $(\bar{X}_1-\bar{X}_2)$ 爲中心向兩端延伸 $Z_{\alpha/2}\sqrt{\frac{\sigma_1^2}{n_1}+\frac{\sigma_2^2}{n_2}}$ 的距離所形成的區間包含未知母體平均數差 $\mu_1-\mu_2$ 的機率爲 $(1-\alpha)$；換言之，估計誤差

$$|(\bar{X}_1-\bar{X}_2)-(\mu_1-\mu_2)|<Z_{\alpha/2}\sqrt{\frac{\sigma_1^2}{n_1}+\frac{\sigma_2^2}{n_2}}$$

的機率爲 $(1-\alpha)$。令 E 爲最大能容忍的估計誤差，則由

$$|(\bar{X}_1-\bar{X}_2)-(\mu_1-\mu_2)|<E$$

可得

$$(\bar{X}_1-\bar{X}_2)-E<\mu_1-\mu_2<(\bar{X}_1-\bar{X}_2)+E$$

因此最大能容忍的估計誤差就是區間長度的一半，即

$$E=Z_{\alpha/2}\sqrt{\frac{\sigma_1^2}{n_1}+\frac{\sigma_2^2}{n_2}}$$

爲簡化討論過程，令 $n=n_1=n_2$，則上式整理得

$$n=\frac{Z_{\alpha/2}^2(\sigma_1^2+\sigma_2^2)}{E^2}$$

這表示最大估計誤差爲 E 時，要達到 $100(1-\alpha)\%$ 信賴水準所應抽取的樣

本數。

例 9 兩種生產製程所生產的栓鏈平均拉力差的測試。欲建立 95% 信賴區間，且要求估計誤差不得超過 0.08，試問應抽取多少樣本數？假設兩組樣本數相等(即，$n=n_1=n_2$)，且假設兩種生產製程的品管控制使得所生產的栓鏈的拉力全距都是 5。

解：

依題意，$1-\alpha=0.95$，$\alpha=0.05$，$\alpha/2=0.025$，查標準常態分配表(附表 3)得$Z_{\alpha/2}=1.96$。估計誤差$E=0.08$。由於不知道母體標準差，但知道全距爲 5，可以由全距計算標準差的近似替代值，即

$$4\sigma\approx\text{全距}$$

或 $$4\sigma\approx5$$

或 $$\sigma\approx1.25$$

由於兩種生產製程都有相同的全距，所以$\sigma=\sigma_1=\sigma_2=1.25$。根據公式

$$n=\frac{Z_{\alpha/2}^2(\sigma_1^2+\sigma_2^2)}{E^2}$$

$$=\frac{1.96^2\times(1.25^2+1.25^2)}{0.08^2}$$

$$=1875.78$$

即每種生產製程至少應抽取 1876 個栓鏈進行測試。

(四) 兩個母體比例差(p_1-p_2)的估計

兩個母體比例差的估計也是經常被使用的方法。例如男女在選舉投票的比例差，男女赴國外旅遊的比例差，兩條生產線生產壞品的比例差等都是這類的問題。

令$\bar{p}_1=\dfrac{X_1}{n_1}$，爲抽取自第一個母體，樣本數爲$n_1$的樣本比例，其中隨機變數$X_1$爲$n_1$個樣本點中具有某種特定屬性的個數。$\bar{p}_2=\dfrac{X_2}{n_2}$爲抽取自第二個母體，樣本數爲$n_2$的樣本比例，其中隨機變數$X_2$爲$n_2$個樣本點中具有某種特定屬性的個數。根據第十章第六節兩組樣本比例差的抽樣分配知道：在大樣本下，

$$\bar{p}_1-\bar{p}_2 \sim N\left(p_1-p_2,\ \frac{p_1(1-p_1)}{n_1}+\frac{p_2(1-p_2)}{n_2}\right)$$

所以兩個母體比例差(p_1-p_2)的點估計爲$\bar{p}_1-\bar{p}_2$。至於$100(1-\alpha)\%$區間估計則可由抽樣分配得到，其過程如下：

令標準化變數爲

$$Z=\frac{(\bar{p}_1-\bar{p}_2)-(p_1-p_2)}{\sqrt{\dfrac{p_1(1-p_1)}{n_1}+\dfrac{p_2(1-p_2)}{n_2}}}$$

根據標準常態分配機率圖得

$$\begin{aligned}1-\alpha&=P(-Z_{\alpha/2}<Z<Z_{\alpha/2})\\&=P\left(-Z_{\alpha/2}<\frac{(\bar{p}_1-\bar{p}_2)-(p_1-p_2)}{\sqrt{\dfrac{p_1(1-p_1)}{n_1}+\dfrac{p_2(1-p_2)}{n_2}}}<Z_{\alpha/2}\right)\\&=P\left((\bar{p}_1-\bar{p}_2)-Z_{\alpha/2}\sqrt{\frac{p_1(1-p_1)}{n_1}+\frac{p_2(1-p_2)}{n_2}}<p_1-p_2<\right.\\&\qquad\left.(\bar{p}_1-\bar{p}_2)+Z_{\alpha/2}\sqrt{\frac{p_1(1-p_1)}{n_1}+\frac{p_2(1-p_2)}{n_2}}\right)\end{aligned}$$

這表示隨機的區間$\left((\hat{p}_1-\hat{p}_2)-Z_{\alpha/2}\sqrt{\frac{p_1(1-p_1)}{n_1}+\frac{p_2(1-p_2)}{n_2}},\right.$

$\left.(\hat{p}_1-\hat{p}_2)+Z_{\alpha/2}\sqrt{\frac{p_1(1-p_1)}{n_1}+\frac{p_2(1-p_2)}{n_2}}\right)$，包含未知參數$p_1-p_2$的機率爲$(1-\alpha)$，即該區間估計的信賴水準爲$100(1-\alpha)\%$。由於區間估計式含有未知的參數$p_1(1-p_1)$及$p_2(1-p_2)$，大樣本且$n_1p_1\geq5$，$n_2p_2\geq5$，$n_1(1-p_1)\geq5$，$n_2(1-p_2)\geq5$時可以樣本比例$\hat{p}_1(1-\hat{p}_1)$及$\hat{p}_2(1-\hat{p}_2)$代替，於是$100(1-\alpha)\%$區間估計成爲

$$\left((\hat{p}_1-\hat{p}_2)-Z_{\alpha/2}\sqrt{\frac{\hat{p}_1(1-\hat{p}_1)}{n_1}+\frac{\hat{p}_2(1-\hat{p}_2)}{n_2}},\right.$$

$$\left.(\hat{p}_1-\hat{p}_2)+Z_{\alpha/2}\sqrt{\frac{\hat{p}_1(1-\hat{p}_1)}{n_1}+\frac{\hat{p}_2(1-\hat{p}_2)}{n_2}}\right)。$$

例 10　爲研究十五歲以上男、女性之國人去年旅遊國內風景區的比例差。今隨機抽取男性 100 人，其中 55 人去年曾至國內風景區旅遊。隨機抽取女性 100 人，其中 60 人去年曾至國內風景區旅遊。假設十五歲以上之男性爲母體 1，十五歲以上之女性爲母體 2，並令p_1與p_2分別代表母體 1 及母體 2 中去年曾至國內風景區的比例。試計算未知參數(p_1-p_2)的點估計及 99%信賴區間。

解：

依題意，$n_1=100$，$x_1=55$，$n_2=100$，$x_2=60$，所以樣本比例分別爲$\hat{p}_1=\frac{x_1}{n_1}=0.55$，$\hat{p}_2=\frac{x_2}{n_2}=0.60$。兩個母體比例差$(p_1-p_2)$的點估計爲$\hat{p}_1-\hat{p}_2=-0.05$。

在 99%信賴水準下，$1-\alpha=0.99$，$\alpha=0.01$，$\alpha/2=0.005$，所以$Z_{\alpha/2}=2.58$，代入區間估計公式

$$\left((\hat{p}_1-\hat{p}_2)-Z_{\alpha/2}\sqrt{\frac{\hat{p}_1(1-\hat{p}_1)}{n_1}+\frac{\hat{p}_2(1-\hat{p}_2)}{n_2}},\right.$$

$$\left.(\hat{p}_1-\hat{p}_2)+Z_{\alpha/2}\sqrt{\frac{\hat{p}_1(1-\hat{p}_1)}{n_1}+\frac{\hat{p}_2(1-\hat{p}_2)}{n_2}}\right)$$

得$\left(-0.05-2.58\times\sqrt{\frac{0.55(1-0.55)}{100}+\frac{0.6(1-0.6)}{100}},\right.$

$\left.-0.05+2.58\times\sqrt{\frac{0.55(1-0.55)}{100}+\frac{0.6(1-0.6)}{100}}\right)$

或$(-0.05-0.18, -0.05+0.18)=(-0.23, 0.13)$,

其區間長度爲$0.13-(-0.23)=0.36$。

由$100(1-\alpha)\%$區間估計$\left((\hat{p}_1-\hat{p}_2)-Z_{\alpha/2}\sqrt{\frac{\hat{p}_1(1-\hat{p}_1)}{n_1}+\frac{\hat{p}_2(1-\hat{p}_2)}{n_2}},\right.$ $\left.(\hat{p}_1-\hat{p}_2)+Z_{\alpha/2}\sqrt{\frac{\hat{p}_1(1-\hat{p}_1)}{n_1}+\frac{\hat{p}_2(1-\hat{p}_2)}{n_2}}\right)$知道它是以$(\hat{p}_1-\hat{p}_2)$爲中心向兩端延伸$Z_{\alpha/2}\sqrt{\frac{\hat{p}_1(1-\hat{p}_1)}{n_1}+\frac{\hat{p}_2(1-\hat{p}_2)}{n_2}}$的距離所形成的區間包含未知母體比例差$(p_1-p_2)$的機率爲$(1-\alpha)$;換言之,

$$|(\hat{p}_1-\hat{p}_2)-(p_1-p_2)|<Z_{\alpha/2}\sqrt{\frac{\hat{p}_1(1-\hat{p}_1)}{n_1}+\frac{\hat{p}_2(1-\hat{p}_2)}{n_2}}$$

的機率爲$(1-\alpha)$。令E爲最大能容忍的估計誤差,則由

$$|(\hat{p}_1-\hat{p}_2)-(p_1-p_2)|<E$$

可得

$$(\hat{p}_1-\hat{p}_2)-E<p_1-p_2<(\hat{p}_1-\hat{p}_2)+E$$

因此最大能容忍的估計誤差就是區間長度的一半,即

$$E=Z_{\alpha/2}\sqrt{\frac{\hat{p}_1(1-\hat{p}_1)}{n_1}+\frac{\hat{p}_2(1-\hat{p}_2)}{n_2}}$$

爲簡化討論過程,令$n=n_1=n_2$,則上式兩邊平方後整理得

$$n=\frac{Z_{\alpha/2}^2[\hat{p}_1(1-\hat{p}_1)+\hat{p}_2(1-\hat{p}_2)]}{E^2}$$

這表示最大估計誤差爲E時，要達到$100(1-\alpha)\%$信賴水準所需之樣本數。如果沒有估計值$\hat{p}_1$及$\hat{p}_2$可資利用時，可以保守的態度將$\hat{p}_1(1-\hat{p}_1)$及$\hat{p}_2(1-\hat{p}_2)$的最大值0.25代入公式得

$$n=\frac{Z_{\alpha/2}^2(2\times 0.25)}{E^2}$$

例 11　一項對提高汽車牌照稅方案的調查計畫欲探究高所得者反對此加稅方案的比例與低所得者反對加稅方案的比例二者間的差異問題。該調查希望能建立兩母體(高所得者、低所得者)比例差的 95%區間估計，並限定估計誤差不得超過 0.03，試問應抽取多少樣本數?（假設兩組樣本數相等）

解:

依題意，$1-\alpha=0.95$，$\alpha=0.05$，$\frac{\alpha}{2}=0.025$，查標準常態分配表(附表 3)得$Z_{\alpha/2}=1.96$。估計誤差$E=0.03$。

由於此項加稅方案的調查沒有任何事前的p_1及p_2估計值可資利用，所以採用保守的公式

$$n=\frac{Z_{\alpha/2}^2(2\times 0.25)}{E^2}$$

$$=\frac{1.96^2\times(2\times 0.25)}{0.03^2}$$

$$=2134.22$$

所以每組樣本數應抽取 2135 人。

第三節 小樣本估計

在搜集資料時，可能因為取樣的困難，以及成本與時間等因素的考量，使得所抽取的樣本數是小樣本($n<30$)的情形。如何在小樣本情形對母體參數估計是本節討論的主題。首先介紹小樣本估計時用的t分配，然後分成三部分討論：(1)一個母體平均數μ的估計、(2)兩個母體平均數差($\mu_1-\mu_2$)的估計、(3)成對資料差的估計。

(一) t分配

t分配，又稱**學生t分配(Student's t Distribution)**，是由William Searly Gosset以筆名"Student"發表的一篇文章而得名。假設隨機變數X_i服從常態母體$N(\mu,\sigma^2)$，其中$i=1, 2, \cdots\cdots, n$。由第十章抽樣分配知道：統計量$\bar{X}$服從常態分配$N(\mu, \sigma^2/n)$。

當母體變異數σ^2已知時，標準化變數

$$Z=\frac{\bar{X}-\mu}{\sigma/\sqrt{n}}$$

服從標準常態分配$N(0,1)$。

當σ^2未知時，則分成二種情形討論：

(1)大樣本($n\geq 30$)時，以樣本標準差S代替σ。統計量$\bar{X}$的標準化變數

$$\frac{\bar{X}-\mu}{S/\sqrt{n}}$$

仍可近似地服從標準常態分配$N(0,1)$(這種情形已在本章第二節大樣本估計介紹過)。

(2)小樣本($n<30$)時，由於σ未知，仍以樣本標準差S估計。Gosset定

義隨機變數

$$t=\frac{\bar{X}-\mu}{S/\sqrt{n}}$$

該隨機變數服從t分配，以$(n-1)$爲自由度。由圖 11-3 可以知道：t分配比標準常態分配有較大的變異數，至於以零爲中心成對稱分配的性質則與標準常態分配無異。

圖11-3　t分配與標準常態分配

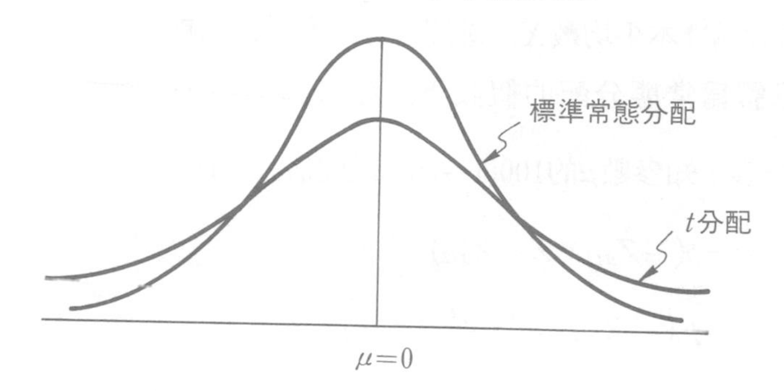

事實上，不同的自由度所繪出的t分配圖不同。當自由度增加時，t分配形狀會逐漸趨近於標準常態分配。

由圖 11-4 的t分配圖，定義$t_\alpha(v)$爲右尾尾端機率爲α，自由度爲v所對應的特定值，即

圖11-4　t分配機率圖

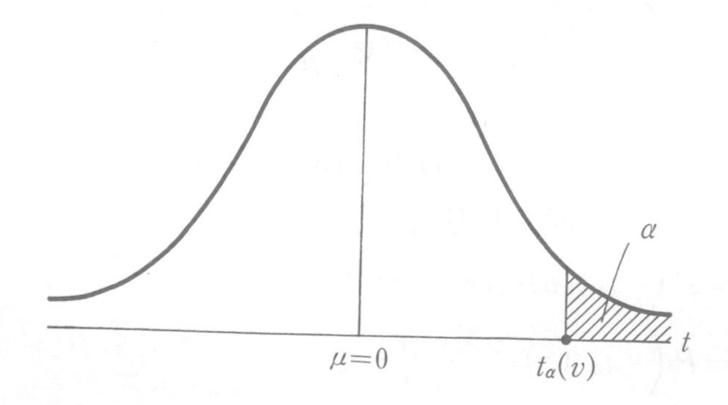

$$P(t \geq t_\alpha(v)) = \alpha$$

其中t為隨機變數，服從自由度為v的t分配。

例如：自由度$v=6$的t分配曲線下右尾尾端機率為$\alpha=0.05$所對應的t值可查附表 4 的t分配表得

$$t_{0.05}(6) = 1.943。$$

(二) 一個母體平均數μ的小樣本估計

點估計為樣本平均數$\bar{X}$。區間估計的推估過程為：

在母體為常態分配的假設下，若σ已知則仍以標準化變數$Z=\dfrac{\bar{X}-\mu}{\sigma/\sqrt{n}}$)推導未知參數$\mu$的$100(1-\alpha)\%$區間估計，即

$$1-\alpha = p(-Z_{\alpha/2} < Z < Z_{\alpha/2})$$

$$= p\left(-Z_{\alpha/2} < \frac{\bar{X}-\mu}{\sigma/\sqrt{n}} < Z_{\alpha/2}\right)$$

$$= p\left(\bar{X} - Z_{\alpha/2}\frac{\sigma}{\sqrt{n}} < \mu < \bar{X} + Z_{\alpha/2}\frac{\sigma}{\sqrt{n}}\right)$$

這表示隨機的區間$(\bar{X}-Z_{\alpha/2}\dfrac{\sigma}{\sqrt{n}},\ \bar{X}+Z_{\alpha/2}\dfrac{\sigma}{\sqrt{n}})$包含未知參數$\mu$的機率為$(1-\alpha)$；即該區間估計式的信賴水準為$100(1-\alpha)\%$。

在母體為常態分配的假設下，若σ未知，則以樣本標準差S代替σ，並定義

$$t = \frac{\bar{X}-\mu}{S/\sqrt{n}}$$

由於t服從以$v=(n-1)$為自由度的t分配，所以由t分配的定義及機率圖可以得到$100(1-\alpha)\%$的區間估計

$$1-\alpha = P\left(-t_{\alpha/2}(v) < t < t_{\alpha/2}(v)\right)$$

$$= P\left(-t_{\alpha/2}(v) < \frac{\bar{X}-\mu}{S/\sqrt{n}} < t_{\alpha/2}(v)\right)$$

$$=P\,(\bar{X}-t_{\alpha/2}(v)S/\sqrt{n}<\mu<\bar{X}+t_{\alpha/2}(v)S/\sqrt{n})$$

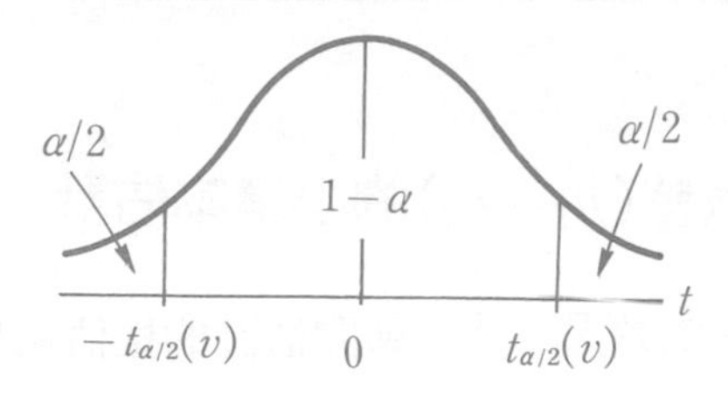

這表示隨機的區間$(\bar{X}-t_{\alpha/2}(v)S/\sqrt{n},\ \bar{X}+t_{\alpha/2}(v)S/\sqrt{n})$包含未知參數$\mu$的機率爲$(1-\alpha)$；即該區間估計式的信賴水準爲$100(1-\alpha)\%$。

例 12　隨機抽取$n=10$位計程車司機調查其收入，計算樣本平均數爲$\bar{x}=40200$元，樣本標準差$s=3000$元，假設計程車司機的收入是呈常態分配，試計算信賴水準爲 95%的信賴區間。

解：

依題意，$n=10$(小樣本)，$\bar{x}=40200$，$s=3000$，雖然母體爲常態分配，但母體變異數σ未知，所以採用t分配。由於$(1-\alpha)=0.95$，$\alpha=0.05$，$\alpha/2=0.025$，查自由度$v=n-1=10-1=9$的t分配表(附表 4)得$t_{\alpha/2}(9)=2.262$。根據區間估計式可得95%信賴區間爲

$$(\bar{x}-t_{\alpha/2}(v)\frac{s}{\sqrt{n}},\ \bar{x}+t_{\alpha/2}(v)\frac{s}{\sqrt{n}})$$

即

$$(40200-2.262\times3000/\sqrt{10},\ 40200+2.262\times3000/\sqrt{10})$$

或

$$(38054.08,\ 42345.92)$$

換言之，有 95%的信心認爲計程車司機的平均收入介於

38054.08 元與 42345.92 元之間。

(三) 兩個母體平均數差$(\mu_1-\mu_2)$的小樣本估計

點估計爲樣本平均數差$\bar{X}_1-\bar{X}_2$。區間估計的推估過程爲：在兩組獨立樣本的母體都是常態分配的假設下，若σ_1^2及σ_2^2已知，則仍以標準化變數

$$Z=\frac{(\bar{X}_1-\bar{X}_2)-(\mu_1-\mu_2)}{\sqrt{\frac{\sigma_1^2}{n_1}+\frac{\sigma_2^2}{n_2}}}$$

推導未知參數差$(\mu_1-\mu_2)$的$100(1-\alpha)\%$區間估計，即

$$\begin{aligned}1-\alpha&=P\left(-Z_{\alpha/2}<Z<Z_{\alpha/2}\right)\\&=P\left(-Z_{\alpha/2}<\frac{(\bar{X}_1-\bar{X}_2)-(\mu_1-\mu_2)}{\sqrt{\frac{\sigma_1^2}{n_1}+\frac{\sigma_2^2}{n_2}}}<Z_{\alpha/2}\right)\\&=P\left((\bar{X}_1-\bar{X}_2)-Z_{\alpha/2}\sqrt{\frac{\sigma_1^2}{n_1}+\frac{\sigma_2^2}{n_2}}<\mu_1-\mu_2<\right.\\&\qquad\left.(\bar{X}_1-\bar{X}_2)+Z_{\alpha/2}\sqrt{\frac{\sigma_1^2}{n_1}+\frac{\sigma_2^2}{n_2}}\right)\end{aligned}$$

這表示隨機的區間$\left((\bar{X}_1-\bar{X}_2)-Z_{\alpha/2}\sqrt{\frac{\sigma_1^2}{n_1}+\frac{\sigma_2^2}{n_2}},(\bar{X}_1-\bar{X}_2)+Z_{\alpha/2}\sqrt{\frac{\sigma_1^2}{n_1}+\frac{\sigma_2^2}{n_2}}\right)$包含未知參數$(\mu_1-\mu_2)$的機率爲$(1-\alpha)$；即該區間估計式的信賴水準爲$100(1-\alpha)\%$。

在兩組獨立樣本的母體都是常態分配的假設下，若σ_1^2及σ_2^2未知，但$\sigma_1^2=\sigma_2^2$(令其爲σ^2)，則先由兩組樣本求算**混合樣本變異數(Pooled Sample Variance)** S_p^2做爲σ^2的估計式，即

$$S_p^2=\frac{(n_1-1)S_1^2+(n_2-1)S_2^2}{(n_1-1)+(n_2-1)}$$

其中S_1^2及S_2^2分別爲第一組樣本及第二組樣本的變異數，n_1及n_2爲樣本

數。於是可定義

$$t=\frac{(\bar{X}_1-\bar{X}_2)-(\mu_1-\mu_2)}{\sqrt{\frac{S_p^2}{n_1}+\frac{S_p^2}{n_2}}}$$

此時t服從以$v=(n_1-1)+(n_2-1)=n_1+n_2-2$為自由度的$t$分配，所以由$t$分配的定義及機率圖可以得到$100(1-\alpha)\%$的區間估計

$$\begin{aligned}1-\alpha&=P\left(-t_{\alpha/2}(v)<t<t_{\alpha/2}(v)\right)\\&=P\left(-t_{\alpha/2}(v)<\frac{(\bar{X}_1-\bar{X}_2)-(\mu_1-\mu_2)}{\sqrt{\frac{S_p^2}{n_1}+\frac{S_p^2}{n_2}}}<t_{\alpha/2}(v)\right)\\&=P\left((\bar{X}_1-\bar{X}_2)-t_{\alpha/2}(v)\sqrt{\frac{S_p^2}{n_1}+\frac{S_p^2}{n_2}}<\mu_1-\mu_2<\right.\\&\qquad\left.(\bar{X}_1-\bar{X}_2)+t_{\alpha/2}(v)\sqrt{\frac{S_p^2}{n_1}+\frac{S_p^2}{n_2}}\right)\end{aligned}$$

這表示隨機的區間$\left((\bar{X}_1-\bar{X}_2)-t_{\alpha/2}(v)\sqrt{\frac{S_p^2}{n_1}+\frac{S_p^2}{n_2}},\ (\bar{X}_1-\bar{X}_2)+t_{\alpha/2}(v)\sqrt{\frac{S_p^2}{n_1}+\frac{S_p^2}{n_2}}\right)$，包含未知參數$(\mu_1-\mu_2)$的機率為$(1-\alpha)$；即該區間估計式的信賴水準為$100(1-\alpha)\%$。

假設兩組獨立樣本的母體都是常態分配，若σ_1^2及σ_2^2未知，且$\sigma_1^2\neq\sigma^2$。此時無法使用混合樣本變異數，必須使用個別的樣本變異數來估計對應的母體變異數，即以S_1^2估計σ_1^2，S_2^2估計σ_2^2。然後定義統計量

$$t=\frac{(\bar{X}_1-\bar{X}_2)-(\mu_1-\mu_2)}{\sqrt{\frac{S_1^2}{n_1}+\frac{S_2^2}{n_2}}}$$

此時t服從t分配，並以

$$v=\frac{\left[\frac{S_1^2}{n_1}+\frac{S_2^2}{n_2}\right]^2}{\frac{\left(\frac{S_1^2}{n_1}\right)^2}{n_1-1}+\frac{\left(\frac{S_2^2}{n_2}\right)^2}{n_2-1}}$$

爲自由度。若自由度v不是整數，可以捨去小數部分或進位至最接近的整數。由t分配的定義及機率圖可以得到$100(1-\alpha)\%$的區間估計

$$\begin{aligned}1-\alpha&=P\left(-t_{\alpha/2}(v)<t<t_{\alpha/2}(v)\right)\\&=P\left(-t_{\alpha/2}(v)<\frac{(\bar{X}_1-\bar{X}_2)-(\mu_1-\mu_2)}{\sqrt{\frac{S_1^2}{n_1}+\frac{S_2^2}{n_2}}}<t_{\alpha/2}(v)\right)\\&=P\left((\bar{X}_1-\bar{X}_2)-t_{\alpha/2}(v)\sqrt{\frac{S_1^2}{n_1}+\frac{S_2^2}{n_2}}<t<\right.\\&\qquad\left.(\bar{X}_1-\bar{X}_2)+t_{\alpha/2}(v)\sqrt{\frac{S_1^2}{n_1}+\frac{S_2^2}{n_2}}\right)\end{aligned}$$

這表示隨機的區間$\left((\bar{X}_1-\bar{X}_2)-t_{\alpha/2}(v)\sqrt{\frac{S_1^2}{n_1}+\frac{S_2^2}{n_2}},\ (\bar{X}_1-\bar{X}_2)+t_{\alpha/2}\sqrt{\frac{S_1^2}{n_1}+\frac{S_2^2}{n_2}}\right)$包含未知參數$(\mu_1-\mu_2)$的機率爲$(1-\alpha)$；即，該區間估計式的信賴水準爲$100(1-\alpha)\%$。

例 13 假設甲、乙兩所國中的語文能力測試成績都是常態的母體分配。根據過去資料顯示：甲校語文能力測試成績的變異數爲64，乙校語文能力測試成績的變異數爲49。今分別由甲、乙兩校隨機抽取12及16名同學接受測試得到平均成績爲75及69。試建立甲、乙兩校語文能力平均成績差異的90%信賴區間。

解：

依題意，令甲、乙兩校語文能力測試成績的母體變異數分別爲$\sigma_1^2=64$，$\sigma_2^2=49$。且樣本數分別爲$n_1=12$，$n_2=16$。至於樣本平均數則爲$\bar{x}_1=75$，$\bar{x}_2=69$。

由於母體爲常態分配，且σ_1^2及σ_2^2已知，仍以標準化變數來建立信賴區間。因爲$1-\alpha=0.90$，$\alpha=0.10$，$\alpha/2=0.05$，所以$Z_{\alpha/2}=1.645$。根據區間估計式可得 90%，信賴區間爲

$$(\bar{x}_1-\bar{x}_2)-Z_{\alpha/2}\sqrt{\frac{\sigma_1^2}{n_1}+\frac{\sigma_2^2}{n_2}}<\mu_1-\mu_2<(\bar{x}_1-\bar{x}_2)+Z_{\alpha/2}\sqrt{\frac{\sigma_1^2}{n_1}+\frac{\sigma_2^2}{n_2}}$$

即　$(75-69)-1.645\sqrt{\frac{64}{12}+\frac{49}{16}}<\mu_1-\mu_2<$

$(75-69)+1.645\sqrt{\frac{64}{12}+\frac{49}{16}}$

或　$1.234<\mu_1-\mu_2<10.766$

換言之，有 90%的信心認爲甲校的語文能力的平均成績要比乙校語文能力的平均成績高出 1.234 至 10.766 之間。

例 14　假設臺北縣及臺中縣的住宅區各區段的地價(千元／平方米)皆呈常態分配。今分別隨機抽樣調查臺北、臺中兩縣住宅區地價如下：

臺北縣：43，41，18，55，48，23，65，25。

臺中縣：31，23，10，14，29，25，17，36，21。

試根據上述資料，建立下列各問題的 95%信賴區間。

(1)假設臺北縣及臺中縣住宅區地價的變異數未知，但兩縣地價的變異數相等。

(2)兩縣住宅區地價變異數未知且不相等。

解：

依題意，臺北縣、臺中縣的住宅區樣本數分別爲$n_1=8$，$n_2=9$。兩縣地價的樣本平均數分別爲

$\bar{x}_1=(43+41+18+55+48+23+65+25)/8$

$=39.75$

$\bar{x}_2=(31+23+10+14+29+25+17+36+21)/9$

$=22.89$

至於臺北縣的樣本變異數爲

$$s_1^2=\frac{\sum_{i=1}^{n_1}(x_i-\bar{x}_1)^2}{(n_1-1)}$$

$$=[(43-39.75)^2+(41-39.75)^2+\cdots+(65-39.75)^2+(25-39.75)^2]/(8-1)$$

$$=274.5$$

同理，臺中縣的樣本變異數爲

$$s_2^2=\frac{\sum_{i=1}^{n_2}(x_{2i}-\bar{x}_2)^2}{(n_2-1)}$$

$$=\frac{[(31-22.89^2)+(23-22.89)^2+\cdots+(36-22.89)^2+(21-22.89)^2]}{(9-1)}$$

$=70.36111$。

分別解答各子題如下：

(1)雖然σ_1^2及σ_2^2未知，但$\sigma_1^2=\sigma_2^2$。此時可使用混合樣本變異數s_p^2，其中

$$s_p^2=\frac{(n_1-1)s_1^2+(n_2-1)s_2^2}{(n_1-1)+(n_2-1)}$$

$$=\frac{(8-1)\times 274.5+(9-1)\times 70.36111}{(8-1)+(9-1)}$$

$$=165.626$$

根據自由度爲$v=n_1+n_2-2=8+9-2=15$的t分配及1

$-\alpha=0.95$，$\alpha=0.05$，$\alpha/2=0.025$，查t分配表(附表 4)得 $t_{\alpha/2}(15)=2.131$。由區間估計公式可得 95%，信賴區間爲

$$(\bar{x}_1-\bar{x}_2)-t_{\alpha/2}(v)\sqrt{\frac{s_p^2}{n_1}+\frac{s_p^2}{n_2}}<\mu_1-\mu_2<$$

$$(\bar{x}_1-\bar{x}_2)+t_{\alpha/2}(v)\sqrt{\frac{s_p^2}{n_1}+\frac{s_p^2}{n_2}}$$

即

$$(39.75-22.89)-2.131\times\sqrt{\frac{165.626}{8}+\frac{165.626}{9}}<\mu_1-\mu_2<$$

$$(39.75-22.89)+2.131\times\sqrt{\frac{165.626}{8}+\frac{165.626}{9}}$$

或　　$3.534<\mu_1-\mu_2<30.186$

換言之，有 95%的信心認爲臺北縣的平均地價要比臺中縣的平均地價高出 3.534 至 30.186(仟元／平方米)。

(2)由於σ_1^2及σ_2^2未知，且$\sigma_1^2\neq\sigma_2^2$，所以不能以混合樣本變異數來估計個別的母體變異數。以$s_1^2=274.5$估計σ_1^2，$s_2^2=70.36111$估計σ_2^2。根據自由度爲

$$v=\frac{\left[\frac{s_1^2}{n_1}+\frac{s_2^2}{n_2}\right]^2}{\frac{\left(\frac{s_1^2}{n_1}\right)^2}{n_1-1}+\frac{\left(\frac{s_2^2}{n_2}\right)^2}{n_2-1}}$$

$$=\frac{\left[\frac{274.5}{8}+\frac{70.36111}{9}\right]^2}{\frac{\left(\frac{274.5}{8}\right)^2}{8-1}+\frac{\left(\frac{70.36111}{9}\right)^2}{9-1}}$$

$$=10.095$$

將小數位數捨去，得到自由度$v=10$。於是在$1-\alpha=0.95$，$\alpha=0.05$，$\alpha/2=0.025$下，查t分配表(附表 4)得$t_{\alpha/2}(10)=$

2.228。由區間估計公式可得 95%信賴區間為

$(\bar{x}_1-\bar{x}_2)-t_{\alpha/2}(v)\sqrt{s_1^2/n_1+s_2^2/n_2}<\mu_1-\mu_2<$

$(\bar{x}_1-\bar{x}_2)+t_{\alpha/2}(v)\sqrt{s_1^2/n_1+s_2^2/n_2}$

即

$$(39.75-22.89)-2.228\times\sqrt{\frac{274.5}{8}+\frac{70.36111}{9}}<\mu_1-\mu_2<$$

$$(39.75-22.89)+2.228\times\sqrt{\frac{274.5}{8}+\frac{70.36111}{9}}$$

或　　$2.399<\mu_1-\mu_2<31.321$

換言之，有 95%的信心認為臺北縣的平均地價要比臺中縣的平均地價高出 2.399 至 31.321(仟元／平方米)。

(四) 成對資料差的小樣本估計

成對資料差的問題通常是出現在實驗設計中的**隨機區塊設計(Randomized Block Design)**方面。例如，對 10 位女士的雙手分別以兩種不同品牌的護膚液保養，並記錄皮膚滋養細滑的分數。此種隨機區塊設計就是一種成對資料差的問題。因為不同的女士可能因個人皮膚性質及吸收情形各有差異存在，如果僅隨機的將兩種護膚液分派在 20 隻手，並記錄其資料，則該資料受到的影響來源不僅是護膚液的品牌，也受到皮膚差異影響。因此在實驗設計的階段，就以成對資料的方式來得到資料較適宜。這是透過實驗設計的抽樣方式來降低其他非關心因素的影響，以便凸顯有興趣的因素的影響效果。

令(x_{1i},x_{2i})為第i對的成對資料，其中$i=1$，2，3，……，n。假設x_{1i}為第一個母體的第i個觀察值，x_{2i}為第二個母體的第i個觀察值。令**成對差(Paired Difference)**d_i為

$$d_i = x_{1i} - x_{2i},\ \text{其中} i = 1, 2, \cdots\cdots, n,$$

則由d_i可以計算出樣本平均數$\bar{d} = \sum_{i=1}^{n} d_i/n$，及樣本變異數

$$s_d^2 = \sum_{i=1}^{n} (d_i - \bar{d})^2/(n-1)$$

若隨機變數$D_i = X_{1i} - X_{2i}$服從常態分配，則隨機變數D_i的母體平均數及母體變異數分別爲$E(D_i) = \mu_D = \mu_1 - \mu_2$及$\sigma_D^2$其中$\mu_1$及$\mu_2$分別代表隨機變數$X_{1i}$及$X_{2i}$的母體平均數。於是平均數$\bar{D}$服從常態分配，以$E(\bar{D}) = \mu_D$爲平均數，$\frac{\sigma_D^2}{n}$爲變異數。由於$\sigma_D^2$未知，以樣本變異數$S_d^2$來估計。在小樣本下採用$t$統計量，即

$$t = \frac{\bar{D} - \mu_D}{S_d/\sqrt{n}}$$

對μ_D建立區間估計。該統計量服從自由度爲$v = n-1$的t分配，因此信賴水準爲$100(1-\alpha)\%$的區間估計可以推導如下：

$$\begin{aligned} 1-\alpha &= P\left(-t_{\alpha/2}(v) < t < t_{\alpha/2}(v)\right) \\ &= P\left(-t_{\alpha/2}(v) < \frac{\bar{D} - \mu_D}{S_d/\sqrt{n}} < t_{\alpha/2}(v)\right) \\ &= P\left(\bar{D} - t_{\alpha/2}(v)\frac{S_d}{\sqrt{n}} < \mu_D < \bar{D} + t_{\alpha/2}(v)\frac{S_d}{\sqrt{n}}\right) \end{aligned}$$

這表示隨機的區間$\left(\bar{D} - t_{\alpha/2}(v)\frac{S_d}{\sqrt{n}},\ \bar{D} + t_{\alpha/2}(v)\frac{S_d}{\sqrt{n}}\right)$包含未知參數$\mu_D$（或$\mu_1 - \mu_2$）的機率爲$(1-\alpha)$，即該區間估計式的信賴水準爲$100(1-\alpha)\%$。

例 15　由接受提升推銷能力訓練計畫的推銷員中隨機抽取六名，根據銷售業績分別評定這六名推銷員在接受訓練前與訓練後的成績如下表。

試建立訓練後與訓練前平均表現成績差異的95%信賴區間。假設訓練後與訓練前的成對差服從常態分配。

	推銷員					
	1	2	3	4	5	6
訓練後	84	96	65	72	83	76
訓練前	82	93	64	73	80	75

解:

依題意，這是成對資料差的問題，令μ_1及μ_2分別爲訓練後及訓練前的母體平均成績，$\mu_D=\mu_1-\mu_2$爲成對差的母體平均數。由成對資料計算成對差得

$d_1=84-82=2$　　$d_2=96-93=3$　$d_3=65-64=1$

$d_4=72-73=-1$　$d_5=83-80=3$　$d_6=76-75=1$

計算樣本平均數爲$\bar{d}=1.5$，樣本變異數爲$s_d^2=2.3$，所以$s_d=1.5166$因爲$1-\alpha=0.95$，$\alpha=0.05$，$\alpha/2=0.025$，查自由度$v=n-1=6-1=5$的t分配表(附表 4)得$t_{\alpha/2}(5)=2.571$。由於成對差服從常態分配，可以根據區間估計式得到 95%信賴區間爲

$$\bar{d}-t_{\alpha/2}(v)\frac{s_d}{\sqrt{n}}<\mu_D<\bar{d}+t_{\alpha/2}(v)\frac{s_d}{\sqrt{n}}$$

即

$$1.5-2.571\times\frac{1.5166}{\sqrt{6}}<\mu_D<1.5+2.571\times\frac{1.5166}{\sqrt{6}}$$

或

$$0.092<\mu_D<3.092$$

換言之，有 95%信心認為訓練後的平均成績要比訓練前的平均成績高出 0.092 至 3.092 分。

第四節　一個母體變異數的估計

本章在第二節及第三節都是針對母體平均數的問題進行討論，然而變異數的估計也是非常重要的一項任務，例如：在風險投資中，除了追求平均報酬率(平均數)外，也關心風險(標準差、變異數)的評估。又如，品管制程中產品的變異大小也是關心的重點。因此，本節介紹母體變異數的估計。由於一個母體變異數的估計必須使用**卡方分配**(Chi-Square Distribution)，所以先介紹卡方分配。

(一) 卡方分配

假設母體為常態分配，並以σ^2為變異數，則由樣本變異數統計量$S^2=\sum_{i=1}^{n}(X_i-\bar{X})^2/n-1$所定義的卡方統計量$\chi^2$($\chi$為希臘字母，讀做chi)為

$$\chi^2=\frac{(n-1)S^2}{\sigma^2}$$

此時χ^2稱為卡方隨機變數(或卡方統計量)，服從卡方分配其自由度為$v=n-1$簡寫為$\chi^2(v)$。由卡方隨機變數的定義知道χ^2是非負數(即$\chi^2\geq 0$)。圖 11-5 為卡方分配機率圖，由圖可看出：(1)卡方分配不是對稱的分配。(2)隨著不同的樣本數(n)而有不同的自由度$v=n-1$，其所對應的機率圖形狀各不相同。(3)χ^2隨機變數的範圍介於0及∞之間。

附表 5 所列為卡方分配表，該表查法可以圖 11-6 所示自由度為v的卡方分配機率圖說明如下：定義$\chi^2_\alpha(v)$為右尾尾端機率等於α所對應的卡

圖11-5　卡方分配機率圖

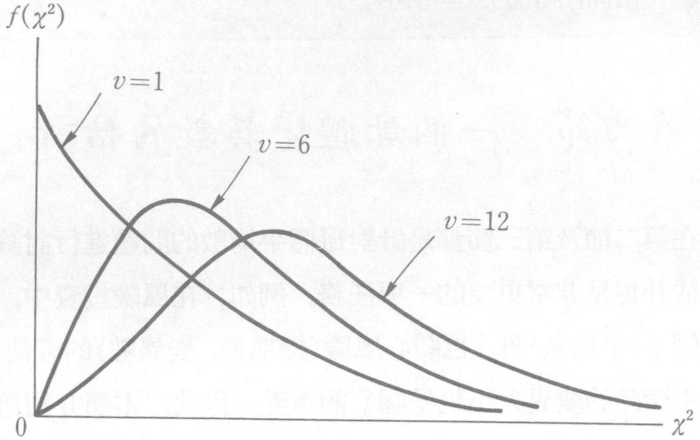

方值，即

$$P(\chi^2 \geq \chi^2_{\alpha}(v))=\alpha$$

至於$\chi^2_{1-\alpha/2}(v)$則表示右尾尾端機率爲$1-\alpha/2$(或左尾尾端機率爲$\alpha/2$)所對應的卡方值，即

$$p(\chi^2 \geq \chi^2_{1-\alpha/2}(v))=1-\alpha/2$$

或

$$p(\chi^2 \leq \chi^2_{1-\alpha/2}(v))=\alpha/2$$

例如，由附表 5 可查得自由度$v=10$的χ^2分配曲線下右尾尾端機率爲$\alpha=0.05$所對應的卡方值

$$\chi^2_{0.05}(10)=18.3070。$$

同理，$v=10$，$\alpha=0.95$所對應的卡方值爲

$$\chi^2_{0.95}(10)=3.94030$$

由$\chi^2_{0.95}(10)<\chi^2_{0.05}(10)$可以知道：在相同的自由度下，隨著右尾尾端機率的增加，其所對應的卡方值愈來愈小。

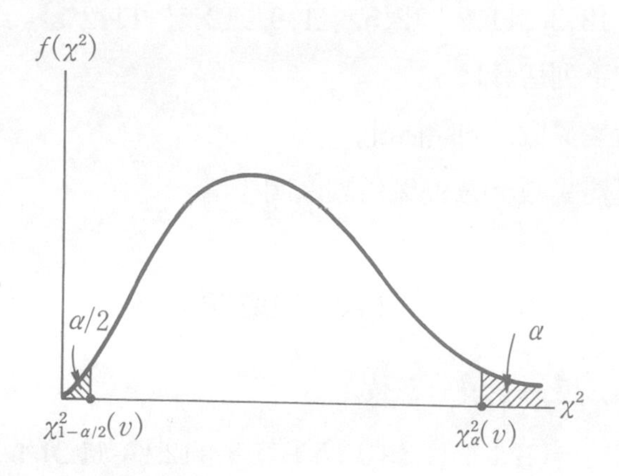

(二) 一個母體變異數的估計

在數理統計的課程中可以知道：樣本變異數統計量S^2是母體變異數σ^2的不偏估計式。因此，母體變異數σ^2的點估計式爲S^2。至於100$(1-\alpha)$%的區間估計則可直接由卡方分配機率圖得到

$$1-\alpha=P\left(\chi^2_{1-\alpha/2}(v)\leq\chi^2\leq\chi^2_{\alpha/2}(v)\right)$$
$$=P\left(\chi^2_{1-\alpha/2}(v)\leq\frac{(n-1)S^2}{\sigma^2}\leq\chi^2_{\alpha/2}(v)\right)$$
$$=P\left(\frac{(n-1)S^2}{\chi^2_{\alpha/2}(v)}\leq\sigma^2\leq\frac{(n-1)S^2}{\chi^2_{1-\alpha/2}(v)}\right)$$

這表示隨機的區間$\left(\frac{(n-1)S^2}{\chi^2_{\alpha/2}(v)},\ \frac{(n-1)S^2}{\chi^2_{1-\alpha/2}(v)}\right)$包含未知參數$\sigma^2$的機率爲$(1-\alpha)$，即該區間估計的信賴水準爲$100(1-\alpha)$%。

例 16　由一批長度呈常態分配的製品中隨機抽取六件，測量各件製品的長度(公分)，以瞭解製品長度的變異。這六件製品長度

分別為:

12.3, 11.8, 12.5, 11.9, 12.1, 11.2

試建立下列估計:

(1)母體變異數σ^2的點估計,

(2)母體變異數σ^2的 95%信賴區間。

解:

依題意, 樣本數$n=6$, 樣本平均數為

$$\bar{x}=\sum_{i=1}^{n}x_i/n$$
$$=(12.3+11.8+12.5+11.9+12.1+11.2)/6$$
$$=11.967$$

樣本變異數為

$$s^2=\sum_{i=1}^{n}(x_i-\bar{x})^2/(n-1)$$
$$=[(12.3-11.967)^2+(11.8-11.967)^2+\cdots+(11.2-11.967)^2]/(6-1)$$
$$=0.20667$$

所以母體變異數σ^2的點估計為$s^2=0.20667$。

在 95%信賴水準下, $1-\alpha=0.95$, $\alpha=0.05$, $\alpha/2=0.025$, $1-\alpha/2=0.975$, 查卡方分配表 (附表 5) 自由度$v=n-1=6-1=5$的卡方值得$\chi^2_{\alpha/2}(5)=12.8325$及$\chi^2_{1-\alpha/2}(5)=0.831211$。

根據區間估計公式可得 95%信賴區間為

$$\frac{(n-1)s^2}{\chi^2_{\alpha/2}(v)}<\sigma^2<\frac{(n-1)s^2}{\chi^2_{1-\alpha/2}(v)}$$

即

$$\frac{(6-1)\times 0.20667}{12.8325}<\sigma^2<\frac{(6-1)\times 0.20667}{0.831211}$$

或

$$0.0805 < \sigma^2 < 1.2432$$

由σ^2的 95%信賴區間（0.0805，1.2432）可以進一步建立該製品的品質管制程序。

第五節　兩個母體變異數比的估計

在生產製程中，比較兩種不同的生產製程以瞭解何者具有更佳的穩定性(產品品質齊一即變異小)。又如，在兩種風險投資的金融商品中，比較何者具有較小的風險。這些都是兩個母體變異數比的估計問題。由於是項問題必須使用F**分配(F Distribution)**，所以先介紹該分配如下。

(一) F分配

假設兩組獨立樣本分別抽取自兩個常態母體，其母體變異數分別爲σ_1^2及σ_2^2。令S_1^2及S_2^2分別爲這兩組樣本的樣本變異數，至於樣本數分別爲n_1及n_2。於是定義F統計量爲

$$F = \frac{S_1^2/\sigma_1^2}{S_2^2/\sigma_2^2}$$

此時F統計量服從F分配並以$v_1 = n_1 - 1$，$v_2 = n_2 - 1$爲分子及分母的自由度，簡寫爲$F(v_1, v_2)$。由F統計量的定義及圖 11-7 的F分配機率圖知道：(1)F分配不是對稱的分配。(2)F隨機變數的範圍介於0及∞之間。(3)隨著不同的分子自由度v_1及分母自由度v_2而有不同的機率圖形狀。

附表 6 爲F分配表，該表查法可由圖 11-8 所示分子自由度$v_1 = 8$，分母自由度$v_2 = 15$的F分配機率圖說明如下：定義$F_\alpha(v_1, v_2)$爲右尾尾端機率等於α所對應的F值，即

$$P(F \geq F_\alpha(v_1, v_2)) = \alpha$$

由於附表 6 所列的F分配表都是右尾尾端的機率，即$\alpha=0.05$，0.025，0.01三種情形。如果要查$F_{1-\alpha}(v_1,v_2)$的值，必須透過下列關係式來得到。

$$F_{1-\alpha}(v_1,v_2)=\frac{1}{F_\alpha(v_2,v_1)}$$

例如分子自由度$v_1=8$，分母自由度$v_2=15$的F分配曲線下右尾尾端機率爲$\alpha=0.05$所對應的F值爲

$$F_{0.05}(8,15)=2.64$$

若要查$F_{0.95}(8,15)$的值，則由關係式可得

$$F_{0.95}(8,15)=\frac{1}{F_{0.05}(15,8)}$$

$$=\frac{1}{3.22}$$

$$=0.3106$$

(二) 兩個母體變異數比的估計

兩個常態母體變異數比 $\left(\frac{\sigma_1^2}{\sigma_2^2}\right)$ 的$100(1-\alpha)\%$區間估計可由F統計量所服從的F分配得到

$$1-\alpha=P\left(F_{1-\alpha/2}(v_1,v_2)<F<F_{\alpha/2}(v_1,v_2)\right)$$

$$=P\left(F_{1-\alpha/2}(v_1,v_2)<\frac{S_1^2/\sigma_1^2}{S_2^2/\sigma_2^2}<F_{\alpha/2}(v_1,v_2)\right)$$

$$=P\left(\frac{S_1^2}{S_2^2}\cdot\frac{1}{F_{\alpha/2}(v_1,v_2)}<\frac{\sigma_1^2}{\sigma_2^2}<\frac{S_1^2}{S_2^2}\cdot\frac{1}{F_{1-\alpha/2}(v_1,v_2)}\right)$$

$$=P\left(\frac{S_1^2}{S_2^2}\cdot\frac{1}{F_{\alpha/2}(v_2,v_1)}<\frac{\sigma_1^2}{\sigma_2^2}<\frac{S_1^2}{S_2^2}\cdot F_{\alpha/2}(v_2,v_1)\right)$$

這表示隨機的區間$\left(\frac{S_1^2}{S_2^2}\cdot\frac{1}{F_{\alpha/2}(v_1,v_2)},\ \frac{S_1^2}{S_2^2}\cdot F_{\alpha/2}(v_2,v_1)\right)$包含未知參數

圖11-7　F分配機率圖

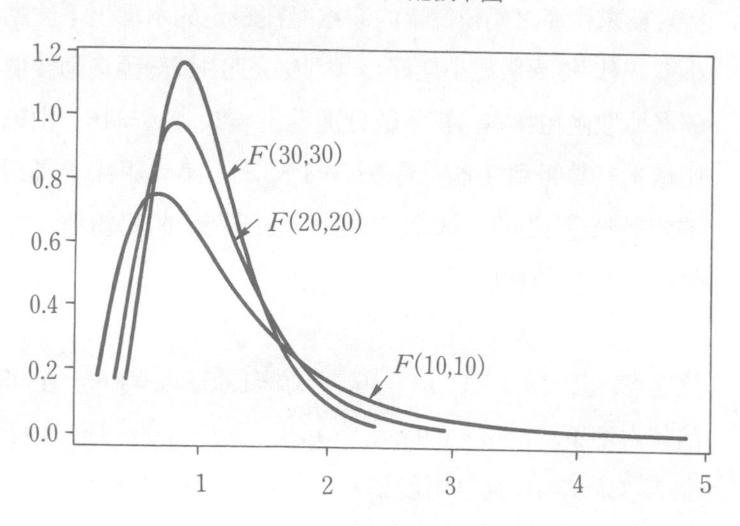

圖11-8　$F_\alpha(v_1, v_2)$機率圖

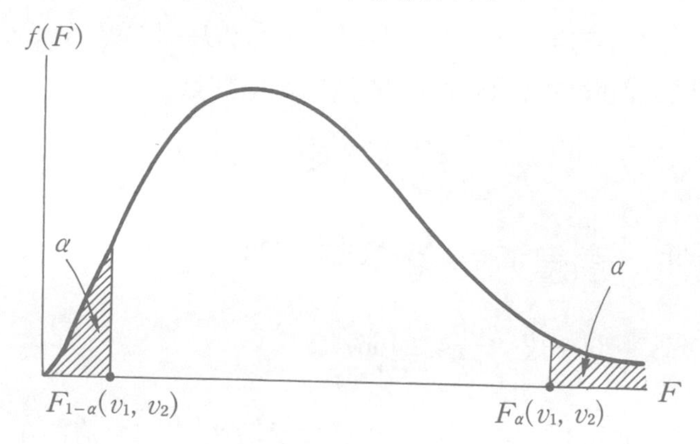

$(\frac{\sigma_1^2}{\sigma_2^2})$ 的機率為 $(1-\alpha)$，即該區間估計的信賴水準為$100(1-\alpha)\%$。

例 17　某奶粉廠商決定更新奶粉自動裝填機器。目前有兩種不同設計的奶粉自動裝填機器可供選擇（以 1，2 表示這兩種裝填機)，爲求生產之奶粉每罐的淨重能在設定的水準上下波動愈小愈好(即變異數愈小愈好)，因此分別由這兩種自動裝填機隨機抽取兩組樣本，樣本數分別爲$n_1=21$，$n_2=16$。由第一組樣本計算得到樣本變異數$s_1^2=1.85$，由第二組樣本得到樣本變異數$s_2^2=1.65$。試建立兩種機器所裝填的奶粉淨重變異數比的 90%信賴區間。

解：

依題意，已知$n_1=21$，$n_2=16$，且$s_1^2=1.85$，$s_2^2=1.65$。在 95%信賴水準下，$1-\alpha=0.90$，$\alpha=0.10$，$\alpha/2=0.05$，所以由F分配表（附表 6）查自由度爲$v_1=n_1-1=21-1=20$及$v_2=n_2-1=16-1=15$下，$\alpha/2=0.05$所對應的F值得

$F_{\alpha/2}(v_1,v_2)=F_{0.05}(20,15)=2.33$，

另由查表得　$F_{\alpha/2}(v_2,v_1)=F_{0.05}(15,20)=2.20$。

根據區間估計公式可得 90%信賴區間爲

$$\frac{s_1^2}{s_2^2}\cdot\frac{1}{F_{\alpha/2}(v_1,v_2)}<\frac{\sigma_1^2}{\sigma_2^2}<\frac{s_1^2}{s_2^2}\cdot F_{\alpha/2}(v_2,v_1)$$

即　$$\frac{1.85}{1.65}\cdot\frac{1}{2.33}<\frac{\sigma_1^2}{\sigma_2^2}<\frac{1.85}{1.65}\cdot 2.20$$

或　$$0.4812<\frac{\sigma_1^2}{\sigma_2^2}<2.4667$$

有 90%的信心認爲兩個母體變異數比$\left(\frac{\sigma_1^2}{\sigma_2^2}\right)$會落在 0.4812 與 2.4667 之間。値得一提的是：兩個母體變異數比的信賴區間並非以$\left(\frac{s_1^2}{s_2^2}\right)$爲中心的對稱區間。

摘　要

重要詞語

估計式	估計值	點估計式
點估計值	區間估計式	區間估計值
信賴區間	信賴係數	不偏性
一致性	有效性	充分性
估計誤差	χ^2統計量	F統計量
t分配	自由度	

公　式

1.不偏性：$\hat{\theta}$爲θ的不偏估計式則

$$E(\hat{\theta})=\theta$$

2.一致性：

(1)$\lim\limits_{n\to\infty}p(|\hat{\theta}-\theta|>\varepsilon)=0$或$\lim\limits_{n\to\infty}p(|\hat{\theta}-\theta|\leq\varepsilon)=1$

(2)若$E(\hat{\theta})=\theta$，且$\lim\limits_{n\to\infty}V(\hat{\theta})=0$則$\hat{\theta}$爲$\theta$的一致估計式。

3.有效性：

若$E(\hat{\theta}_1)=E(\hat{\theta}_2)=\theta$，且$V(\hat{\theta}_1)<V(\hat{\theta}_2)$，則$\hat{\theta}_1$比$\hat{\theta}_2$有效。

4.充分性：

若$f(x_1,x_2,...,x_n,\theta)=g(\hat{\theta},\theta)h(x_1,x_2,...,x_n)$

則$\hat{\theta}$爲θ的充分統計量。

5.卡方統計量：

$$\chi^2=\frac{(n-1)S^2}{\sigma^2}$$

S^2爲來自以σ^2爲變異數的常態母體的樣本變異數。

6. F統計量：S_1^2、S_2^2爲兩組常態母體獨立樣本的樣本變異數，則

$$F=\frac{S_1^2/\sigma_1^2}{S_2^2/\sigma_2^2}$$

服從以(n_1-1, n_2-1)爲自由度的F分配。

7. $F_{1-\alpha}(v_1,v_2)=\dfrac{1}{F_\alpha(v_2,v_1)}$

區間估計公式

参　數	條　　件	$100(1-\alpha)\%$區間估計式
μ	大樣本、σ^2已知	$\left(\bar{X}-Z_{\alpha/2}\frac{\sigma}{\sqrt{n}},\ \bar{X}+Z_{\alpha/2}\frac{\sigma}{\sqrt{n}}\right)$
	大樣本	$\left(\bar{X}-Z_{\alpha/2}\frac{S}{\sqrt{n}},\ \bar{X}+Z_{\alpha/2}\frac{S}{\sqrt{n}}\right)$
	小樣本、常態、σ^2已知	$\left(\bar{X}-Z_{\alpha/2}\frac{\sigma}{\sqrt{n}},\ \bar{X}+Z_{\alpha/2}\frac{\sigma}{\sqrt{n}}\right)$
	小樣本、常態	$\left(\bar{X}-t_{\alpha/2}(n-1)\frac{S}{\sqrt{n}},\ \bar{X}+t_{\alpha/2}(n-1)\frac{S}{\sqrt{n}}\right)$
$\mu_1-\mu_2$	大樣本、σ_1^2、σ_2^2已知	$\left((\bar{X}_1-\bar{X}_2)-Z_{\alpha/2}\sqrt{\frac{\sigma_1^2}{n_1}+\frac{\sigma_2^2}{n_2}},\right.$ $\left.(\bar{X}_1-\bar{X}_2)+Z_{\alpha/2}\sqrt{\frac{\sigma_1^2}{n_1}+\frac{\sigma_2^2}{n_2}}\right)$
	大樣本	$\left((\bar{X}_1-\bar{X}_2)-Z_{\alpha/2}\sqrt{\frac{S_1^2}{n_1}+\frac{S_2^2}{n_2}},\right.$ $\left.(\bar{X}_1-\bar{X}_2)+Z_{\alpha/2}\sqrt{\frac{S_1^2}{n_1}+\frac{S_2^2}{n_2}}\right)$
	小樣本、常態、σ_1^2、σ_2^2已知	$\left((\bar{X}_1-\bar{X}_2)-Z_{\alpha/2}\sqrt{\frac{\sigma_1^2}{n_1}+\frac{\sigma_2^2}{n_2}},\right.$ $\left.(\bar{X}_1-\bar{X}_2)+Z_{\alpha/2}\sqrt{\frac{\sigma_1^2}{n_1}+\frac{\sigma_2^2}{n_2}}\right)$

	小樣本、常態、$\sigma_1^2=\sigma_2^2$	$\left((\bar{X}_1-\bar{X}_2)-t_{\alpha/2}(n_1+n_2-2)\sqrt{\frac{S_p^2}{n_1}+\frac{S_p^2}{n_2}},\ (\bar{X}_1-\bar{X}_2)+t_{\alpha/2}(n_1+n_2-2)\sqrt{\frac{S_p^2}{n_1}+\frac{S_p^2}{n_2}}\right)$
	小樣本、常態、$\sigma_1^2\neq\sigma_2^2$	$\left((\bar{X}_1-\bar{X}_2)-t_{\alpha/2}(v)\sqrt{\frac{S_1^2}{n_1}+\frac{S_2^2}{n_2}},\ (\bar{X}_1-\bar{X}_2)+t_{\alpha/2}(v)\sqrt{\frac{S_1^2}{n_1}+\frac{S_2^2}{n_2}}\right)$ 其中 $v=\left[\frac{S_1^2}{n_1}+\frac{S_2^2}{n_2}\right]^2/\left[\frac{(S_1^2/n_1)^2}{n_1-1}+\frac{(S_2^2/n_2)^2}{n_2-1}\right]$
μ_D	小樣本、常態	$\left(\bar{D}-t_{\alpha/2}(n-1)\frac{S_d}{\sqrt{n}},\ \bar{D}+t_{\alpha/2}(n-1)\frac{S_d}{\sqrt{n}}\right)$
p	大樣本	$\left(\bar{p}-z_{\alpha/2}\sqrt{\frac{\bar{p}(1-\bar{p})}{n}},\ \bar{p}+z_{\alpha/2}\sqrt{\frac{\bar{p}(1-\bar{p})}{n}}\right)$
p_1-p_2	大樣本	$\left((\bar{p}_1-\bar{p}_2)-Z_{\alpha/2}\sqrt{\frac{\bar{p}_1(1-\bar{p}_1)}{n_1}+\frac{\bar{p}_2(1-\bar{p}_2)}{n_2}},\ (\bar{p}_1-\bar{p}_2)+Z_{\alpha/2}\sqrt{\frac{\bar{p}_1(1-\bar{p}_1)}{n_1}+\frac{\bar{p}_2(1-\bar{p}_2)}{n_2}}\right)$
σ^2	常態	$((n-1)S^2/\chi^2_{\alpha/2}(n-1),\ (n-1)S^2/\chi^2_{1-\alpha/2}(n-1))$
$\frac{\sigma_1^2}{\sigma_2^2}$	常態、兩組樣本獨立	$\left(\frac{S_1^2}{S_2^2}\frac{1}{F_{\alpha/2}(n_1-1,n_2-1)},\ \frac{S_1^2}{S_2^2}F_{\alpha/2}(n_2-1,n_1-1)\right)$

樣本數求算公式

1．$\left(\frac{Z_{\alpha/2}\sigma}{E}\right)^2$

2．$n_1=n_2=n,\ n=\frac{Z_{\alpha/2}^2(\sigma_1^2+\sigma_2^2)}{E^2}$

3．$n=\frac{Z_{\alpha/2}^2\bar{p}(1-\bar{p})}{E^2}$，或 $n=\frac{Z_{\alpha/2}^2\times 0.25}{E^2}$

4．$n_1=n_2=n,\ n=\frac{Z_{\alpha/2}^2[\bar{p}_1(1-\bar{p}_1)+\bar{p}_2(1-\bar{p}_2)]}{E^2}$

或　$n=\frac{Z_{\alpha/2}^2(2\times 0.25)}{E^2}$

習 題

1.何謂估計式？估計式有幾種？

2.點估計的評量標準有那些？試簡答之。

3.何謂不偏性？何謂一致性？何謂有效性？何謂充分性？

4.區間估計的評量標準爲何？

5.假設$\bar{x}=160$，$\sigma^2=16$，且$n=49$，試建立母體平均數μ的下列信賴區間：

(1)90%，　(2)95%，　(3)99%。

6.經調查知道：國中男生平均身高（公分）的99%信賴區間爲（160, 170），其母體標準差$\sigma=10$。試問該區間是由多少樣本計算得到？

7.隨機抽訪某社區50户居民上個月的電話費，得到平均費用爲280元，樣本標準差$s=50$元。試計算該社區居民上個月平均費用的90%信賴區間。

8.關愛青少年基金會調查800名在學國中生，發現吸煙的人數爲320名。試根據此一資料估計全體國中生吸煙比例的95%信賴區間。

9.某廣告公司就顧客對新產品的喜好與否進行調查，欲求得產品喜好比例的95%區間估計，並希望估計誤差不得大於0.08，試問應抽取多少樣本數。

10.已知$\bar{x}_1=90$，$\bar{x}_2=85$，$\sigma_1^2=25$，$\sigma_2^2=16$，且$n_1=36$，$n_2=50$。試建立母體平均數差$(\mu_1-\mu_2)$的90%信賴區間。

11.爲瞭解不同服務業別薪資平均差異情形，對金融保險不動產業，及工商服務業分別隨機抽訪$n_1=60$，及$n_2=50$人，得到$\bar{x}_1=44500$元，$\bar{x}_2=38000$元，且樣本標準差分別爲$s_1=2000$元，$s_2=1800$元。試建立母體平均薪資差$(\mu_1-\mu_2)$的95%信賴區間。

12.考慮兩種裝塡機器平均裝塡量的差異$(\mu_1-\mu_2)$測試。欲建立90%信賴區間，且要求此項差異的估計誤差不得超過0.5毫克，假設兩種裝塡機器的變異數$\sigma_1^2=\sigma_2^2=5$，試問應抽取多少樣本數？（假設$n_1=n_2=n$）。

13.騎機車戴安全帽宣導發現：男性120人中有55人戴安全帽，女性70人中40人戴安全帽。令p_1及p_2分別代表男性及女性戴安全帽的比例。試對母體比例差(p_1-p_2)建立95%信賴區間。

14.某校對一年級新生及二年級學生的上週上課全勤的差異情形進行研究。令p_1及p_2分別爲一年級新生及二年級學生上週上課全勤比例，欲建立兩者比例差(p_1-p_2)的90%區間估計，假設估計誤差不得超過0.10，試問應抽取多少樣本數？（假設兩個年級所抽取的樣本數相等）。

15.由常態母體中隨機抽取$n=16$的樣本，計算得到平均數爲$\bar{x}=35$，標準差爲$s=10$。試建立母體平均數μ的90%信賴區間。

16.假設兩種廠牌輪胎的壽命均呈現常態分配。今針對此二種輪胎進行測試平均公里數，隨機抽樣$n_1=16$，$n_2=25$，得到$\bar{x}_1=24000$公里，$\bar{x}_2=20000$公里。試根據各子題的條件計算兩種廠牌輪胎的平均壽命差$(\mu_1-\mu_2)$的95%信賴區間。

(1)假設$\sigma_1=3600$，$\sigma_2=3500$。

(2)假設$\sigma_1^2=\sigma_2^2(=\sigma^2)$未知，且樣本標準差分別爲$s_1=3700$，$s_2=3400$。

(3)假設$\sigma_1^2\neq\sigma_2^2$都未知，且樣本標準差分別爲$s_1=4000$，$s_2=3600$。

17.由成對差異實驗得到12對的觀察值，其成對差的平均數爲$\bar{d}=12$，變異數$s_d=6$。試建立母體成對差μ_D的95%信賴區間。（假設成對差服從常態分配）。

18.請由卡方分配表及F分配表，回答下列各子題：

(1)$\chi^2_{0.10}(15)=$？

(2)$\chi^2_{\alpha}(12)=21.0261$，則$\alpha=$？

(3)$\chi^2_{0.975}(20)=$？

(4)$F_{0.01}(3,9)=$？

(5)$F_{\alpha}(5,5)=5.05$，則$\alpha=$？

19.由常態母體中隨機抽取$n=17$個觀察值，經計算得到樣本平均數$\bar{x}=5.35$，標準差$s=0.33$。試建立母體變異數σ^2的90%信賴區間。

20.某工廠管理部門欲對甲、乙兩廠的工作表現差異進行研究。根據隨機抽出甲、乙兩廠樣本數分別爲$n_1=16$，$n_2=10$，得到平均成品數分別爲$\bar{x}_1=16.5$，$\bar{x}_2=15.3$，標準差分別爲$s_1=0.5$，$s_2=0.4$。假設甲、乙兩廠的工作表現(以成品數衡量)服從常態分配，且兩組樣本爲獨立。試建立兩廠工作表現變異數比$({\sigma_1}^2/{\sigma_2}^2)$的95%信賴區間。

第十二章　假設檢定

在第十一章所介紹的統計推論是對母體的未知參數進行估計，本章則針對母體未知參數的假設值進行檢定。本章共分五節。在第一節，首先對假設檢定的基本概念加以介紹，其中包括虛無假設、對立假設、簡單假設、複合假設、雙尾檢定、單尾檢定、決策法則、臨界值、型Ｉ誤差、型II誤差、顯著水準、檢定力、及p值等名詞的意義及公式。第二節討論大樣本的假設檢定、包括一個母體平均數μ、一個母體比例p、兩個母體平均數差$\mu_1-\mu_2$，及兩個母體比例差p_1-p_2等四種情形的假設檢定。第三節介紹小樣本的假設檢定，其中包括一個母體平均數μ，兩個母體平均數差$\mu_1-\mu_2$，及成對資料差等三種情形的假設檢定。第四節爲一個常態母體變異數的假設檢定。第五節是兩個常態母體變異數的假設檢定。

第一節　基本概念

對母體未知參數的推論方式除了第十一章所討論的估計方法之外，也可對母體的未知參數先假設其數值，然後根據樣本所得的數據來驗證假設值是否被接受或拒絕，此種統計方法稱爲**假設檢定**(Hypothesis Testing)。

在假設檢定中，對母體未知參數所做暫時性的假設值稱爲**虛無假設**(Null Hypothesis)，以H_0表示。這裏所稱暫時性的意思是指：如果樣本數據能證實虛無假設爲僞則拒絕虛無假設所做的參數假設值，如果樣本數據沒有充分證據能拒絕虛無假設則僅能表示以目前的資料無法拒絕虛無假設。

除了虛無假設中所做的未知參數假設值外，其他所有可能的參數假設值是由**對立假設**(Alternative Hypothesis)來宣告，以H_1表示。例如某品牌電池製造商聲稱：電池平均壽命爲 60 小時，則虛無假設爲H_0: $\mu=60$，至於對立假設則爲其他所有可能的平均壽命時數，即H_1:$\mu\neq60$。除非由樣本可以得到明顯證據認爲虛無假設爲僞，否則不能拒絕電池製造商所聲稱的平均壽命假設值(虛無假設)。

關於假設檢定中虛無假設及對立假設的接受與拒絕邏輯可以法律上犯罪的例子來加以闡釋。任何案件的嫌疑犯在開始審判之前都是假設其爲無罪，亦即虛無假設爲H_0：該嫌疑犯是無辜的。至於對立假設則爲H_1：該嫌疑犯有罪。如果審判中有證據證實該嫌疑犯有罪，則應該**拒絕虛無假設**，於是嫌疑犯有罪的對立假設成立。如果審判中沒有充分證據顯示有罪，則**不拒絕虛無假設**。此處所用的是「不拒絕」虛無假設，而非「接受」虛無假設。在意義上兩者有甚大的差別存在，「不拒絕」僅表示截至目前爲止沒有證據可以拒絕虛無假設，以後仍有可能因其他資料的顯示而改變了目前的結論。至於使用「接受」虛無假設的語法是較不妥當的，因爲無法僅憑目前的資料就認定虛無假設爲眞。

如果假設中所宣告的母體未知參數假設值是單一數值時，該假設稱爲**簡單假設**(Simple Hypothesis)。例如廠商宣稱電池平均壽命爲 60 小時，則虛無假設H_0:$\mu=60$爲一簡單虛無假設。若假設中所涵蓋的母體未知參數假設值有多個可能值時，該假設稱爲**複合假設**(Composite Hypothesis)。例如前述廠商宣稱電池平均壽命爲 60 小時的例子中，對立假設爲H_1:$\mu\neq60$，這是複合的對立假設。

如果對立假設中的母體未知參數假設值範圍不但包含了比虛無假設

中的假設值大的所有可能值，也包含了比虛無假設中假設值小的所有可能值，則此種對立假設稱爲雙尾對立假設，此種假設檢定稱爲**雙尾檢定**(Two-sided Test)。例如虛無假設爲$H_0:\mu=60$，對立假設爲$H_1:\mu\neq60$，因爲對立假設包含了大於 60 及小於 60 的可能假設值，這是雙尾檢定的例子。如果對立假設中的母體未知參數假設值範圍僅包含比虛無假設中的假設值大的所有可能值(或僅包含比虛無假設中的假設值小的所有可能值)，此種對立假設稱爲單尾對立假設，此種假設檢定稱爲**單尾檢定**(One-sided Test)。例如虛無假設爲$H_0:\mu=60$，對立假設爲$H_1:\mu<60$，這是單尾檢定，由於對立假設中的假設值小於虛無假設的假設值，所以又稱爲**左尾檢定**。反之，如果虛無假設爲$H_0:\mu=60$，對立假設爲$H_1:\mu>60$，則此種單尾檢定可稱爲**右尾檢定**。

假設檢定的**決策法則**(Decision Rule)是用來決定在何種情形下可以拒絕虛無假設，以及何種情形下不拒絕虛無假設。根據決策法則將**檢定統計量**(Test Statistic)的所有可能值劃分成兩個區域：一爲**接受區域**(Acceptance Region，簡寫爲A)，另一爲**拒絕區域**(Rejection Region，簡寫爲R)或稱**危險區域**(Critical Region)。如果由樣本計算得到的檢定統計量計算值落在接受區域則不拒絕虛無假設H_0；若檢定統計量計算值落在拒絕區域則拒絕虛無假設H_o。至於接受區域與拒絕區域的分界值稱爲**臨界值**(Critical Value)。

在進行假設檢定時，可依決策(不拒絕H_0，拒絕H_o)及眞實狀況(H_0爲眞，H_o爲僞)的不同而有四種結果(如表 12-1 所列)。

表 12-1 的四種結果可以分述如下：

(1)眞實狀況是H_0爲眞，採取的決策是不拒絕H_0，此時是正確的決策。

(2)眞實狀況是H_0爲眞，但採取的決策是拒絕H_o，此時是錯誤的決策，定義此種錯誤爲**型 I 誤差**(Type I Error)。

(3)眞實狀況是H_o爲僞，但採取的決策是不拒絕H_0，此時是錯誤的決策，定義此種錯誤爲**型 II 誤差(Type II Error)**。

(4)眞實狀況是H_o爲僞，採取的決策是拒絕H_o，此時是正確的決策。

表 12-1　假設檢定的四種可能結果

眞實狀況	決策	
	不拒絕H_0	拒絕H_o
H_0爲眞	正確決策	型 I 誤差
H_o爲僞	型 II 誤差	正確決策

由於是在不確定的狀態下做決策，因此在假設檢定的問題中，型 I 誤差及型 II 誤差的機率是愈小愈好。爲便於計算誤差機率，定義**型 I 誤差的機率**爲

$$P(\text{型 I 誤差})$$
$$=P(\text{拒絕}H_o|H_0\text{爲眞}),$$
$$=P(\text{檢定統計量計算值落在拒絕區域}|H_0\text{爲眞})$$

在檢定時所能容忍的最大**型 I 誤差機率**就是該檢定的**顯著水準(Level of Significance)**，以α表示。通常，在檢定時會先固定型 I 誤差的機率。因此，令

$$\alpha=P(\text{型 I 誤差})$$

而α的常用值爲 0.05 或 0.01。

定義**型 II 誤差的機率**爲

$$\beta=P(\text{型 II 誤差})$$
$$=P(\text{不拒絕}H_0|H_o\text{爲僞}),$$
$$=P(\text{檢定統計量計算值落在接受區域}|H_o\text{爲僞})$$

以$1-\beta$來衡量檢定的表現能力，稱爲**檢定力(Power)**，即

$$
\begin{aligned}
1-\beta &= 1-P(\text{型II誤差}) \\
&= 1-P(\text{不拒絕}H_0|H_o\text{爲僞}) \\
&= P(\text{拒絕}H_o|H_o\text{爲僞}) \\
&= P(\text{拒絕}H_o|H_1\text{爲眞})
\end{aligned}
$$

這表示當虛無假設爲僞時，能夠正確檢定出的機率，因此稱爲檢定力。由對立假設下參數的各種可能值所對應的檢定力連結成的曲線稱爲**檢定力曲線(Power Curve)**。

前面曾經提到顯著水準α的選定，例如$\alpha=0.05$或$\alpha=0.01$，但有時候α值的選取是任意的或在決定上有困難，此時可根據樣本所計算的檢定統計量值，並由統計量的機率分配查出能觀察到該值或比該值更極端的所有可能值的機率，令其爲 p **值(p value)**。p值可以視爲是能夠拒絕虛無假設的最小顯著水準α，因此又稱爲**觀察的顯著水準(Observed Level of Significance)**。如果p值很小，這表示在虛無假設爲眞下，僅有很小的機率(p值很小)才可能觀察到的資料，卻在樣本中出現，因此應做拒絕虛無假設的決策。

除了上述各項重要名詞介紹外，關於假設檢定的步驟分述如下：

(步驟一)：確認問題的虛無假設H_0及對立假設$H_1$❶。

(步驟二)：決定合適的檢定統計量。

(步驟三)：選取顯著水準α，並由檢定統計量的機率分配找出拒絕區域R。

(步驟四)：由樣本資料計算檢定統計量值。

---

❶由於顯著水準是指在檢定時所能容忍的最大型I誤差機率。(以母體平均數爲例)在右尾檢定時，虛無假設$H_0:\mu\leq\mu_0$、對立假設$H_1:\mu>\mu_0$的檢定問題與虛無假設$H_0:\mu=\mu_0$、對立假設$H_1:\mu>\mu$。的檢定問題的全部檢定過程與結論都一樣，所以本章全部虛無假設都僅以等號的簡單假設表示。同理在左尾檢定時亦然，即虛無假設$H_0:\mu=\mu_0$；對立假設$H_1:\mu<\mu_0$。

(步驟五)：若檢定統計量值落在拒絕區域R，則拒絕虛無假設H_o，否則，就不拒絕虛無假設。

例 1 某推銷員自我評估其每天推銷產品的成功機率為 0.6，但公司方面認為該推銷員推銷產品的成功機率低於推銷員宣稱的機率，今隨機抽取該推銷員過去 20 天內的推銷記錄。定義X為推銷成功的天數，令拒絕區域$R=\{x\leq 8\}$。試計算型 I 誤差機率及在對立假設的成功機率為$p=0.2$下的型II誤差機率及檢定力。

解：

依題意，虛無假設H_0:$p=0.6$，對立假設H_1:$p<0.6$。樣本數$n=20$，拒絕區域$R=\{x\leq 8\}$。由於每天推銷的結果不是成功，便是失敗。因此，推銷成功的天數X服從二項分配$B(n,p)$，其中$n=20$。檢定統計量為X。

根據型 I 誤差機率的公式

$$\alpha=P(\text{拒絕}H_o|H_0\text{為眞})$$
$$=P(x\leq 8|p=0.6)$$
$$=\sum_{x=0}^{8}\binom{20}{x}(0.6)^x(0.4)^{20-x}$$
$$=0.057\ (\text{查附表1二項分配表，}n=20\text{，}p=0.6)$$

根據型II誤差機率的公式

$$\beta=P(\text{不拒絕}H_0|H_o\text{為僞})$$
$$=P(x>8|H_1\text{為眞})\quad(\text{採用對立假設的特定 }p=0.2)$$
$$=P(x>8|p=0.2)$$

$$=\sum_{x=9}^{20}\binom{20}{x}(0.2)^x(0.8)^{20-x}$$

$$=1-0.99$$

$=0.01$ （查附表1二項分配表，$n=20$，$p=0.2$）

至於檢定力則爲$1-\beta=1-0.01=0.99$。

第二節　大樣本假設檢定

本節討論在大樣本($n\geq30$)下，分別就一個母體平均數μ，一個母體比例p，兩個母體平均數差$\mu_1-\mu_2$，及兩個母體比例差p_1-p_2等四種情形的假設檢定問題做介紹。

(一) 一個母體平均數μ的假設檢定

令$\bar{X}$爲樣本平均數，S^2爲樣本變異數，n爲樣本數，σ^2爲母體變異數。根據對立假設的不同，分成三種情形討論如下：

1. 雙尾檢定

(步驟一)：虛無假設$H_0:\mu=\mu_0$

對立假設$H_1:\mu\neq\mu_0$

(步驟二)：由於是檢定母體平均數，因此以統計量$\bar{X}$的抽樣分配爲根據，採用的檢定統計量爲

$$Z=\frac{\bar{X}-\mu}{\sigma/\sqrt{n}}$$

若母體變異數σ^2未知，則檢定統計量中的σ以樣本標準差S估計，於是檢定統計量成爲

$$Z=\frac{\bar{X}-\mu}{S/\sqrt{n}}$$

(步驟三)：令顯著水準爲α，因爲檢定統計量Z服從標準常態分配，且由對立假設知道是雙尾檢定，所以拒絕區域爲

$$R=\{|Z|\geq Z_{\alpha/2}\}$$

其中$Z_{\alpha/2}$表示右尾尾端機率爲$\alpha/2$所對應的Z值，即$P(Z\geq Z_{\alpha/2})=\alpha/2$

圖 12-1 的陰影區域爲拒絕區域，臨界值爲$Z_{\alpha/2}$及$-Z_{\alpha/2}$。

圖12-1　雙尾檢定的拒絕區域及臨界值

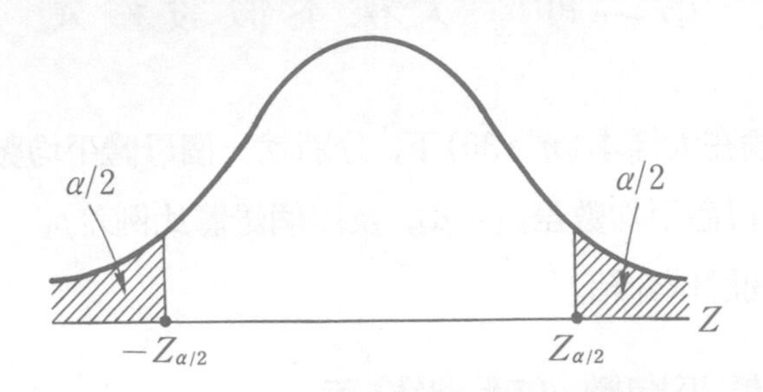

(步驟四)：由樣本平均數$\bar{X}$及虛無假設的母體平均數假設值μ_0可以計算得到檢定統計量值

$$Z_0=\frac{\bar{X}-\mu_0}{\sigma/\sqrt{n}}$$

若σ未知，以S估計，則檢定統計量值爲

$$Z_0=\frac{\bar{X}-\mu_0}{S/\sqrt{n}}$$

(步驟五)：若檢定統計量值Z_0落在拒絕區域R，即

$$|Z_0|\geq Z_{\alpha/2}$$

則拒絕虛無假設H_0，若Z_0落在接受區域A，即

$$|Z_0|<Z_{\alpha/2}$$

則不拒絕虛無假設。

雙尾檢定的拒絕區域R所定義的Z轉換爲$\bar{X}$可以得到

$$\left|\frac{\bar{X}-\mu}{\sigma/\sqrt{n}}\right|>Z_{\alpha/2}$$

或
$$\bar{X}>\mu+Z_{\alpha/2}\frac{\sigma}{\sqrt{n}} \quad 或 \quad \bar{X}<\mu-Z_{\alpha/2}\frac{\sigma}{\sqrt{n}}$$

於是拒絕區域成為

$$R=\{\bar{X}>\mu+Z_{\alpha/2}\frac{\sigma}{\sqrt{n}} \quad 或 \quad \bar{X}<\mu-Z_{\alpha/2}\frac{\sigma}{\sqrt{n}}\}$$

若樣本平均數$\bar{X}$落在拒絕區域，即

$$\bar{X}>\mu_0+Z_{\alpha/2}\frac{\sigma}{\sqrt{n}} \quad 或 \quad \bar{X}<\mu_0-Z_{\alpha/2}\frac{\sigma}{\sqrt{n}}$$

則拒絕虛無假設H_0: $\mu=\mu_0$。不論是由Z或$\bar{X}$所表示的拒絕區域來進行檢定都可以得到相同的結論。

例 2　某工廠宣稱其日產量為 800 噸，今隨機抽取 30 天的日產量記錄，計算得到樣本平均數為$\bar{x}=786$噸，樣本標準差為$s=25$噸。試以顯著水準$\alpha=0.05$檢定該工廠的宣稱是否正確。

解：

依題意，$n=30$，$\bar{x}=786$，$s=25$，虛無假設參數值$\mu_0=800$，
所以虛無假設為H_0: $\mu=800$，
對立假設為H_1: $\mu\neq800$，(雙尾檢定)
大樣本($n\geq30$)下，母體標準差σ未知以s估計。檢定統計量值為

$$Z_0=\frac{\bar{x}-\mu_0}{s/\sqrt{n}}$$

或

$$Z_0=\frac{786-800}{\frac{25}{\sqrt{30}}}$$

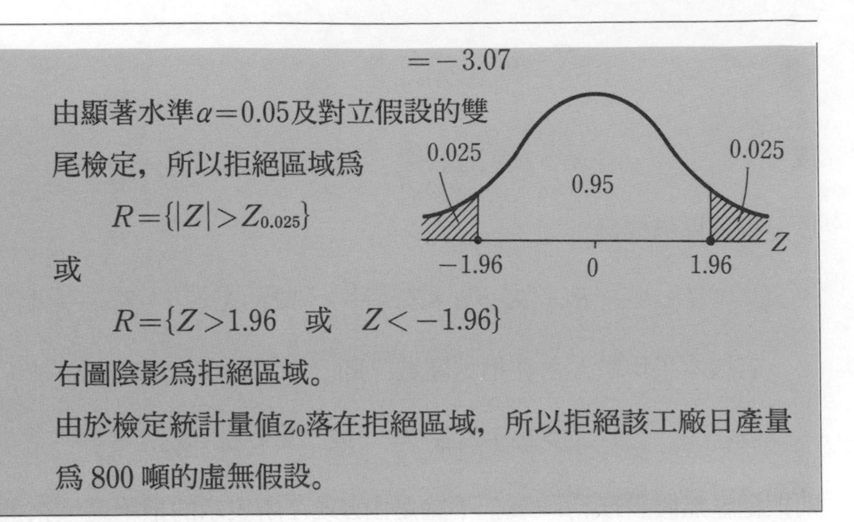

$$=-3.07$$

由顯著水準$\alpha=0.05$及對立假設的雙尾檢定，所以拒絕區域爲

$$R=\{|Z|>Z_{0.025}\}$$

或

$$R=\{Z>1.96 \quad \text{或} \quad Z<-1.96\}$$

右圖陰影爲拒絕區域。

由於檢定統計量值z_0落在拒絕區域，所以拒絕該工廠日產量爲 800 噸的虛無假設。

例 3　續例 2，試計算對立假設參數的可能值μ_a爲 780，785，790，795，805，810，815，820 時所對應的檢定力$1-\beta$，並繪製檢定力曲線。

解：

令對立假設中參數的各種可能值爲μ_a，根據例 2 資料$s=25$，$n=30$，及$\mu_0=800$，計算$\bar{X}$的拒絕區域，得

$$\bar{X}>\mu_0+Z_{\alpha/2}\frac{s}{\sqrt{n}}=800+1.96\times\frac{25}{\sqrt{30}}$$

$$=808.946$$

及

$$\bar{X}<\mu_0-Z_{\alpha/2}\frac{s}{\sqrt{n}}=800-1.96\times\frac{25}{\sqrt{30}}$$

$$=791.054$$

因此拒絕區域爲

$$R=\{\bar{X}>808.946 \quad \text{或} \quad \bar{X}<791.054\}$$

右圖陰影爲拒絕區域。

由虛無假設及樣本資料得到拒絕區域後，再根據檢定力的定義知道：

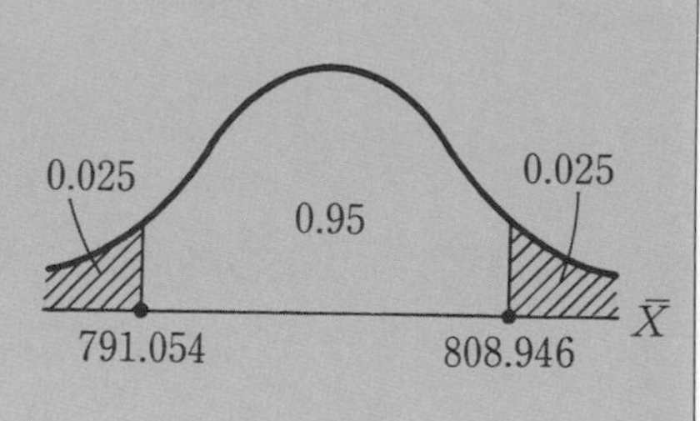

$1-\beta=P$(拒絕$H_o|H_1$爲眞)

或

$$1-\beta=P(\bar{X}>808.946 \quad \text{或} \quad \bar{X}<791.054|\mu=\mu_a)$$

$$=P\left(\frac{\bar{X}-\mu}{s/\sqrt{n}}>\frac{808.946-\mu_a}{25/\sqrt{30}} \quad \text{或} \quad \frac{\bar{X}-\mu}{s/\sqrt{n}}<\frac{791.054-\mu_a}{25/\sqrt{30}}|\mu=\mu_a\right)$$

$$=P\left(Z>\frac{808.946-\mu_a}{25/\sqrt{30}}\right)+P\left(Z<\frac{791.054-\mu_a}{25/\sqrt{30}}\right)$$

將μ_a的各種可能值代入上式可以求出對應的檢定力。

例如，當$\mu_a=780$時，對應的檢定力爲

$$1-\beta=P\left(Z>\frac{808.946-780}{25/\sqrt{30}}\right)+P\left(Z<\frac{791.054-780}{25/\sqrt{30}}\right)$$

$$=P(Z>6.34)+P(Z<2.42)$$

$$=0+0.9922$$

$$=0.9922$$

其中$P(Z>6.34)$的值微小，令爲零。

同理，當$\mu_a=815$時，對應的檢定力爲

$$1-\beta=P\left(Z>\frac{808.946-815}{25/\sqrt{30}}\right)+P\left(Z<\frac{791.054-815}{25/\sqrt{30}}\right)$$

$$=P(Z>-1.33)+P(Z<-5.25)$$

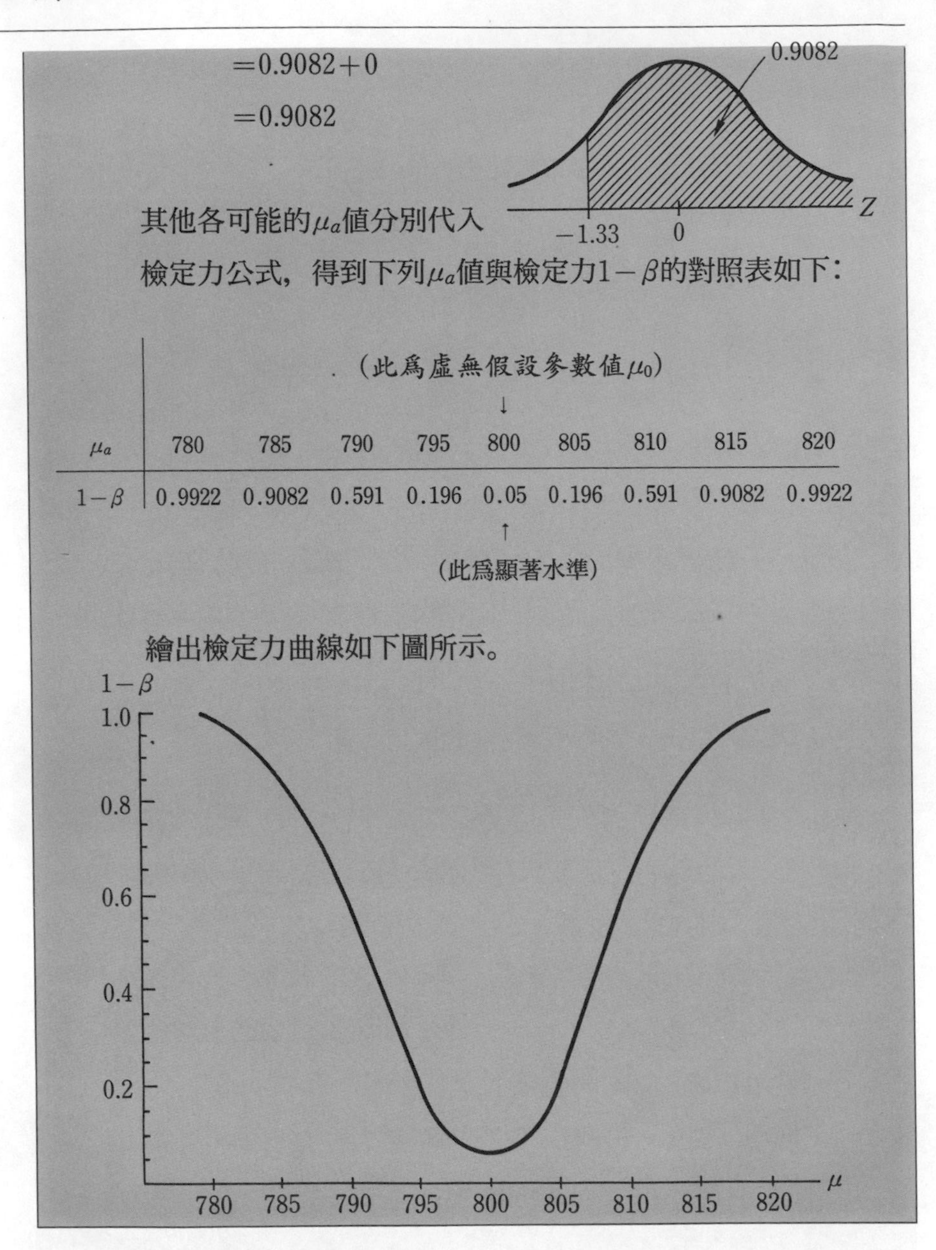

$=0.9082+0$

$=0.9082$

其他各可能的μ_a值分別代入檢定力公式，得到下列μ_a值與檢定力$1-\beta$的對照表如下：

（此爲虛無假設參數值μ_0）↓

μ_a	780	785	790	795	800	805	810	815	820
$1-\beta$	0.9922	0.9082	0.591	0.196	0.05	0.196	0.591	0.9082	0.9922

↑（此爲顯著水準）

繪出檢定力曲線如下圖所示。

2.右尾檢定

(步驟一)：虛無假設H_0:$\mu=\mu_0$

對立假設H_1:$\mu > \mu_0$

（步驟二）：檢定統計量：$Z = \frac{\bar{X} - \mu}{\sigma/\sqrt{n}}$，若$\sigma$未知，則以$S$估計，於是檢定統計量成爲$Z = \frac{\bar{X} - \mu}{S/\sqrt{n}}$

（步驟三）：令顯著水準爲α，拒絕區域爲$R = \{Z \geq Z_\alpha\}$。圖 12-2 的陰影區域爲拒絕區域，臨界值爲Z_α。

圖12-2　右尾檢定的拒絕區域及臨界值

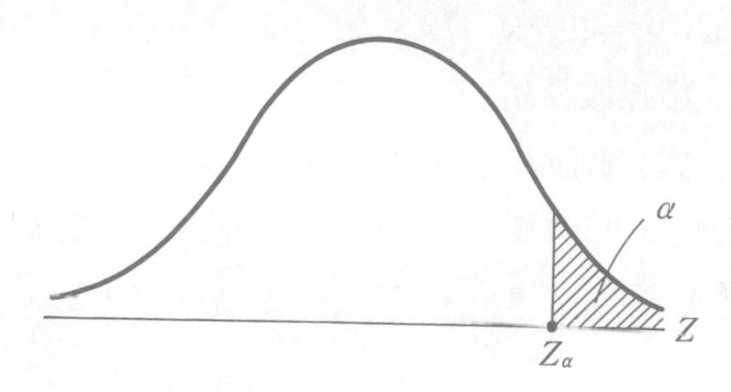

（步驟四）：由虛無假設及樣本得到檢定統計量值$Z_0 = \frac{\bar{X} - \mu_0}{\sigma/\sqrt{n}}$，若$\sigma$未知，則以$S$爲估計之。

（步驟五）：若檢定統計量值Z_0落在拒絕區域R，即$Z_0 \geq Z_\alpha$,則拒絕虛無假設H_o，否則，不拒絕虛無假設。

右尾檢定的拒絕區域也可改爲以$\bar{X}$表示的拒絕區域，即

$$R = \{\bar{X} > \mu + Z_\alpha \frac{\sigma}{\sqrt{n}}\}。$$

若σ未知，則以樣本標準差S估計，於是拒絕區域爲

$$R = \{\bar{X} > \mu + Z_\alpha \frac{S}{\sqrt{n}}\}。$$

例 4 汽車評鑑團體宣稱本月新上市的甲公司 2000 cc.小客車在高速公路的里程數爲每公升 12 公里。今甲公司隨機選取 49 輛該型車輛進行高速公路測試，得到平均里程數爲 13.5 公里／公升，標準差爲 4.0 公里／公升。甲公司欲檢定每公升里程數是否超過汽車評鑑團體所宣稱的 12 公里／公升。令顯著水準爲 5%。

解：

依題意，$n=49$，$\bar{x}=13.5$，$s=4.0$，虛無假設參數值$\mu_0=12$。

所以，虛無假設H_0:$\mu=12$，

對立假設H_1:$\mu>12$。 (右尾檢定)

大樣本下，母體標準差σ未知，以s估計。檢定統計量值爲

$$Z_0=\frac{\bar{x}-\mu_0}{s/\sqrt{n}}$$

或

$$Z_0=\frac{13.5-12}{4/\sqrt{49}}$$

$$=2.625$$

由顯著水準$\alpha=0.05$及對立假設的右尾檢定，所以拒絕區域爲

$$R=\{Z>Z_{0.05}\}$$

或 $$R=\{Z>1.645\}$$

右圖陰影爲拒絕區域。

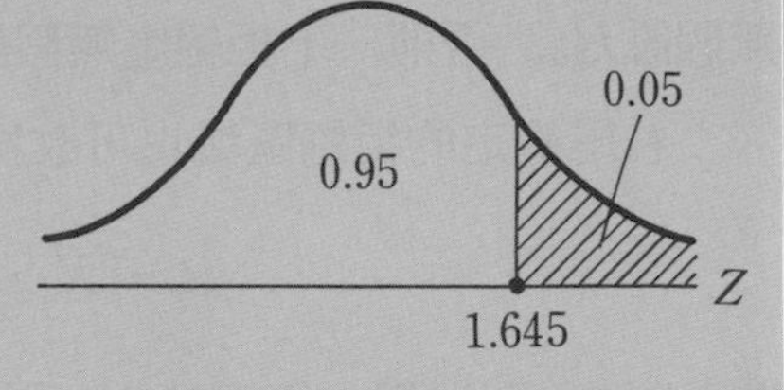

由於檢定統計量值$Z_0=2.625$落在拒絕區域，所以拒絕汽車評鑑團體所宣稱的每公升 12 公里的虛無假設。

例 5　續例 4，試計算對立假設參數的可能值μ_a爲 12.5，13，13.5，14，14.5 時所對應的檢定力$1-\beta$，並繪製檢定力曲線。

解：

令對立假設中參數的各種可能值爲μ_a。根據例 4 資料$s=4$，$n=49$，及$\mu_0=12$，計算$\bar{X}$的拒絕區域，得

$$\bar{X}>\mu_0+Z_\alpha\frac{s}{\sqrt{n}}=12+1.645\times\frac{4}{\sqrt{49}}=12.94$$

因此拒絕區域爲

$$R=\{\bar{X}>12.94\}$$

右上圖陰影爲顯著水準$\alpha=0.05$下的拒絕區域，12.94爲臨界值。

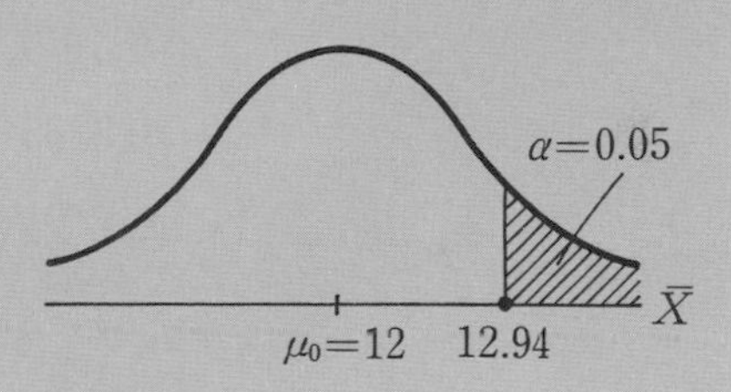

右下圖是對立假設參數值μ_a下的機率分配圖，陰影爲型II誤差的機率(β)。由此圖可以看出：隨著μ_a的增加(向右移)，整條機率圖會右移，因此型II誤差的機率(β)會下降，即檢定力$1-\beta$會增加。關於此結論可由本例題μ_a的可能值 12.5，13.5，14.5 及對應的檢定力$1-\beta$得到驗證。驗證如下：

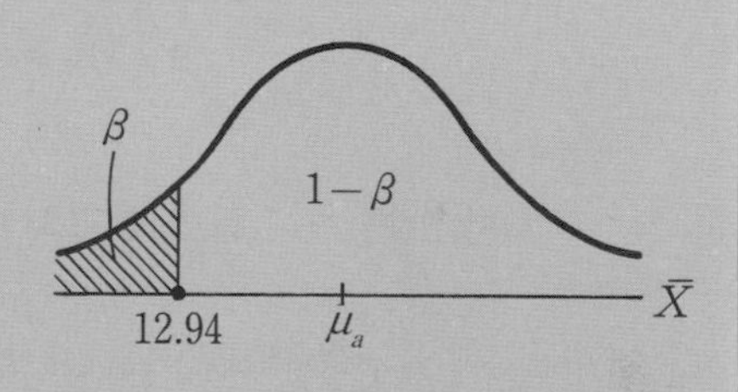

由虛無假設及樣本資料得到的拒絕區域後，再根據檢定力的定義知道：

$$1-\beta=P(\text{拒絕}H_o|H_1\text{爲眞})$$

或　$$1-\beta=P(\bar{X}>12.94|\mu=\mu_a)$$

$$=P\left(\frac{\bar{X}-\mu}{S/\sqrt{n}}>\frac{12.94-\mu_a}{4/\sqrt{49}}\right)$$

$$=P\left(Z>\frac{12.94-\mu_a}{4/\sqrt{49}}\right)$$

將μ_a的各種可能值代入上式可以求出對應的檢定力。

例如，當$\mu_a=13.5$時，對應的檢定力為

$$1-\beta=P\left(Z>\frac{12.94-13.5}{4/\sqrt{49}}\right)$$

$$=P(Z>-0.98)$$

$$=0.5+P(0<Z<0.98)$$

$$=0.5+0.3365$$

$$=0.8365$$

同理，當$\mu_a=14.5$時，對應的檢定力為

$$1-\beta=P\left(Z>\frac{12.94-14.5}{4/\sqrt{49}}\right)$$

$$=P(Z>-2.73)$$

$$=0.9968,$$

由此類推，可得μ_a值與對應檢定力的對照表如下：

(此為虛無假設參數值μ_0)

μ_a	12	12.5	13	13.5	14	14.5
$1-\beta$	0.05	0.2206	0.5418	0.8365	0.9682	0.9968

(此為顯著水準)

繪出檢定力曲線如下圖所示。

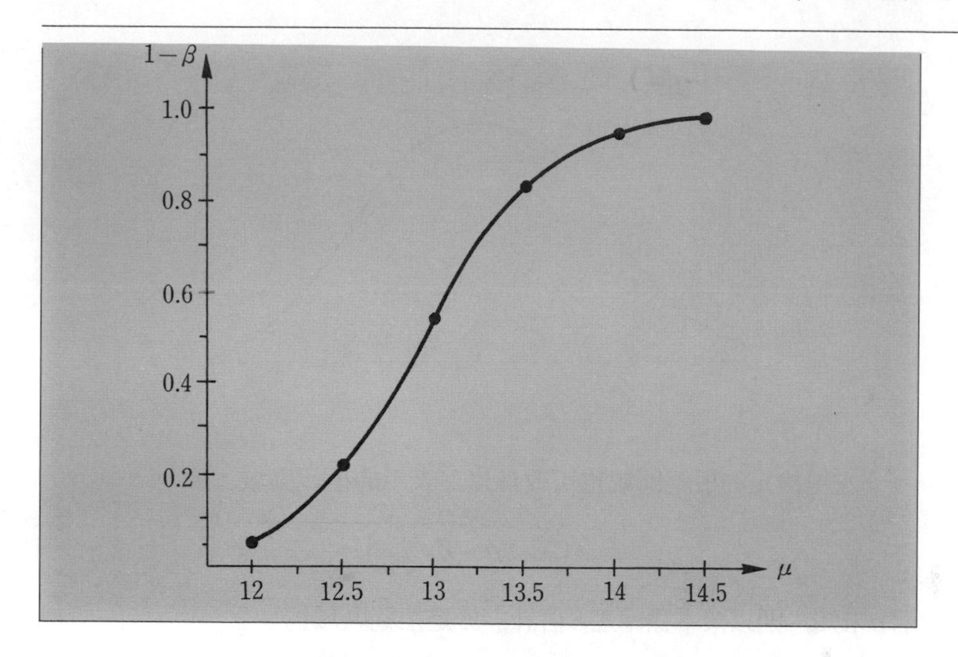

3.左尾檢定

(步驟一)：虛無假設 $H_0: \mu = \mu_0$

對立假設 $H_1: \mu < \mu_0$

(步驟二)：檢定統計量：$Z = \dfrac{\bar{X} - \mu}{\sigma / \sqrt{n}}$，若$\sigma$未知，則以$S$估計，於是檢定統計量成爲$Z = \dfrac{\bar{X} - \mu}{S / \sqrt{n}}$

(步驟三)：令顯著水準爲α，拒絕區域爲$R = \{Z \leq -Z_\alpha\}$。圖 12-3 的陰影區域爲拒絕區域，臨界值爲$-Z_\alpha$。

(步驟四)：由虛無假設及樣本得到檢定統計量值$Z_0 = \dfrac{\bar{X} - \mu_0}{\sigma / \sqrt{n}}$，若$\sigma$未知，則以$S$估計之。

(步驟五)：若檢定統計量值Z_0落在拒絕區域R，即$Z_0 \leq -Z_\alpha$,則拒絕虛無假設H_o，否則，不拒絕虛無假設。

圖12-3 左尾檢定的拒絕區域及臨界值

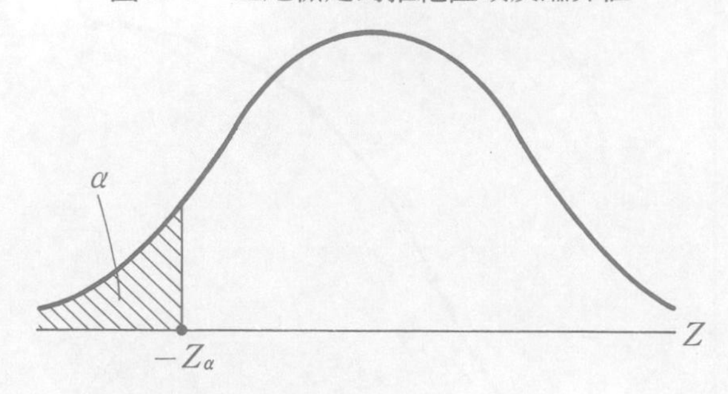

左尾檢定的拒絕區域也可改爲以$\bar{X}$表示的拒絕區域，即

$$R=\{\bar{X}<\mu-Z_\alpha\frac{\sigma}{\sqrt{n}}\}。$$

若σ未知，則以樣本標準差S估計，於是拒絕區域爲

$$R=\{\bar{X}<\mu-Z_\alpha\frac{S}{\sqrt{n}}\}。$$

例 6 某製藥廠宣稱該廠所生產醫治頭痛的藥片藥力能持續至少 4 小時。今隨機抽取 36 位受測病人服用此種藥片，得到藥效的平均持續時間爲 3.6 小時，樣本標準差爲 1 小時。試檢定該藥廠的宣稱。

解：

依題意，$n=36$，$\bar{x}=3.6$，$s=1$，

虛無假設 $H_0:\mu\geq 4$

對立假設 $H_1:\mu<4$ （左尾檢定）

大樣本下，母體標準差未知，以s估計。檢定統計量值爲

$$Z_0=\frac{\bar{x}-\mu_0}{s/\sqrt{n}}$$

或

$$Z_0=\frac{3.6-4}{1/\sqrt{36}}$$
$$=-2.4$$

因爲本題並未告知顯著水準α值。因此，根據Z_0求算觀察的顯著水準(即p值)。根據p值的定義知道，p值爲能觀察到Z_0值或比Z_0值更極端的所有可能值的機率。由於是左尾檢定，所以p值爲

$$p=P(Z<Z_0)$$
$$=P(Z<-2.4)$$
$$=0.0082$$

這表示在虛無假設爲眞下，觀察到目前樣本資料的機率爲0.0082。由於p值相當微小，建議採行拒絕虛無假設的決策。事實上，顯著水準α不論是0.05或0.01，都應拒絕虛無假設。換言之，由樣本資料顯示藥效持續力不到 4 小時。

(二) 一個母體比例 p 的假設檢定

假設隨機變數X服從二項分配$B(n,p)$，令樣本比例統計量爲$\bar{p}=X/n$。當樣本數大時($n\geq30$)由第十章樣本比例$\bar{p}$的抽樣分配可以來檢定母體比例p的假設。依據對立假設的不同，分成雙尾、右尾及左尾三種假設檢定如下：

(1)雙尾檢定

虛無假設 $H_0:p=p_0$

對立假設 $H_1:p\neq p_0$

⑵右尾檢定

虛無假設 $H_0: p = p_0$

對立假設 $H_1: p > p_0$

⑶左尾檢定

虛無假設 $H_0: p = p_0$

對立假設 $H_1: p < p_0$

以上三種情形都使用Z統計量爲檢定統計量，即

$$Z = \frac{\hat{p} - p_0}{\sqrt{p_0(1-p_0)/n}}$$

令顯著水準爲α，因爲Z統計量服從標準常態分配，所以根據對立假設的不同，拒絕區域分別爲：

1.雙尾檢定

$R = \{|Z| > Z_{\alpha/2}\}$或　$R = \{\hat{p} > p_0 + Z_{\alpha/2}\sqrt{p_0(1-p_0)/n}$

或　$\hat{p} < p_0 - Z_{\alpha/2}\sqrt{p_0(1-p_0)/n}\}$

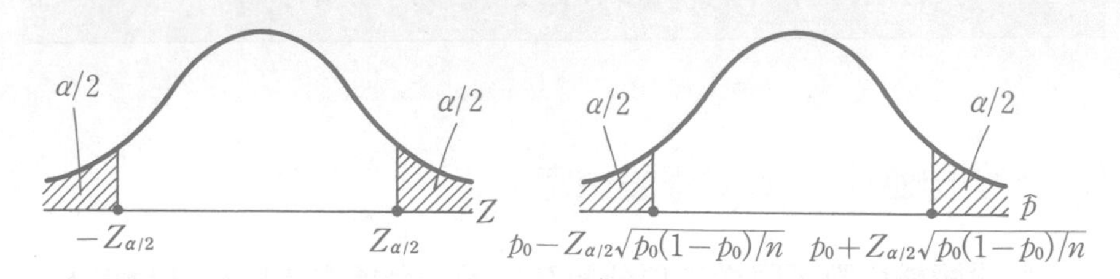

2.右尾檢定

$R = \{Z > Z_{\alpha/2}\}$　或　$R = \{\hat{p} > p_0 + Z_{\alpha}\sqrt{p_0(1-p_0)/n}\}$

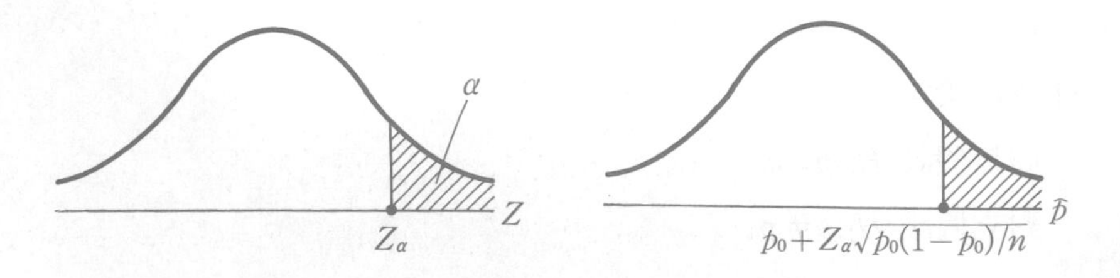

3.左尾檢定

$$R=\{Z<-Z_\alpha\} \quad \text{或} \quad R=\{\hat{p}<p_0-Z_\alpha\sqrt{p_0(1-p_0)/n}\}$$

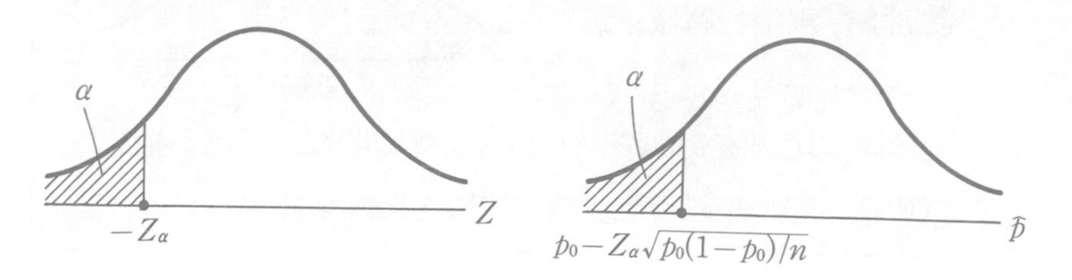

若由樣本比例統計值 $\hat{p}=X/n$ 落在 $\hat{p}$ 的拒絕區域內，或 Z 統計量值

$$Z_0=\frac{\hat{p}-p_0}{\sqrt{p_0(1-p_0)/n}}$$

落在 Z 的拒絕區域內，則拒絕虛無假設。若是落在接受區域，則不拒絕虛無假設。

例 7　超市經理調查 160 位顧客對於新引進果粒果汁的偏好情形，結果發現有 88 位顧客表示有果粒的果汁較受青睞。試檢定該超市是否有六成或以上的顧客偏好果粒果汁。令顯著水準爲 $\alpha=0.05$。

解：

依題意，$n=160$，$x=88$。所以 $\hat{p}=x/n=0.55$。欲對母體比例 p 進行檢定。虛無假設爲 H_0: $p\geq 0.6$，對立假設爲 H_1: $p<0.6$。由虛無假設知道：$p_0=0.6$。由對立假設採左尾檢定，因爲顯著水準爲 $\alpha=0.05$，所以 $Z_\alpha=1.645$。根據左尾檢定下，$\hat{p}$ 的拒絕區域爲

$$R=\{\hat{p}<p_0-Z_\alpha\sqrt{p_0(1-p_0)/n}\}$$

或 $R=\{\hat{p}<0.6-1.645\times$

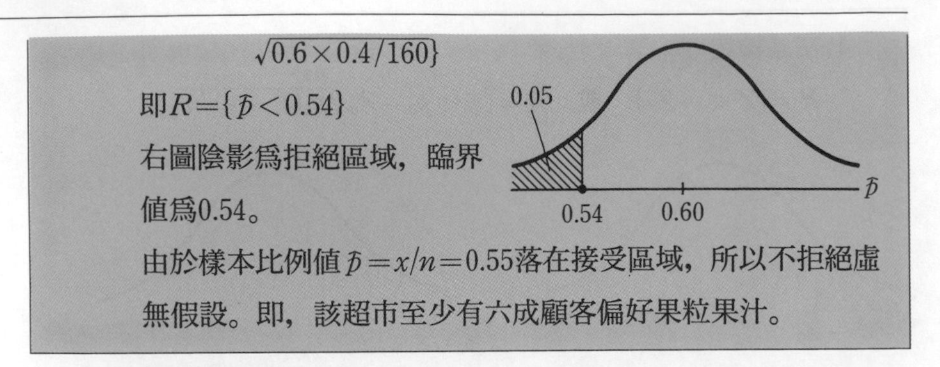

$\sqrt{0.6\times 0.4/160}\}$

即$R=\{\hat{p}<0.54\}$

右圖陰影爲拒絕區域，臨界值爲0.54。

由於樣本比例值$\hat{p}=x/n=0.55$落在接受區域，所以不拒絕虛無假設。即，該超市至少有六成顧客偏好果粒果汁。

(三) 兩個母體平均數差的假設檢定

假設由兩個母體中各自抽取獨立樣本，令第一個母體的平均數爲μ_1，變異數爲σ_1^2；第二個母體的平均數爲μ_2，變異數爲σ_2^2。令$\bar{X}_1$及$\bar{X}_2$分別爲樣本數n_1及n_2的兩個樣本平均數統計量。可根據第十章第五節兩組樣本平均數差的抽樣分配來檢定下列三種情形：

(1)雙尾檢定

虛無假設爲 $H_0:\mu_1-\mu_2=\delta_0$

對立假設爲 $H_1:\mu_1-\mu_2\neq\delta_0$

(2)右尾檢定

虛無假設爲 $H_0:\mu_1-\mu_2=\delta_0$

對立假設爲 $H_1:\mu_1-\mu_2>\delta_0$

(3)左尾檢定

虛無假設爲 $H_0:\mu_1-\mu_2=\delta_0$

對立假設爲 $H_1:\mu_1-\mu_2<\delta_0$

以上三種檢定都是使用Z統計量，其檢定統計量公式爲

$$Z=\frac{(\bar{X}_1-\bar{X}_2)-\delta_0}{\sqrt{\frac{\sigma_1^2}{n_1}+\frac{\sigma_2^2}{n_2}}}$$

若母體變異數未知，可以樣本變異數S_1^2及S_2^2估計σ_1^2及σ_2^2，所以檢定統計量為

$$Z=\frac{(\bar{X}_1-\bar{X}_2)-\delta_0}{\sqrt{\frac{S_1^2}{n_1}+\frac{S_2^2}{n_2}}}$$

在顯著水準為α下，由檢定統計量所服從的標準常態分配及對立假設是雙尾檢定，右尾檢定及左尾檢定等三種情形，可以得到下列拒絕區域。

1.雙尾檢定

$$R=\{|Z|>Z_{\alpha/2}\}\text{或}\quad R=\left\{\bar{X}_1-\bar{X}_2>\delta_0+Z_{\alpha/2}\sqrt{\frac{\sigma_1^2}{n_1}+\frac{\sigma_2^2}{n_2}}\right.$$

$$\text{或}\quad \left.\bar{X}_1-\bar{X}_2<\delta_0-Z_{\alpha/2}\sqrt{\frac{\sigma_1^2}{n_1}+\frac{\sigma_2^2}{n_2}}\right\}$$

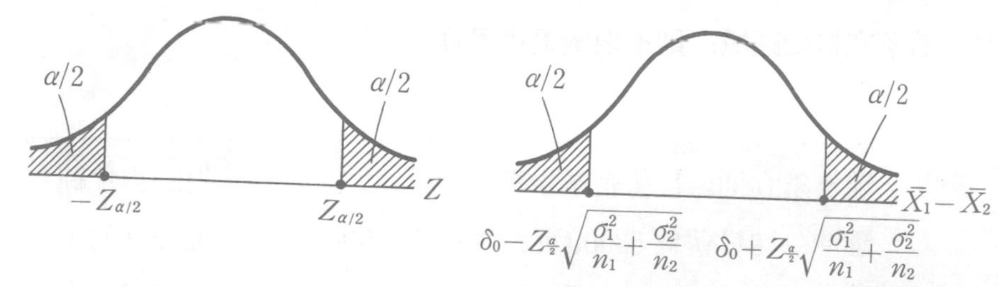

2.右尾檢定

$$R=\{Z>Z_\alpha\}\quad\text{或}\quad R=\left\{\bar{X}_1-\bar{X}_2>\delta_0+Z_\alpha\sqrt{\frac{\sigma_1^2}{n_1}+\frac{\sigma_2^2}{n_2}}\right\}$$

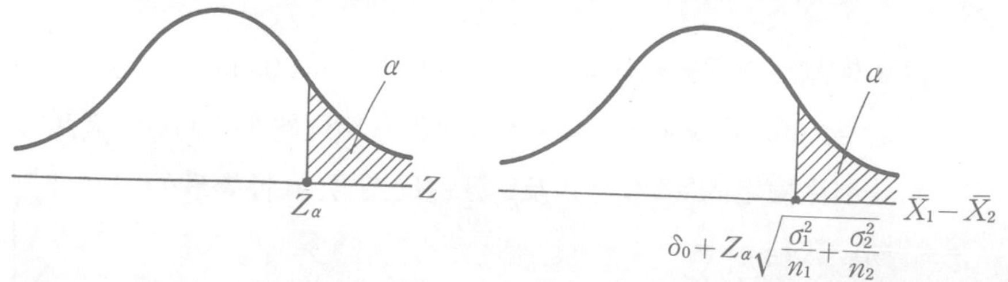

3.左尾檢定

$$R=\{Z<-Z_\alpha\} \quad 或 \quad R=\left\{\bar{X}_1-\bar{X}_2<\delta_0-Z_\alpha\sqrt{\frac{\sigma_1^2}{n_1}+\frac{\sigma_2^2}{n_2}}\right\}$$

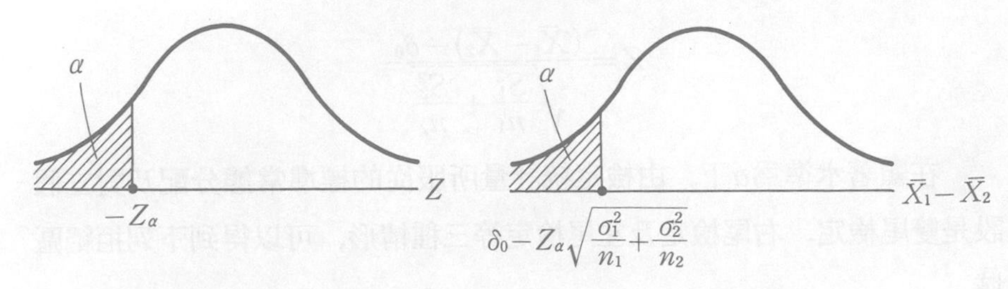

以上三種情形，若σ_1^2、σ_2^2未知時，則用S_1^2與S_2^2代替。

將樣本平均數$\bar{X}_1$及$\bar{X}_2$代入檢定統計量，得到檢定統計量值

$$Z_0=\frac{(\bar{X}_1-\bar{X}_2)-\delta_0}{\sqrt{\frac{\sigma_1^2}{n_1}+\frac{\sigma_2^2}{n_2}}}$$

若Z_0落在Z的拒絕區域內或$\bar{X}_1-\bar{X}_2$落在拒絕區域，則拒絕虛無假設。若落在接受區域，則不拒絕虛無假設。

例 8 隨機獨立抽取民營企業中級主管男、女各 40 人，得到男性經理的平均月薪爲 63000 元，標準差爲 5000 元，女性經理的平均月薪爲 60000 元，標準差爲 4000 元。是否由樣本資料可充分證實男、女性經理有相同的平均月薪。假設顯著水準爲 0.05。

解：

依題意，令$n_1=n_2=40$，$\bar{x}_1=63000$，$\bar{x}_2=60000$，$s_1=5000$，$s_2=4000$。要檢定男、女性經理是否有相同的平均月薪，因此是雙尾檢定的問題。令μ_1及μ_2分別代表男、女性經理的平均月薪。於是

虛無假設爲 $H_0:\mu_1-\mu_2=0$，

對立假設為 $H_1: \mu_1 - \mu_2 \neq 0$。

由於母體變異數σ_1^2及σ_2^2未知，以S_1^2及S_2^2估計。於是檢定統計量值為

$$Z_0 = \frac{(\bar{x}_1 - \bar{x}_2) - \delta_0}{\sqrt{\frac{s_1^2}{n_1} + \frac{s_2^2}{n_2}}}$$

或

$$Z_0 = \frac{(63000 - 60000) - 0}{\sqrt{\frac{5000^2}{40} + \frac{4000^2}{40}}}$$

$$= 2.96$$

由顯著水準$\alpha = 0.05$，在雙尾檢定下，得到拒絕區域為

$$R = \{|Z| > Z_{\alpha/2}\}$$

即　$R = \{|Z| > 1.96\}$

右圖陰影為拒絕區域。

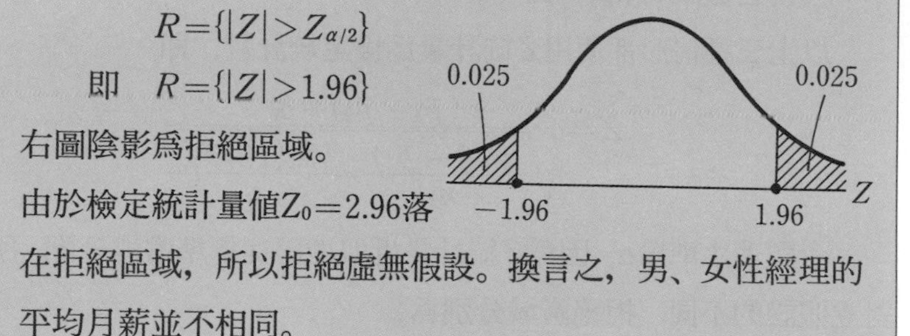

由於檢定統計量值$Z_0 = 2.96$落在拒絕區域，所以拒絕虛無假設。換言之，男、女性經理的平均月薪並不相同。

(四) 兩個母體比例差的假設檢定

在二項試驗中，當兩個母體的樣本數n_1及n_2都是大樣本且兩組樣本相互獨立時，可以根據第十章兩組樣本比例的抽樣分配來進行母體比例差的假設檢定。令隨機變數X_1及X_2分別服從二項分配$B(n_1, p_1)$及$B(n_2, p_2)$，則兩組樣本的樣本比例統計量分別為$\hat{p}_1 = X_1/n_1$及$\hat{p}_2 = X_2/n_2$。

首先討論兩個母體的母體比例差等於特定值$\delta_0(\neq 0)$的情形，按對立假設的不同，分雙尾、右尾、左尾三種假設檢定如下：

(1)雙尾檢定

虛無假設 $H_0: p_1 - p_2 = \delta_0$

對立假設 $H_1: p_1 - p_2 \neq \delta_0$

(2)右尾檢定

虛無假設 $H_0: p_1 - p_2 = \delta_0$

對立假設 $H_1: p_1 - p_2 > \delta_0$

(3)左尾檢定

虛無假設 $H_0: p_1 - p_2 = \delta_0$

對立假設 $H_1: p_1 - p_2 < \delta_0$

以上三種情形都使用Z統計量爲檢定統計量，即

$$Z = \frac{(\hat{p}_1 - \hat{p}_2) - \delta_0}{\sqrt{\dfrac{\hat{p}_1(1-\hat{p}_1)}{n_1} + \dfrac{\hat{p}_2(1-\hat{p}_2)}{n_2}}}$$

令顯著水準爲α，因爲Z統計量近似地服從標準常態分配，所以根據對立假設的不同，拒絕區域分別爲：

1.雙尾檢定

$R = \{|Z| > Z_{\alpha/2}\}$

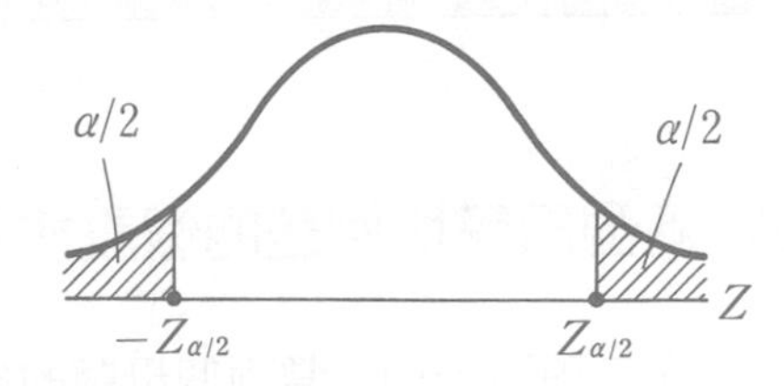

2.右尾檢定

$R = \{Z > Z_\alpha\}$

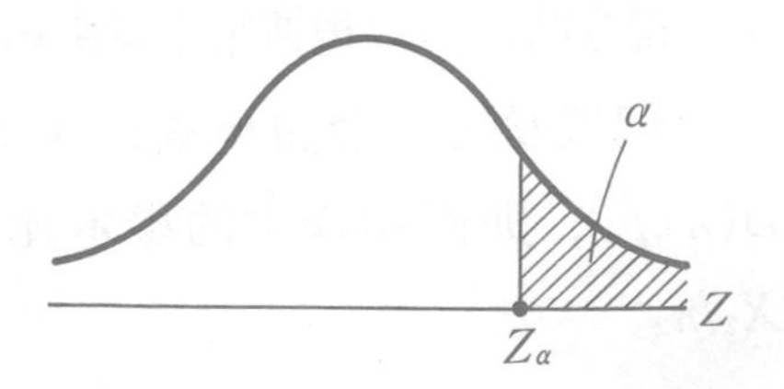

3.左尾檢定

$R=\{Z<-Z_\alpha\}$

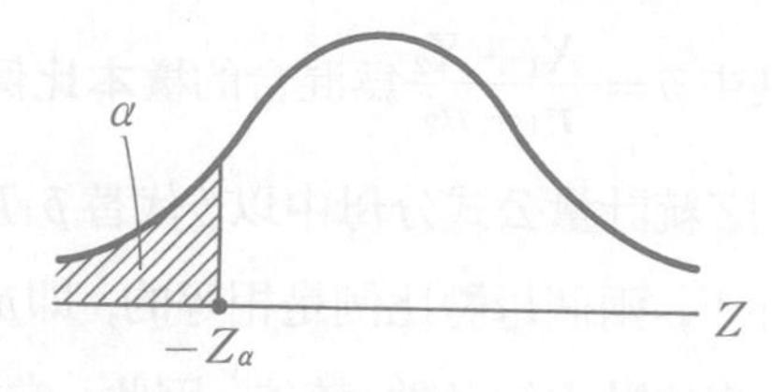

若將樣本比例 $\hat{p}_1=X_1/n_1$ 及 $\hat{p}_2=X_2/n_2$ 代入檢定統計量 Z 計算得到的統計量值為

$$Z_0=\frac{(\hat{p}_1-\hat{p}_2)-\delta_0}{\sqrt{\frac{\hat{p}_1(1-\hat{p}_1)}{n_1}+\frac{\hat{p}_2(1-\hat{p}_2)}{n_2}}}$$

落在 Z 的拒絕區域 R 內，則拒絕虛無假設。若 Z_0 落在接受區域，則不拒絕虛無假設。

其次討論兩個母體的母體比例差等於特定值 $\delta_0=0$ 的情形，按對立假設的不同，分雙尾、右尾、左尾三種假設檢定如下：

(1)雙尾檢定

虛無假設 $H_0:p_1-p_2=0$

對立假設 $H_1:p_1-p_2\neq 0$

(2)右尾檢定

虛無假設 $H_0:p_1-p_2=0$

對立假設 $H_1:p_1-p_2>0$

(3)左尾檢定

虛無假設 $H_0:p_1-p_2=0$

對立假設 $H_1:p_1-p_2<0$

以上三種情形使用下列 Z 統計量，

$$Z=\frac{(\hat{p}_1-\hat{p}_2)-0}{\sqrt{\frac{\hat{p}(1-\hat{p})}{n_1}+\frac{\hat{p}(1-\hat{p})}{n_2}}}$$

其中$\bar{p}=\dfrac{X_1+X_2}{n_1+n_2}$爲混合的**樣本比例**(Pooled Sample Proportion)。上列Z統計量公式分母中以$\bar{p}$代替$\bar{p}_1$及$\bar{p}_2$的理由爲：在虛無假設爲眞的條件下，兩個母體比例是相等的，即$p_1=p_2$(令其爲p)則以混合的樣本比例$\bar{p}$來估計未知參數p較佳。因此，當檢定的虛無假設爲 $H_0:p_1-p_2=0$時，可以$\dfrac{\bar{p}(1-\bar{p})}{n_1}$及$\dfrac{\bar{p}(1-\bar{p})}{n_2}$來估計$\bar{p}_1$及$\bar{p}_2$抽樣分配的變異數。

令顯著水準爲α，因爲Z統計量近似地服從標準常態分配，所以根據對立假設的不同，拒絕區域分別爲

1. 雙尾檢定

$$R=\{|Z|>Z_{\alpha/2}\}$$

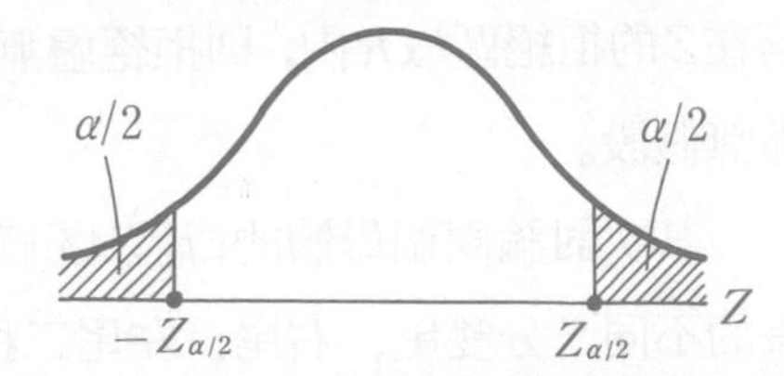

2. 右尾檢定

$$R=\{Z>Z_\alpha\}$$

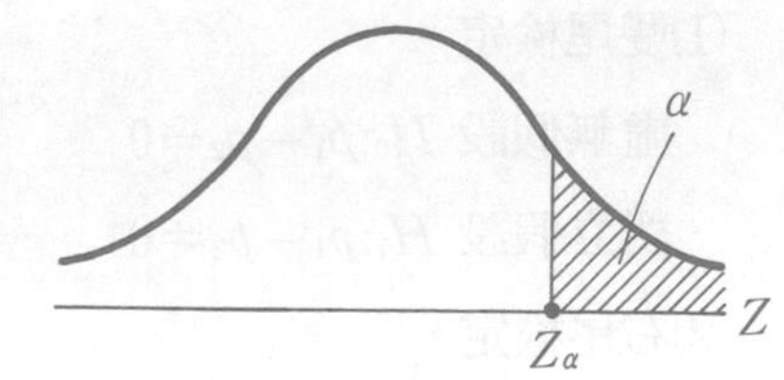

3. 左尾檢定

$$R=\{Z<Z_\alpha\}$$

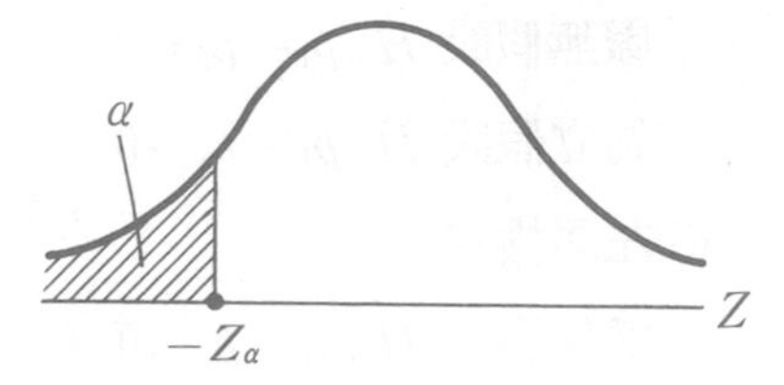

若將樣本比例$\bar{p}_1=X_1/n_1$、$\bar{p}_2=X_2/n_2$及混合樣本比例$\bar{p}=\dfrac{X_1+X_2}{n_1+n_2}$代入檢定統計量$Z$，可得統計量值

$$Z_0=\frac{(\bar{p}_1-\bar{p}_2)-0}{\sqrt{\dfrac{\bar{p}(1-\bar{p})}{n_1}+\dfrac{\bar{p}(1-\bar{p})}{n_2}}}$$

若Z_0落在Z的拒絕區域R內，則拒絕虛無假設。若Z_0落在接受區域，則不拒絕虛無假設。

例 9　信用卡發卡公司發現本月份在 1200 件付款單中有 54 件延遲付款，似乎較上個月份 1500 件付款單中有 57 件延遲付款的情形，在延遲付款比例上有增加的跡象。試以 5%顯著水準檢定所有潛在客戶付款延遲的比例是否有增加。

解：

依題意，$x_1=54$，$n_1=1200$，$x_2=57$，$n_2=1500$。令p_1及p_2分別代表所有潛在客戶在本月或上個月的延遲付款比例。於是

虛無假設為 $H_0:p_1-p_2=0$

對立假設為 $H_1:p_1-p_2>0$

由樣本資料可得樣本比例分別為 $\bar{p}_1=x_1/n_1=0.045$，$\bar{p}_2=0.038$。

由於虛無假設檢定$p_1-p_2=0$或$p_1=p_2$，所以計算混合樣本比例

$$\bar{p}=\frac{x_1+x_2}{n_1+n_2}=\frac{54+57}{1200+1500}=0.0411$$

於是檢定統計量值為

$$Z_0=\frac{(\bar{p}_1-\bar{p}_2)-0}{\sqrt{\frac{\bar{p}(1-\bar{p})}{n_1}+\frac{\bar{p}(1-\bar{p})}{n_2}}}$$

或 $$Z_0=\frac{(0.045-0.038)-0}{\sqrt{\frac{0.0411\times(1-0.0411)}{1200}+\frac{0.0411\times(1-0.0411)}{1500}}}$$

$$=0.9104$$

由顯著水準$\alpha=0.05$及對立假設的右尾檢定，知道拒絕區域爲

$R=\{Z>Z_\alpha\}$

或

$$R=\{Z>1.645\}$$

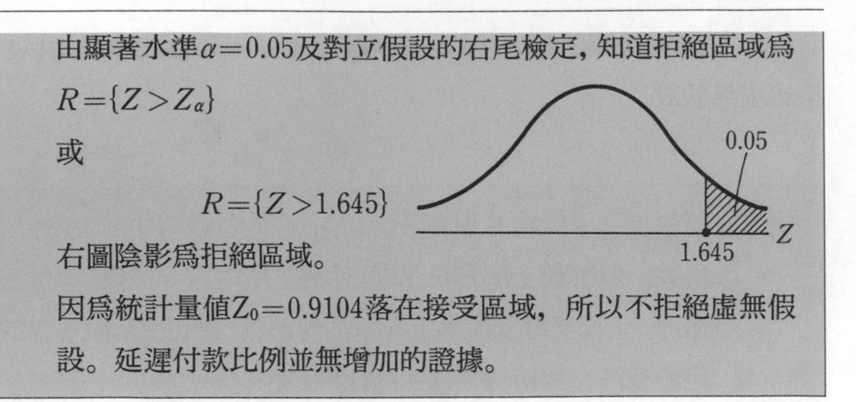

右圖陰影爲拒絕區域。

因爲統計量值$Z_0=0.9104$落在接受區域，所以不拒絕虛無假設。延遲付款比例並無增加的證據。

第三節　小樣本假設檢定

假設樣本資料皆來自於常態分配。在樣本數$n<30$時，如何檢定下列三種情形是本節討論的主題。

(1)一個母體平均數的假設檢定，

(2)兩個母體平均數差的假設檢定，

(3)成對資料差的假設檢定。

分述如下：

(一) 一個常態母體平均數的假設檢定

令$\bar{X}$爲樣本平均數，S^2爲樣本變異數，n爲樣本數，σ^2爲母體變異數。根據對立假設的不同，分成雙尾、右尾，及左尾三種檢定情形討論如下：

(1)雙尾檢定

虛無假設 $H_0:\mu=\mu_0$

對立假設 $H_1:\mu\neq\mu_0$

(2)右尾檢定

虛無假設 $H_0:\mu=\mu_0$

對立假設 $H_1:\mu>\mu_0$

⑶左尾檢定

虛無假設 $H_0:\mu=\mu_0$

對立假設 $H_1:\mu<\mu_0$

以上三種情形的檢定統計量可依母體變異數σ^2已知與否分爲兩種檢定統計量

⑴當母體變異數σ^2已知，使用Z統計量

$$Z=\frac{\bar{X}-\mu_0}{\sigma/\sqrt{n}},$$

⑵當母體變異數σ^2未知，使用自由度爲$(n-1)$的t統計量

$$t=\frac{\bar{X}-\mu_0}{S/\sqrt{n}}$$

在顯著水準α下，根據對立假設及檢定統計量可以得到下列拒絕區域：

	若σ^2已知，使用Z統計量	若σ^2未知，使用t統計量
⑴雙尾檢定	$R=\{\lvert Z\rvert>Z_{\alpha/2}\}$	$R=\{\lvert t\rvert>t_{\alpha/2}(n-1)\}$
⑵右尾檢定	$R=\{Z>Z_\alpha\}$	$R=\{t>t_\alpha(n-1)\}$
⑶左尾檢定	$R=\{Z<-Z_\alpha\}$	$R=\{t<-t_\alpha(n-1)\}$

當σ^2已知時，使用Z統計量。如果由樣本計算得到的統計量值

$$Z_0=\frac{\bar{X}-\mu_0}{\sigma/\sqrt{n}}$$

落在Z的拒絕區域內，則拒絕虛無假設。如果Z_0落在接受區域內，則不拒絕虛無假設。

同理，當σ^2未知時，使用t統計量。如果由樣本計算得到的統計量值

$$t_0=\frac{\bar{X}-\mu_0}{S/\sqrt{n}}$$

落在t的拒絕區域內，則拒絕虛無假設。如果t_0落在接受區域內，則不拒絕虛無假設。

例 10 某煉鋼廠宣稱其生產的 5 號鋼筋能承受的最大負載爲每平方吋 2650 磅。今隨機抽取 6 條 5 號鋼筋接受承載測試得到下列數據：

2680，　2780，　2450，　2500，　2620，　2480

試檢定在顯著水準爲 5%下，該煉鋼廠的宣稱是否言過其實。假設鋼筋最大承載服從常態分配。

解：

依題意，$n=6$。這是小樣本的平均數假設檢定問題。分別計算樣本平均數及樣本標準差得

$$\bar{x}=\frac{2680+2780+2450+2500+2620+2480}{6}$$

$$=2585,$$

$$s^2=\frac{\Sigma(x_i-\bar{x})^2}{n-1}$$

$$=\frac{(2680-2585)^2+(2780-2585)^2+\cdots+(2620-2585)^2+(2480-2585)^2}{5}$$

$$=16950,$$

或　$s=130.19$。

欲檢定煉鋼廠的宣稱是否言過其實，所以虛無假設爲

$$H_0:\mu=2650$$

對立假設爲

$$H_1:\mu<2650$$

由於母體服從常態分配，在小樣本下，σ^2未知，所以使用t統計量，代入樣本資料計算得到t統計量值爲

$$t_0=\frac{\bar{x}-\mu_0}{s/\sqrt{n}}$$

或

$$t_0=\frac{2585-2650}{130.19/\sqrt{6}}$$

$$=-1.22$$

在顯著水準$\alpha=0.05$下，拒絕區域爲

$$R=\{t<-t_\alpha(n-1)\}$$

即　$R=\{t<-t_{0.05}(5)\}$

或　$R=\{t<-2.015\}$

由於統計量值$t_0=-1.22$並未落在拒絕區域，所以不拒絕虛無假設。即，以目前的樣本資料並未有明顯證據可以推翻該煉鋼廠對 5 號鋼筋的最大承載宣稱。

(二) 兩個母體平均數差的假設檢定

令兩個常態母體的平均數及變異數分別爲μ_1，σ_1^2及μ_2，σ_2^2。兩組獨立樣本的樣本平均數，樣本標準差，及樣本數分別爲$\bar{X}_1$，S_1，n_1及$\bar{X}_2$，S_2，n_2。

根據對立假設的不同，分成雙尾、右尾、及左尾三種檢定情形討論如下：

(1)雙尾檢定

虛無假設 $H_0:\mu_1-\mu_2=\delta_0$

對立假設 $H_1: \mu_1 - \mu_2 \neq \delta_0$

(2)右尾檢定

虛無假設 $H_0: \mu_1 - \mu_2 = \delta_0$

對立假設 $H_1: \mu_1 - \mu_2 > \delta_0$

(3)左尾檢定

虛無假設 $H_0: \mu_1 - \mu_2 = \delta_0$

對立假設 $H_1: \mu_1 - \mu_2 < \delta_0$

以上三種情形的檢定統計量可依兩個母體變異數σ_1^2及σ_2^2已知、未知但相等、未知且不相等三種狀況分述如後:

(1)兩個母體變異數σ_1^2及σ_2^2已知。使用Z統計量

$$Z = \frac{(\bar{X}_1 - \bar{X}_2) - \delta_0}{\sqrt{\frac{\sigma_1^2}{n_1} + \frac{\sigma_2^2}{n_2}}}$$

(2)兩個母體變異數σ_1^2及σ_2^2未知, 但$\sigma_1^2 = \sigma_2^2$。使用自由度爲$v = n_1 + n_2 - 2$的t統計量

$$t = \frac{(\bar{X}_1 - \bar{X}_2) - \delta_0}{S_p\sqrt{\frac{1}{n_1} + \frac{1}{n_2}}}$$

其中$S_p = \frac{(n_1 - 1)S_1^2 + (n_2 - 1)S_2^2}{n_1 + n_2 - 2}$爲**混合的樣本變異數(Pooled Sample Variance)**。

(3)兩個母體變異數σ_1^2及σ_2^2未知, 但$\sigma_1^2 \neq \sigma_2^2$。使用自由度爲

$$v = \frac{\left(\frac{S_1^2}{n_1} + \frac{S_2^2}{n_2}\right)^2}{\frac{\left(\frac{S_1^2}{n_1}\right)^2}{n_1 - 1} + \frac{\left(\frac{S_2^2}{n_2}\right)^2}{n_2 - 1}}$$

的t統計量

$$t=\frac{(\bar{X}_1-\bar{X}_2)-\delta_0}{\sqrt{\frac{S_1^2}{n_1}+\frac{S_2^2}{n_2}}}$$

若自由度v不是整數，可以將v捨去小數部分或進位至最接近的整數。

在顯著水準α下，根據對立假設及檢定統計量可以得到下列拒絕區域：

	若σ_1^2及σ_2^2已知，使用Z統計量	若σ_1^2及σ_2^2未知，$\sigma_1^2=\sigma_2^2$ 使用t統計量	若σ_1^2及σ_2^2未知，$\sigma_1^2\neq\sigma_2^2$ 使用t統計量
(1)雙尾檢定	$R=\{\lvert Z\rvert>Z_{\alpha/2}\}$	$R=\{\lvert t\rvert>t_{\alpha/2}(n_1+n_2-2)\}$	$R=\{\lvert t\rvert>t_{\alpha/2}(v)\}$
(2)右尾檢定	$R=\{Z>Z_\alpha\}$	$R=\{t>t_\alpha(n_1+n_2-2)\}$	$R=\{t>t_\alpha(v)\}$
(3)左尾檢定	$R=\{Z<-Z_\alpha\}$	$R=\{t<-t_\alpha(n_1+n_2-2)\}$	$R=\{t<-t_\alpha(v)\}$

如果由樣本計算得到的統計量值落在拒絕區域內，則拒絕虛無假設。如果統計量值落在接受區域，則不拒絕虛無假設。

例 11　某商業銀行爲提升服務品質，對所屬行員進行爲期五天的行員訓練課程。爲瞭解訓練前後之差異，在訓練課程施行前後，分別隨機訪問 10 位客戶請其評分，在訓練前後的平均分數及標準差分別爲：

訓練前	訓練後
$\bar{x}_1=68$ $s_1=8$	$\bar{x}_2=80$ $s_2=5$

試在顯著水準爲 5%下，檢定訓練課程是否在提升服務品質

上有顯著效果。假設客戶對行員的評分都是服從常態分配的，而且假設σ_1^2及σ_2^2未知，但$\sigma_1^2=\sigma_2^2$。

解：

依題意，$n_1=n_2=10$，$\bar{x}_1=68$，$s_1=8$，$\bar{x}_2=80$，$s_2=5$。欲檢定訓練課程是否對提升服務品質有顯著效果。所以虛無假設爲

$$H_0:\mu_1-\mu_2=0$$

對立假設爲

$$H_1:\mu_1-\mu_2<0$$

由於假設兩個母體都是常態分配，且$\sigma_1^2=\sigma_2^2$但未知，在小樣本$(n_1=n_2=10)$下，使用自由度爲$v=n_1+n_2-2=18$的t統計量，即

$$t=\frac{(\bar{X}_1-\bar{X}_2)-\delta_0}{S_p\sqrt{\frac{1}{n_1}+\frac{1}{n_2}}}$$

由樣本資料計算混合樣本變異數，得

$$s_p^2=\frac{(n_1-1)s_1^2+(n_2-1)s_2^2}{n_1+n_2-2}$$

$$=\frac{(10-1)8^2+(10-1)5^2}{10+10-2}$$

$$=44.5$$

所以$s_p=\sqrt{44.5}=6.671$。

於是t統計量值爲

$$t_0=\frac{(\bar{x}_1-\bar{x}_2)-\delta_0}{s_p\sqrt{\frac{1}{n_1}+\frac{1}{n_2}}}$$

$$=\frac{(68-80)-0}{6.671\times\sqrt{\frac{1}{10}+\frac{1}{10}}}$$

$$=-4.022$$

在顯著水準$\alpha=0.05$下，拒絕區域爲

$$R=\{t<-t_{\alpha}(n_1+n_2-2)\}$$

即 $R=\{t<-t_{0.05}(18)\}$

或 $R=\{t<-1.734\}$

由於統計量值$t_0=-4.022$落在拒絕區域，所以拒絕虛無假設。

即，訓練課程對提升服務品質有顯著效果。

(三) 成對資料差的假設檢定

令(x_{1i},x_{2i})爲樣本中的第i對資料，假設樣本數有n對，即$i=1$，2，…，n。定義**成對差(Paired Difference)** d_i爲

$$d_i=x_{1i}-x_{2i}$$

其中$i=1$，2，…，n。則由d_i可以計算出樣本平均數$\bar{d}=\sum_{i=1}^{n}d_i/n$及樣本變異數

$$s_d^2=\sum_{i=1}^{n}(d_i-\bar{d})^2/(n-1)$$

根據第十一章第三節關於成對資料差的討論可以知道：若$D_i=X_{1i}-X_{2i}$爲成對差的隨機變數，假設其服從常態分配$N(\mu_D,\sigma_D^2)$，其中$\mu_D=\mu_1-\mu_2$爲成對差D_i的母體平均數，則定義樣本平均數統計量$\bar{D}=\sum_{i=1}^{n}D_i/n$服從常態分配$N(\mu_D,\frac{\sigma_D^2}{n})$。在$\sigma_D^2$未知下，以樣本變異數$S_d^2$來估計，因此可以使用$t$統計量來進行統計推論，即統計量

$$t=\frac{\overline{D}-\delta_0}{S_d/\sqrt{n}}$$

根據對立假設的不同，分成雙尾、右尾、及左尾三種檢定情形討論如下：

(1)雙尾檢定

虛無假設 $H_0:\mu_D=\delta_0$

對立假設 $H_1:\mu_D\neq\delta_0$

(2)右尾檢定

虛無假設 $H_0:\mu_D=\delta_0$

對立假設 $H_1:\mu_D>\delta_0$

(3)左尾檢定

虛無假設 $H_0:\mu_D=\delta_0$

對立假設 $H_1:\mu_D<\delta_0$

以上三種情形都使用t統計量爲檢定統計量。

令顯著水準爲α，根據對立假設的不同，拒絕區域分別爲：

1.雙尾檢定

$$R=\{|t|>t_{\alpha/2}(n_1-1)\}$$

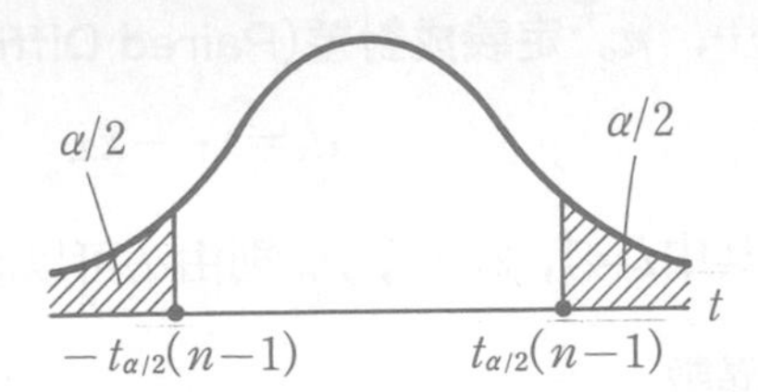

2.右尾檢定

$$R=\{t>t_\alpha(n-1)\}$$

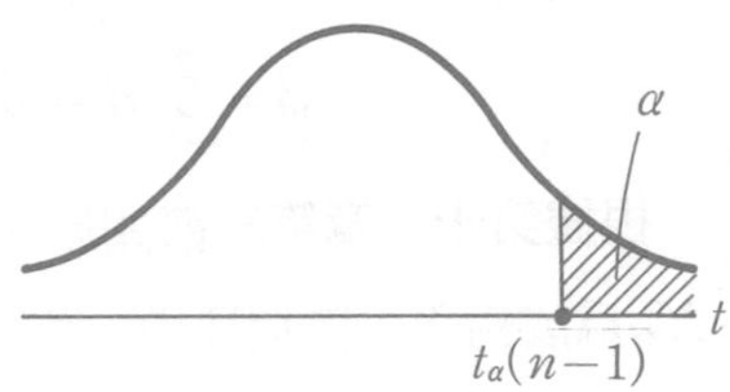

3.左尾檢定

$$R=\{t<-t_\alpha(n-1)\}$$

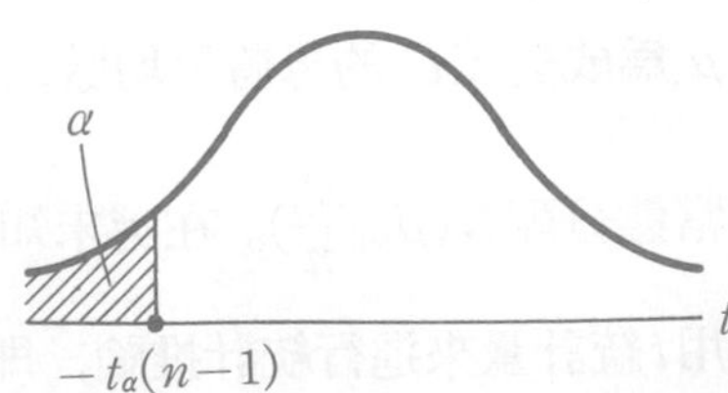

如果由樣本計算得到的統計量值

$$t_0=\frac{\bar{D}-\delta_0}{S_d/\sqrt{n}}$$

落在拒絕區域內，則拒絕虛無假設。如果t_0落在接受區域內，則不拒絕虛無假設。

例 12　工廠爲評估日、夜班員工工作的績效差異。隨機抽取 6 名員工分別在日班及夜班時的工作成品件數如下：

	員工成品件數					
日班	28	32	29	26	33	31
夜班	30	27	28	28	30	33

試在 5%顯著水準下，檢定日班與夜班員工工作績效的差異是否存在。假設日、夜班工作成品件數差服從常態分配。

解：

依題意，$n=6$且爲成對資料。令d_i爲成對資料差，所以$d_1=-2$，$d_2=5$，$d_3=1$，$d_4=-2$，$d_5=3$，$d_6=-2$。成對差的樣本平均數爲$\bar{d}=0.5$，樣本變異數爲

$$s_d^2=\frac{\Sigma(d_i-\bar{d})^2}{n-1}$$

$$=9.1$$

欲檢定日、夜班員工工作績效的差異是否存在，所以虛無假設爲　$H_0:\mu_d=0$（或$\mu_1-\mu_2=0$），

對立假設爲

$H_1:\mu_d\neq 0$

由於是成對資料,且服從常態分配,所以使用自由度爲$(n-1)=5$的t統計量,即

$$t=\frac{\bar{D}-\delta_0}{S_d/\sqrt{n}}$$

於是t統計量值爲

$$t_0=\frac{\bar{d}-\delta_0}{s_d/\sqrt{n}}$$

$$=\frac{0.5-0}{\sqrt{9.1}/\sqrt{6}}$$

$$=0.406$$

在顯著水準$\alpha=0.05$下,拒絕區域爲

$$R=\{|t|>t_{\alpha/2}(n_1-1)\}$$

即 $R=\{|t|>t_{0.025}(5)\}$

或 $R=\{|t|>2.571\}$

由於統計量值$t_0=0.406$,並未落在拒絕區域,所以不拒絕虛無假設。即日夜班員工工作績效並無差異存在。

第四節 一個常態母體變異數的假設檢定

假設母體爲常態分配,以σ^2爲變異數,定義$S^2=\sum_{i=1}^{n}(X_i-\bar{X})^2/(n-1)$爲樣本變異數統計量,則使用卡方統計量可以對母體變異數進行假設檢定。

根據對立假設的不同,分成雙尾、右尾、左尾三種檢定如下:

(1)雙尾檢定

虛無假設 $H_0:\sigma^2=\sigma_0^2$

對立假設 $H_1:\sigma^2\neq\sigma_0^2$

⑵右尾檢定

虛無假設 H_0:$\sigma^2=\sigma_0^2$

對立假設 H_1:$\sigma^2>\sigma_0^2$

⑶左尾檢定

虛無假設 H_0:$\sigma^2=\sigma_0^2$

對立假設 H_1:$\sigma^2<\sigma_0^2$

以上三種情形都可以使用卡方統計量

$$\chi^2=\frac{(n-1)S^2}{\sigma^2}$$

進行檢定。該統計量服從自由度爲$(n-1)$的卡方分配，因此在顯著水準α下，根據對立假設的不同，拒絕區域分別爲：

1.雙尾檢定

$R=\{\chi^2\leq\chi^2_{1-\alpha/2}(n-1)$ 或

$\chi^2\geq\chi^2_{\alpha/2}(n-1)\}$

2.右尾檢定

$R=\{\chi^2\geq\chi^2_{\alpha}(n-1)\}$

3.左尾檢定

$R=\{\chi^2\leq\chi^2_{1-\alpha}(n-1)\}$

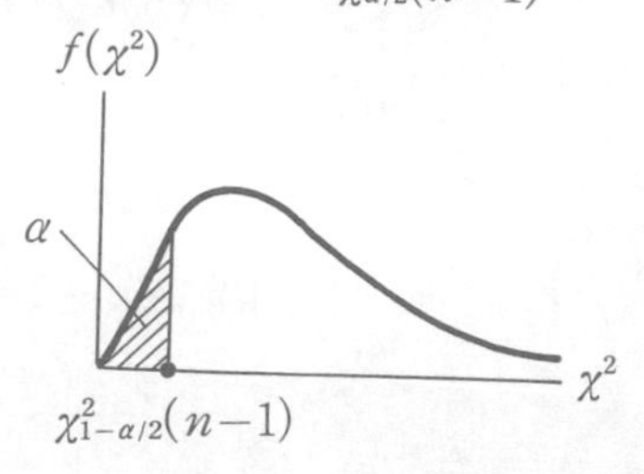

如果由樣本計算得到的統計量值

$$\chi_0^2=\frac{(n-1)S^2}{\sigma_0^2}$$

落在χ^2的拒絕區域內則拒絕虛無假設。如果χ_0^2落在接受區域內，則不拒絕虛無假設。

例 13 某食品商宣稱其產品每盒的平均重量爲 80 公克，且標準差不超過 2 公克。今隨機抽取 5 盒，重量如下：

82, 81, 78, 80, 82

試在 1%顯著水準下，檢定該食品商的產品重量變異情形是否如其宣稱。

解：

依題意，$n=5$，樣本平均數爲$\bar{x}=\frac{(82+81+78+80+82)}{5}=80.6$，樣本變異數爲

$$s^2=\sum_{i=1}^{n}(x_i-\bar{x})^2/(n-1)$$
$$=[(82-80.6)^2+(81-80.6)^2+(78-80.6)^2+(80-80.6)^2+(82-80.6)^2]/4$$
$$=2.8$$

欲檢定標準差不超過 2 公克，即虛無假設爲

$$H_0:\sigma^2=\sigma_0^2=4$$

對立假設爲

$$H_1:\sigma^2>\sigma_0^2=4$$

使用自由度爲$n-1=4$的卡方統計量，即

$$\chi^2=\frac{(n-1)S^2}{\sigma^2}$$

於是卡方統計量值爲

$$\chi_0^2 = \frac{(n-1)s^2}{\sigma_0^2}$$

$$= \frac{(5-1)\times 2.8}{4}$$

$$= 2.8$$

在顯著水準$\alpha=0.01$下，拒絕區域爲

$$R=\{\chi^2>\chi_\alpha^2(n-1)\}$$

即　$R=\{\chi^2>\chi_{0.01}^2(4)\}$

或　$R=\{\chi^2>13.2767\}$

由於卡方統計量值$\chi_0^2=2.8$，並未落在拒絕區域，所以食品商對產品重量變異的宣稱受到目前樣本資料的支持。

第五節　兩個常態母體變異數的假設檢定

假設兩組獨立樣本分別隨機抽取自兩個常態母體，其母體變異數分別爲σ_1^2及σ_2^2。令S_1^2及S_2^2分別爲這兩個樣本的樣本變異數，至於樣本數分別爲n_1及n_2，由第十一章所定義的F統計量

$$F=\frac{S_1^2/\sigma_1^2}{S_2^2/\sigma_2^2}$$

可以對兩個母體的變異數進行假設檢定。根據對立假設的不同，分成雙尾、右尾、左尾三種檢定如下：

1.雙尾檢定

虛無假設 $H_0:\sigma_1^2=\sigma_2^2$

對立假設 $H_1:\sigma_1^2\neq\sigma_2^2$

2.右尾檢定

虛無假設 $H_0:\sigma_1^2=\sigma_2^2$

對立假設 $H_1:\sigma_1^2>\sigma_2^2$

3. 左尾檢定

虛無假設 $H_0:\sigma_1^2=\sigma_2^2$

對立假設 $H_1:\sigma_1^2<\sigma_2^2$

以上三種情形的檢定統計量都是F統計量

$$F=\frac{S_1^2/\sigma_1^2}{S_2^2/\sigma_2^2}$$

該統計量服從自由度爲$(v_1,v_2)=(n_1-1,n_2-1)$的F分配，因此在顯著水準α下，根據對立假設的不同，拒絕區域分別爲：

1. 雙尾檢定

$R=\{F<F_{1-\alpha/2}(n_1-1,n_2-1)$ 或

$F>F_{\alpha/2}(n_1-1,n_2-1)\}$

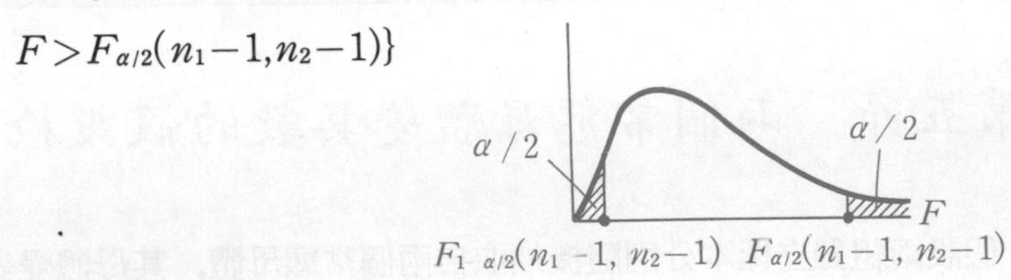

2. 右尾檢定

$R=\{F>F_{\alpha}(n_1-1,n_2-1)\}$

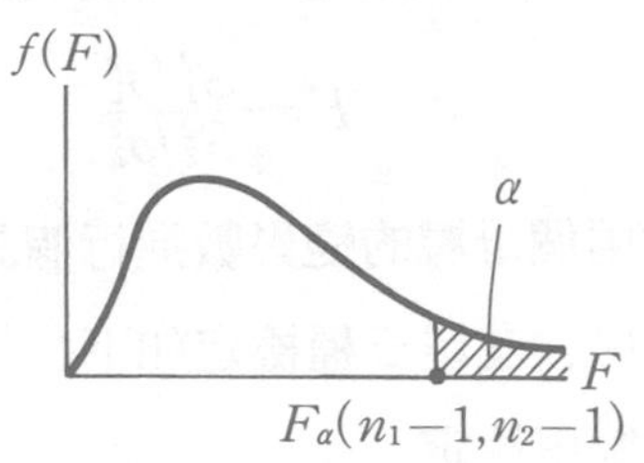

3. 左尾檢定

$R=\{F<F_{1-\alpha}(n_1-1,n_2-1)\}$

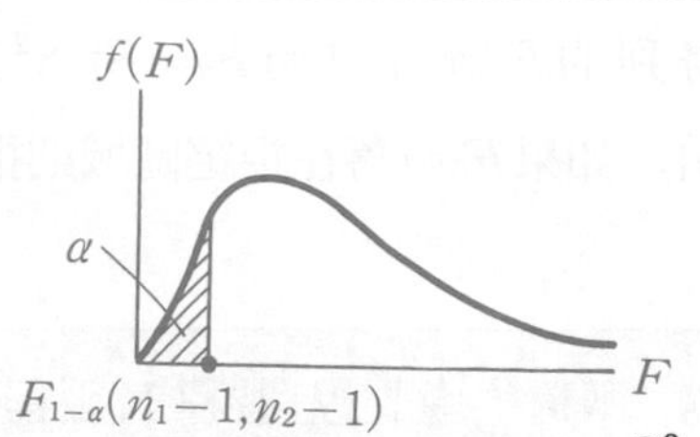

在虛無假設爲眞下，因爲$\sigma_1^2=\sigma_2^2$，所以F統計量成爲$F=\frac{S_1^2}{S_2^2}$。如果由樣本計算得到的統計量值

$$F_0=\frac{S_1^2}{S_2^2}$$

落在F的拒絕區域內則拒絕虛無假設。如果F_0落在接受區域內，則不拒絕虛無假設。

由於F分配表(附表 6)僅有$\alpha=0.05$，0.025，及0.01等右尾尾端的機率，因此在雙尾檢定及左尾檢定所列的拒絕區域中$F_{1-\alpha/2}(n_1-1,n_2-1)$及$F_{1-\alpha}(n_1-1,n_2-1)$的$F$值無法直接由查表得到，必須經由下列關係式來得到：

$$F_{1-\alpha/2}(n_1-1,n_2-1)=\frac{1}{F_{\alpha/2}(n_2-1,n_1-1)},$$

$$F_{1-\alpha}(n_1-1,n_2-1)=\frac{1}{F_{\alpha}(n_2-1,n_1-1)}。$$

也有統計學者爲避免F分配表無法查得左尾尾端機率的問題而提出可得到相同結論的另一種方法：在雙尾檢定時，將兩個樣本變異數中較大的一個令爲S_1^2，較小的令爲S_2^2，如此得到的F統計量值$F_0=S_1^2/S_2^2$的拒絕區域爲$R=\{F\geq F_{\alpha/2}(n_1-1,n_2-1)\}$，這是因爲統計量值$F_0$始終大於 1 的緣故。如果$F_0$值落在拒絕區域，則拒絕虛無假設。

同理，在左尾檢定時，由於對立假設是$\sigma_1^2<\sigma_2^2$，所以可以將F統計量定義成

$$F=S_2^2/S_1^2$$

由此得到的F統計量值$F_0=S_2^2/S_1^2$其拒絕區域爲$R=\{F\geq F_\alpha(n_2-1, n_1-1)\}$。如果$F_0$值落在拒絕區域則拒絕虛無假設。

例 14 兩種生產製程(製程 1, 製程 2)所生產的產品規格變異情形的比較有助於了解生產製程的穩定性。今隨機抽取兩組獨立樣本，分別得到樣本平均數及樣本標準差分別爲

$$\bar{x}_1=6.2 \qquad s_1^2=1.02$$

$$\bar{x}_2=6.19 \qquad s_2^2=0.69$$

至於樣本數分別爲$n_1=21$，$n_2=21$。在顯著水準$\alpha=0.01$下，試檢定是否製程 2 較穩定。

解:

依題意，$n_1=21$，$n_2=21$，且$s_1^2=1.02$，$s_2^2=0.69$。令製程 1 及製程 2 的母體變異數分別爲σ_1^2及σ_2^2。欲檢定製程 2 是否較穩定，這表示虛無假設爲

$$H_0:\sigma_1^2=\sigma_2^2$$

對立假設爲

$$H_1:\sigma_1^2>\sigma_2^2$$

使用自由度爲(n_1-1,n_2-1)的F統計量

$$F=\frac{S_1^2}{S_2^2}$$

其統計量值爲

$$F_0=\frac{s_1^2}{s_2^2}$$

$$=\frac{1.02}{0.69}$$

$$=1.478$$

在顯著水準$\alpha=0.01$下，其拒絕區域為

$$R=\{F>F_{\alpha}(n_1-1,n_2-1)\}$$

即　$$R=\{F>F_{0.01}(20,20)\}$$

或　$$R=\{F>2.94\}$$

由於統計量值$F_0=1.478$並未落在拒絕區域，所以不拒絕虛無假設。即沒有證據顯示製程 2 較穩定。

摘 要

重要詞語

假設檢定	虛無假設	對立假設
不拒絕虛無假設	簡單假設	複合假設
雙尾檢定	單尾檢定	左尾檢定
右尾檢定	決策法則	接受區域
拒絕區域	臨界值	型Ⅰ誤差
型II誤差	型Ⅰ誤差機率	顯著水準
型II誤差機率	檢定力	P值
混合樣本比例		

公 式

1. $P(\text{型 I 誤差}) = P(\text{拒絕}H_o|H_0\text{爲真})$

$$= P(\text{統計量值} \in \mathrm{R}|H_0\text{爲真})$$

2. $P(\text{型II誤差}) = \beta$

$$= P(\text{統計量值} \in A|H_o\text{爲僞})$$

3. 檢定力

$$1-\beta = 1-P(\text{型II誤差})$$

$$= P(\text{統計量值} \in R|H_o\text{爲僞})$$

$$= P(\text{統計量值} \in \mathrm{R}|H_1\text{爲真})$$

4. 混合樣本比例

$$\hat{p}=\frac{x_1+x_2}{n_1+n_2}$$

檢　定

H_0	假設條件	對立假設	樣本統計量	拒絕區域R
$\mu=\mu_0$	①n大，σ^2已知 ②常態、σ^2已知	$\mu\neq\mu_0$ $\mu>\mu_0$ $\mu<\mu_0$	$Z=\frac{\bar{x}-\mu_0}{\sigma/\sqrt{n}}$	$\|Z\|>Z_{\alpha/2}$ $Z>Z_\alpha$ $Z<-Z_\alpha$
$\mu=\mu_0$	n大，σ^2未知	$\mu\neq\mu_0$ $\mu>\mu_0$ $\mu<\mu_0$	$Z=\frac{\bar{X}-\mu_0}{S/\sqrt{n}}$	$\|Z\|>Z_{\alpha/2}$ $Z>Z_\alpha$ $Z<-Z_\alpha$
$\mu=\mu_0$	常態，n小，σ^2未知	$\mu\neq\mu_0$ $\mu>\mu_0$ $\mu<\mu_0$	$t=\frac{\bar{X}-\mu_0}{S/\sqrt{n}}$	$\|t\|>t_{\alpha/2}(n-1)$ $t>t_\alpha(n-1)$ $t<-t_\alpha(n-1)$
$\mu_1-\mu_2=\delta_0$	①n_1，n_2大，二組樣本獨立，σ_1^2，σ_2^2已知 ②常態，二組樣本獨立，σ_1^2，σ_2^2已知	$\mu_1-\mu_2\neq\delta_0$ $\mu_1-\mu_2>\delta_0$ $\mu_1-\mu_2<\delta_0$	$Z=\frac{(\bar{X}_1-\bar{X}_2)-\delta_0}{\sqrt{\frac{\sigma_1^2}{n_1}+\frac{\sigma_2^2}{n_2}}}$	$\|Z\|>Z_{\alpha/2}$ $Z>Z_\alpha$ $Z<-Z_\alpha$
$\mu_1-\mu_2=\delta_0$	n_1，n_2大，二組樣本獨立，σ_1^2，σ_2^2未知	$\mu_1-\mu_2\neq\delta_0$ $\mu_1-\mu_2>\delta_0$ $\mu_1-\mu_2<\delta_0$	$Z=\frac{(\bar{X}_1-\bar{X}_2)-\delta_0}{\sqrt{\frac{S_1^2}{n_1}+\frac{S_2^2}{n_2}}}$	$\|Z\|>Z_{\alpha/2}$ $Z>Z_\alpha$ $Z<-Z_\alpha$
$\mu_1-\mu_2=\delta_0$	常態，二組樣本獨立，n_1，n_2小，$\sigma_1^2=\sigma_2^2$但未知	$\mu_1-\mu_2\neq\delta_0$ $\mu_1-\mu_2>\delta_0$ $\mu_1-\mu_2<\delta_0$	$t=\frac{(\bar{X}_1-\bar{X}_2)-\delta_0}{S_p\sqrt{\frac{1}{n_1}+\frac{1}{n_2}}}$	$\|t\|>t_{\alpha/2}(n_1+n_2-2)$ $t>t_\alpha(n_1+n_2-2)$ $t<-t_\alpha(n_1+n_2-2)$
$\mu_1-\mu_2=\delta_0$	常態，二組樣本獨立，n_1，n_2小，$\sigma_1^2\neq\sigma_2^2$且未知	$\mu_1-\mu_2\neq\delta_0$ $\mu_1-\mu_2>\delta_0$ $\mu_1-\mu_2<\delta_0$	$t=\frac{(\bar{X}_1-\bar{X}_2)-\delta_0}{\sqrt{\frac{S_1^2}{n_1}+\frac{S_2^2}{n_2}}}$ $v=\frac{\left(\frac{S_1^2}{n_1}+\frac{S_2^2}{n_2}\right)^2}{\frac{\left(\frac{S_1^2}{n_1}\right)^2}{n_1-1}+\frac{\left(\frac{S_2^2}{n_2}\right)^2}{n_2-1}}$	$\|t\|>t_{\alpha/2}(v)$ $t>t_\alpha(v)$ $t<-t_\alpha(v)$
$\mu_D=\delta_0$	n小，n對觀察值，常態。	$\mu_D\neq\delta_0$ $\mu_D>\delta_0$ $\mu_D<\delta_0$	$t=\frac{\bar{D}-\delta_0}{\frac{S_d}{\sqrt{n}}}$	$\|t\|>t_{\alpha/2}(n-1)$ $t>t_\alpha(n-1)$ $t<-t_\alpha(n-1)$
$p=p_0$	n大，二項分配	$p\neq p_0$ $p>p_0$ $p<p_0$	$Z=\frac{\hat{P}-P_0}{\sqrt{\frac{P_0(1-P_0)}{n}}}$	$\|Z\|>Z_{\alpha/2}$ $Z>Z_\alpha$ $Z<-Z_\alpha$

p_1-p_2 $=\delta_0(\neq 0)$	n_1、n_2大，二項分配。	$p_1-p_2\neq\delta_0$ $p_1-p_2>\delta_0$ $p_1-p_2<\delta_0$	$Z=\dfrac{(\bar{p}_1-\bar{p}_2)-\delta_0}{\sqrt{\dfrac{\bar{p}_1(1-\bar{p}_1)}{n_1}+\dfrac{\bar{p}_2(1-\bar{p}_2)}{n_2}}}$	$\|Z\|>Z_{\alpha/2}$ $Z>Z_\alpha$ $Z<-Z_\alpha$
$p_1-p_2=0$	n_1、n_2大，二項分配。	$p_1-p_2\neq 0$ $p_1-p_2>0$ $p_1-p_2<0$	$Z=\dfrac{(\bar{p}_1-\bar{p}_2)-0}{\sqrt{\dfrac{\bar{p}(1-\bar{p})}{n_1}+\dfrac{\bar{p}(1-\bar{p})}{n_2}}}$	$\|Z\|>Z_{\alpha/2}$ $Z>Z_\alpha$ $Z<-Z_\alpha$
$\sigma^2=\sigma_0^2$	常態。	$\sigma^2\neq\sigma_0^2$ $\sigma^2>\sigma_0^2$ $\sigma^2<\sigma_0^2$	$\chi^2=\dfrac{(n-1)S^2}{\sigma_0^2}$	$\chi^2>\chi^2_{\alpha/2}(n-1)$或 $\chi^2<\chi^2_{1-\alpha/2}(n-1)$ $\chi^2>\chi^2_\alpha(n-1)$ $\chi^2<\chi^2_{1-\alpha}(n-1)$
$\sigma_1^2=\sigma_2^2$	常態，二組樣本獨立。	$\sigma_1^2\neq\sigma_2^2$ $\sigma_1^2>\sigma_2^2$ $\sigma_1^2<\sigma_2^2$	$F=\dfrac{S_1^2}{S_2^2}$	$F<F_{1-\alpha/2}(n_1-1,$ $n_2-1)$或 $F>F_{\alpha/2}(n_1-1,$ $n_2-1)$ $F>F_\alpha(n_1-1,$ $n_2-1)$ $F<F_{1-\alpha}(n_1-1,$ $n_2-1)$

習　題

1.何謂型I誤差？何謂型II誤差？

2.何謂檢定力？

3.何謂p值？

4.某廠商宣稱其產品的市場占有率至少爲$p=0.40$，令隨機抽樣$n=25$位人士，以檢定廠商的宣稱是否眞實。令x爲樣本中使用該產品的人數，試回答下列各子題：

(1)拒絕區域爲$R=\{x\leq 6\}$，計算型I誤差的機率。

(2)在拒絕區域爲$R=\{x\leq 6\}$下，若對立假設H_1:$p=0.20$，則型II誤差的機率爲何？檢定力爲何？

5.電池製造商宣稱其產品的平均壽命爲200小時，今隨機抽樣$n=36$個產品進行測試，得到平均壽命$\bar{x}=185$小時，標準差爲$s=36$。試以顯著水準$\alpha=0.01$檢定該製造商的宣稱是否過高。

6.某觀光飯店客房部對其客户調查是否對客房清潔感到滿意。120位客户中有90位客户感到滿意，試檢定是否有八成(或以上)的客户對清潔感到滿意。令顯著水準爲$\alpha=0.05$。

7.若$n_1=n_2=36$，且$\bar{x}_1=50$，$\bar{x}_2=48$，$s_1=5$，$s_2=4$，試在顯著水準$\alpha=0.05$下，檢定虛無假設 H_0: $\mu_1-\mu_2=0$與對立假設 H_1: $\mu_1-\mu_2>0$。

8.比較城市與鄉村已婚婦女就業比例。經調查得知160位城市已婚婦女中有98人就業，90位鄉村已婚婦女中有40人就業。試在顯著水準爲5%下，檢定城市已婚婦女的就業比例比鄉村已婚婦女就業比例高出二成。

9.由兩組獨立樣本，測試具有屬性A的比例，得到下列資料：

	樣本數	具有屬性A個數
樣本1	110	55
樣本2	90	40

試以顯著水準$\alpha=0.05$，檢定母體比例p_1與p_2是否相等。

10. 由常態分配中，隨機抽出樣本數$n=10$的資料如下：

3.6	3.4	6.2	3.8	5.5
4.8	5.8	6.0	4.0	3.0

試以顯著水準$\alpha=0.01$，檢定母體平均數μ是否等於4.5。

11. 比較中、美兩國兒童換乳齒的平均年齡差異。今隨機抽取中國兒童$n_1=20$人，美國兒童$n_2=22$人，計算得到開始換乳齒的平均年齡爲$\bar{x}_1=7.5$，$\bar{x}_2=5.2$，標準差爲$s_1=1.8$，$s_2=1.1$。

試檢定在顯著水準$\alpha=0.05$下，中、美兩國兒童換乳齒的平均年齡差異$\mu_1-\mu_2$是否超過二年。（假設兩國兒童換乳齒的年齡變異數相等$\sigma_1^2=\sigma_2^2$，且各國兒童換乳齒的年齡分布呈常態分配。）

12. 根據習題11，假設兩國兒童換乳齒年齡的母體變異數不相等，試檢定$\mu_1-\mu_2$是否超過二年。

13. 某減肥中心推出三個月減肥計畫，今隨機抽取7名參與減肥者，分別測得其減肥計畫前後的體重(公斤)，資料如下：

減肥計畫前	78	83	85	76	80	76	75
減肥計畫後	76	80	84	75	76	72	74

試在顯著水準$\alpha=0.05$下，檢定減肥計畫是否有顯著減肥效果存在。（假設減肥計畫前後的體重差服從常態分配）

14. 由常態母體中隨機抽取$n=13$的樣本，計算得到$\bar{x}=20$，$s^2=2.5$，試在顯著水準$\alpha=0.05$下，檢定母體變異數σ^2是否不小於3。

15. 由過去三年來，國內基金及國內股市分別隨機抽取$n_1=8$，$n_2=20$，計算其平均報酬率得到$\bar{x}_1=12.3\%$，$\bar{x}_2=10.5\%$，且標準差分別爲$s_1=3.5$, $s_2=3.0$。假設母體的報酬率皆爲常態分配，試在顯著水準$\alpha=0.05$下，檢定國內基金與國內股市的報酬率標準差(風險)是否相等。

第十三章　卡方檢定

在第十一及第十二章已介紹過以卡方分配對母體變異數σ^2進行區間估計及假設檢定的問題，主要是應用在**量化的資料**(Quantitative Data)。本章介紹卡方分配在**質化資料**(Qualitative Data)方面的應用，主要內容包括：⑴**適合度檢定**(Goodness of Fit Test)，⑵**獨立性檢定**(Independence Test)。

第一節討論適合度檢定，涵蓋**多項試驗**(Multinomial Experiment)母體機率的檢定及樣本資料是否來自某一特定機率分配的檢定。第二節爲**關聯表**(Dontingence Table)的獨立性檢定。

第一節　適合度檢定

適合度檢定在本節的討論主要分爲兩大類：⑴以多項試驗所產生的資料來檢定母體機率。⑵檢定樣本資料是否來自某一特定的機率分配(例如，常態分配、波氏分配或其他任何假設的機率分配)。雖然以上兩類都是適合度檢定的問題，但是前者是已知爲多項試驗的前提下來檢定母體機率是否如虛無假設所設定的特定值，後者則爲檢定虛無假設所假定的機率分配是否爲眞。

首先介紹多項試驗母體機率的檢定。

多項試驗是指在n次獨立的試驗中每次試驗的結果僅能歸類於k個

可能結果(以細格(cell)表示)中的一個細格，而且在每次試驗時落在第 i 個細格的機率均爲p_i。由於全部可能的結果(細格)有k個，所以落在各細格的機率和爲$p_1+p_2+\cdots+p_k=1$。

例 1 調查 300 位未婚成年人主要的休閒活動：逛街、散步與慢跑、拜會親友鄰居及應酬。每位受訪者由三項休閒活動中圈選一項。此一試驗爲多項試驗，共有$n=300$次的獨立試驗，每次試驗的結果僅能歸類於$k=3$個可能結果(稱爲細格)。細格 1 表示逛街，細格 2 表示散步與慢跑，細格 3 表示拜會親友鄰居及應酬。假設未婚成年人在此三項休閒活動的母體機率爲p_1，p_2及p_3，則每次試驗時落在第i個細格的機率均爲p_i，且$p_1+p_2+p_3=1$。

在前述多項試驗的情況下，欲檢定母體機率$(p_1,p_2,\cdots,p_k)$是否爲特定值$(p_1^0,p_2^0,\cdots,p_k^0)$，即虛無假設爲

$$H_0:\ p_1=p_1^0,p_2=p_2^0,\cdots,p_k=p_k^0$$

至於對立假設則爲

$$H_1:\ 至少有一個p_i不等於p_i^0$$

若虛無假設爲眞，則可依據虛無假設中所假設的機率值計算出各細格的**期望次數(Expected Frequency)**，即第i個細格的期望值爲

$$e_i=np_i^0$$

根據各細格實際觀察次數o_i及期望次數e_i，建立**卡方檢定統計量**

$$X^2=\sum_{i=1}^{k}\frac{(o_i-e_i)^2}{e_i}$$

由於卡方檢定統計量X^2近似地服從自由度爲$k-1$的卡方分配，即

$$X^2 \stackrel{\cdot}{\sim} \chi^2(k-1)$$

所以在顯著水準α下，若由資料計算得到的X^2值大於$\chi^2_\alpha(k-1)$的查表值，則拒絕虛無假設$H_0: p_1=p_1^0, p_2=p_2^0, \cdots, p_k=p_k^0$。圖 13-1 所示爲$(k-1)$個自由度的卡方分配機率圖，若$X^2$值落在陰影部分則應拒絕虛無假設$H_0$，即至少有一個細格，令爲$p_i$，的母體機率不等於虛無假設所宣告的特定值$p_i^0$。

圖13-1　卡方分配機率圖(陰影部分爲拒絕區域)

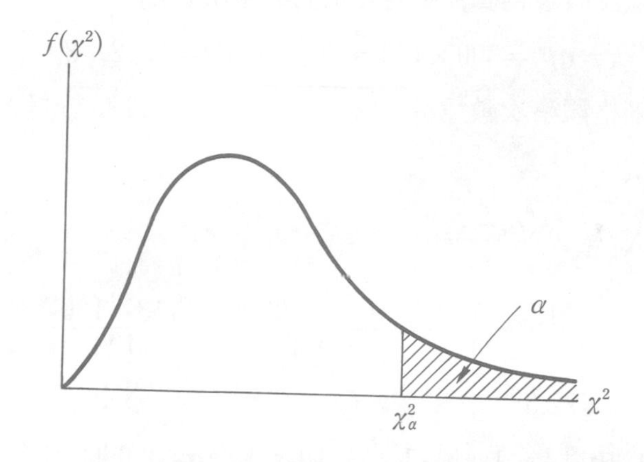

由於卡方檢定統計量X^2爲近似地服從卡方分配，因此當細格的期望值e_i小於 5 時，統計量X^2在近似卡方分配的效果較差。爲使統計量X^2有較佳的近似效果，建議在細格期望值e_i低於 5 時，應先將該細格與鄰近細格合併，且合併細格的選取以能對合併後的細格給予有意義解釋者爲佳。至於合併後的細格數減 1 即爲合併後統計量X^2的卡方分配自由度。

例 2　續例 1，調查$n=300$位未婚成年人主要的休閒活動，令細格 1 表示逛街，細格 2 表示散步與慢跑，細格 3 爲拜會親友鄰居及應酬。由調查資料顯示各細格觀察次數爲$o_1=125$，$o_2=62$，

$o_3=113$。試檢定多項試驗下，未婚成年人在三項休閒活動上的比率相同。令顯著水準為5%。

解：

依題意，令虛無假設為

$$H_0: p_1=p_2=p_3=1/3$$

對立假設則為

H_0：至少有一個以上的p_i不等於1/3。

若虛無假設為真，則各細格的期望次數為

$e_i=np_i^0=300\times1/3=100$，其中$i=1，2，3$。

各細格觀察次數為$o_1=125$，$o_2=62$，$o_3=113$，於是X^2統計量值為

$$X_0^2=\sum_{i=1}^{3}\frac{(o_i-e_i)^2}{e_i}$$

$$=\frac{(125-100)^2}{100}+\frac{(62-100)^2}{100}+\frac{(113-100)^2}{100}$$

$$=22.38$$

查自由度$k-1=3-1=2$，顯著水準$\alpha=0.05$的卡方分配得到查表值為

$$\chi^2_{0.05}(2)=5.99147$$

因為X^2統計量值大於卡方分配查表值，即

$$X_0^2=22.38>\chi^2_{0.05}(2)=5.99147$$

所以拒絕虛無假設；換言之，未婚成年人在三項休閒活動的參與比例並不相同。

例 3　調查 300 位男性成年人收看電視節目的情形。每位受訪者由下列四個選項擇一答覆：(1)每天收看、(2)幾乎隔日收看、(3)週末假日才收看、(4)偶爾收看。令以上四個選項分別爲細格 1 至細格 4。由調查資料顯示各細格觀察次數爲$o_1=208$，$o_2=52$，$o_3=36$，$o_4=4$。試檢定多項試驗下，男性成年人在收看電視節目方面，四個細格的母體機率分別爲$p_1=0.70$，$p_2=0.15$，$p_3=0.14$，$p_4=0.01$。令檢定的顯著水準爲 5%。

解：

依題意，令虛無假設爲

$$H_0: p_1=0.70,\ p_2=0.15,\ p_3=0.14,\ p_4=0.01$$

對立假設則爲

$$H_1\text{：至少有一個以上的}p_i\text{不等於}p_i^0\text{。}$$

若虛無假設爲眞，則各細格的期望次數爲

$$e_1=np_1^0=300\times0.70=210$$

$$e_2=np_2^0=300\times0.15=45$$

$$e_3=np_3^0=300\times0.14=42$$

$$e_4=np_4^0=300\times0.01=3$$

由於細格 4 的期望次數$e_4<5$，所以細格 4 應與其他三個細格中的一個合併。因爲細格 3 及細格 4 都代表較少收看電視的選項，所以將細格 3 與細格 4 合併在意義上有較佳的解釋。合併後，虛無假設成爲

$$H_0: p_1=0.70,\ p_2=0.15,\ p_3=0.15$$

此時p_3代表較少看電視的母體機率。對立假設則爲

$$H_1\text{：至少有一個以上的}p_i\text{不等於}p_i^0\text{。}$$

同時將細格 3 及細格 4 的觀察次數合併成爲$o_3=36+4=40$，

因此各細格實際觀察次數爲$o_1=208$，$o_2=52$，$o_3=40$。至於虛無假設爲眞下，各細格期望次數爲

$$e_1=np_1^0=300\times0.70=210$$

$$e_2=np_2^0=300\times0.15=45$$

$$e_3=np_3^0=300\times0.15=45$$

於是卡方檢定統計量值爲

$$\begin{aligned}X_0^2&=\sum_{i=1}^{3}\frac{(o_i-e_i)^2}{e_i}\\&=\frac{(208-210)^2}{210}+\frac{(52-45)^2}{45}+\frac{(40-45)^2}{45}\\&=1.6635\end{aligned}$$

查自由度$k-1=3-1=2$，顯著水準$\alpha=0.05$，卡方分配得到

查表值爲　　$\chi_{0.05}^2(2)=5.99147$

因爲卡方統計量值小於卡方分配查表值，即

$$X_0^2=1.6635<\chi_{0.05}^2(2)=5.99147$$

所以不拒絕虛無假設，即有七成的成年男性每天收看電視，至於成年男性中隔日收看及較少收看者各佔一成半。

其次介紹檢定樣本資料是否來自某一特定機率分配的方法。本節介紹的機率分配有常態分配及波氏分配。事實上，任何機率分配的檢定均可適用本法。

以卡方分配來檢定樣本是否出自常態分配，其步驟爲：

(1)將樣本資料分組，製作分組次數分配表。各組次數即爲該組的觀察次數，以o_i表示第i組的觀察次數。

(2)由於常態分配的隨機變數定義範圍爲$(-\infty,+\infty)$。爲配合此一性質，將樣本次數分配表的第一組下限及最後一組上限分別改成

$-\infty$及$+\infty$，亦即使之成爲**開放組限(Open-ended Limits)**。

(3)根據樣本資料次數分配表的各組組限分別計算所對應的常態分配機率。以第i組，$a \leq X < b$爲例，計算$P(a \leq X < b)$。若已知母體平均數μ及標準差σ，則可由常態標準化求得次數分配表第 i 組的理論機率

$$p_i = P(a \leq X < b)$$
$$= P\left(\frac{a-\mu}{\sigma} \leq Z < \frac{b-\mu}{\sigma}\right)$$

若母體平均數μ及標準差σ未知，則以樣本平均數$\bar{x}$及標準差s估計值代替，於是次數分配表第 i 組的理論機率爲

$$p_i = P(a \leq X < b)$$
$$= P\left(\frac{a-\bar{x}}{s} \leq Z < \frac{b-\bar{x}}{s}\right)$$

(4)根據各組計算得到的理論機率p_i，計算對應的期望次數$e_i = np_i$，若$e_i < 5$則與鄰近組合併成一組。

(5)由步驟(1)的觀察次數o_i及步驟(4)的期望次數e_i，建立統計量

$$X^2 = \sum_{i=1}^{k} \frac{(o_i - e_i)^2}{e_i} \dot{\sim} \chi^2(k-1-r)$$

X^2統計量近似地服從卡方分配，自由度爲$k-1-r$，其中k爲分組次數分配表的組數，r爲由樣本估計母體參數的個數。換言之，若以樣本資料估計母體平均數μ及標準差σ二個參數，則自由度爲$k-3$。

(6)在顯著水準α下，若由樣本計算得到的χ^2統計量值大於卡方分配查表值$\chi^2_\alpha(k-1-r)$，即

$$X^2 > \chi^2_\alpha(k-1-r)$$

則拒絕樣本來自常態分配的虛無假設。

例 4 檢定下列樣本次數表資料是否來自常態分配。令顯著水準$\alpha=0.05$，且由原始資料計算得到樣本平均數及標準差分別爲39及14。

組別	次數
$10 \le X < 20$	10
$20 \le X < 30$	14
$30 \le X < 40$	21
$40 \le X < 50$	20
$50 \le X < 60$	15
$60 \le X < 70$	10

解:

依題意, 虛無假設H_0：樣本來自常態母體分配, 對立假設H_1：樣本並非來自常態母體分配，且$\bar{x}=39$，$s=14$，$o_1=10$，$o_2=14$，$o_3=21$，$o_4=20$，$o_5=15$，$o_6=10$，且$n=o_1+o_2+o_3+o_4+o_5+o_6=90$。先將分組次數分配表改爲開放組限的次數分配表，即

組別	次數
$X < 20$	10
$20 \le X < 30$	14
$30 \le X < 40$	21
$40 \le X < 50$	20
$50 \le X < 60$	15
$60 \le X$	10

以各組上下限計算對應機率,

$$p_1=P(X<20)=P\left(Z\leq\frac{20-39}{14}\right)=P(Z\leq-1.36)$$

$$=0.0869$$

$$p_2=P(20\leq X<30)=P(-1.36\leq Z\leq-0.64)=0.1742$$

$$p_3=P(30\leq X<40)=P(-0.64\leq Z\leq0.07)=0.2668$$

$$p_4=P(40\leq X<50)=P(0.07\leq Z\leq0.79)=0.2573$$

$$p_5=P(50\leq X<60)=P(0.79\leq Z\leq1.5)=0.1480$$

$$p_6=P(60\leq X)=P(1.5\leq Z)=0.0668$$

由P_i及總次數n計算各組期望次數,

$$e_1=np_1=90\times0.0869=7.821$$

$$e_2=np_2=90\times0.1742=15.678$$

$$e_3=np_3=90\times0.2668=24.012$$

$$e_4=np_4=90\times0.2573=23.157$$

$$e_5=np_5=90\times0.1480=13.32$$

$$e_6=np_6=90\times0.0668=6.012$$

根據觀察次數o_i及期望次數e_i, 計算統計量值

$$X_0^2=\sum_{i=1}^{6}\frac{(o_i-e_i)^2}{e_i}$$

$$=\frac{(10-7.821)^2}{7.821}+\frac{(14-15.678)^2}{15.678}+\frac{(21-24.012)^2}{24.012}$$

$$+\frac{(20-23.157)^2}{23.157}+\frac{(15-13.32)^2}{13.32}+\frac{(10-6.012)^2}{6.012}$$

$$=4.452$$

因爲估計二個母體參數μ及σ, 所以在顯著水準$\alpha=0.05$下, 查自由度爲$k-1-r=6-1-2=3$的卡方分配得到

$$\chi^2_{0.05}(3)=7.81473$$

由於X^2統計量的計算值小於查表值，即

$$X_0^2=4.452<\chi^2_{0.05}(3)=7.81473$$

所以不拒絕樣本資料來自常態母體的虛無假設。

以卡方分配來檢定樣本是否出自波氏分配的步驟與常態分配的卡方檢定大致相同，但因波氏分配爲離散的機率分配，所以不必按連續變數的方式將樣本資料分組。因此檢定步驟爲:

(1)根據樣本資料計算在各變數值x的對應機率。令隨機變數X服從平均數爲μ的波氏分配，則變數值x的機率爲

$$P(X=x)=\frac{e^{-\mu}\mu^x}{x!}$$

令第i個變數值x對應的機率爲$p_i=P(X=x)$。

若母體平均數μ未知，則以樣本平均數$\bar{x}$估計，並在計算自由度時應減去一個自由度。

(2)由各變數值x對應的機率乘上總次數n得到對應的期望次數，即

$$e_i=np_i$$

若$e_i<5$則第i個變數值x與鄰近變數值合併。

(3)令o_i爲第i個變數值x的觀察次數，建立統計量

$$X^2=\sum_{i=1}^{k}\frac{(o_i-e_i)^2}{e_i}\dot{\sim}\chi^2(k-1-r)$$

即X^2統計量服從自由度爲$k-1-r$的卡方分配，其中k爲變數值個數，r爲估計母體參數的個數。若母體參數μ未知，則以樣本平均數$\bar{x}$估計，於是自由度成爲$k-1-r=k-1-1=k-2$。

(4)在顯著水準α下，若樣本計算得到的X^2統計量值大於卡方分配查表值$\chi^2_\alpha(k-1-r)$，即

$$X^2>\chi^2_\alpha(k-1-r)$$

則拒絕樣本來自波氏分配的虛無假設。

例 5 北部某濱海公路一危險路段每週發生意外事故的件數以隨機變數X表示，欲依據過去 100 週來記錄的下列樣本資料檢定母體機率分配是否服從平均數$\mu=1.1$的波氏分配。令顯著水準$\alpha=0.05$。

一週發生意外事故件數(X)	0	1	2	3 或以上
週數(o_i)	32	40	18	10

解:

依題意，$o_1=32$，$o_2=40$，$o_3=18$，$o_4=10$，且$n=o_1+o_2+o_3+o_4=32+40+18+10=100$。

虛無假設爲

H_0：母體機率分配爲平均數$\mu=1.1$的波氏分配

對立假設爲

H_1：母體機率分配並非平均數$\mu=1.1$的波氏分配

若虛無假設爲眞，則查$\mu=1.1$的波氏機率表得到各理論機率爲

$$p_1=P(X=0)=0.3329$$

$$p_2=P(X=1)=0.3662$$

$$p_3=P(X=2)=0.2014$$

$$p_4=P(X\geq 3)=0.0995$$

所以期望次數爲

$$e_1=np_1=100\times 0.3329=33.29$$

$$e_2 = np_2 = 100 \times 0.3662 = 36.62$$

$$e_3 = np_3 = 100 \times 0.2014 = 20.14$$

$$e_4 = np_4 = 100 \times 0.0995 = 9.95$$

由觀察次數o_i及期望次數e_i，建立統計量

$$X^2 = \sum_{i=1}^{k} \frac{(o_i - e_i)^2}{e_i}$$

$$= \frac{(32-33.29)^2}{33.29} + \frac{(40-36.62)^2}{36.62} + \frac{(18-20.14)^2}{20.14} + \frac{(10-9.95)^2}{9.95}$$

$$= 0.5896$$

在顯著水準$\alpha = 0.05$下，查自由度爲$k-1=4-1=3$的卡方分配得到

$$\chi^2_{0.05}(3) = 7.81473$$

由於X^2統計量的計算值小於查表值，即

$$X^2 = 0.5896 < \chi^2_{0.05}(3) = 7.81473$$

所以不拒絕虛無假設。

第二節　獨立性檢定

卡方分配的獨立性檢定主要是應用在將一個母體按兩種特徵的屬性劃分成一個二維表格，此表稱爲**關聯表**(Contingency Table)。獨立性檢定是探討關聯表中兩種特徵是否是獨立的，亦或是不獨立。通常，這兩種特徵指的是兩個**質的變數**(Qualitative Variables)。例如吸煙與教育程度之間是否有關聯，此時吸煙分成有、無兩種屬性，教育程度則按不同學歷分爲國小或以下、國(初)中、高中(職)、專科、大學或以上等五

種屬性。

關聯表的獨立性檢定步驟爲：

(1)根據質的變數建立關聯表。令其爲$r \times c$的關聯表(如表 13-1 所示)，其中變數 1 有$A_1, A_2, \cdots, A_r$個不同屬性，變數 2 有$B_1, B_2, \cdots, B_c$個不同屬性。並令列邊際和分別爲$a_1, a_2, \cdots, a_r$，行邊際和分別爲$b_1, b_2, \cdots, b_c$。關聯表中每一**細格**(cell)均代表兩種特徵屬性的交集，例如變數 1 屬性A_2與變數 2 屬性B_3的交集細格觀察次數爲o_{23}。

表 13-1　$r \times c$關聯表

變數 1	變數 2					列邊際和
	B_1	B_2	B_3	…	B_c	
A_1	o_{11}	o_{12}	o_{13}	…	o_{1c}	a_1
A_2	o_{21}	o_{22}	o_{23}	…	o_{2c}	a_2
⋮	⋮	⋮	⋮	⋮	⋮	⋮
A_r	o_{r1}	o_{r2}	o_{r3}	…	o_{rc}	a_r
行邊際和	b_1	b_2	b_3	…	b_c	(總和) n

(2)列出虛無假設H_0：兩種特徵是相互獨立的，對立假設H_1：兩種特徵不是獨立的。

若虛無假設爲眞，根據事件獨立的性質知道：細格(i,j)的機率爲

$$P(A_i \cap B_j) = P(A_i)P(B_j)$$

其中$i=1,2,\cdots,r$；$j=1,2,\cdots,c$。

由於$P(A_i)$及$P(B_j)$未知，分別以樣本比率a_i/n及b_j/n估計，所以

細格(i,j)的機率估計值爲a_ib_j/n^2。至於細格(i,j)的期望次數則爲

$$\begin{aligned} e_{ij} &= n \cdot a_ib_j/n^2 \\ &= a_ib_j/n \end{aligned}$$

(3)若$e_{ij} \geq 5$，則根據期望次數e_{ij}及觀察次數o_{ij}建立卡方統計量

$$X^2 = \sum_{i=1}^{r}\sum_{j=1}^{c} \frac{(o_{ij}-e_{ij})^2}{e_{ij}} \dot{\sim} \chi^2((r-1)(c-1))$$

由於$\sum_{i=1}^{r} P(A_i)=1$，且$\sum_{j=1}^{c} P(B_j)=1$，所以在估計母體機率時一共估計了$(r-1)$及$(c-1)$個參數，所以自由度爲

$$\begin{aligned} & rc-1-(r-1)-(c-1) \\ =& (r-1)(c-1) \end{aligned}$$

(4)在顯著水準α下，若樣本資料計算得到的X^2統計量值大於查表值$\chi^2_\alpha((r-1)(c-1))$，即

$$X^2 > \chi^2_\alpha((r-1)(c-1))$$

則拒絕兩種特徵相互獨立的虛無假設。

例 6 內政部統計處編印之中華民國八十二年臺灣地區社區建設與活動調查報告中關於社區托兒所設置與地區兩個變數形成關聯表(表 13-2)，表中僅討論臺北市、基隆市、臺中市、臺南市及高雄市五個地區在社區托兒所設置有無的情形。在顯著水準$\alpha=0.05$下，欲檢定社區托兒所設置與地區二者間是否獨立。

表 13-2　五地區(市)社區托兒所設置關聯表

社區 托兒所設置	地區 臺北市	基隆市	臺中市	臺南市	高雄市	列邊際和
有	37	28	20	38	18	141
無	45	57	28	65	30	225
行邊際和	82	85	48	103	48	366

解:

依題意，虛無假設H_0：社區托兒所設置與地區間相互獨立，對立假設H_1：社區托兒所設置與地區間不獨立。表 13-2 中各細格所列爲觀察次數，即

$o_{11}-37,\quad o_{12}=28,\quad o_{13}=20,\quad o_{14}=38,\quad o_{15}=18,$

$o_{21}=45,\quad o_{22}=57,\quad o_{23}=28,\quad o_{24}=65,\quad o_{25}=30,$

至於列邊際和爲$a_1=141$，$a_2=225$；行邊際和爲$b_1=82$，$b_2=85$，$b_3=48$，$b_4=103$，$b_5=48$；總次數$n=366$。

由期望次數公式

$$e_{ij}=a_ib_j/n$$

得到各細格期望次數爲

$e_{11}=31.59\quad e_{12}=32.75\quad e_{13}=18.49\quad e_{14}=39.68\quad e_{15}=18.49$

$e_{21}=50.41\quad e_{22}=52.25\quad e_{23}=29.51\quad e_{24}=63.32\quad e_{25}=29.51$

根據各細格觀察次數o_{ij}及期望次數e_{ij}建立卡方統計量

$$X^2=\sum_{i=1}^{2}\sum_{j=1}^{5}\frac{(o_{ij}-e_{ij})^2}{e_{ij}}$$

$$=\frac{(37-31.59)^2}{31.59}+\frac{(28-32.75)^2}{32.75}+\frac{(20-18.49)^2}{18.49}$$

$$+\frac{(38-39.68)^2}{39.68}+\frac{(18-18.49)^2}{18.49}+\frac{(45-50.41)^2}{50.41}$$

$$+\frac{(57-52.25)^2}{52.25}+\frac{(28-29.51)^2}{29.51}+\frac{(65-63.32)^2}{63.32}$$

$$+\frac{(30-29.51)^2}{29.51}$$

$$=2.965$$

在顯著水準$\alpha=0.05$下，查自由度爲

$$(r-1)(c-1)=(2-1)(5-1)=4$$

的卡方分配得查表值爲

$$\chi^2_{0.05}(4)=9.48773$$

因爲計算值小於查表值，即

$$X^2=2.965<\chi^2_{0.05}(4)=9.48773$$

所以不拒絕虛無假設，即五地區與社區托兒所設置與否間相互獨立。

除了上述一個母體在二個質變數關聯表所做的獨立性檢定外，本法也可應用在二個或二個以上母體間質變數的比較。例如：統計、財務、企管三個學系學生的學期總平均分成甲、乙、丙、丁四個等級，此時學系與成績等級所形成的關聯表可以視爲三個母體(學系)與質變數(成績等級)間的獨立性檢定。當母體個數及質變數的屬性個數都是 2 時，所形成的關聯表是 2×2 的表，此 **2×2 關聯表的卡方檢定與兩個母體比例的雙尾常態檢定**二者一致。舉例說明如下：

例 7 調查臺灣地區住戶按性別不同對公共汽車舒適與否的看法形成下列關聯表(表 13-3)

表 13-3　性別、舒適關聯表

性　別	舒適		列邊際和
	是	否	
男	445	1164	1609
女	185	396	581
行邊際和	630	1560	2190

(資料來源:《臺灣地區交通狀況調查報告》(陸上運輸部分)，交通部統計處編印，中華民國八十一年十一月)

試回答下列問題：

⑴以卡方獨立性檢定法檢定：性別不同對公共汽車舒適與否的看法有無差異。

⑵將男、女性別視爲二個母體，以雙尾常態分配檢定男性對公共汽車舒適看法爲「是」的比例與女性對公共汽車舒適看法爲「是」的比例二者是否相同。

⑶由⑴、⑵驗證獨立性檢定的統計量X^2值與兩個母體雙尾常態分配的比例檢定統計量Z值的平方相同。

令各子題檢定的顯著水準均爲$\alpha=0.05$。

解：

依題意，各子題解答如下：

⑴虛無假設H_0：性別不同對公共汽車舒適與否的看法沒有差異，對立假設H_1：性別不同對公共汽車舒適與否的看法有差異。

由關聯表(表 13-3)及期望次數公式：$e_{ij}=a_ib_j/n$，可以得到各細格對應的期望次數

$$e_{11}=\frac{1609\times 630}{2190}=462.86 \quad e_{12}=\frac{1609\times 1560}{2190}=1146.14$$

$$e_{21}=\frac{581\times 630}{2190}=167.14 \quad e_{22}=\frac{581\times 1560}{2190}=413.86$$

建立統計量

$$X^2=\sum_{i=1}^{2}\sum_{j=1}^{2}\frac{(o_i-e_i)^2}{e_i}$$

$$=\frac{(445-462.86)^2}{462.86}+\frac{(1164-1146.14)^2}{1146.14}$$

$$+\frac{(185-167.14)^2}{167.14}+\frac{(396-413.86)^2}{413.86}$$

$$=3.648$$

在顯著水準$\alpha=0.05$下，查自由度爲$(2-1)(2-1)=1$的卡方分配得到查表值爲

$$\chi^2_{0.05}(1)=3.84146$$

由於計算值小於查表值，即

$$X^2=3.648<\chi^2_{0.05}(1)=3.84$$

所以不拒絕虛無假設，即性別與對公共汽車舒適與否的看法二者間統計獨立。

(2)將關聯表中男女性視爲兩個母體。並令男性對公共汽車舒適與否看法爲「是」的比例爲p_1，女性對公共汽車舒適與否看法爲「是」的比例爲p_2。於是虛無假設爲

$$H_0: p_1=p_2$$

對立假設則爲

$$H_1: p_1\neq p_2$$

且男性樣本數爲$n_1=1609$，其中對公共汽車看法爲「是」的人數爲$x_1=445$。女性樣本數爲$n_2=581$，其中對公共汽車看法爲「是」的人數爲$x_2=185$。所以兩個母體的樣本比例分別爲

$$\hat{p}_1=x_1/n_1=445/1609=0.27657$$

$$\hat{p}_2=x_2/n_2=185/581=0.31842$$

且兩母體混合的樣本比例爲

$$\hat{p}=\frac{445+185}{1609+581}=0.28767$$

根據第十二章兩個母體比例的檢定，建立統計量

$$Z=\frac{\hat{p}_1-\hat{p}_2}{\sqrt{\hat{p}(1-\hat{p})\left(\frac{1}{n_1}+\frac{1}{n_2}\right)}}$$

$$=\frac{0.27657-0.31842}{\sqrt{0.28767\times(1-0.28767)\times\left(\frac{1}{1609}+\frac{1}{581}\right)}}$$

$$=-1.91$$

在顯著水準$\alpha=0.05$下，雙尾檢定查標準常態分配表得到查表值爲

$$Z_{\alpha/2}=Z_{0.025}=1.96$$

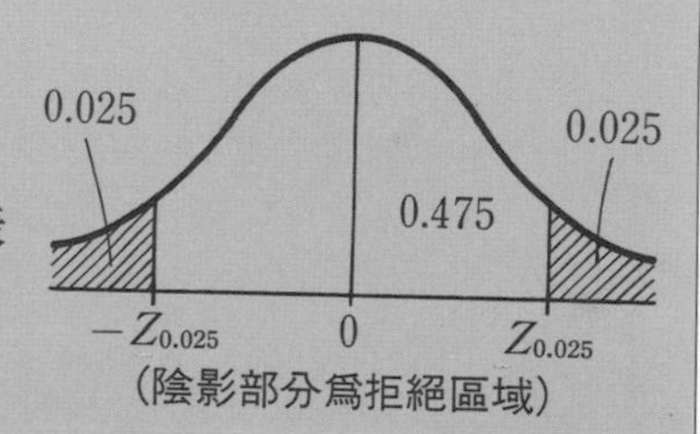

(陰影部分爲拒絕區域)

因爲計算值的絕對值小於查表值，即

$$|Z|=1.91<Z_{0.025}=1.96$$

所以不拒絕虛無假設，即男女性對公共汽車舒適的看法爲「是」的比例相同。

(3)由子題(1)卡方獨立性檢定及子題(2)兩母體比例檢定知道：

2×2 關聯表的獨立性檢定與兩母體比例雙尾檢定會得到

相同的檢定結果，且統計量計算值具有下列關係：

$$Z^2 = X^2$$

$$(-1.91)^2 = 3.648$$

即Z統計量值的平方等於X^2統計量值。至於查表值方面，標準常態分配查表值的平方可以得卡方分配查表值，即

$$(1.96)^2 = 3.84$$

摘　要

重要詞語

適合度檢定　　多項試驗　　卡方檢定統計量

細格合併　　獨立性檢定　　關聯表

2×2 關聯表卡方檢定與母體比例雙尾常態檢定

卡方檢定在質化資料的應用：需滿足$e_i \geq 5$或$e_{ij} \geq 5$

1.適合度檢定

使用時機	H_0	統計量	拒絕區域
多項分配	$p_1=p_1^0,\ p_2=p_2^0,\ \cdots,\ p_k=p_k^0$	$X^2=\sum_{i=1}^{k}\frac{(o_i-e_i)^2}{e_i}$,	$X^2>\chi^2_\alpha(k-1)$
任何分配	X服從某一特定分配	其中$e_i=np_i$	$X^2>\chi^2_\alpha(k-1-r)$

2.獨立性檢定

(1)使用時機：一個母體按兩種特徵的屬性劃分成$r\times c$的二維表格。

(2)虛無假設H_0：兩種特徵是相互獨立的。

(3)統計量：$X^2=\sum_{i=1}^{r}\sum_{j=1}^{c}\frac{(o_{ij}-e_{ij})^2}{e_{ij}}$

其中$e_{ij}=\frac{a_i b_j}{n}$

(4)拒絕區域

$X^2>\chi^2_\alpha((r-1)(c-1))$

習 題

1.假設在某一新開張的百貨公司有四種名牌襯衫可供消費者選擇，今隨機抽出250位客户，發現購買情形如下：

名牌襯衫	1	2	3	4
人數	65	52	60	73

試在顯著水準$\alpha=0.05$下，檢定消費者對不同名牌是否有偏好上的差異存在。

2.已知臺北市及大同區的就業者教育程度結構如下表所列：

教育程度	臺北市（以百分比表示）	大同區（人數）
國小及以下	29	320
國中	19	201
高中	9	95
高職	24	194
專科	11	100
大學及以上	8	90
總　和	100	1,000

試在顯著水準$\alpha=0.05$下，檢定大同區的就業者教育程度結構是否與臺北市的就業者教育程度結構一致？

3.已知會計學期中考成績的分組資料爲:

分數組別	次　數
$20 \leq X < 30$	3
$30 \leq X < 40$	7
$40 \leq X < 50$	11
$50 \leq X < 60$	20
$60 \leq X < 70$	10
$70 \leq X < 80$	6
$80 \leq X < 90$	5
總和	62

試在顯著水準$\alpha=0.05$下,檢定會計學期中考分數是否呈常態分配。假設樣本平均分數$\bar{x}=60$, $s=10$。

4.調查不同進修班別與性別之間是否有關連的研究,依據調查情形列表如下:

進修班別	性　別		總和
	男	女	
工業技術類	58	46	104
電腦資訊類	58	39	97
管理類	38	28	66
外語類	65	68	133
總和	219	181	400

試在顯著水準$\alpha=0.05$下,檢定性別與不同進修班別間是否有關連?

第十四章　變異數分析

在第十二章已經介紹了兩個母體平均數的檢定，本章討論兩個以上母體平均數的檢定方法。當然在面對多個母體平均數檢定時，可以組合方式進行多次兩個母體平均數的檢定。例如，檢定四個母體平均數是否相同，虛無假設爲

$$H_0: \mu_1 = \mu_2 = \mu_3 = \mu_4$$

若經由組合方式進行$\binom{4}{2}=6$次兩個母體平均數檢定也可達到檢定四個母體平均數是否相同的檢定。這六次兩個母體平均數檢定的虛無假設分別爲：$\mu_1=\mu_2$，$\mu_1=\mu_3$，$\mu_1=\mu_4$，$\mu_2=\mu_3$，$\mu_2=\mu_4$，$\mu_3=\mu_4$。

由上面的例子知道：以組合方式進行多次的兩個母體平均數檢定可以用來檢定多個母體平均數是否相等的假設。但我們並不支持這項做法，主要的理由有：(1)必須進行多次檢定。例如四個母體平均數的檢定必須檢定 6 次，五個母體平均數的檢定必須檢定$\binom{5}{2}=10$次。(2)由於進行多次檢定，因此型 I 誤差的機率很高。例如每次檢定都採用$\alpha=0.05$的顯著水準，則 6 次檢定在相互獨立的情況下型 I 誤差可能高達$1-(1-0.05)^6=0.265$。

變異數分析係針對多個母體平均數是否相等的問題所提出的檢定方法，本法採一次**同時**(Simultaneously)的檢定，所以顯著水準仍然是$\alpha=$

0.05。本章共分三節，第一節介紹**一因子變異數分析**(One-Factor Analysis of Variance)，除了模型、意義、假設、變異數分析表及F統計量外，也說明以變異數分析的F統計量來檢定兩個母體平均數與第十二章檢定兩母體平均數所用的t統計量間的關係。第二節介紹**二因子變異數分析**(Two-Factor Analysis of Variance)模型在無**交互作用**(Interaction Effect)下的檢定步驟。第三節考慮具有交互作用的二因子變異數分析模型。

第一節　一因子變異數分析

一因子變異數分析是指以一個解釋變數來解釋反應變數變異來源的一種分析方法。由於僅使用一個解釋變數所以稱爲一**因子**(Factor)，這個因子可以是**質的變數**(Qualitative Variable)也可以是**量的變數**(Quantitative Variable)。例如，以文、法、商、工、理、醫等不同學院的學位爲解釋變數來解釋大學畢業生薪資的變異來源，此時不同學院的學位就是變異數分析的因子，是質的變數。又如，以15°C、20°C、25°C、30°C等四種不同的溫度水準爲解釋變數來解釋細菌繁殖的數量，此時溫度就是變異數分析的因子，是量的變數。至於上述兩個例子裏所提到因子的特定值則稱爲**因子水準**(Factor Level)。文、法、理、工、商、醫都是學位因子的因子水準。同理，15°C、20°C、25°C、30°C都是溫度因子的因子水準。由於本節僅考慮一個因子的變異數分析模型，因此在這個因子的各因子水準又稱爲**處理**(Treatment)。例如，15°C、20°C、25°C及30°C可以視爲是四個處理。

一因子變異數分析模型

令X_{ij}爲第j個母體的第 i 個觀察值，其中$i=1,2,...,n_j$且$j=1,2,...,T$。

換言之，有T個母體，第j個母體的觀察值個數爲n_j。這T個母體可以視爲是T個因子水準或T個處理。令第j個母體的平均數爲μ_j，且令μ爲T個母體的**全體平均數**(Overall Mean)。e_{ij}爲第j個母體的第i個觀察值的**隨機效果**(Random Effect)。於是一因子變異數分析模型爲

$$X_{ij}=\mu_j+e_{ij}$$

這個模型的意義爲：第j個母體的第i個觀察值X_{ij}可以分解成兩個部分，一爲第j個母體的平均數μ_j，另一爲專屬於X_{ij}的隨機效果e_{ij}，它使得X_{ij}與μ_j之間有差異。一因子變異數分析模型主要的目的是在檢定各母體平均數μ_j是否相等，即虛無假設爲

$$H_0: \mu_1=\mu_2=\cdots=\mu_T$$

對立假設爲

H_1：至少有二個母體的平均數不相等。

若令τ_j爲第j個母體所獨有的效果也可稱爲**處理效果**(Treatment Effect)，則模型可以改寫成爲

$$X_{ij}=\mu+\tau_j+e_{ij}$$

這表示：第j個母體的第i個觀察值X_{ij}可以分解成三個部分，一爲全體平均數μ，其次爲第j個母體獨有之效果τ_j，最後爲專屬於X_{ij}的隨機效果e_{ij}。根據此一模型，檢定各母體平均數μ_j是否相等的問題等於是在檢定各母體是否有各自的獨有效果，即

虛無假設爲

$$H_0: \tau_1=\tau_2=...=\tau_T=0$$

對立假設則爲　　H_1 :至少有一個$\tau_j\neq 0$。

由上述模型的兩種寫法可以知道：

$$\mu_j=\mu+\tau_j$$

這表示：第j個母體的平均數μ_j可以分解成兩部分，分別爲全體平均數μ及第j個母體獨有的效果τ_j。當T個母體平均數都相等時($\mu_1=\mu_2=\cdots$

$=\mu_T$)則各母體獨有之效果必然全部都爲0，即$\tau_1=\tau_2=\cdots=\tau_T=0$，這表示沒有處理效果。

模型中假設隨機效果e_{ij}爲相互獨立並服從以0爲平均數，σ^2爲共同變異數的常態分配。由隨機效果e_{ij}的假設及一因子變異數分析模型$X_{ij}=\mu_j+e_{ij}$，可以得知觀察值X_{ij}獨立地服從$N(\mu_j, \sigma^2)$。

由於觀察值X_{ij}獨立地服從$N(\mu_j, \sigma^2)$，這表示可經由各組樣本分別去估計共同的變異數σ^2。例如，由第1個母體的樣本觀察值x_{11}，$x_{21}, \ldots, x_{n_11}$去估計母體變異數σ^2的不偏估計值爲

$$s_1^2=\frac{\sum_{i=1}^{n_1}(x_{i1}-\bar{x}_1)^2}{n_1-1}$$

其中$\bar{x}_1$爲第一個母體的樣本平均數。同理，母體變異數σ^2也可以由第二個母體的樣本變異數

$$s_2^2=\frac{\sum_{i=1}^{n_2}(x_{i2}-\bar{x}_2)^2}{n_2-1}$$

來估計。事實上，令

$$s_j^2=\frac{\sum_{i=1}^{n_j}(x_{ij}-\bar{x}_j)^2}{n_j-1}$$

爲第j個母體的樣本變異數，其中$j=1,2,\cdots,T$。各s_j^2都是σ^2的不偏估計值。既然各組樣本變異數都可以做爲共同變異數σ^2的估計量，因此可以將各組樣本合起來，以混合的(Pooled)估計量來估計母體變異數σ^2。由於混合的樣本變異數(以S_p^2表示)使用全部樣本資料，所以比僅使用個別樣本組資料的估計量(S_j^2)更佳。定義**混合樣本變異數(Pooled Sample Variance)**爲

$$S_p^2=\frac{(n_1-1)S_1^2+(n_2-1)S_2^2+\cdots+(n_T-1)S_T^2}{n_1+n_2+\cdots+n_T-T}$$

令$n=n_1+n_2+\cdots+n_T$，則混合樣本變異數又可寫爲

$$S_p^2=\frac{\sum_{j=1}^{T}\sum_{i=1}^{n_j}(X_{ij}-\bar{X}_j)^2}{n-T}$$

由於$S_1^2, S_2^2, \ldots, S_T^2$都是$\sigma^2$的不偏估計量，所以

$$E(S_p^2)=E\left(\frac{(n_1-1)S_1^2+(n_2-1)S_2^2+\cdots+(n_T-1)S_T^2}{n_1+n_2+\cdots+n_T-T}\right)$$

$$=\frac{(n_1-1)E(S_1^2)+(n_2-1)E(S_2^2)+\cdots+(n_T-1)E(S_T^2)}{n_1+n_2+\cdots+n_T-T}$$

$$=\sigma^2$$

即混合樣本變異數S_p^2也是母體變異數σ^2的不偏估計量。

另一方面，也可經由T個母體所產生的T組樣本的平均數$\bar{X}_j$及全體樣本平均數$\bar{X}=\frac{\sum_{j=1}^{T}\sum_{i=1}^{n_j}X_{ij}}{n}$形成母體變異數$\sigma^2$的估計量。因爲$X_{ij}$獨立地服從$N(\mu_j, \sigma^2)$，所以$\bar{X}_j=\frac{\sum_{i=1}^{n_j}X_{ij}}{n_j}$的抽樣分配爲

$$N(\mu_j, \frac{\sigma^2}{n_j})$$

根據期望值及變異數的性質知道：若

$$\bar{X}_j \sim N(\mu_j, \frac{\sigma^2}{n_j})$$

則
$$\sqrt{n_j}\,(\bar{X}_j-\mu_j) \sim N(0, \sigma^2)$$

其中$j=1,2,\cdots,T$。當虛無假設$H_0: \mu_1=\mu_2=\cdots=\mu_T$爲眞時，可以得到母體變異數$\sigma^2$的不偏估計量，

$$E\left\{\frac{\sum_{j=1}^{T}n_j(\bar{X}_j-\bar{X})^2}{T-1}\right\}=\sigma^2$$

若虛無假設爲僞則該估計量不是σ^2的不偏估計量，因爲

$$E\left\{\frac{\sum_{j=1}^{T} n_j(\bar{X}_j-\bar{X})^2}{T-1}\right\}=\sigma^2+\frac{\sum_{j=1}^{T} n_j(\mu_j-\mu)^2}{T-1}$$

由於統計量

$$\frac{\sum_{j=1}^{T} n_j(\bar{X}_j-\bar{X})^2}{T-1}$$

使用T組樣本平均數$\bar{X}_j$及全體平均數$\bar{X}$所計算的變異數，因此可以定義爲**組間均方**(Mean Square Between Groups，簡寫MSB)或稱爲**處理間均方**(Mean Square Between Treatments，簡寫MSTR)。至於組間均方的分子

$$\sum_{j=1}^{T} n_j(\bar{X}_j-\bar{X})^2$$

可稱爲**組間平方和**(Sum Square Between Groups，簡寫SSB)或稱**處理間平方和**(Sum Square Between Treatments，簡寫SSTR)。

同理，定義混合樣本變異數S_p^2爲**組內均方**(Mean Square Within Groups，簡寫MSW)或稱爲**誤差均方**(Mean Square Error，簡寫MSE)。至於其分子部分

$$\sum_{j=1}^{T}\sum_{i=1}^{n_j}(X_{ij}-\bar{X}_j)^2$$

可稱爲**組內平方和**(Sum Square Within Groups，簡寫SSW)或稱爲**誤差平方和**(Sum square Error，簡寫SSE)。

由全體樣本的觀察值X_{ij}及全體平均數$\bar{X}$，可以定義**總平方和**(Sum Square Total，簡寫SST)爲

$$\sum_{j=1}^{T}\sum_{i=1}^{n_j}(X_{ij}-\bar{X})^2$$

其自由度爲$n-1$，其中$n=n_1+n_2+\cdots+n_T$。

根據上述各項變異來源可以建立**變異數分析表**(Analysis of Variance Table，簡稱ANOVA Table)如下：

表 14-1 一因子變異數分析表

變異來源	平方和	自由度	均方	F統計量
組間	$SSB=\sum_{j=1}^{T} n_j(\bar{X}_j-\bar{X})^2$	$T-1$	$MSB=\frac{SSB}{T-1}$	$F=\frac{MSB}{MSW}$
組內	$SSW=\sum_{j=1}^{T}\sum_{i=1}^{n_j}(X_{ij}-\bar{X}_j)^2$	$n-T$	$MSW=\frac{SSW}{n-T}$	
總和	$SST=\sum_{j=1}^{T}\sum_{i=1}^{n_j}(X_{ij}-\bar{X})^2$	$n-1$		

由變異數分析表可以查驗下列等式關係：

(1) $SST=SSB+SSW$，即

(總平方和)＝(組間平方和)＋(組內平方和)

(2)(總平方和的自由度)＝(組間平方和的自由度)＋(組內平方和的自由度)，即

$$(n-1)=(T-1)+(n-T)$$

由於變異數分析表中的F統計量定義爲

$$F=\frac{MSB}{MSW}$$

根據本節前述討論知道：$E(MSB)=\sigma^2+\frac{\sum_{j=1}^{T} n_j(\mu_j-\mu)^2}{T-1}$，及$E(MSW)=\sigma^2$。所以在顯著水準 α 下，若依據樣本資料計算得到的F統計量值大於查表值$F_\alpha(T-1,n-T)$，即

$$F>F_\alpha(T-1,\ n-T)$$

則拒絕虛無假設H_0：$\mu_1=\mu_2=\cdots=\mu_T$。反之，不拒絕虛無假設。

例 1 調查紡織業、食品業、印刷業經理級人員薪資列於表 14-2。令顯著水準$\alpha=0.05$，試檢定三種行業經理級人員平均薪資是否相同。假設樣本資料來自於常態母體，且具有相同的變異數。

表 14-2 經理級人員薪資表 （單位：千元）

經理級人員	行業		
	紡織業	食品業	印刷業
1	55	60	58
2	53	62	59
3	58	59	62
4	60	56	60
5	50	53	54

解：

令μ_1，μ_2，μ_3分別代表紡織業、食品業、印刷業之母體平均數。依題意，虛無假設爲

$$H_0: \mu_1=\mu_2=\mu_3,$$

對立假設爲

H_1：至少有二個平均數不相等。

依行業別計算紡織、食品、印刷三業的樣本平均數爲$\bar{x}_1=55.2$，$\bar{x}_2=58$，$\bar{x}_3=58.6$。樣本變異數分別爲

$$s_1^2=\frac{(55-55.2)^2+(53-55.2)^2+(58-55.2)^2+(60-55.2)^2+(50-55.2)^2}{5-1}$$

$$=15.7,$$

$$s_2^2=\frac{(60-58)^2+(62-58)^2+(59-58)^2+(56-58)^2+(53-58)^2}{5-1}$$

$$=12.5,$$

$$s_3^2=\frac{(58-58.6)^2+(59-58.6)^2+(62-58.6)^2+(60-58.6)^2+(54-58.6)^2}{5-1}$$

$$=8.8,$$

所以，組內平方和爲

$$SSW=(n_1-1)s_1^2+(n_2-1)s_2^2+(n_3-1)s_3^2$$
$$=4\times 15.7+4\times 12.5+4\times 8.8$$
$$=148$$

組內均方爲

$$MSW=\frac{SSW}{n-T}$$
$$=\frac{148}{15-3}$$
$$=12.333$$

由全體樣本計算全體平均數爲

$$\bar{x}=57.267,$$

所以組間平方和爲

$$SSB=n_1(\bar{x}_1-\bar{x})^2+n_2(\bar{x}_2-\bar{x})^2+n_3(\bar{x}_3-\bar{x})^2$$
$$=5\times(55.2-57.267)^2+5\times(58-57.267)^2$$
$$+5\times(58.6-57.267)^2$$
$$=32.9333$$

於是組間均方爲

$$MSB=\frac{SSB}{T-1}$$
$$=\frac{32.9333}{3-1}$$

$=16.46665$

至於總平方和為

$$SST=\sum_{j=1}^{T}\sum_{i=1}^{n_j}(x_{ij}-\bar{x})^2$$

$$=(55-57.267)^2+(53-57.267)^2+\cdots+(50-57.267)^2$$
$$+(60-57.267)^2+(62-57.267)^2+\cdots+(53-57.267)^2$$
$$+(58-57.267)^2+(59-57.267)^2+\cdots+(54-57.267)^2$$
$$=180.9333$$

由SST所計算得到的值可以驗證：$SST=SSB+SSW$關係式，即

$$180.9333=32.9333+148$$

建立變異數分析表於表 14-3。

表 14-3　經理級人員薪資變異數分析表

變異來源	平方和	自由度	均方	F統計量
組間	32.9333	2	16.46665	$F=1.3351$
組內	148	12	12.3333	
總和	180.9333	14		

在顯著水準$\alpha=0.05$下，查F分配表，自由度為(2,12)，得

$$F_{0.05}(2,12)=3.88$$

由於計算值小於查表值，即

$$F=1.3351<F_{0.05}(2,12)=3.88$$

所以不拒絕三個行業經理級人員平均薪資相等的虛無假設。

本節所介紹的一因子變異數分析法適用於兩個以上母體平均數的檢定，也可應用於兩個母體平均數的檢定，此時變異數分析表中的F統計量與第十二章所介紹的兩母體平均數檢定 t 統計量會得到相同的結論，而且 t 統計量與F統計量有下列關係：

$$t^2=F$$

此時 t 統計量的自由度爲$n-2$，而F統計量的自由度爲$(1, n-2)$，其中$n=n_1+n_2$，舉例說明如下。

例 2　由兩個變異數都是σ^2的常態母體中分別隨機抽取兩組獨立樣本，樣本數分別爲$n_1=10$，$n_2=12$。計算得到樣本平均數及樣本變異數分別爲$\bar{x}_1=60$，$\bar{x}_2=62$，$s_1^2=16$，及$s_2^2=20$。在顯著水準$\alpha=0.05$下，檢定虛無假設$H_0 : \mu_1=\mu_2$，對立假設$H_1 : \mu_1\neq\mu_2$。請分別使用兩樣本 t 檢定法及變異數分析法檢定之，驗證是否$t^2=F$關係式成立。

解：

依題意，虛無假設$H_0 : \mu_1=\mu_2$，對立假設$H_1 : \mu_1\neq\mu_2$。首先做兩樣本 t 檢定如下：計算混合樣本變異數

$$s_p^2=\frac{(n_1-1)s_1^2+(n_2-1)s_2^2}{n_1+n_2-2}$$

$$=\frac{(10-1)\times16+(12-1)\times20}{10+12-2}$$

$$=18.2$$

根據 t 統計量得

$$t=\frac{\bar{x}_1-\bar{x}_2}{\sqrt{s_p^2\left(\frac{1}{n_1}+\frac{1}{n_2}\right)}}$$

$$=\frac{60-62}{\sqrt{18.2\times\left(\frac{1}{10}+\frac{1}{12}\right)}}$$

$$=-1.095$$

查自由度$n_1+n_2-2=10+12-2=20$的 t 分配表，因爲雙尾檢定，所以$t_{\alpha/2}(n_1+n_2-2)=t_{0.025}(20)=2.086$。因爲臨界值爲$\pm 2.086$，$t$統計量的計算值落在接受區域，所以不拒絕虛無假設$H_0:\mu_1=\mu_2$。

其次，以變異數分析法檢定虛無假設$H_0:\mu_1=\mu_2$，對立假設$H_1:\mu_1\neq\mu_2$，先計算全體平均數

$$\bar{x}=\frac{n_1\bar{x}_1+n_2\bar{x}_2}{n_1+n_2}$$

$$=\frac{10\times 60+12\times 62}{10+12}$$

$$=61.091$$

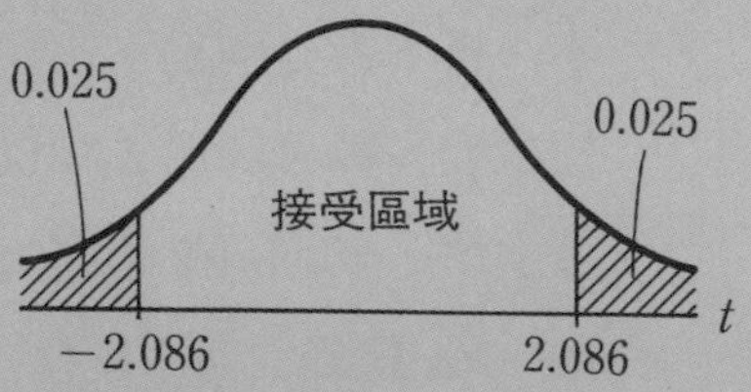

由各樣本平均數及全體平均數計算組間平方和

$$SSB=\sum_{j=1}^{T}n_j(\bar{x}_j-\bar{x})^2$$

$$=10\times(60-61.091)^2+12\times(62-61.091)^2$$

$$=21.81819$$

所以組間均方爲

$$MSB=\frac{SSB}{(T-1)}$$

$$=\frac{21.81819}{(2-1)}$$

$$=21.81819$$

組內平方和爲

$$SSW=(n_1-1)s_1^2+(n_2-1)s_2^2$$

$$=364$$

於是組內均方為

$$MSW=\frac{SSW}{(n-T)}$$

$$=\frac{364}{(22-2)}$$

$$=18.2$$

建立變異數分析表如下：

表 14-4　例 2 變異數分析表

變異來源	平方和	自由度	均方	F統計量
組間	21.81819	1	21.81819	1.199
組內	364	20	18.2	
總和	385.81819	21		

查自由度為$(T-1, n-T)=(1, 20)$的F分配表在$\alpha=0.05$下的臨界值為　$F_{0.05}(1, 20)=4.35$。

因為F統計量計算值小於查表值，即

$$F=1.199<F_{0.05}(1, 20)=4.35$$

所以不拒絕虛無假設$H_0: \mu_1=\mu_2$。

最後，驗證兩樣本 t 檢定與變異數分析的F檢定間的關係證實$t^2=F$成立，即

$$t^2=(-1.095)^2=1.199=F$$

同時t檢定臨界值的平方也等於變異數分析F檢定的臨界值，即

$$[t_{0.025}(20)]^2=(2.086)^2=4.35=F_{0.05}(1, 20)$$

第二節　二因子變異數分析(Ⅰ)

二因子變異數分析是指以兩個自變數來解釋反應變數變異來源的分析方法。由於使用了兩個自變數，所以稱爲二因子。二因子變異數分析的兩個因子(以A,B表示)按個別因子的因子水準(以1, 2, ⋯, a 爲A的因子水準, 以1, 2, ⋯, b 爲B的因子水準)排列成表格形式, 如表 14-5 所列, 則任何的因子水準 i 與 j 的組合可以視爲是一個**處理(Treatment)**，也就是表中的(i,j)**細格(cell)**, 而x_{ij}就是該細格內的觀察值。例如因子水準$i=2$與$j=3$形成的處理，若以表格形式表示時就是表格中觀察值x_{23}所在的細格。表 14-5 中各細格都只有一個觀察值，此種二因子變異數分析稱爲**無重複(unreplicated)觀察值**的二因子變異數分析。

表 14-5　二因子資料表(無重覆觀察值)

因子A	因子B			
	1	2 ⋯ j	⋯	b
1	x_{11}	x_{12} ⋯ x_{1j}	⋯	x_{1b}
2	x_{21}	x_{22} ⋯ x_{2j}	⋯	x_{2b}
⋮	⋮	⋮	⋮	
i	x_{i1}	x_{i2} ⋯ x_{ij}	⋯	⋮
⋮	⋮	⋮	⋮	
a	x_{a1}	x_{a2} ⋯ x_{aj}	⋯	x_{ab}

二因子變異數分析模型——無交互作用

由於本節所介紹的是無重複觀察值的二因子變異數分析，所以在模型中假設兩個因子間的**交互作用**不存在。令X_{ij}爲(i,j)細格的隨機變數，τ_i爲因子A第i個因子水準的效果，r_j爲因子B第j個因子水準的效果，μ爲全體平均數，e_{ij}爲X_{ij}獨有的隨機干擾項。於是模型爲

$$X_{ij}=\mu+\tau_i+r_j+e_{ij}$$

至於模型的假設則爲e_{ij}獨立地服從常態分配$N(0,\sigma^2)$。

在二因子變異數分析模型(假設無交互作用)中可以檢定兩種**主因子**(Main Effect)效果是否顯著，即可能有下列兩種虛無假設及對立假設，分別爲

(1)H_0：$\tau_1=\tau_2=\cdots=\tau_a=0$(表示沒有$A$因子效果)，

H_1：至少有一個τ_i不爲0(表示有A因子效果)。

(2)H_0：$r_1=r_2=\cdots=r_b=0$(表示沒有B因子效果)，

H_1：至少有一個r_j不爲0(表示有B因子效果)。

要對以上兩種虛無假設做檢定，可以由下列的**變異等式**出發來建立變異數分析表。

$$\sum_{i=1}^{a}\sum_{j=1}^{b}(X_{ij}-\bar{X})^2=b\sum_{i=1}^{a}(\bar{X}_{i\cdot}-\bar{X})^2+a\sum_{j=1}^{b}(\bar{X}_{\cdot j}-\bar{X})^2$$
$$+\sum_{i=1}^{a}\sum_{j=1}^{b}(X_{ij}-\bar{X}_{i\cdot}-\bar{X}_{\cdot j}-\bar{X})^2$$

其中$\bar{X}=\sum_{i=1}^{a}\sum_{j=1}^{b}X_{ij}/(ab)$爲樣本全體平均數，

$\bar{X}_{i\cdot}=\sum_{j=1}^{b}X_{ij}/b$爲因子$A$第$i$個因子水準的樣本平均數，

$\bar{X}_{\cdot j}=\sum_{i=1}^{a}X_{ij}/a$爲因子$B$第$j$個因子水準的樣本平均數。

由於等式中$\sum_{i=1}^{a}\sum_{j=1}^{b}(X_{ij}-\bar{X})^2$爲以樣本平均數$\bar{X}$爲中心的總變異，可以分解成等號右邊的三種變異：

(1)$b\sum_{i=1}^{a}(\bar{X}_{i\cdot}-\bar{X})^2$爲因子$A$造成的變異，

(2)$a\sum_{j=1}^{b}(\bar{X}_{\cdot j}-\bar{X})^2$爲因子$B$造成的變異,

(3)$\sum_{i=1}^{a}\sum_{j=1}^{b}(X_{ij}-\bar{X}_{i\cdot}-\bar{X}_{\cdot j}-\bar{X})^2$爲**誤差變異(Error Variation)**。

根據上述討論令總變異爲SST(Total Sum Square);因子A造成的變異爲SSA(Sum Square Due to Factor A);因子B造成的變異爲SSB(Sum Square Due to Factor B);誤差變異爲SSE(Sum Square Error),於是變異等式可以簡寫爲:

$$SST=SSA+SSB+SSE$$

至於上述各項變異對應的自由度爲:

$$(ab-1)=(a-1)+(b-1)+(a-1)(b-1)$$

定義A因子均方(Mean Square of Factor A)$MSA=\frac{SSA}{(a-1)}$。B因子均方(Mean Square of Factor B)$MSB=\frac{SSB}{(b-1)}$,誤差均方(Mean Square Error)$MSE=\frac{SSE}{(a-1)(b-1)}$,由於

$$E(MSE)=\sigma^2$$

$$E(MSA)=\sigma^2+\frac{b}{(a-1)}\sum_{i=1}^{a}\tau_i^2$$

$$E(MSB)=\sigma^2+\frac{a}{(b-1)}\sum_{j=1}^{b}r_j^2$$

所以要檢定A因子的效果是否顯著可以MSA與MSE的比值來決定。若A因子的效果顯著($\tau_i\neq0$),則$\frac{MSA}{MSE}$的比值愈大,因此愈有可能拒絕虛無假設$H_0:\tau_1=\tau_2=...=\tau_a=0$。同理,以$\frac{MSB}{MSE}$來檢定$B$因子的效果是否顯著,比值大表示效果愈有可能顯著。以上各比值必須與對應的F分配表查表值比較才能決定是否拒絕虛無假設。根據以上說明,建立**二因子變異**

數分析表如表 14-6。

表 14-6　二因子變異數分析表——無交互作用模型

變異來源	平方和	自由度	均方	F統計量
A因子	$SSA=b\sum_{i=1}^{a}(\bar{X}_{i\cdot}-\bar{X})^2$	$a-1$	$MSA=\frac{SSA}{(a-1)}$	$F_A=\frac{MSA}{MSE}$
B因子	$SSB=a\sum_{j=1}^{b}(\bar{X}_{\cdot j}-\bar{X})^2$	$b-1$	$MSB=\frac{SSB}{(b-1)}$	$F_B=\frac{MSB}{MSE}$
誤　差	$SSE=\sum_{i=1}^{a}\sum_{j=1}^{b}(X_{ij}-\bar{X}_{i\cdot}-\bar{X}_{\cdot j}-\bar{X})^2$	$(a-1)(b-1)$	$MSE=\frac{SSE}{(a-1)(b-1)}$	
總　和	$SST=\sum_{i=1}^{a}\sum_{j=1}^{b}(X_{ij}-\bar{X})^2$	$ab-1$		

由二因子變異數分析表可以檢定兩種主因子(A因子、B因子)效果是否顯著。在顯著水準 α 下，若樣本資料的F統計量計算值F_A大於F分配查表值$F_\alpha((a-1),(a-1)(b-1))$(附表 6)，即

$$F_A>F_\alpha((a-1),(a-1)(b-1))$$

則拒絕虛無假設$H_0:\tau_1=\tau_2=...=\tau_a=0$，表示$A$因子效果顯著。同理，在顯著水準 α 下，若樣本資料的F統計量計算值F_B大於F分配查表值$F_\alpha((b-1),(a-1)(b-1))$(附表 6)，即

$$F_B>F_\alpha((b-1),(a-1)(b-1))$$

則拒絕虛無假設$H_0:r_1=r_2=...=r_b=0$，表示B因子效果顯著。

例 3　某工廠管理單位爲瞭解員工工作效率是否受到員工年資及放假兩個因子的影響。針對「年資」因子設定三個因子水準分別爲：(1)一年以下(2)一年以上五年以下(3)五年以上。「放假」因子也設定三個因子水準分別爲：(1)星期一(代表放假後的工作天)、(2)星期六(代表放假前的工作天)、(3)星期三(代表

前後均無放假的工作天)。根據年資及放假兩個因子的各因子水準搜集工廠生產量如下表。

放假＼年資	一年以下	一年以上五年以下	五年以上
星期一	125	130	129
星期六	119	122	123
星期三	140	135	126

在顯著水準$\alpha=0.05$下，檢定「放假」因子效果及「年資」因子效果是否顯著。假設不考慮交互作用。

解:

根據資料知道本題爲二因子無交互作用無重複觀察值的變異數分析。令放假爲因子A，年資爲因子B，則

則全體平均數 $\bar{x}=\sum_{i=1}^{a}\sum_{j=1}^{b}x_{ij}/(ab)$

$$=\frac{(125+130+129+\cdots+140+135+126)}{3\times 3}$$

$$=127.667$$

因子A的三個因子水準平均數分別爲:

$$\bar{x}_{1\cdot}=\sum_{j=1}^{b}x_{1j}/b=\frac{(125+130+129)}{3}=128$$

$$\bar{x}_{2\cdot}=\sum_{j=1}^{b}x_{2j}/b=\frac{(119+122+123)}{3}=121.333$$

$$\bar{x}_{3\cdot}=\sum_{j=1}^{b}x_{3j}/b=\frac{(140+135+126)}{3}=133.667$$

同理，因子B的三個因子水準平均數分別爲:

$$\bar{x}_{\cdot 1}=\sum_{i=1}^{a} x_{i1}/a=\frac{(125+119+140)}{3}=128$$

$$\bar{x}_{\cdot 2}=\sum_{i=1}^{a} x_{i2}/a=\frac{(130+122+135)}{3}=129$$

$$\bar{x}_{\cdot 3}=\sum_{i=1}^{a} x_{i3}/a=\frac{(129+123+126)}{3}=126$$

於是因子A造成的變異爲

$$\begin{aligned}SSA&=b\sum_{i=1}^{a}(\bar{x}_{i\cdot}-\bar{x})^2\\&=3\times[(128-127.667)^2+(121.333-127.667)^2\\&\quad+(133.667-127.667)^2]\\&=228.667\end{aligned}$$

同理，因子B造成的變異爲

$$\begin{aligned}SSB&=a\sum_{j=1}^{b}(\bar{x}_{\cdot j}-x)^2\\&=3\times[(128-127.667)^2+(129-127.667)^2\\&\quad+(26-127.667)^2]\\&=14\end{aligned}$$

至於誤差變異爲

$$\begin{aligned}SSE&=\sum_{i=1}^{a}\sum_{j=1}^{b}(x_{ij}-\bar{x}_{i\cdot}-\bar{x}_{\cdot j}+\bar{x})^2\\&=(125-128-128+127.667)^2+(130-128-129\\&\quad+127.667)^2+(129-128-126+127.667)^2+\cdots\\&\quad+(140-133.667-128+127.667)^2\\&\quad+(135-133.667-129+127.667)^2\\&\quad+(126-133.667-126+127.667)^2\\&=109.333\end{aligned}$$

總變異SST可由關係式$SST=SSA+SSB+SSE$求得，

也可直接由定義式$\sum_{i=1}^{a}\sum_{j=1}^{b}(\bar{x}_{ij}-\bar{x})^2$求得。

$$SST=228.667+14+109.333$$
$$=352$$

由於$a=3$，$b=3$，所以各項變異對應的自由度為：

$$(3\times3-1)=(3-1)+(3-1)+(3-1)\times(3-1)$$

即 $8=2+2+4$

根據各項變異及對應自由度，建立二因子變異數分析表(表14-7)。

表 14-7 放假與年資二因子變異數分析表

變異來源	平方和	自由度	均方	統計量
「放假」因子	$SSA=228.667$	2	114.333	$F_A=4.183$
「年資」因子	$SSB=14$	2	7	$F_B=0.256$
誤差	$SSE=109.333$	4	27.333	
總變異	$SST=352$	8		

依題意，在顯著水準$\alpha=0.05$下，欲檢定下列虛無假設：

(1)虛無假設H_0:「放假」因子效果不顯著，即

$$\tau_1=\tau_2=\tau_3=0,$$

對立假設H_1:「放假」因子效果顯著，即

至少有一個τ_i不為0。

(2)虛無假設H_0:「年資」因子效果不顯著，即

$$r_1=r_2=r_3=0,$$

對立假設H_1:「年資」因子效果顯著，即

至少有一個r_j不為0。

根據表 14.6 所列之統計量F_A及F_B，查顯著水準$\alpha=0.05$下的F分配表得到下列結果：

$$F_A=4.183<F_{0.05}(2,4)=6.94$$

$$F_B=0.256<F_{0.05}(2,4)=6.94$$

換言之，二個檢定都不拒絕虛無假設，即「放假」及「年資」兩個因子對員工工作效率的影響效果都不顯著。

第三節　二因子變異數分析(II)

本節考慮的二因子變異數分析模型是每一處理(或細格)的觀察值個數不只一個的情形；換言之，本節討論**重複觀察值(Replicated Measurements)**的模型。由於是重複觀察值，所以本節模型可考慮兩個因子彼此間有交互作用效果的檢定。令A，B兩個因子的因子水準分別為$1,2,\cdots,a$及$1,2,\cdots,b$。將各因子的因子水準排列成表格形式，如表 14-8 所示。

表 14-8 中各細格所代表的處理都有k個重複觀察值。令X_{ijk}為(i,j)細格內第 k 個觀察值的隨機變數，τ_i為因子A第 i 個因子水準的效果，r_j為因子B第 j 個因子水準的效果，$(\tau r)_{ij}$為因子A第 i 個水準與因子B第 j 個水準的交互效果，μ為全體平均數，e_{ijk}為X_{ijk}獨有的隨機干擾項。於是模型為

$$X_{ijk}=\mu+\tau_i+r_j+(\tau r)_{ij}+e_{ijk}$$

模型的假設為e_{ijk}獨立地服從常態分配$N(0,\sigma^2)$。

在二因子交互作用的變異數分析模型中可以檢定兩個主因子效果是否顯著，也可以檢定交互作用效果是否顯著，有關的虛無假設及對立假設列之如下：

表 14-8 二因子資料表(具重複觀察值)

因子A	因子B					
	1	2	…	j	…	b
1	X_{111} X_{112} ⋮ X_{11k}	X_{121} X_{122} ⋮ X_{12k}	…	X_{1j1} X_{1j2} ⋮ X_{1jk}	…	X_{1b1} X_{1b2} ⋮ X_{1bk}
2	X_{211} X_{212} ⋮ X_{21k}	X_{221} X_{222} ⋮ X_{22k}	…	X_{2j1} X_{2j2} ⋮ X_{2jk}	…	X_{2b1} X_{2b2} ⋮ X_{2bk}
⋮	⋮	⋮	…	⋮	…	⋮
i	X_{i11} X_{i12} ⋮ X_{i1k}	X_{i21} X_{i22} ⋮ X_{i2k}	…	X_{ij1} X_{ij2} ⋮ X_{ijk}	…	X_{ib1} X_{ib2} ⋮ X_{ibk}
⋮	⋮	⋮	…	⋮	…	⋮
a	X_{a11} X_{a12} ⋮ X_{a1k}	X_{a21} X_{a22} ⋮ X_{a2k}	…	X_{aj1} X_{aj2} ⋮ X_{ajk}	…	X_{ab1} X_{ab2} ⋮ X_{abk}

(1)H_0：$\tau_1=\tau_2=...=\tau_a=0$(表示沒有$A$因子效果)，

H_1：至少有一個τ_i不為0(表示有A因子效果)。

(2)H_0：$\gamma_1=\gamma_2=...=\gamma_b=0$(表示沒有$B$因子效果)，

H_1：至少有一個γ_j不為0(表示有B因子效果)。

(3)H_0：對於全部i，j而言，$(\tau\gamma)_{ij}=0$(表示沒有A、B因子的交互作用)，

H_1：至少有一個$(\tau\gamma)_{ij}$不為0(表示有A、B因子的交互作用)。

要對以上三種假設進行檢定，可以由下列的變異等式出發來建立變異數分析表。

$$\sum_{i=1}^{a}\sum_{j=1}^{b}\sum_{k=1}^{\mathrm{k}}(X_{ijk}-\bar{X})^2=b\mathrm{k}\sum_{i=1}^{a}(\bar{X}_{i\cdot\cdot}-\bar{X})^2+a\mathrm{k}\sum_{j=1}^{b}(\bar{X}_{\cdot j\cdot}-\bar{X})^2$$

$$+\mathrm{k}\sum_{i=1}^{a}\sum_{j=1}^{b}(\bar{X}_{ij\cdot}-\bar{X}_{i\cdot\cdot}-\bar{X}_{\cdot j\cdot}+\bar{X})^2+\sum_{i=1}^{a}\sum_{j=1}^{b}\sum_{k=1}^{\mathrm{k}}(X_{ijk}-\bar{X}_{ij\cdot})^2$$

其中$\bar{X}=\sum_{i=1}^{a}\sum_{j=1}^{b}\sum_{k=1}^{\mathrm{k}}X_{ijk}/ab\mathrm{k}$為樣本全體平均數，

$\bar{X}_{i\cdot\cdot}=\sum_{j=1}^{b}\sum_{k=1}^{\mathrm{k}}X_{ijk}/b\mathrm{k}$為因子$A$第 i 個因子水準的樣本平均數，

$\bar{X}_{\cdot j\cdot}=\sum_{i=1}^{a}\sum_{k=1}^{\mathrm{k}}X_{ijk}/a\mathrm{k}$為因子$B$第 j 個因子水準的樣本平均數，

$\bar{X}_{ij\cdot}=\sum_{k=1}^{\mathrm{k}}X_{ijk}/\mathrm{k}$為因子$A$第 i 個因子水準與因子B第 j 個因子水準所代表細格的樣本平均數。

由於等式中$\sum_{i=1}^{a}\sum_{j=1}^{b}\sum_{k=1}^{\mathrm{k}}(X_{ijk}-\bar{X})^2$為以樣本平均數$\bar{X}$為中心的總變異，可以分解成等號右邊的四種變異：

(1)$b\mathrm{k}\sum_{i=1}^{a}(\bar{X}_{i\cdot\cdot}-\bar{X})^2$為因子$A$造成的變異，

(2)$a\mathrm{k}\sum_{j=1}^{b}(\bar{X}_{\cdot j\cdot}-\bar{X})^2$為因子$B$造成的變異，

(3)$\mathrm{k}\sum_{i=1}^{a}\sum_{j=1}^{b}(\bar{X}_{ij\cdot}-\bar{X}_{i\cdot\cdot}-\bar{X}_{\cdot j\cdot}-\bar{X})^2$為因子$A$與因子$B$交互作用造成的變異，

(4) $\sum_{i=1}^{a}\sum_{j=1}^{b}\sum_{k=1}^{\mathrm{k}}(X_{ijk}-\bar{X}_{ij.})^2$爲誤差變異。

令總變異爲SST(Total Sum Square);因子A造成的變異爲SSA (Sum Square Due to Factor A);因子B造成的變異爲SSB(Sum Square Due to Factor B);因子A與因子B交互作用造成的變異爲SSI(Sum Square Due to Interaction of Factor A and Factor B);誤差變異爲SSE(Sum Square of Error),於是變異等式可以簡寫爲:

$$SST=SSA+SSB+SSI+SSE$$

上述各項變異對應的自由度爲:

$$ab\mathrm{k}-1=(a-1)+(b-1)+(a-1)(b-1)+ab(\mathrm{k}-1)$$

定義A因子均方(Mean Square of Factor A) $MSA=\frac{SSA}{(a-1)}$;B因子均方(Mean Square of Factor B) $MSB=\frac{SSB}{(b-1)}$;交互作用均方(Mean Square of Interaction) $MSI=\frac{SSI}{[(a-1)(b-1)]}$;誤差均方(Mean Square Error) $MSE=\frac{SSE}{[ab(\mathrm{k}-1)]}$。由於

$$E(MSE)=\sigma^2,$$

$$E(MSA)=\sigma^2+\frac{b\mathrm{k}}{a-1}\sum_{i=1}^{a}\tau_i^2,$$

$$E(MSB)=\sigma^2+\frac{a\mathrm{k}}{b-1}\sum_{j=1}^{b}r_j^2,$$

$$E(MSI)=\sigma^2+\frac{\mathrm{k}}{(a-1)(b-1)}\sum_{i=1}^{a}\sum_{j=1}^{b}(\tau r)_{ij}^2。$$

所以要檢定A因子的效果是否顯著可以MSA與MSE的比值來決定。若A因子的效果顯著($\tau_i\neq0$),則MSA/MSE的比值愈大,因此愈有可能拒絕虛無假設$H_0:\tau_1=\tau_2=\cdots=\tau_a=0$。同理,以$MSB/MSE$來檢定$B$因子的效果是否顯著,比值大表示效果愈有可能顯著。若要檢定A、B因子的交

互作用效果是否顯著，可以MSI/MSE的比值來檢定，同樣的，比值愈大即表示效果愈顯著。以上各比值必須與對應的F分配表查表值比較才能決定是否拒絕虛無假設。

根據以上說明，建立二因子變異數分析表如表 14-9。

表 14-9　二因子變異數分析表—交互作用模型

變異來源	平方和	自由度	均方	統計量
A因子	$SSA=b\text{k}\sum_{i=1}^{a}(\bar{X}_{i..}-\bar{X})^2$	$a-1$	$MSA=\frac{SSA}{(a-1)}$	$F_A=\frac{MSA}{MSE}$
B因子	$SSB=a\text{k}\sum_{j=1}^{b}(\bar{X}_{.j.}-\bar{X})^2$	$b-1$	$MSB=\frac{SSB}{(b-1)}$	$F_B=\frac{MSB}{MSE}$
AB交互作用	$SSI=\text{k}\sum_{i=1}^{a}\sum_{j=1}^{b}(\bar{X}_{ij.}-\bar{X}_{i..}-\bar{X}_{.j.}+\bar{X})^2$	$(a-1)(b-1)$	$MSI=\frac{SSI}{[(a-1)(b-1)]}$	$F_I=\frac{MSI}{MSE}$
誤差	$SSE=\sum_{i=1}^{a}\sum_{j=1}^{b}\sum_{k=1}^{\text{k}}(X_{ijk}-\bar{X}_{ij.})^2$	$ab(\text{k}-1)$	$MSE=\frac{SSE}{[ab(\text{k}-1)]}$	
總和	$SST=\sum_{i=1}^{a}\sum_{j=1}^{b}\sum_{k=1}^{\text{k}}(X_{ijk}-\bar{X})^2$	$ab\text{k}-1$		

由二因子變異數分析表可以檢定兩種主因子(A因子、B因子)效果是否顯著，也可以檢定A、B因子的交互作用效果是否顯著。在顯著水準α下，

(1)若根據樣本計算得到的統計量值F_A大於F分配查表值 $F_\alpha((a-1),ab(\text{k}-1))$(附表 6)，即

$$F_A>F_\alpha((a-1),\ ab(\text{k}-1))$$

則拒絕虛無假設 H_0: $\tau_1=\tau_2=\cdots=\tau_a=0$，表示$A$因子效果顯著。

(2)若根據樣本計算得到的統計量值F_B大於F分配查表值 $F_\alpha((b-1),\ ab(\text{k}-1))$，即

$$F_B>F_\alpha((b-1),\ ab(\text{k}-1))$$

則拒絕虛無假設 H_0: $r_1=r_2=\cdots=r_b=0$，表示B因子效果顯著。

(3)若根據樣本計算得到的統計量值F_I大於F分配查表值

$F_\alpha((a-1)(b-1), ab(k-1))$，即

$$F_I > F_\alpha((a-1)(b-1), ab(k-1))$$

則拒絕虛無假設 H_0：對於全部i，j而言，$(\tau r)_{ij}=0$，表示A、B因子的交互作用效果顯著。

例 4 某寵物食品製造商研究狗食品的三種配方及四種包裝的因子水準組合下，每個處理隨機抽取 3 家超市的週銷售量得到表 14-10。

表 14-10 三種配方與四種包裝的銷售量表

配方(因子A)	包裝(因子B)											
	1			2			3			4		
1	72	68	70	98	101	99	95	105	101	122	118	110
2	112	113	105	80	82	79	129	133	130	102	116	114
3	100	102	98	130	129	131	95	105	100	140	138	142

令顯著水準$\alpha=0.05$，檢定配方效果，包裝效果，及其交互作用效果是否顯著。

解：

依題意，$a=3$，$b=4$，$k=3$的二因子交互作用模型爲

$X_{ijk}=\mu+\tau_i+r_j+(\tau r)_{ij}+e_{ijk}$

其中$i=1,2,3$；$j=1,2,3,4$；$k=1,2,3$。在顯著水準$\alpha=0.05$下，欲檢定下列三個假設：

(1)虛無假設 H_0：$\tau_1=\tau_2=\tau_3=0$(表示配方效果不顯著)，

對立假設 H_1：至少有一個τ_i不爲0(表示配方效果顯著)。

(2)虛無假設 H_0：$r_1=r_2=r_3=r_4=0$(表示包裝效果不顯著)，

對立假設 H_1：至少有一個r_i不爲0(表示包裝效果顯著)。

(3)虛無假設 H_0：$(\tau r)_{ij}=0$ 其中 $i=1,2,\cdots,a$；$j=1,2,\cdots,b$
(表示配方與包裝的交互作用效果不顯著)，

對立假設 H_1：至少有一個$(\tau r)_{ij}$不爲 0(表示配方與包裝的交互作用效果顯著)。

由樣本資料分別計算下列各樣本平均數：

(1)樣本全體平均數

$$\bar{x}=\sum_{i=1}^{3}\sum_{j=1}^{4}\sum_{k=1}^{3}x_{ijk}/(3\times4\times3)$$

$$=\frac{(72+68+70+\cdots+140+138+142)}{36}$$

$$=107.33333$$

(2)因子A第一個因子水準的樣本平均數爲：

$$\bar{x}_{1\cdot\cdot}=\sum_{j=1}^{4}\sum_{k=1}^{3}x_{1jk}/(4\times3)$$

$$=\frac{(72+68+70+98+101+99+95+105+101+122+118+110)}{12}$$

$$=96.58333$$

因子A第二個因子水準的樣本平均數爲：

$$\bar{x}_{2\cdot\cdot}=\sum_{j=1}^{4}\sum_{k=1}^{3}x_{2jk}/(4\times3)$$

$$=\frac{(112+113+105+80+82+79+129+133+130+102+116+114)}{12}$$

$$=107.916667$$

因子A第三個因子水準的樣本平均數爲：

$$\bar{x}_{3..}=\sum_{j=1}^{4}\sum_{k=1}^{3}x_{3jk}/(4\times 3)$$

$$=(100+102+98+130+129+131+95+105+100+140+138+142)/12$$

$$=117.5$$

(3)因子B第一個因子水準的樣本平均數爲:

$$\bar{x}_{.1.}=\sum_{i=1}^{3}\sum_{k=1}^{3}x_{i1k}/(3\times 3)$$

$$=\frac{(72+68+70+112+113+105+100+102+98)}{9}$$

$$=93.33333$$

因子B第二個因子水準的樣本平均數爲:

$$\bar{x}_{.2.}=\sum_{i=1}^{3}\sum_{k=1}^{3}x_{i2k}/(3\times 3)$$

$$=\frac{(98+101+99+80+82+79+130+129+131)}{9}$$

$$=103.22222$$

因子B第三個因子水準的樣本平均數爲:

$$\bar{x}_{.3.}=\sum_{i=1}^{3}\sum_{k=1}^{3}x_{i3k}/(3\times 3)$$

$$=\frac{(95+105+101+129+133+130+95+105+100)}{9}$$

$$=110.33333$$

因子B第四個因子水準的樣本平均數爲:

$$\bar{x}_{.4.}=\sum_{i=1}^{3}\sum_{k=1}^{3}x_{i4k}/(3\times 3)$$

$$=\frac{(122+118+110+102+116+114+140+138+142)}{9}$$

$$=122.44444$$

(4)因子A與因子B在各因子水準組合下的樣本平均數爲:

$$\bar{x}_{11\cdot}=\sum_{k=1}^{3}x_{11k}/3=\frac{(72+68+70)}{3}=70,$$

$$\bar{x}_{12\cdot}=\sum_{k=1}^{3}x_{12k}/3=\frac{(98+101+99)}{3}=99.33333,$$

$$\bar{x}_{13\cdot}=\sum_{k=1}^{3}x_{13k}/3=\frac{(95+105+101)}{3}=100.33333,$$

$$\bar{x}_{14\cdot}=\sum_{k=1}^{3}x_{14k}/3=\frac{(122+118+110)}{3}=116.66667$$

$$\bar{x}_{21\cdot}=\sum_{k=1}^{3}x_{21k}/3=\frac{(112+113+105)}{3}=110$$

$$\bar{x}_{22\cdot}=\sum_{k=1}^{3}x_{22k}/3=\frac{(80+82+79)}{3}=80.33333$$

$$\bar{x}_{23\cdot}=\sum_{k=1}^{3}x_{23k}/3=\frac{(129+133+130)}{3}=130.66667$$

$$\bar{x}_{24\cdot}=\sum_{k=1}^{3}x_{24k}/3=\frac{(102+116+114)}{3}=110.66667$$

$$\bar{x}_{31\cdot}=\sum_{k=1}^{3}x_{31k}/3=\frac{(100+102+98)}{3}=100$$

$$\bar{x}_{32\cdot}=\sum_{k=1}^{3}x_{32k}/3=\frac{(130+129+131)}{3}=130$$

$$\bar{x}_{33\cdot}=\sum_{k=1}^{3}x_{33k}/3=\frac{(95+105+100)}{3}=100$$

$$\bar{x}_{34\cdot}=\sum_{k=1}^{3}x_{34k}/3=\frac{(140+138+142)}{3}=140$$

由上述各樣本平均數，可以計算各項變異如下：

(1)因子A造成的變異為

$$SSA=b\mathrm{k}\sum_{i=1}^{a}(\bar{x}_{i\cdot\cdot}-\bar{x})^2$$

$$=4\times3\times[(96.58333-107.33333)^2+(107.916667-107.33333)^2+(117.5-107.33333)^2]$$

$$=2631.2$$

(2)因子B造成的變異為

$$SSB = a\text{k}\sum_{j=1}^{b}(\bar{x}_{\cdot j \cdot} - \bar{x})^2$$

$$= 3\times3\times[(93.33333-107.33333)^2+(103.22222-107.33333)^2+(110.33333-107.33333)^2+(122.44444-107.33333)^2]$$

$$= 4052.2$$

(3)因子A與因子B交互作用造成的變異為

$$SSI = \text{k}\sum_{i=1}^{a}\sum_{j=1}^{b}(\bar{x}_{ij\cdot} - \bar{x}_{i\cdot\cdot} - \bar{x}_{\cdot j \cdot} + \bar{x})^2$$

$$= 3\times[(70-96.58333-93.33333+107.33333)^2+(99.33333-96.58333-103.22222+107.33333)^2+\cdots+(140-117.5-122.44444+107.33333)^2]$$

$$= 7038.6$$

(4)誤差變異為

$$SSE = \sum_{i=1}^{a}\sum_{j=1}^{b}\sum_{k=1}^{\text{k}}(x_{ijk} - \bar{x}_{ij\cdot})^2$$

$$= (72-70)^2+(68-70)^2+(70-70)^2+\cdots+(140-140)^2+(138-140)^2+(142-140)^2$$

$$= 372$$

(5)總變異為

$$SST = \sum_{i=1}^{a}\sum_{j=1}^{b}\sum_{k=1}^{\text{k}}(x_{ijk} - \bar{x})^2$$

$$= (72-107.33333)^2+(68-107.33333)^2+(70-107.33333)^2+\cdots+(140-107.33333)^2+(138-107.33333)^2+(142-107.33333)^2$$

$$= 14094$$

由於$a=3$，$b=4$，$k=3$，所以各項變異對應的自由度爲

$$abk-1=(a-1)+(b-1)+(a-1)(b-1)+ab(k-1)$$

$$3\times4\times3-1=(3-1)+(4-1)+(3-1)(4-1)+3\times4\times(3-1)$$

即　　$35=2+3+6+24$。

根據各項變異及對應自由度，建立二因子變異數分析表如表 14-11。

表 14-11　配方與包裝二因子變異數分析表

變異來源	平方和	自由度	均方	F統計量
「配方」因子	$SSA=2631.2$	2	$MSA=1315.6$	$F_A=84.877$
「包裝」因子	$SSB=4052.2$	3	$MSB=1350.733$	$F_B=87.144$
交互作用	$SSI=7038.6$	6	$MSI=1173.1$	$F_I=75.684$
誤差	$SSE=372$	24	$MSE=15.5$	
總變異	$SST=14094$	35		

依題意，在顯著水準$\alpha=0.05$下，查F分配表的查表值與表 14-11 所列之統計量值F_A、F_B及F_I可以得到下列結果：

$$F_A=84.877>F_{0.05}(2, 24)=3.40$$

$$F_B=87.144>F_{0.05}(3, 24)=3.01$$

$$F_I=75.684>F_{0.05}(6, 24)=2.51$$

換言之，三個檢定都拒絕虛無假設，即「配方」因子，「包裝」因子及交互作用效果三者對銷售量都有顯著效果存在。

摘 要

重要詞語

變異數分析	一因子變異數分析	因子
因子水準	混合樣本變異數	組間均方
組間平方和	組內均方	誤差均方
組內平方和	誤差平方和	總平方和
變異數分析表	t統計量與F統計量	變異等式
無重複觀察值	二因子變異數分析	交互作用
重複觀察值	二因子變異數分析表	

一因子變異數分析

1. 模型$X_{ij}=\mu+\tau_j+e_{ij}=\mu_j+e_{ij}$
2. 假設$e_{ij}\overset{iid}{\sim}N(0,\sigma^2)$，即$X_{ij}\sim N(\mu_j,\sigma^2)$
3. 虛無假設 H_0: $\mu_1=\mu_2=\cdots=\mu_T$，或$\tau_1=\tau_2=\cdots=\tau_T$
4. 變異數分析表

變異來源	平方和	自由度	均方	F統計量
組間	$SSB=\sum_{j=1}^{T}n_j(\bar{x}_j-\bar{x})^2$	$T-1$	$MSB=\frac{SSB}{(T-1)}$	$F=\frac{MSB}{MSW}$
組內	$SSW=\sum_{j=1}^{T}\sum_{i=1}^{n_j}(x_{ij}-\bar{x}_j)^2$	$n-T$	$MSW=\frac{SSW}{(n-T)}$	
總和	$SST=\sum_{j=1}^{T}\sum_{i=1}^{n_j}(x_{ij}-\bar{x})^2$	$n-1$		

5.拒絕區

$$F > F_{\alpha}(T-1, n-T)$$

二因子變異數分析——無交互作用

1.模型：$X_{ij}=\mu+\tau_i+r_j+e_{ij}$

2.假設：$e_{ij} \overset{iid}{\sim} N(0, \sigma^2)$

3.虛無假設：(1)H_0: $\tau_1=\tau_2=\cdots=\tau_a=0$(即沒有$A$因子效果)

(2)H_0: $r_1=r_2=\cdots=r_b=0$(即沒有B因子效果)

4.變異數分析表

變異來源	平方和	自由度	均方	F統計量
A因子	$SSA=b\sum_{i=1}^{a}(\bar{X}_{i\cdot}-\bar{X})^2$	$a-1$	$MSA=\frac{SSA}{(a-1)}$	$F_a=\frac{MSA}{MSE}$
B因子	$SSB=a\sum_{j=1}^{b}(\bar{X}_{\cdot j}-\bar{X})^2$	$b-1$	$MSB=\frac{SSB}{(b-1)}$	$F_b=\frac{MSB}{MSE}$
誤差	$SSE=\sum_{i=1}^{a}\sum_{j=1}^{b}(X_{ij}-\bar{X}_{i\cdot}-\bar{X}_{\cdot j}-\bar{X})^2$	$(a-1)(b-1)$	$MSE=\frac{SSE}{(a-1)(b-1)}$	
總和	$SST=\sum_{i=1}^{a}\sum_{j=1}^{b}(X_{ij}-\bar{X})^2$	$ab-1$		

5.拒絕區：(1)$F_A > F_{\alpha}((a-1), (a-1)(b-1))$

(2)$F_B > F_{\alpha}((b-1), (a-1)(b-1))$

二因子變異數分析——交互作用

1.模型：$X_{ijk}=\mu+\tau_i+r_j+(\tau r)_{ij}+e_{ijk}$

2.假設：$e_{ijk} \overset{iid}{\sim} N(0,\sigma^2)$

3.虛無假設：(1)H_0: $\tau_1=\tau_2=\cdots=\tau_a=0$

(2)H_0: $r_1=r_2=\cdots=r_b=0$

(3)H_0: $(\tau r)_{ij}=0, \forall_{ij}$

4.變異數分析表

變異來源	平方和	自由度	均方	F統計量
A因子	$SSA=bk\sum_{i=1}^{a}(\bar{X}_{i\cdot\cdot}-\bar{X})^2$	$a-1$	$MSA=\frac{SSA}{(a-1)}$	$F_A=\frac{MSA}{MSE}$
B因子	$SSB=ak\sum_{j=1}^{b}(\bar{X}_{\cdot j\cdot}-\bar{X})^2$	$b-1$	$MSB=\frac{SSB}{(b-1)}$	$F_B=\frac{MSB}{MSE}$
AB交互作用	$SSI=k\sum_{i=1}^{a}\sum_{j=1}^{b}(\bar{X}_{ij\cdot}-\bar{X}_{i\cdot\cdot}-\bar{X}_{\cdot j\cdot}+\bar{X})^2$	$(a-1)(b-1)$	$MSI=\frac{SSI}{(a-1)(b-1)}$	$F_I=\frac{MSI}{MSE}$
誤差	$SSE=\sum_{i=1}^{a}\sum_{j=1}^{b}\sum_{k=1}^{k}(X_{ijk}-\bar{X}_{ij\cdot})^2$	$ab(k-1)$	$MSE=\frac{SSE}{[ab(k-1)]}$	
總和	$SST=\sum_{i=1}^{a}\sum_{j=1}^{b}\sum_{k=1}^{k}(X_{ijk}-\bar{X})^2$	$abk-1$		

5.拒絕區：(1)$F_A>F_\alpha((a-1),\ ab(K-1))$

(2)$F_B>F_\alpha((b-1),\ ab(K-1))$

(3)$F_I>F_\alpha((a-1)(b-1),\ ab(K-1))$

習　題

1.何謂變異數分析？變異數分析有何假設？

2.何謂一因子變異數分析？

3.某製造商有三個廠分別採行不同的訓練計畫(以A, B, C表示)，今隨機由這三個廠抽出$n_1=5$, $n_2=4$, $n_3=5$個裝配員，測試其裝配產品的時間，列表如下：

工廠	裝配時間				
A	25	32	22	30	28
B	26	28	26	29	
C	30	32	30	29	33

試在顯著水準$\alpha=0.05$下，檢定三個工廠的平均裝配時間是否相同。

4.何謂二因子變異數分析？

5.農業試驗所以三種不同品種的稻穀與三種不同成分的肥料測試產量是否會有差異存在。根據稻穀品種及肥料成分得到下列產量(公升)：

稻穀品種	肥料成分		
	B_1	B_2	B_3
A_1	36	40	38
A_2	45	35	40
A_3	36	39	32

試在顯著水準$\alpha=0.05$下，檢定下列各子題：

(1)是否肥料成分不同對產量多寡有影響？

(2)是否稻穀品種不同對產量多寡有影響？

6. 某除草公司爲測試除草面積是否受到不同除草工人或不同除草機具的影響，於是進行下列測試：由三位除草工人分別在不同時段(每時段皆爲15分鐘）隨機的操作三種不同的除草機具，得到下列除草面積資料(平方公尺)：

除草工人	除草機具		
	B_1	B_2	B_3
A_1	20，26，22	18，22，19	30，32，30
A_2	19，23，25	19，16，15	28，26，25
A_3	16，18，20	12，13，16	19，20，21

試在顯著水準$\alpha=0.05$下，檢定下列各子題：

(1)除草工人對於除草面積是否有影響？

(2)除草機具對於除草面積是否有影響？

(3)除草工人與除草機具對於除草面積是否有交互作用？

第十五章　相關與直線迴歸分析

本章共分五節。第一節介紹兩個隨機變數間相關係數的意義、計算及檢定。第二、三節則是介紹簡單直線迴歸分析。簡單直線迴歸模型是最被廣泛使用的統計方法之一，在這兩節中分別介紹模型的意義、假設、估計方法，並對迴歸模型的解釋能力、迴歸參數的檢定與區間估計、預測、殘差分析等加以說明。至於第四及第五節則是複直線迴歸模型的介紹，爲了表達多個自變數的情形，以矩陣及向量來表示各種結果，讀者若具備矩陣代數的基本知識當有助於瞭解。事實上，複直線迴歸是簡單直線迴歸的擴展，因此在內容上可以比對各項結果以幫助了解。關於複直線迴歸中其他問題，諸如共線性、虛擬變數、異質變異等的問題，讀者可參考迴歸專書的討論。

第一節　相關係數

相關係數是用來衡量兩個隨機變數間直線關係的方向與強弱。例如：公司業績與廣告支出兩者間是否具有直線關係？若直線關係存在則此等關係是正向抑或反向？而且兩者關係的強弱如何？又如，投資與利率兩者之間的相關係數可用來說明投資與利率的變動方向是否一致，直線關係的強弱如何？

令隨機變數X與Y的母體平均數及母體標準差分別爲μ_X，σ_X及μ_Y，

σ_Y。並定義變數X與Y的**母體共變數**(Covariance)爲

$$\sigma_{XY}=E[(X-\mu_X)(Y-\mu_Y)]$$

則隨機變數X與Y的**母體相關係數**(Correlation Coefficient)ρ❶定義爲

$$\rho=\frac{\sigma_{XY}}{\sigma_X\sigma_Y}$$

母體相關係數ρ值的可能範圍爲:

$$-1\leq\rho\leq+1$$

關於 ρ 值的意義可以說明如下:

(1) $\rho=0$ 表示變數X與Y沒有直線關係。由於 ρ 僅能衡量兩個變數間是否有直線相關,因此當$\rho=0$ 時僅能表示兩個變數間沒有直線關係,但仍可能有其他非直線的關係存在。因此,$\rho=0$ 並不能表示兩個變數相互獨立。反之,當兩個變數相互獨立時,這表示兩個變數間一定沒有直線關係(即$\rho=0$)。

(2) $\rho>0$ 表示變數X與Y間有正向的直線關係。亦即,當X變動時,Y也會朝相同方向變動。ρ 值愈接近$+1$表示兩個變數間的正向直線關係愈強。當$\rho=+1$時表示**完全正相關**。若 ρ 值爲接近 0 的正數,表示兩個變數間的正向直線關係愈弱。

(3) $\rho<0$ 表示變數X與Y間有反向的直線關係。亦即,當X變動時,Y會朝相反方向變動。ρ 值愈接近-1表示兩個變數間的反向直線關係愈強。當$\rho=-1$時表示**完全負相關**。若 ρ 值爲接近 0 的負數,表示兩個變數間的反向直線關係愈弱。

圖 15-1 繪製變數X與Y在九種相關係數下的**散布圖**(Scatter Diagram)。在圖 15-1 中,由(a)至(i)各圖分別依序表示相關係數 ρ 值爲完全正相關、高度正相關、正相關、低度正相關、零相關、低度負相關、

❶ρ爲希臘字母,發音爲rho。

圖15-1　九種相關係數ρ值所對應的散布圖

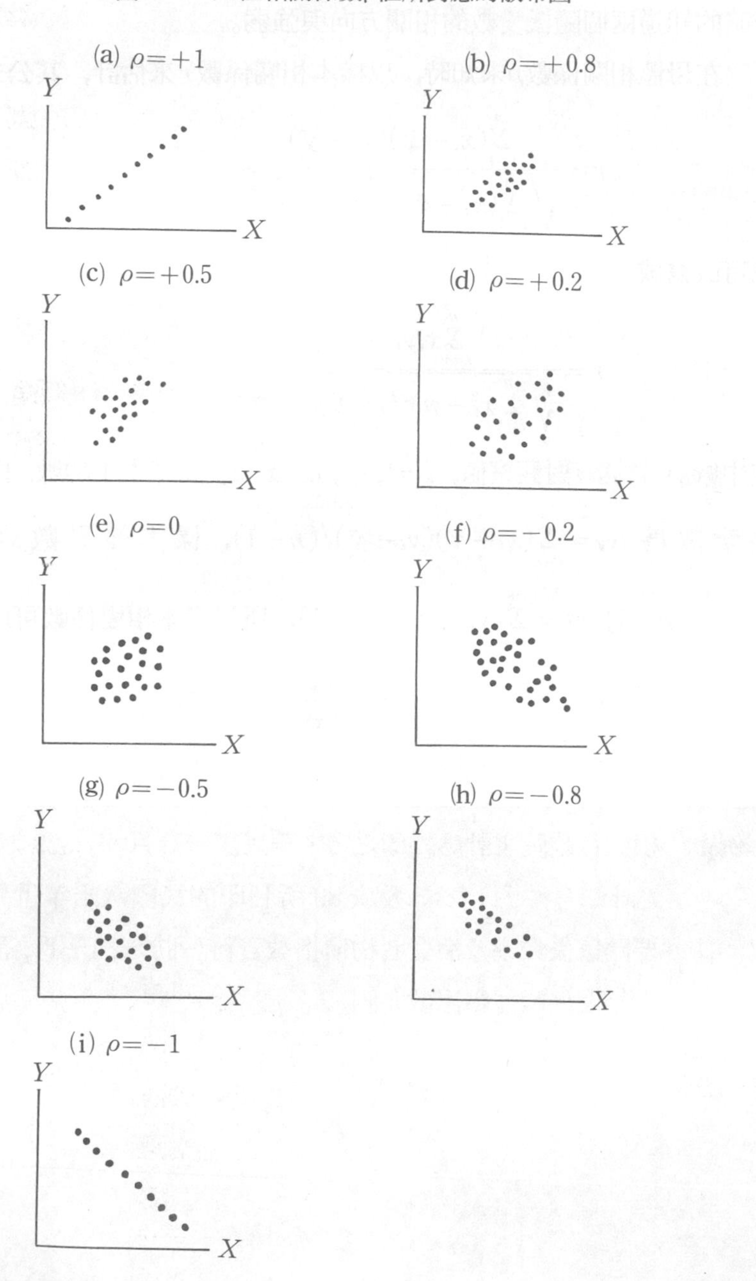

負相關、高度負相關以及完全負相關等情形下的散布圖。由散布圖可以概略的知道兩個隨機變數的相關方向與強弱。

在母體相關係數ρ未知時，以樣本相關係數r來估計，其公式爲

$$r=\frac{\sum_{i=1}^{n}(x_i-\bar{x})(y_i-\bar{y})}{\sqrt{\sum_{i=1}^{n}(x_i-\bar{x})^2\sum_{i=1}^{n}(y_i-\bar{y})^2}}$$

也可改寫成

$$r=\frac{\sum_{i=1}^{n}x_iy_i-n\bar{x}\,\bar{y}}{\sqrt{\sum_{i=1}^{n}x_i^2-n\bar{x}^2}\sqrt{\sum_{i=1}^{n}y_i^2-n\bar{y}^2}}$$

其中(x_i,y_i)爲第i對觀察值，$i=1,\cdots,n$。$\bar{x}$及$\bar{y}$爲樣本平均數。由於樣本共變數爲$s_{XY}=\sum_{i=1}^{n}(x_i-\bar{x})(y_i-\bar{y})/(n-1)$，樣本變異數$s_X^2=\sum_{i=1}^{n}(x_i-\bar{x})^2/(n-1)$, $s_Y^2=\sum_{i=1}^{n}(y_i-\bar{y})^2/(n-1)$，所以樣本相變係數可以表示爲

$$r=\frac{s_{XY}}{s_Xs_Y}$$

例 1 根據行政院主計處編印之《中華民國統計月報》329 期(民國八十二年六月)表 85 及表 89 所刊印的民國八十年世界各主要國家失業率及消費者物價指數資料(列於表 15-1)，計算樣本相關係數並繪出散布圖。

表 15-1　世界八個主要國家於民國八十年的
失業率與消費者物價指數資料

（單位：百分比）

國名	失業率	消費者物價指數
中華民國臺灣地區	1.5	116
加拿大	10.3	131
德國	6.3	111
日本	2.1	111
大韓民國	2.3	143
新加坡	1.2	110
英國	8.1	144
美國	6.7	127

解：

令x_i及y_i分別表示第i個國家的失業率及消費者物價指數。由樣本資料計算下表：

i	x_i	y_i	x_i^2	y_i^2	x_iy_i
1	1.5	116	2.25	13456	174.0
2	10.3	131	106.09	17161	1349.3
3	6.3	111	39.69	12321	699.3
4	2.1	111	4.41	12321	233.1
5	2.3	143	5.29	20449	328.9
6	1.2	110	1.44	12100	132.0
7	8.1	144	65.61	20736	1166.4
8	6.7	127	44.89	16129	850.9
	38.5 (Σx_i)	993 (Σy_i)	269.67 (Σx_i^2)	124673 (Σy_i^2)	4933.9 (Σx_iy_i)

所以，$\bar{x}=4.8125$, $\bar{y}=124.125$，於是樣本相關係數為

$$r=\frac{\Sigma x_i y_i-n\bar{x}\,\bar{y}}{\sqrt{\Sigma x_i^2-n\bar{x}^2}\sqrt{\Sigma y_i^2-n\bar{y}^2}}$$

$$=\frac{4933.9-8\times 4.8125\times 124.125}{\sqrt{269.67-8\times 4.8125^2}\sqrt{124673-8\times 124.125^2}}$$

$$=0.4485$$

顯示這八個主要國家的失業率與消費者物價指數間是正的相關。散布圖繪於圖 15-2。

圖15-2 八個主要國家失業率與消費者物價指數散布圖

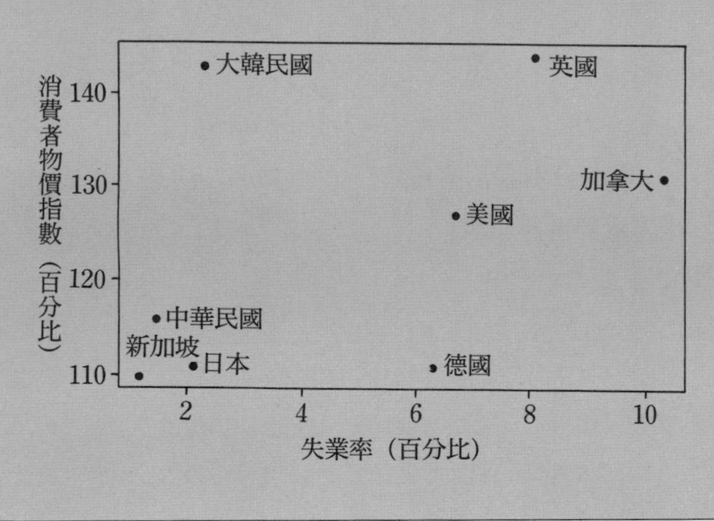

假設隨機變數X與Y的聯合機率分配服從二元常態分配，於是可以根據樣本相關係數r來建立檢定統計量

$$t=\frac{r\sqrt{n-2}}{\sqrt{1-r^2}}$$

該統計量服從以$(n-2)$為自由度的t分配，可以用來檢定母體相關係數是

否爲零，即虛無假設爲

$$H_0:\rho=0$$

至於對立假設可以分成三種情形，分別爲

(1) $H_1:\rho\neq 0$，採雙尾檢定。

(2) $H_1:\rho>0$，採右尾檢定。

(3) $H_1:\rho<0$，採左尾檢定。

在顯著水準α下，根據對立假設及t檢定統計量所服從的分配可以得到下列拒絕區域，

1. 雙尾檢定

$$R=\{|t|>t_{\alpha/2}(n-2)\}$$

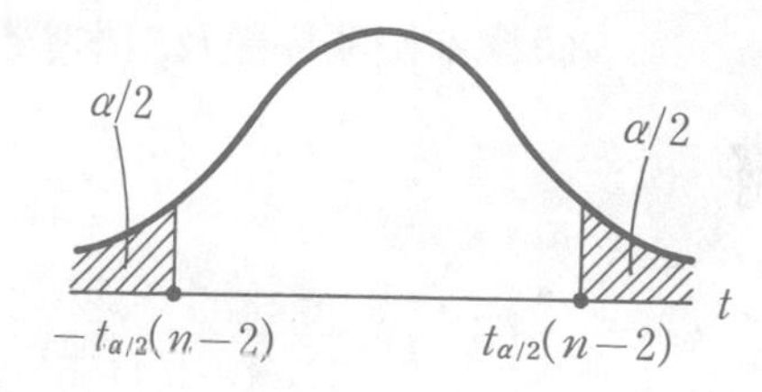

2. 右尾檢定

$$R=\{t>t_{\alpha}(n-2)\}$$

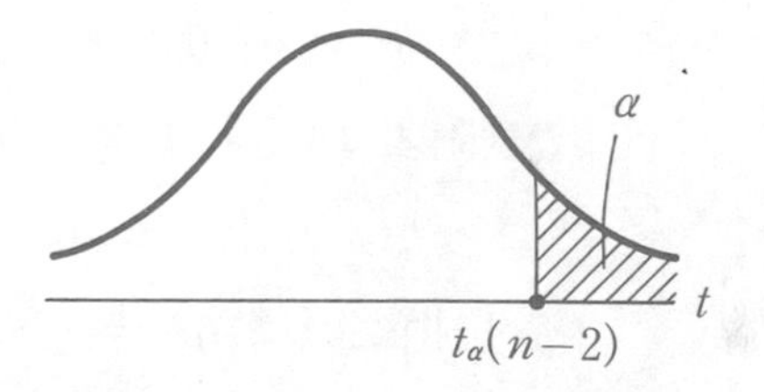

3. 左尾檢定

$$R=\{t<-t_{\alpha}(n-2)\}$$

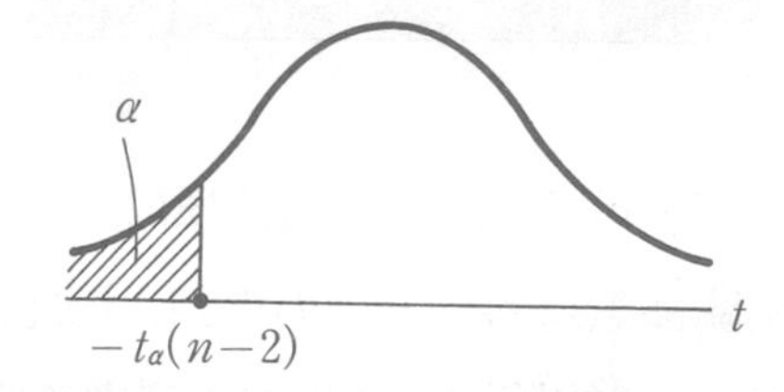

若由樣本計算得到的統計量值t_0落在拒絕區域，則拒絕虛無假設。否則不拒絕虛無假設。

例 2 續例1，由樣本數$n=8$的資料計算得到失業率與消費者物價指數的樣本相關係數$r=0.4485$。在顯著水準$\alpha=0.05$下，檢定母體相關係數是否爲正數。假設全世界各國的失業率與消費者物價指數符合或近似於二元常態分配。

解：

依題意，$n=8$, $r=0.4485$。

虛無假設$H_0:\rho=0$

對立假設$H_1:\rho>0$

將樣本相關係數及樣本數代入t檢定統計量，得到統計量值爲

$$t_0=\frac{r\sqrt{n-2}}{\sqrt{1-r^2}}$$

即 $$t_0=\frac{0.4485\times\sqrt{8-2}}{\sqrt{1-0.4485^2}}$$

或 $t_0=1.229$

在顯著水準$\alpha=0.05$下，查自由度爲$n-2=8-2=6$的t分配表(附表4)得右尾檢定的臨界值

$$t_\alpha(n-2)=t_{0.05}(8-2)=1.943$$

於是拒絕區域爲$R=\{t>1.943\}$。由於統計量值t_0並未落在拒絕區域，所以不拒絕虛無假設。

值得注意的是：上述母體相關係數ρ的檢定統計量t是在假設母體相關係數爲零($\rho=0$)而得到，因此該檢定統計量僅能用於檢定虛無假設$H_0:\rho=0$的情況。如果要檢定虛無假設$H_0:\rho=\rho_0$而$\rho_0\neq0$，則可以使用**費雪轉換**(Fisher Transformation)將樣本相關係數r轉換爲Z統計量，其公式爲

$$Z=\frac{1}{2}l_n\left(\frac{1+r}{1-r}\right)$$

Z統計量近似地服從下列常態分配

$$Z \dot{\sim} N\left(\frac{1}{2}l_n\left(\frac{1+\rho}{1-\rho}\right),\ \ \frac{1}{n-3}\right)$$

將Z統計量標準化得

$$Z^*\sim N(0,1)$$

其中

$$Z^*=\frac{Z-\frac{1}{2}l_n\left(\frac{1+\rho}{1-\rho}\right)}{1/\sqrt{n-3}}$$

或 $$Z^*=\frac{\frac{1}{2}l_n\left(\frac{1+r}{1-r}\right)-\frac{1}{2}l_n\left(\frac{1+\rho}{1-\rho}\right)}{1/\sqrt{n-3}}$$

Z^*統計量可以用來檢定虛無假設為 $H_0:\rho=\rho_0\neq 0$的情況。至於對立假設可以分成三種情形分別為:

(1)$H_1:\rho\neq\rho_0$，採雙尾檢定。

(2)$H_1:\rho>\rho_0$，採右尾檢定。

(3)$H_1:\rho<\rho_0$，採左尾檢定。

在顯著水準α下，根據對立假設及Z^*檢定統計量所服從的標準常態分配可以得到下列拒絕區域

1. 雙尾檢定

$$R=\{|Z^*|>Z_{\alpha/2}\}$$

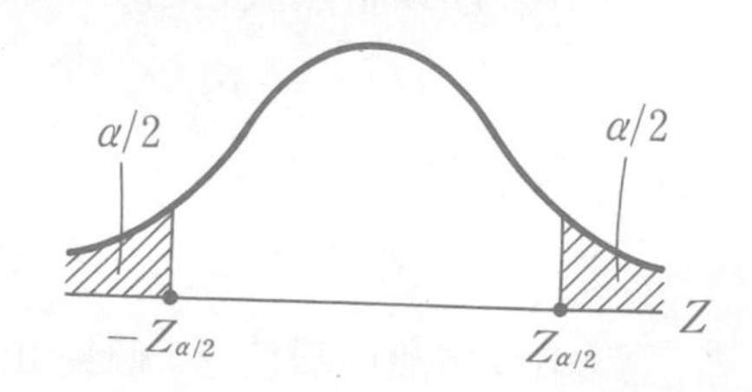

2.右尾檢定

$$R=\{Z^*>Z_\alpha\}$$

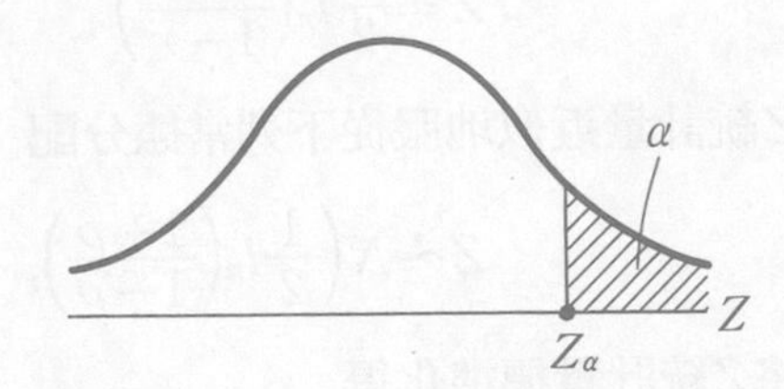

3.左尾檢定

$$R=\{Z^*<-Z_\alpha\}$$

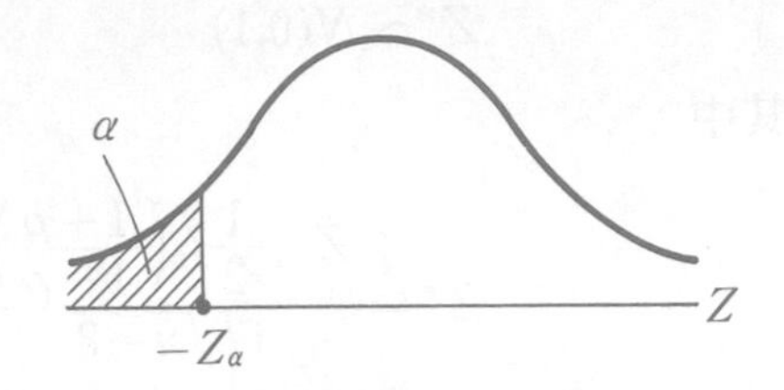

如果由樣本計算得到的統計量值Z_0^*落在拒絕區域，則拒絕虛無假設。否則，不拒絕虛無假設。

例 3 調查某社區 20 個家庭所得與消費的資料，經計算得到樣本相關係數$r=0.73$。試在顯著水準$\alpha=0.01$下檢定該社區全部家庭在所得與消費之間的母體相關係數是否等於 0.70。

解：

依題意，$n=20$, $r=0.73$。欲檢定母體相關係數是否等於 0.70。所以虛無假設為

$$H_0:\rho=0.70,$$

對立假設為

$$H_1:\rho\neq0.70。$$

由於虛無假設的 ρ_0 值為 0.70(並非為零)，所以使用費雪Z轉換，得

$$Z=\frac{1}{2}l_n\left(\frac{1+r}{1-r}\right)$$
$$=\frac{1}{2}l_n\left(\frac{1+0.73}{1-0.73}\right)$$
$$=0.9287$$

將Z標準化，得

$$Z^*=\frac{Z-\frac{1}{2}l_n\left(\frac{1+\rho_0}{1-\rho_0}\right)}{1/\sqrt{n-3}}$$
$$=\frac{0.9287-\frac{1}{2}l_n\left(\frac{1+0.70}{1-0.70}\right)}{1/\sqrt{20-3}}$$
$$=0.2533$$

在顯著水準$\alpha=0.01$下，查常態分配表得雙尾檢定臨界值$Z_{0.005}=2.58$，於是拒絕區域爲$R=\{|Z|>2.58\}$。由於統計量值Z^*並未落在拒絕區域，所以不拒絕虛無假設。

第二節　簡單直線迴歸分析(I)

簡單直線迴歸模型與相關係數都是探討兩個變數間的關係，但是在相關係數中兩個變數沒有自變數與應變數的區別，而在簡單直線迴歸模型中的兩個變數，一爲自變數(以英文字母X表示)，另一爲應變數(以英文字母Y表示)。通常，在迴歸模型中，假設自變數X是非隨機的固定數，但在相關分析中的兩個變數都是隨機變數。簡單直線迴歸模型主要是探討自變數X的變動對應變數Y的影響如何。

爲說明簡單直線迴歸模型，以家庭所得及消費爲例。令自變數X代表家庭所得，應變數Y代表家庭消費。通常，高所得的家庭會有較高的

平均消費水準，但是同一所得水準的家庭可能因爲其他條件的不同(諸如：家庭人口數、消費習慣等)而有不同的消費水準。換言之，在任一既定的所得水準$X=x_i$下，消費水準Y_i服從機率分配，假設其平均數爲$E(Y_i|x_i)$，變異數爲σ^2。由於假定家庭所得與家庭消費之間的關係爲直線迴歸關係；因此，模型爲

$$Y_i=\beta_0+\beta_1x_i+\epsilon_i$$

其中ϵ_i爲誤差項，假設$E(\epsilon_i)=0$。在所得水準$X=x_1$時，平均家庭消費水準爲$E(Y|X=x_1)=\beta_0+\beta_1x_1$；在所得水準$X=x_2$時，平均家庭消費水準爲$E(Y|X=x_2)=\beta_0+\beta_1x_2$。所以$E(Y|x)=\beta_0+\beta_1x$ 爲**母體迴歸線** (Population Regression Line)，如圖 15-3 所示。至於圖 15-3 中觀察值(x_1,y_1)表示在家庭所得水準爲$X=x_1$時，觀察到某戶家庭的消費水準$Y=y_1$；該點可以視爲是家庭所得水準$X=x_1$下，所有家庭消費水準所形成機率分配中隨機觀察到某戶家庭的消費水準$Y=y_1$。因此該點未必會落在母體迴歸線上。同理，觀察值(x_2, y_2)表示在家庭所得水準$X=x_2$時，觀察到某戶家庭消費水準$Y=y_2$。簡單直線迴歸分析的問題就是：觀察到在各種不同的自變數水準$X=x_i$下所對應的應變數水準$Y=y_i$，根據這些自變數與應變數的觀察值(x_i, y_i)來估計未知的母體迴歸線

圖15-3　母體迴歸線$E(Y \mid x)=\beta_0+\beta_1x$及兩個固定$x$值的機率分配

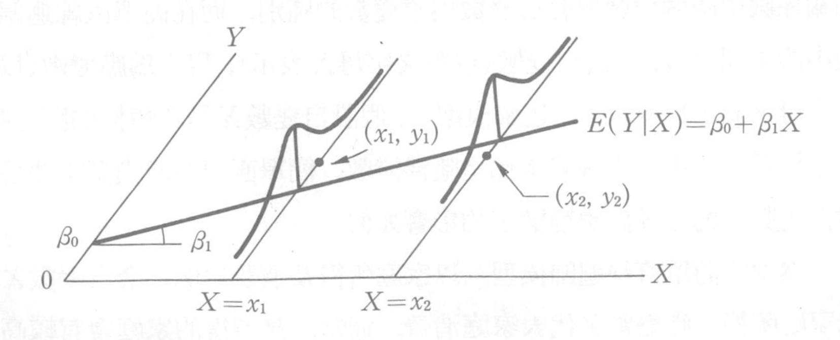

$E(Y|x)=\beta_0+\beta_1 x$；換言之，以$\hat{y}=\hat{\beta}_0+\hat{\beta}_1 x$為估計迴歸線，其中$\hat{\beta}_0$及$\hat{\beta}_1$分別為$\beta_0$及$\beta_1$的估計式(至於估計細節稍後再行討論)。

由上面的討論可以知道：統計關係式與函數關係式最大的不同在於前者的自變數X與應變數Y兩者間的關係無法以函數精確表達出來，而後者可用函數精確表達。例如圖 15-4(a)所示$Y=5+2X$是一個直線函數關係式，而圖 15-4(b)所示$Y=5+2X+\epsilon$ 則是一個直線統計關係式。

圖15-4　直線函數關係式與直線統計關係式

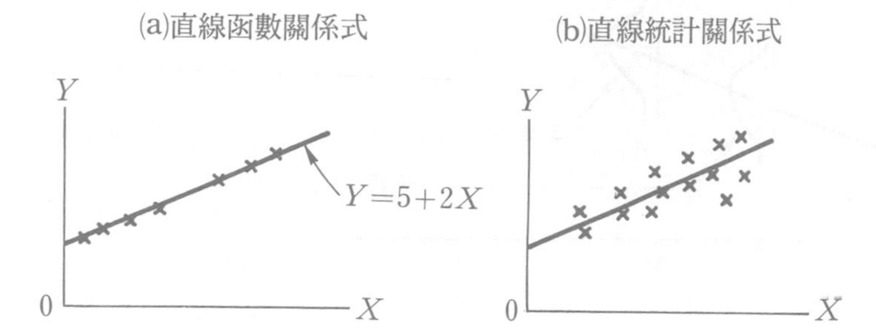

(一) 簡單直線迴歸模型

令Y_i為應變數第i個觀察值的隨機變數，x_i 為自變數X的第i個觀察值，則模型

$$Y_i=\beta_0+\beta_1 x_i+\epsilon_i,\qquad i=1, 2, \cdots, n$$

為簡單直線迴歸模型，其中β_0及β_1為迴歸參數，ϵ_i為誤差項。關於簡單直線迴歸模型的假設有：

(1)誤差項ϵ_i的期望值為零，即$E(\epsilon_i)=0$。根據此一假設可得母體迴歸線為$E(Y_i|X=x_i)=\beta_0+\beta_1 x_i$ 。

(2)誤差項ϵ_i的變異數為σ^2，即$V(\epsilon_i)=\sigma^2$。此一假設表示對於不同的x_i值，應變數Y_i的條件變異數皆為σ^2，即

$$V(Y_i|X=x_i)=\sigma^2$$

以圖 15-5 說明此一假設，在x值分別爲x_1, x_2與x_3時所對應的機率分配都有相同的變異數。此一假設又稱爲**同質變異**(Homoscedasticity)假設。

圖15-5　同質變異假設

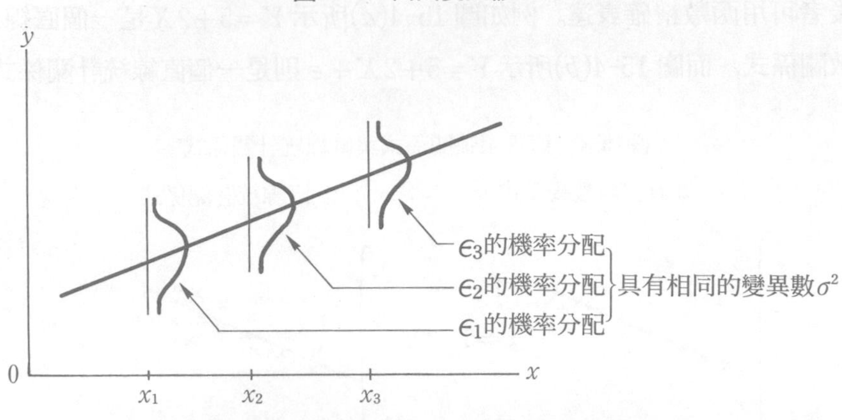

(3)任何兩個不同的誤差項ϵ_i及ϵ_j彼此獨立，所以$E(\epsilon_i\epsilon_j)=0$，其中$i\neq j$。這表示誤差項之間沒有**序列相關**(Serial Correlation)。

(4)自變數爲非隨機的固定數或誤差項與自變數之間相互獨立。

(5)誤差項ϵ_i服從常態分配。雖然在迴歸參數的估計階段使用最小平方估計法不必對誤差項ϵ_i的分配給予常態假設，但在對未知參數的推論階段則必須假設誤差項ϵ_i服從常態分配。

(二) 最小平方法

最小平方法(Method of Least Squares)的基本想法是根據樣本資料(x_i, y_i)，其中$i=1, 2, \cdots, n$，找出一條**樣本迴歸線**(Sample Regression Line)或稱**配適線**(Fitted Line)

$$\widehat{y}_i=\widehat{\beta}_0+\widehat{\beta}_1 x_i$$

使得各資料值x_i 所對應的觀察值y_i與樣本迴歸線上所對應的配適值 $\widehat{y}_i$

之間的差異最小，其中$\widehat{\beta}_0$及$\widehat{\beta}_1$分別爲β_0及β_1的估計式。由於差異有正有負，所以考慮差異的平方總和爲最小，即

$$\sum_{i=1}^{n}(y_i-\widehat{y}_i)^2$$

爲最小。圖 15-6 說明觀察值 y_i 與樣本迴歸線的**殘差(Residuals)** $y_i-\widehat{y}_i$ 。由圖中可以看出各觀察值(x_i, y_i)通常都不會落在樣本迴歸線上，其間的差距愈小愈好。因此最小平方法是要求殘差平方和爲最小的標準下，在許多可能的樣本迴歸線中找出一條合於該標準的估計方法。令$e_i=y_i-\widehat{y}_i$爲殘差，則**殘差平方和或稱誤差平方和(Sum Square Error，縮寫爲SSE)**成爲

圖15-6　樣本迴歸線與殘差

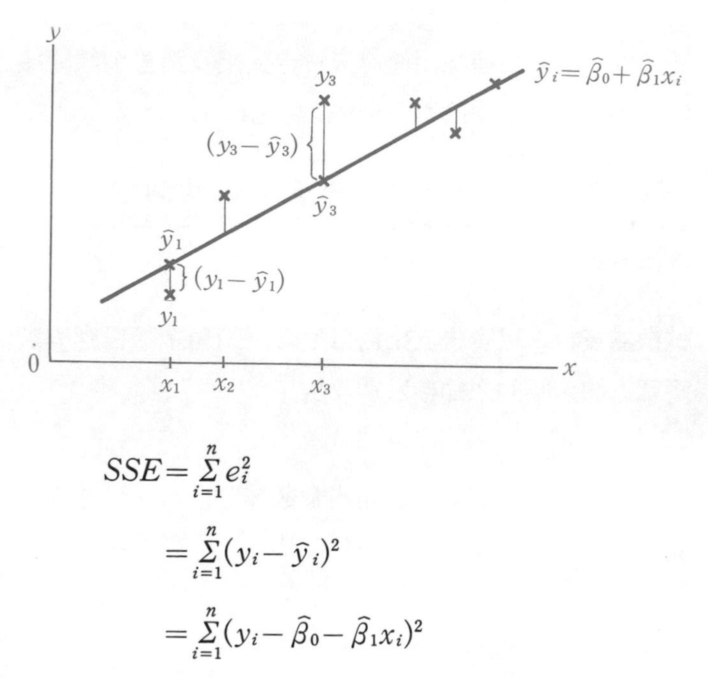

$$\begin{aligned} SSE &= \sum_{i=1}^{n} e_i^2 \\ &= \sum_{i=1}^{n}(y_i-\widehat{y}_i)^2 \\ &= \sum_{i=1}^{n}(y_i-\widehat{\beta}_0-\widehat{\beta}_1x_i)^2 \end{aligned}$$

最小平方法是以微分運算找出能使殘差平方和爲最小的$\widehat{\beta}_0$及$\widehat{\beta}_1$ 。由於

微分超出本書範圍，故從略。至於$\widehat{\beta}_0$及$\widehat{\beta}_1$的估計公式分別爲：

(1) $\widehat{\beta}_0 = \bar{y} - \widehat{\beta}_1 \bar{x}$，

(2) $\widehat{\beta}_1 = \frac{s_{XY}}{s_{XX}}$，其中 $s_{XY} = \sum_{i=1}^{n}(x_i - \bar{x})(y_i - \bar{y})$

$$= \sum_{i=1}^{n} x_i y_i - \frac{\left(\sum_{i=1}^{n} x_i\right)\left(\sum_{i=1}^{n} y_i\right)}{n},$$

$$s_{XX} = \sum_{i=1}^{n}(x_i - \bar{x})^2$$

$$= \sum_{i=1}^{n} x_i^2 - \frac{\left(\sum_{i=1}^{n} x_i\right)^2}{n}$$

在計算估計值時，先計算$\widehat{\beta}_1$，然後根據$\widehat{\beta}_1$計算$\widehat{\beta}_0$。

例 4 某名牌牛仔褲製造廠根據過去廣告支出及銷售金額隨機選取 10 個月份的資料如下：(單位：萬元)

廣告支出	12	9.2	6.6	11	10.2	15	8.5	7.6	10	7
銷售金額	104	83	79	100	98	126	78	73	100	72

試根據資料，以廣告支出爲自變數，銷售金額爲應變數估計簡單直線迴歸的未知參數β_0及β_1。

解：

令廣告支出爲自變數X，銷售金額爲應變數Y，建立計算表如下：

y_i	x_i	x_i^2	x_iy_i	y_i^2
104	12.0	144.00	1248.0	10816
83	9.2	84.64	763.6	6889
79	6.6	43.56	521.4	6241
100	11.0	121.00	1100.0	10000
98	10.2	104.04	999.6	9604
126	15.0	225.00	1890.0	15876
78	8.5	72.25	663.0	6084
73	7.6	57.76	554.8	5329
100	10.0	100.00	1000.0	10000
72	7.0	49.00	504.0	5184
總和 913	97.1	1001.25	9244.4	86023

由計算表得$s_{XY}=\Sigma x_iy_i-\dfrac{\left(\sum_{i=1}^{n}x_i\right)\left(\sum_{i=1}^{n}y_i\right)}{n}$

$$=9244.4-\frac{(97.1)(913)}{10}$$

$$=379.17$$

$$s_{XX}=\sum_{i=1}^{n}x_i^2-\frac{\left(\sum_{i=1}^{n}x_i\right)^2}{n}$$

$$=1001.25-\frac{(97.1)^2}{10}$$

$$=58.409$$

$$\bar{x}=\sum_{i=1}^{n}x_i/n=97.1/10=9.71$$

$$\bar{y}=\sum_{i=1}^{n} y_i/n=913/10=91.3$$

所以，
$$\begin{aligned}\hat{\beta}_1&=s_{XY}/s_{XX}\\&=379.17/58.409=6.4916\\ \hat{\beta}_0&=\bar{y}-\hat{\beta}_1\bar{x}\\&=91.3-6.4916\times 9.71\\&=28.2662\end{aligned}$$

所以由最小平方法估計得到的樣本迴歸線爲

$$\hat{y}=28.2662+6.4916x$$

由$\hat{\beta}_1=6.4916$可以知道：每增加一萬元的廣告支出可以增加6.4916萬元的銷售金額。圖 15-7 爲樣本觀察值的散布圖及以最小平方法估計得到的樣本迴歸線。

圖15-7　例 4 散布圖與樣本迴歸線

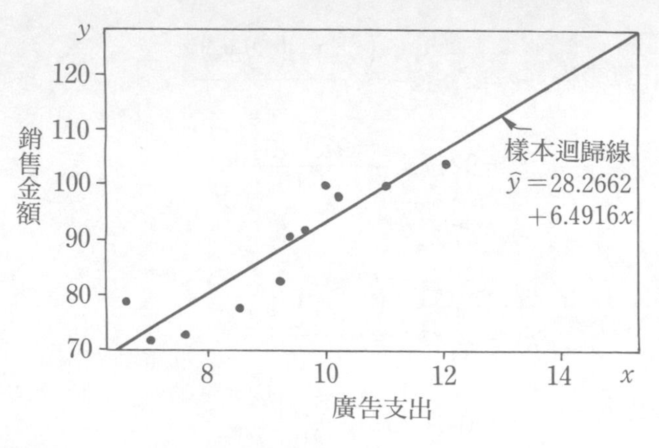

根據樣本迴歸線可以在既定的x值下預測y值。例如例4資料中若廣告支出爲 14(萬元)時，預測的銷售金額爲

$$\begin{aligned}\hat{y}&=28.2662+6.4916\times 14\\&=119.1486(\text{萬元})\end{aligned}$$

在既定x值下以樣本迴歸線預測 y 值必須注意該既定x值是否落在樣本資料所涵蓋的 x 值範圍內。如果既定的 x 值超出資料所涵蓋的範圍甚遠，則對於以樣本迴歸線所預測的 y 值應持保留態度。主要原因是樣本資料僅能說明其所涵蓋的範圍。圖 15-8 由樣本資料求得樣本迴歸線爲實線所示，若以樣本迴歸線對落在樣本資料所涵蓋範圍之外的x_0值預測其y值（如點A所示），但眞實情形可能如虛線上B點所示的y值方爲正確。因此，以樣本迴歸線對資料所涵蓋的x值範圍外作延伸的解釋應特別謹愼。

圖15-8　預測陷阱

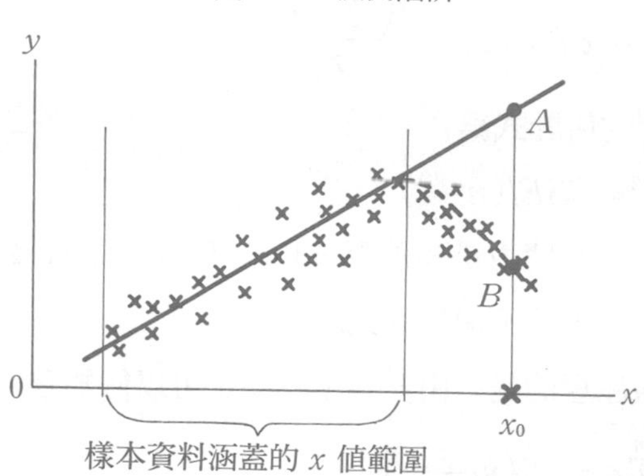

㈢ 誤差項變異數σ^2的估計

除了迴歸參數β_0及β_1的估計外，對於誤差項變異數σ^2的估計有助於說明應變數Y以母體迴歸線$E(Y|x)=\beta_0+\beta_1 x$爲中心的變異大小。令**誤差平方和(Sum Square Error，縮寫爲SSE)**爲

$$SSE=\sum_{i=1}^{n}e_i^2$$

$$=\sum_{i=1}^{n}(y_i-\hat{y}_i)^2$$

$$= \sum_{i=1}^{n}(y_i - \hat{\beta}_0 - \hat{\beta}_1 x_i)^2$$

$$= s_{YY} - \hat{\beta}_1 s_{XY}$$

$$= s_{YY} - \frac{(s_{XY})^2}{s_{XX}}$$

其中$s_{YY} = \sum_{i=1}^{n}(y_i - \bar{y})^2 = \sum_{i=1}^{n} y_i^2 - \frac{\left(\sum_{i=1}^{n} y_i\right)^2}{n}$

$$s_{XY} = \sum_{i=1}^{n}(x_i - \bar{x})(y_i - \bar{y}) = \sum_{i=1}^{n} x_i y_i - \frac{\left(\sum_{i=1}^{n} x_i\right)\left(\sum_{i=1}^{n} y_i\right)}{n}$$

$$s_{XX} = \sum_{i=1}^{n}(x_i - \bar{x})^2 = \sum_{i=1}^{n} x_i^2 - \frac{\left(\sum_{i=1}^{n} x_i\right)^2}{n}$$

誤差項變異數σ^2的估計式為

$$S^2 = SSE/(n-2)$$

上式分母為$(n-2)$的理由是誤差平方和SSE因估計$\hat{\beta}_0$及$\hat{\beta}_1$而失去兩個自由度，所以S^2是σ^2的不偏估計式。

另一點值得注意的是：由$\hat{\beta}_0 = \bar{y} - \hat{\beta}_1 \bar{x}$可以得知殘差和為零，即

$$\sum_{i=1}^{n} e_i = \sum_{i=1}^{n}(y_i - \hat{y}_i)$$

$$= \sum_{i=1}^{n}(y_i - \hat{\beta}_0 - \hat{\beta}_1 x_i)$$

$$= \sum_{i=1}^{n}(y_i - \bar{y} + \hat{\beta}_1 \bar{x} - \hat{\beta}_1 x_i)$$

$$= \sum_{i=1}^{n}(y_i - \bar{y}) - \hat{\beta}_1 \sum_{i=1}^{n}(x_i - \bar{x})$$

$$= 0$$

於是殘差平均數$\bar{e} = \sum_{i=1}^{n} e_i / n = 0$。因此$SSE = \sum_{i=1}^{n}(e_i - \bar{e})^2 = \sum_{i=1}^{n} e_i^2$。

例 5　續例 4，根據資料計算σ^2的估計值。

解：

由例 4 已知$s_{XY}=379.17$, $s_{XX}=58.409$,

$$\text{至於} s_{YY}=\sum_{i=1}^{n}y_i^2-\frac{\left(\sum_{i=1}^{n}y_i\right)^2}{n}$$

$$=86023-\frac{(913)^2}{10}$$

$$=2666.1$$

根據誤差平方和公式,

$$SSE=s_{YY}-\frac{(s_{XY})^2}{s_{XX}}$$

$$=2666.1-\frac{(379.17)^2}{58.409}$$

$$=204.666$$

所以，σ^2的估計值爲

$$s^2=\frac{SSE}{n-2}$$

$$=\frac{204.666}{10-2}$$

$$=25.58$$

㈣ 模型解釋能力

在簡單直線迴歸模型中以自變數X來解釋應變數Y，其解釋能力高低的衡量是評斷模型適合與否的指標之一。根據母體簡單直線迴歸模型

$$Y_i=\beta_0+\beta_1x_i+\epsilon_i$$

可以知道應變數Y的變異可以分解成兩部分：⑴由X所解釋的變異，這

部分就是模型所能解釋的變異。(2)由ϵ所造成的變異，這部分就是不能被模型解釋的變異。令變數Y的變異爲**總變異**(Total Variation)，又稱**總平方和**(Sum Square Total, 簡寫爲SST)，則總變異$SST=\sum_{i=1}^{n}(y_i-\bar{y})^2=s_{YY}$可以分解成兩部分：

(1)由迴歸模型所解釋的變異，即**迴歸平方和**(Sum Square Regression，簡寫爲SSR)爲

$$SSR=\sum_{i=1}^{n}(\hat{y}_i-\bar{y})^2$$

$$=\frac{(s_{XY})^2}{s_{XX}}$$

(2)由誤差所解釋的變異，即**誤差平方和**(Sum Square Error，簡寫爲SSE)爲

$$SSE=\sum_{i=1}^{n}(y_i-\hat{y})^2$$

$$=s_{YY}-\frac{(s_{XY})^2}{s_{XX}}$$

根據上述三個平方和可得，

(總平方和)＝(迴歸平方和)＋(誤差平方和)

或以簡寫符號表示爲

$$SST=SSR+SSE$$

若以方程式表示則爲

$$\sum_{i=1}^{n}(y_i-\bar{y})^2=\sum_{i=1}^{n}(\hat{y}_i-\bar{y})^2+\sum_{i=1}^{n}(y_i-\hat{y}_i)^2$$

這表示

(總變異)＝(模型解釋變異)＋(模型未能解釋變異)

根據上述變異的分解式，定義衡量模型解釋能力的**判定係數**(Coefficient of Determination)爲模型解釋變異除以總變異，即

$$R^2=\frac{SSR}{SST}=\frac{\sum_{i=1}^{n}(\hat{y}_i-\bar{y})^2}{\sum_{i=1}^{n}(y_i-\bar{y})^2}$$

$$=1-\frac{SSE}{SST}=1-\frac{\sum_{i=1}^{n}(y_i-\hat{y}_i)^2}{\sum_{i=1}^{n}(y_i-\bar{y})^2}$$

$$=\hat{\beta}_1^2\cdot\frac{s_{XX}}{s_{YY}}$$

由於$SSR\leq SST$，所以$R^2\leq 1$。又因爲$SSR\geq 0$，所以$R^2\geq 0$。因此

$$0\leq R^2\leq 1$$

當判定係數$R^2=0$，這表示自變數X對應變數Y沒有任何影響，換言之，解釋能力爲零。反之，當判定係數$R^2=1$，這表示自變數X對應變數Y的解釋能力爲1。R^2愈接近1表示解釋能力愈強。

由判定係數的公式$R^2=\hat{\beta}_1^2\cdot\frac{s_{XX}}{s_{YY}}$可以得知：當$\hat{\beta}_1=0$時，表示$R^2=0$；反之亦然。從幾何的觀點來看：如果樣本迴歸線的斜率爲零，由任何x值預測的y值都是相同；換言之，x值對y值沒有任何解釋能力，所以$R^2=0$。

例 6　續例 4 及例 5，牛仔褲廣告支出與銷售金額資料，試計算判定係數。

解：

（方法 1）：由例 4 及例 5 得知：$s_{XX}=58.409$，$s_{YY}=2666.1$，$\hat{\beta}_1=6.4916$。根據判定係數公式

$$R^2=\hat{\beta}_1^2\cdot\frac{s_{XX}}{s_{YY}}$$

$$=6.4916^2 \cdot \frac{58.409}{2666.1}$$

$$=0.9232$$

（方法 2）：根據R^2的定義式：$R^2=\dfrac{SSR}{SST}$

先計算$SST=\sum_{i=1}^{n}(y_i-\bar{y})^2$

$$=s_{YY}$$

$$=2666.1（見例 5）$$

$$SSR=\frac{(s_{XY})^2}{s_{XX}}$$

$$=\frac{(379.17)^2}{58.409}（見例 4，S_{XY}=379.17）$$

$$=2461.4338$$

於是判定係數爲

$$R^2=\frac{SSR}{SST}$$

$$=\frac{2461.4338}{2666.1}=0.9232$$

這表示迴歸模型的解釋能力爲92.32%。

因爲總平方和SST可以分解成迴歸平方和SSR及誤差平方和SSE兩部分，因此根據第十四章的變異數分析可以建立簡單直線迴歸模型的變異數分析表，並以F統計量來檢定模型是否顯著，即虛無假設$H_0:\beta_1=0$，對立假設$H_1:\beta_1\neq0$。由表 15-2，若由樣本資料計算得到的F統計量值大於顯著水準α下的F分配查表值$F_\alpha(1,n-2)$，則拒絕虛無假設，即拒絕母體迴歸參數β_1爲零的假設。反之，則不拒絕虛無假設，即模型不顯著，可進一步考慮對模型加以修正。

表 15-2　簡單直線迴歸模型變異數分析表

變異來源	平方和	自由度	均方	F統計量
迴歸	SSR	1	$MSR=SSR/1$	$F=\frac{MSR}{MSE}$
誤差	SSE	$n-2$	$MSE=SSE/(n-2)$	
總和	SST	$n-1$		

例 7　續例 4～6 資料，建立變異數分析表，並在顯著水準$\alpha=0.05$下對母體迴歸參數β_1檢定其是否為零。

解：

由例 4～6，已知$SSR=2461.4338$, $SSE=204.666$, $SST=2666.1$，且$n=10$，所以變異數分析表為

變異來源	平方和	自由度	均方	F統計量
迴歸	2461.4338	1	2461.4338	96.21
誤差	204.666	8	25.58325	
總和	2666.1	9		

依題意，虛無假設為$H_0:\beta_1=0$

對立假設為$H_1:\beta_1\neq 0$

由於由樣本資料計算得到的F統計量值為96.21大於在顯著水準$\alpha=0.05$下F分配的查表值$F_{0.05}(1, 8)=5.32$，所以拒絕虛無假設，即拒絕母體迴歸參數β_1為零的假設。

第三節　簡單直線迴歸分析(II)

(一) 迴歸參數β_1的假設檢定與區間估計

以變異數分析表的F統計量來檢定簡單直線迴歸模型是否顯著時，因為模型中唯一的自變數是X。因此，檢定模型是否顯著其實就是在檢定母體迴歸參數β_1是否不等於零。只有在$\beta_1 \neq 0$時，自變數X與應變數Y之間才能有簡單直線模型所宣稱的直線統計關係。所以，變異數分析表的F統計量可以用來檢定母體迴歸參數β_1是否為零。

在檢定母體迴歸係數β_1時，除了變異數分析表中的F統計量外，也可根據估計式$\hat{\beta}_1$的抽樣分配來檢定。當模型中假設誤差項ϵ_i服從常態分配時，估計式$\hat{\beta}_1$的抽樣分配為

$$\hat{\beta}_1 \sim N(\beta_1, \frac{\sigma^2}{S_{XX}})$$

即$\hat{\beta}_1$服從常態分配，以$E(\hat{\beta}_1)=\beta_1$為平均數，$V(\hat{\beta}_1)=\sigma^2/S_{XX}$為變異數。由於誤差項變異數$\sigma^2$未知，以殘差的樣本變異數$S^2$估計。所以在檢定母體迴歸參數$\beta_1$時，使用下列$t$統計量

$$t=\frac{\hat{\beta}_1-\beta_1}{S/\sqrt{S_{XX}}}$$

為檢定統計量，該統計量服從自由度為$(n-2)$的t分配❷。其中分母的$S/\sqrt{S_{XX}}$，又稱為$\hat{\beta}_1$的**估計標準誤(Estimated Standard Error)**，以$s.e.(\hat{\beta}_1)$表示。

欲檢定母體迴歸參數β_1是否等於特定值β_1^*，所以虛無假設為

$$H_0: \beta_1=\beta_1^*$$

---

❷t統計量自由度的決定取決於殘差的樣本變異數S^2的自由度。

將$\beta_1=\beta_1^*$代入t統計量中，並根據對立假設決定在顯著水準α下所對應的拒絕區域，分三種情形說明如下：

1.雙尾檢定

對立假設H_1:$\beta_1 \neq \beta_1^*$

拒絕區域爲$R=\{|t|>t_{\alpha/2}(n-2)\}$

如右圖陰影部分所示。

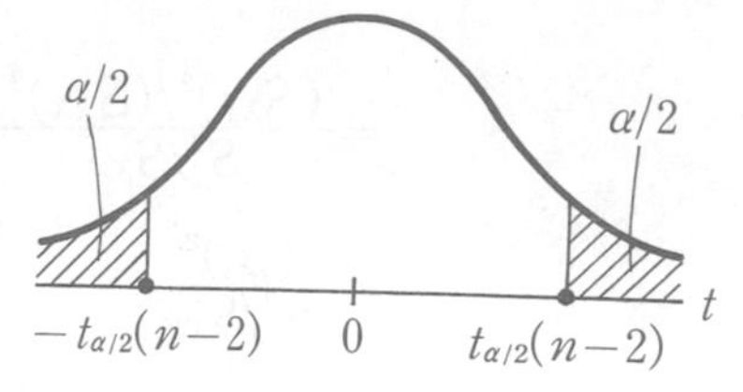

2.右尾檢定

對立假設H_1:$\beta_1>\beta_1^*$

拒絕區域爲$R=\{t>t_{\alpha}(n-2)\}$

如右圖陰影部分所示。

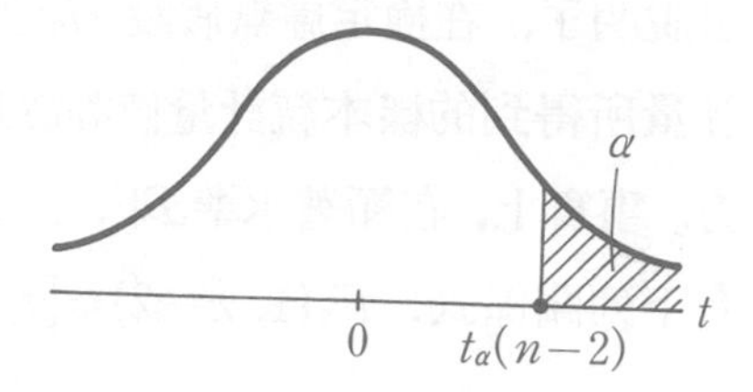

3.左尾檢定

對立假設H_1:$\beta_1<\beta_1^*$

拒絕區域爲$R=\{t<-t_{\alpha}(n-2)\}$

如右圖陰影部分所示。

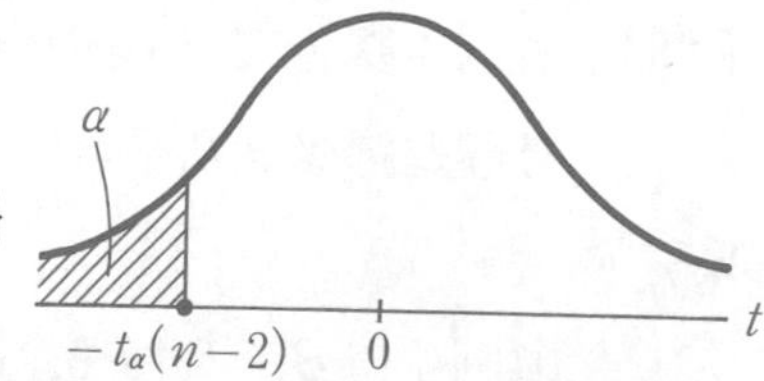

當檢定的β_1特定值$\beta_1^*=0$時，t統計量公式成爲

$$t=\frac{\widehat{\beta}_1}{S/\sqrt{S_{XX}}}$$

根據變異數分析表的F統計量公式可以求得關係式：$F=t^2$

其導出過程爲

$$\begin{aligned}F&=\frac{MSR}{MSE}\\&=\frac{SSR/1}{SSE/(n-2)}\end{aligned}$$

$$=\frac{(S_{XY})^2/S_{XX}}{S^2}\text{〔因爲}SSR=(S_{XY})^2/S_{XX}\text{，及}$$

$$S^2=SSE/(n-2)\text{〕}$$

$$=\frac{(S_{XY})^2/(S_{XX})^2}{S^2/S_{XX}}$$

$$=\frac{(\hat{\beta}_1)^2}{S^2/S_{XY}}\qquad\text{〔因爲}\hat{\beta}_1=S_{XY}/S_{XX}\text{〕}$$

$$=t^2$$

這說明了，在檢定虛無假設 $H_0{:}\beta_1=0$ 與對立假設 $H_1{:}\beta_1\neq 0$ 時，以F統計量所得到的樣本統計量值等於以t統計量所得到的樣本統計量值的平方。事實上，在顯著水準α下，F統計量的查表值與 t 統計量的查表值也有下列關係式：$F_\alpha(1,\ n-2)=[t_{\alpha/2}(n-2)]^2$

例 8 續例 4 廣告支出與銷售金額資料，在顯著水準$\alpha=0.05$下檢定母體迴歸參數β_1是否爲零，並驗證關係式$F=t^2$。

解：

由例 4 得$\hat{\beta}_1=6.4916$，且$s_{XX}=58.409$，由例 5 得$s^2=25.58$，所以$s=\sqrt{25.58}=5.0577$。依題意虛無假設$H_0{:}\beta_1=0$

對立假設$H_1{:}\beta_1\neq 0$(雙尾檢定)

根據t統計量公式可得

$$t=\frac{\hat{\beta}_1-\beta_1^*}{s/\sqrt{s_{XX}}}$$

$$=\frac{6.4916-0}{5.0577/\sqrt{58.409}}=9.809$$

在顯著水準$\alpha=0.05$下，查自由度爲$n-2=10-2=8$的t分配表得

$$t_{\alpha/2}(n-2)=t_{0.025}(8)=2.306$$

由於t統計量計算值大於查表值，即

$$t=9.809>t_{0.025}(8)=2.306$$

所以拒絕虛無假設，即接受母體迴歸參數β_1不爲零的假設。

與例 7 的F統計量計算值比較，得知

$$F=96.21$$
$$=(9.809)^2=t^2$$

且F統計量查表值等於t統計量查表值的平方，即

$$F_{0.05}(1, 8)=5.32$$
$$=(2.306)^2=t_{0.025}(8)$$

關於β_1的區間估計可由t統計量推演得到。由於t統計量服從自由度爲$(n-2)$的t分配，即

$$t=\frac{\widehat{\beta}_1-\beta_1}{S/\sqrt{S_{XX}}}\sim t(n-2)$$

根據t分配機率圖可得

$$1-\alpha=P(|t|<t_{\alpha/2}(n-2))$$
$$=P\left(\left|\frac{\widehat{\beta}_1-\beta_1}{S/\sqrt{S_{XX}}}\right|<t_{\alpha/2}(n-2)\right)$$
$$=P\left(\widehat{\beta}_1-t_{\alpha/2}(n-2)\cdot\frac{S}{\sqrt{S_{XX}}}<\beta_1<\widehat{\beta}_1+t_{\alpha/2}(n-2)\cdot\frac{S}{\sqrt{S_{XX}}}\right)$$

所以迴歸參數β_1的$100(1-\alpha)\%$信賴區間估計式爲

$$\left(\widehat{\beta}_1-t_{\alpha/2}(n-2)\frac{S}{\sqrt{S_{XX}}},\widehat{\beta}_1+t_{\alpha/2}(n-2)\frac{S}{\sqrt{S_{XX}}}\right)$$

通常，在檢定母體迴歸參數β_1得到$\beta_1\neq0$的結論時，可進一步對β_1計算區間估計的推論。

例 9 試根據例 4 廣告支出與銷售金額資料，建立β_1的 95%信賴區間。

解：

由例 4 及例 5 得到：$\widehat{\beta}_1=6.4916$, $s_{XX}=58.409$, $s^2=25.58$或$s=5.0577$，且$n=10$。依題意，$1-\alpha=0.95$，所以$t_{\alpha/2}(n-2)=t_{0.025}(8)=2.306$，於是$\beta_1$的 95%信賴區間爲

$$\left(\widehat{\beta}_1-t_{\alpha/2}(n-2)\cdot\frac{s}{\sqrt{s_{XX}}},\ \widehat{\beta}_1+t_{\alpha/2}(n-2)\cdot\frac{s}{\sqrt{s_{XX}}}\right)$$

即 $$\left(6.4916-2.306\cdot\frac{5.0577}{\sqrt{58.409}},\ 6.4916+2.306\cdot\frac{5.0577}{\sqrt{58.409}}\right)$$

或 $(4.966, 8.018)$

這表示β_1的 95%信賴區間爲$(4.966, 8.018)$

(二) 迴歸參數β_0的假設檢定與區間估計

雖然在大多數情況下，母體迴歸參數β_1的推論是討論的重心；但爲了檢定母體簡單直線迴歸線是否經過原點，所以對未知參數β_0的推論介紹如下。

當模型中假設誤差項ϵ_i服從常態分配時，估計式$\widehat{\beta}_0$的抽樣分配爲

$$\widehat{\beta}_0\sim N\left(\beta_0,\ \sigma^2\left(\frac{1}{n}+\frac{\bar{X}^2}{S_{XX}}\right)\right)$$

即$\widehat{\beta}_0$服從常態分配，以$E(\widehat{\beta}_0)=\beta_0$爲平均數，$V(\widehat{\beta}_0)=\sigma^2\left(\frac{1}{n}+\frac{\bar{X}^2}{S_{XX}}\right)$爲變異數。由於誤差項變異數$\sigma^2$未知，以殘差的樣本變異數$S^2$估計。所以在檢定母體迴歸係數$\beta_0$時，使用下列$t$統計量

$$t=\frac{\widehat{\beta}_0-\beta_0}{S\sqrt{\left(\frac{1}{n}+\frac{\overline{X}^2}{S_{XX}}\right)}}$$

爲檢定統計量，並服從自由度爲$(n-2)$的t分配。其中分母的

$S\sqrt{\frac{1}{n}+\frac{\overline{X}^2}{S_{XX}}}$又稱爲$\widehat{\beta}_0$的估計標準誤(Estimated Standard Error)，以$s.e.(\widehat{\beta}_0)$表示。

欲檢定母體迴歸參數β_0是否等於特定值β_0^*，所以虛無假設爲

$$H_0:\beta_0=\beta_0^*$$

將$\beta_0=\beta_0^*$代入t統計量中，並根據對立假設決定在顯著水準α下所對應的拒絕區域，分三種情形說明如下：

1. 雙尾檢定

對立假設 $H_1:\beta_0\neq\beta_0^*$

拒絕區域爲$R=\{|t|>t_{\alpha/2}(n-2)\}$

如右圖陰影部分所示。

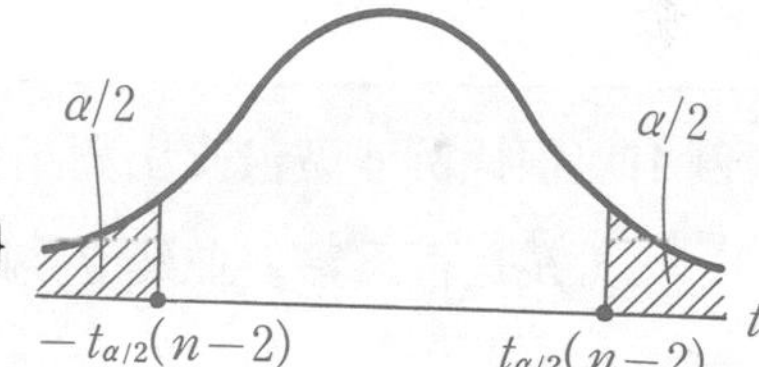

2. 右尾檢定

對立假設 $H_1:\beta_0>\beta_0^*$

拒絕區域爲$R=\{t>t_\alpha(n-2)\}$

如右圖陰影部分所示。

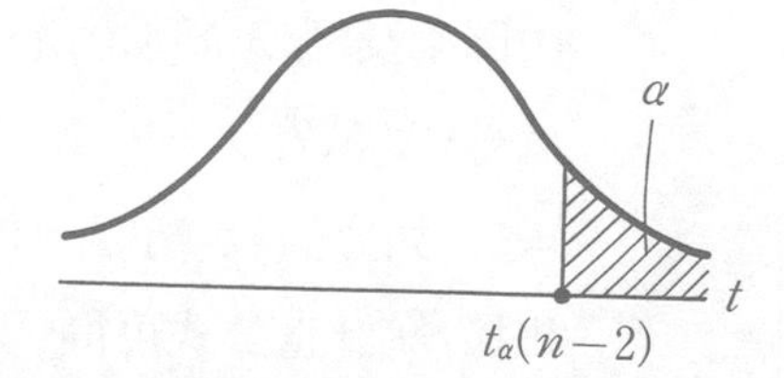

3. 左尾檢定

對立假設 $H_1:\beta_0<\beta_0^*$

拒絕區域爲$R=\{t<-t_\alpha(n-2)\}$

如右圖陰影部分所示。

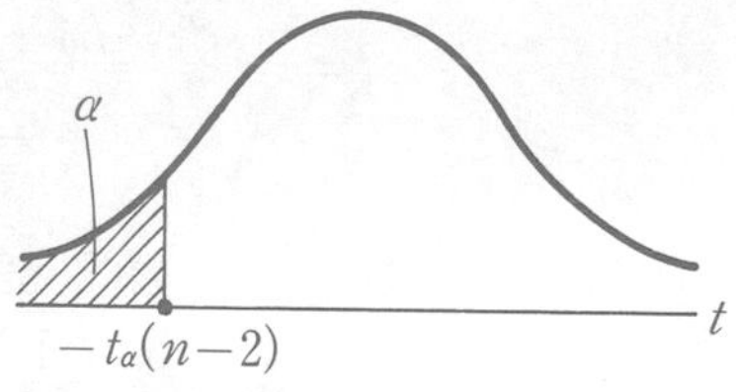

關於β_1的區間估計可由t統計量推演得到。因爲

$$t=\frac{\widehat{\beta}_0-\beta_0}{S\sqrt{\left(\frac{1}{n}+\frac{\overline{X}^2}{S_{XX}}\right)}}\sim t(n-2)$$

根據t分配機率圖可得

$$1-\alpha=P(|t|<t_{\alpha/2}(n-2))$$

$$=P\left(\left|\frac{\widehat{\beta}_0-\beta_0}{S\sqrt{\left(\frac{1}{n}+\frac{\overline{X}^2}{S_{XX}}\right)}}\right|<t_{\alpha/2}(n-2)\right)$$

$$=P\left(\widehat{\beta}_0-t_{\alpha/2}(n-2)\cdot S\sqrt{\frac{1}{n}+\frac{\overline{X}^2}{S_{XX}}}<\beta_0<\widehat{\beta}_0+t_{\alpha/2}(n-2)\cdot S\sqrt{\frac{1}{n}+\frac{\overline{X}^2}{S_{XX}}}\right)$$

所以迴歸參數β_0的$100(1-\alpha)\%$信賴區間爲

$$\left(\widehat{\beta}_0-t_{\alpha/2}(n-2)S\cdot\sqrt{\frac{1}{n}+\frac{\overline{X}^2}{S_{XX}}},\widehat{\beta}_0+t_{\alpha/2}(n-2)S\cdot\sqrt{\frac{1}{n}+\frac{\overline{X}^2}{S_{XX}}}\right)。$$

例 10 根據例 4 廣告支出與銷售金額資料，在 5%顯著水準下，檢定β_0是否爲零。並建立β_0的 95%信賴區間。

解：

由例 4 及例 5 得到：$\widehat{\beta}_0=28.2662$, $s_{XX}=58.409$, $s^2=25.58$, 或$s=5.0577$, $\bar{x}=9.71$，且$n=10$。依題意，虛無假設 $H_0:\beta_0=0$，對立假設 $H_1:\beta_0\neq 0$。（雙尾檢定）

根據t統計量公式可得

$$t=\frac{\widehat{\beta}_0-\beta_0^*}{s\sqrt{\frac{1}{n}+\frac{\bar{x}^2}{s_{XX}}}}$$

$$=\frac{28.2662-0}{5.0577\sqrt{\frac{1}{10}+\frac{9.71^2}{58.409}}}$$

$$=4.2686$$

在顯著水準$\alpha=0.05$下，查自由度爲$n-2=8$的t分配表得

$$t_{\alpha/2}(n-2)=t_{0.025}(8)=2.306$$

由於t統計量計算值大於查表值，即

$$t=4.2686>t_{0.025}(8)=2.306$$

所以拒絕虛無假設，即接受母體迴歸參數β_0不為零的假設。

其次，欲建立β_0的 95%信賴區間。因為$1-\alpha=0.95$，所以

$t_{\alpha/2}(n-2)=t_{0.025}(8)=2.306$，於是$\beta_0$的 95%信賴區間為

$$\left(\widehat{\beta}_0-t_{\alpha/2}(n-2)\cdot s\cdot\sqrt{\frac{1}{n}+\frac{\bar{x}^2}{S_{XX}}},\right.$$

$$\left.\widehat{\beta}_0+t_{\alpha/2}(n-2)\cdot s\cdot\sqrt{\frac{1}{n}+\frac{\bar{x}^2}{S_{XX}}}\right)$$

即

$$\left(28.2662-2.306\times5.0577\times\sqrt{\frac{1}{10}+\frac{9.71^2}{58.409}},\ 28.2662+2.306\right.$$

$$\left.\times5.0577\times\sqrt{\frac{1}{10}+\frac{9.71^2}{58.409}}\right)$$

或

(12.996, 43.536)

這表示 β_0 的 95%信賴區間為 (12.996, 43.536)。

(三) 預測

簡單直線迴歸分析除了估計未知的母體迴歸參數外，主要的目的是根據樣本迴歸線預測在既定 x_0 值下的 y 值。事實上，在既定的 x_0 值下，有兩種不同的預測分別介紹如下：(1)預測母體迴歸線平均數即 $E(Y|x_0)$，此時預測的是條件平均數。(2)預測新觀察值 Y_0，此時預測的是隨機變數Y的特定值。

1. 在既定x_0值下，預測母體迴歸線的平均數$E(Y|x_0)$

因爲$E(Y|x_0)=\beta_0+\beta_1 x_0$，所以母體迴歸線條件平均數$E(Y|x_0)$的點估計爲$\hat{Y}=\hat{\beta}_0+\hat{\beta}_1 x_0$。

由於$\hat{\beta}_0$及$\hat{\beta}_1$的抽樣分配在迴歸模型的假設下都服從常態分配，所以$\hat{Y}$也會服從常態分配，並以$E(Y|x_0)=\beta_0+\beta_1 x_0$爲平均數，以$\sigma^2\left[\frac{1}{n}+\frac{(x_0-\bar{x})^2}{S_{XX}}\right]$爲變異數，即在$x_0$下

$$\hat{Y}\sim N\left(\beta_0+\beta_1 x_0,\ \sigma^2\left[\frac{1}{n}+\frac{(x_0-\bar{X})^2}{S_{XX}}\right]\right)$$

由於誤差項變異數σ^2未知，以殘差的樣本變異數S^2估計。根據$\hat{Y}$的抽樣分配可以t統計量進行區間估計。t統計量公式爲

$$t=\frac{\hat{Y}-E(Y|x_0)}{S\cdot\sqrt{\left[\frac{1}{n}+\frac{(x_0-\bar{X})^2}{S_{XX}}\right]}}\sim t(n-2)$$

根據t分配機率圖可得

$$\begin{aligned}1-\alpha&=P(|t|<t_{\alpha/2}(n-2))\\&=P\left(\left|\frac{\hat{Y}-E(Y|x_0)}{\sqrt{S^2\left[\frac{1}{n}+\frac{(x_0-\bar{X})^2}{S_{XX}}\right]}}\right|<t_{\alpha/2}(n-2)\right)\\&=P\left(\hat{Y}-t_{\alpha/2}(n-2)\cdot S\cdot\sqrt{\left[\frac{1}{n}+\frac{(x_0-\bar{X})^2}{S_{XX}}\right]}<E(Y|x_0)<\right.\\&\qquad\left.\hat{Y}+t_{\alpha/2}(n-2)\cdot S\cdot\sqrt{\left[\frac{1}{n}+\frac{(x_0-\bar{X})^2}{S_{XX}}\right]}\right)\end{aligned}$$

所以母體迴歸線條件平均數$E(Y|x_0)$的$(1-\alpha)100\%$信賴區間爲

$$\left(\hat{Y}-t_{\alpha/2}(n-2)\cdot S\cdot\sqrt{\left[\frac{1}{n}+\frac{(x_0-\bar{X})^2}{S_{XX}}\right]},\right.$$

$$\hat{Y}+t_{\alpha/2}(n-2)\cdot S\cdot\sqrt{\left[\frac{1}{n}+\frac{(x_0-\bar{X})^2}{S_{XX}}\right]}\Bigg)$$

其中$\hat{Y}=\hat{\beta}_0+\hat{\beta}_1x_0$。

2.在既定x_0值下，預測新觀察值Y_0

因爲$Y_i=\beta_0+\beta_1x_i+\epsilon_i$，且假設$E(\epsilon_i)=0$，所以在既定$x_0$值下，預測新觀察值$Y_0$的點估計爲$\hat{Y}_0=\hat{\beta}_0+\hat{\beta}_1x_0$。

同樣地，因爲$\hat{\beta}_0$及$\hat{\beta}_1$的抽樣分配在迴歸模型的假設下都服從常態分配，所以$Y_0-\hat{Y}_0$也會服從常態分配，以$E(Y_0-\hat{Y}_0)=0$爲平均數。變異數的推導如下：因爲以$\hat{Y}_0=\hat{\beta}_0+\hat{\beta}_1x_0$估計新觀察值$Y_0$值，所以估計的殘差變異數爲

$$\begin{aligned}V(Y_0-\hat{\beta}_0-\hat{\beta}_1x_0)&=V(Y_0)+V(\hat{\beta}_0+\hat{\beta}_1x_0)\\&=\sigma^2+\sigma^2\left[\frac{1}{n}+\frac{(x_0-\bar{X})^2}{S_{XX}}\right]\\&=\sigma^2\left[1+\frac{1}{n}+\frac{(x_0-\bar{X})^2}{S_{XX}}\right]\end{aligned}$$

即

$$Y_0-\hat{Y}_0\sim N\left(0,\ \sigma^2\left[1+\frac{1}{n}+\frac{(x_0-\bar{X})^2}{S_{XX}}\right]\right)$$

由於誤差項變異數σ^2未知，以殘差的樣本變異數S^2估計。根據$Y_0-\hat{Y}_0$的分配可以t統計量進行區間估計。t統計量公式爲

$$t=\frac{Y_0-\hat{Y}_0}{S\cdot\sqrt{\left[1+\frac{1}{n}+\frac{(x_0-\bar{X})^2}{S_{XX}}\right]}}\sim t(n-2)$$

根據t分配機率圖可得

$$\begin{aligned}1-\alpha&=P(|t|<t_{\alpha/2}(n-2))\\&=P\left(\left|\frac{Y_0-\hat{Y}_0}{S\cdot\sqrt{\left[1+\frac{1}{n}+\frac{(x_0-\bar{X})^2}{S_{XX}}\right]}}\right|<t_{\alpha/2}(n-2)\right)\end{aligned}$$

$$=P\left(\widehat{Y}_0-t_{\alpha/2}(n-2)\cdot S\cdot\sqrt{\left[1+\frac{1}{n}+\frac{(x_0-\bar{X})^2}{S_{XX}}\right]}<Y_0<\right.$$

$$\left.\widehat{Y}+t_{\alpha/2}(n-2)\cdot S\cdot\sqrt{\left[1+\frac{1}{n}+\frac{(x_0-\bar{X})^2}{S_{XX}}\right]}\right)$$

所以新觀察值Y_0的$(1-\alpha)100\%$信賴區間爲

$$\left(\widehat{Y}_0-t_{\alpha/2}(n-2)\cdot S\cdot\sqrt{\left[1+\frac{1}{n}+\frac{(x_0-\bar{X})^2}{S_{XX}}\right]},\right.$$

$$\left.\widehat{Y}+t_{\alpha/2}(n-2)\cdot S\cdot\sqrt{\left[1+\frac{1}{n}+\frac{(x_0-\bar{X})^2}{S_{XX}}\right]}\right)$$

其中$\widehat{Y}_0=\widehat{\beta}_0+\widehat{\beta}_1x_0$。

比較母體迴歸線$E(Y|x_0)$的預測及新觀察值Y_0值的預測所求得的信賴區間可以知道：

(1)新觀察值Y_0值的預測區間比母體迴歸線$E(Y|x_0)$的預測區間寬，二者變異數相差σ^2。

(2)兩種預測區間在$x_0=\bar{x}$時最窄，由$\bar{x}$向兩端延伸，距$\bar{x}$愈遠的x_0值所對應的預測區間愈寬。

由圖 15-9 可以清楚說明上述兩點性質。

圖 15-9　母體迴歸線$E(Y \mid x_0)$及新觀察值Y_0的預測區間

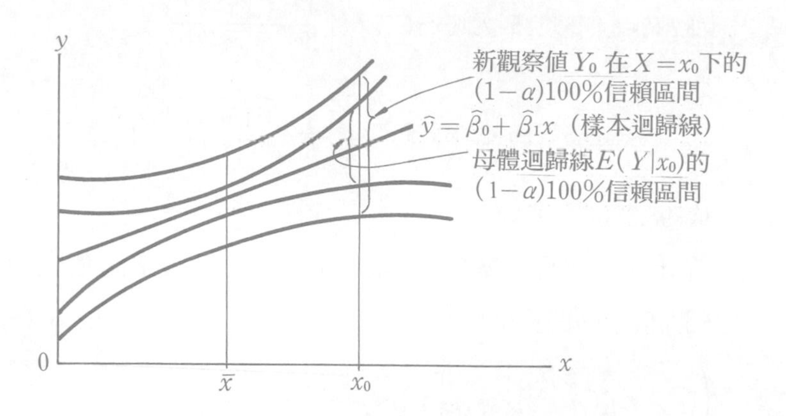

例 11　根據例 4 廣告支出與銷售金額資料建立在廣告支出爲$x_0=11.5$(萬元)時平均銷售金額的 95%信賴區間。若計劃下個月的廣告支出爲$x_0=11.5$(萬元)，試問新觀察銷售金額的 95%信賴區間爲何。

解:

由本節廣告支出與銷售金額其他例題及本題題意知道：$n=10$, $x_0=11.5$, $s_{XX}=58.409$, $\bar{x}=9.71$, $s=5.0577$, $\widehat{\beta}_0=28.2662$, $\widehat{\beta}_1=6.4916$, $1-\alpha=0.95$, $\alpha=0.05$，且查自由度爲$n-2=8$的t分配表得$t_{\alpha/2}(n-2)=t_{0.025}(8)=2.306$。至於$\widehat{Y}=\widehat{\beta}_0+\widehat{\beta}_1 x_0$，於是平均銷售金額的 95%信賴區間爲

$$\left(\widehat{Y}-t_{\alpha/2}(n-2)\cdot s\cdot\sqrt{\left[\frac{1}{n}+\frac{(x_0-\bar{x})^2}{s_{XX}}\right]},\right.$$

$$\left.\widehat{Y}+t_{\alpha/2}(n-2)\cdot s\cdot\sqrt{\left[\frac{1}{n}+\frac{(x_0-\bar{x})^2}{s_{XX}}\right]}\right)$$

即

$$\left(28.2662-6.4916\times 11.5-2.306\times 5.0577\times\sqrt{\left[\frac{1}{10}+\frac{(11.5-9.71)^2}{58.409}\right]},\right.$$

$$\left.28.2662+6.41916\times 11.5-2.306\times 5.0577\times\sqrt{\left[\frac{1}{10}+\frac{(11.5-9.71)^2}{58.409}\right]}\right)$$

或(98.3300, 107.5092)

若計劃下個月的廣告支出$x_0=11.5$，則新觀察銷售金額的95%信賴區間為

$$\left(\hat{Y}-t_{\alpha/2}(n-2)\cdot s\cdot\sqrt{\left[1+\frac{1}{n}+\frac{(x_0-\bar{x})^2}{s_{XX}}\right]},\right.$$

$$\left.\hat{Y}+t_{\alpha/2}(n-2)\cdot s\cdot\sqrt{\left[1+\frac{1}{n}+\frac{(x_0-\bar{x})^2}{s_{XX}}\right]}\right)$$

即

$$\left(102.9196-2.306\times 5.0577\times\sqrt{\left[1+\frac{1}{10}+\frac{(11.5-9.71)^2}{58.409}\right]},\right.$$

$$\left.102.9196+2.306\times 5.0577\times\sqrt{\left[1+\frac{1}{10}+\frac{(11.5-9.71)^2}{58.409}\right]}\right)$$

或

(90.3860, 115.4532)

在$x=11.5$下，母體迴歸線$E(Y|x_0)$的95%信賴區間為(98.33, 107.5092)，而新觀察值Y_0的95%信賴區間為(90.386, 115.4532)。顯然，新觀察值Y_0的信賴區間較母體迴歸線$E(Y|x_0)$的信賴區間來得寬。

(四) 殘差分析

如果所提出的迴歸模型及有關假設爲適切，則以樣本資料配適後的殘差e_i應符合模型中關於誤差項ϵ_i的各種假設。因此，對資料配適模型後的殘差加以分析有助於瞭解模型的適切與否，也可偵測出可能的異常觀察值。

首先介紹**殘差圖**(Residual Plots)。如果配適後的殘差沒有存留任何資訊於其中，則殘差e_i與配適值$\hat{y}_i$(或自變數x_i，或時間因素t)的散布圖不應有任何型態顯現出來。圖 15-10 中圖(a)建議模型中應加入自變數x_i的二次式。圖(b)顯示誤差項有異質變異的情形存在。圖(c)顯示模型應考慮加入時間 t 的二次式。圖(d)沒有顯示任何型態的殘差分布，這表示模型配適沒有不當，但圖形右上角有一異常值存在。事實上，如果模型及誤差項的假設合宜，則殘差e_i應服從以零爲平均數的常態分配，因此可使用**常態機率圖**(Normal Probability Plot)來檢視e_i是否符合常態分配。

圖15-10　殘差圖分析

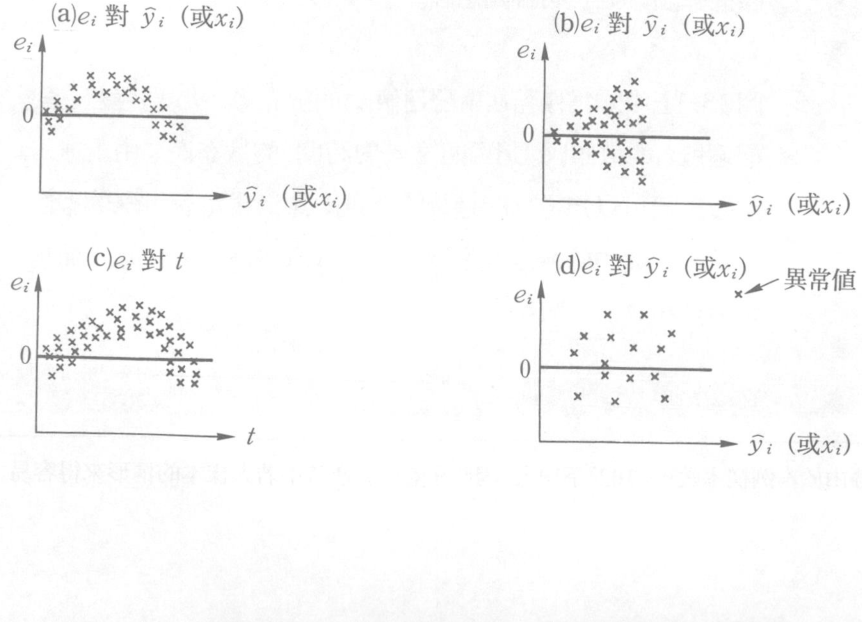
(a)e_i 對 $\hat{y}_i$ (或x_i)
e_i
0
$\hat{y}_i$ (或x_i)
(b)e_i 對 $\hat{y}_i$ (或x_i)
e_i
0
$\hat{y}_i$ (或x_i)
(c)e_i 對 t
e_i
0
t
(d)e_i 對 $\hat{y}_i$ (或x_i)
異常值
e_i
0
$\hat{y}_i$ (或x_i)

殘差的常態機率圖繪製程序爲：

(1)將殘差e_i按遞增順序排列成

$$e_{(1)} \leq e_{(2)} \leq \cdots \leq e_{(n)}$$

其中$e_{(i)}$表示$e_1, e_2, \cdots, e_n$由小到大排序後的第i個順序值。

(2)根據標準常態分配計算$e_{(i)}$對應的預期值$Z\left(\frac{i-\frac{1}{2}}{n}\right)$，其中

$$Z\left(\frac{i-\frac{1}{2}}{n}\right)\text{表示}P\left(Z \leq Z\left(\frac{i-\frac{1}{2}}{n}\right)\right)=\frac{i-\frac{1}{2}}{n}。$$

(3)以$\left(e_i, Z\left(\frac{i-\frac{1}{2}}{n}\right)\right)$爲座標，繪製常態機率圖。

如果圖上各點形成一直線或接近直線則表示e_i服從常態分配，亦即模型中誤差項的常態假設爲合宜。

例 12　根據例 4 廣告支出與銷售金額資料，繪製殘差圖及殘差的常態機率圖，並說明各圖意義。

解：

圖 15-11 中(a)爲殘差e_i對配適值$\hat{y}_i$的散布圖，(b)爲殘差e_i對配適值x_i的散布圖。(d)爲殘差e_i對時間t的散布圖。由上述三個殘差圖可以知道：配適後的殘差圖無法肯定有特殊的型態存在。(c)圖中的殘差機率圖相當接近直線，這表示殘差值呈常態分布❸。

❸由於本例樣本數$n=10$並不夠大，因此在圖形評斷時不若大樣本的情形來得容易。

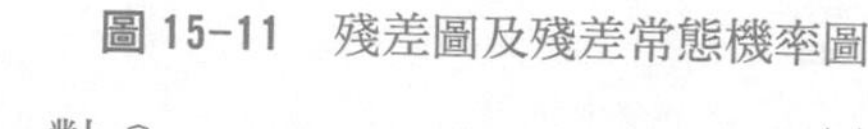
圖 15-11　殘差圖及殘差常態機率圖

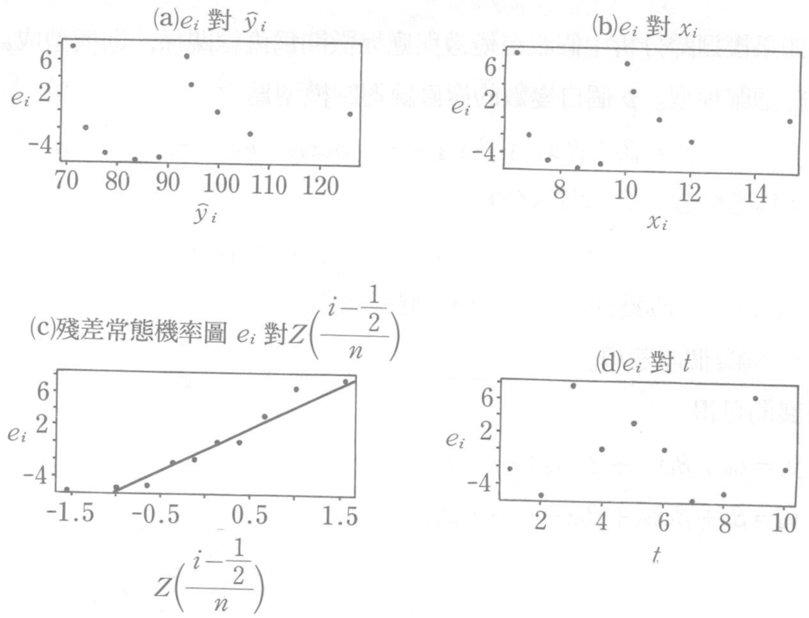

第四節　複直線迴歸分析(I) ❹

在簡單直線迴歸分析中僅以一個自變數X來解釋應變數Y，本節介紹以兩個或兩個以上的自變數來解釋應變數Y。由於可以同時使用多個變數來解釋應變數Y的變動，因此稱爲**複直線迴歸分析(或多元迴歸分析)(Multiple Linear Regression Analysis)**。

---

❹本節介紹複直線迴歸分析，使用矩陣符號說明各項結果，讀者可依個人需要決定選讀。

(一) 複直線迴歸模型

如果複迴歸分析中假設自變數與應變數間爲直線關係，則模型成爲複直線迴歸模型。p 個自變數的複直線迴歸模型爲

$$y_i=\beta_0+\beta_1 x_{i1}+\beta_2 x_{i2}+\cdots+\beta_p x_{ip}+\epsilon_i,\ i=1, 2, \cdots, n$$

其中y_i爲應變數Y第i個觀察值。

$x_{i1}, x_{i2}, \cdots, x_{ip}$分別爲自變數$X_1, X_2, \cdots, X_p$的第$i$個觀察值。

$\beta_0, \beta_1, \cdots, \beta_p$爲$(p+1)$個未知的迴歸參數。

ϵ_i爲第i個誤差項。

模型展開可得

$$y_1=\beta_0+\beta_1 x_{11}+\beta_2 x_{12}+\cdots+\beta_p x_{1p}+\epsilon_1$$

$$y_2=\beta_0+\beta_1 x_{21}+\beta_2 x_{22}+\cdots+\beta_p x_{2p}+\epsilon_2$$

$$\vdots$$

$$y_n=\beta_0+\beta_1 x_{n1}+\beta_2 x_{n2}+\cdots+\beta_p x_{np}+\epsilon_n$$

以矩陣符號表示複直線迴歸模型爲

$$\boldsymbol{y}=\boldsymbol{X\beta}+\boldsymbol{\epsilon}$$

$$\boldsymbol{y}=\begin{bmatrix} y_1 \\ y_2 \\ \vdots \\ y_n \end{bmatrix}_{n\times 1}, \boldsymbol{\beta}=\begin{bmatrix} \beta_0 \\ \beta_1 \\ \vdots \\ \beta_p \end{bmatrix}_{(p+1)\times 1}, \boldsymbol{\epsilon}=\begin{bmatrix} \epsilon_1 \\ \epsilon_2 \\ \vdots \\ \epsilon_n \end{bmatrix}_{n\times 1},$$

$$\boldsymbol{X}=\begin{bmatrix} 1 & x_{11} & x_{12} & \cdots & x_{1p} \\ 1 & x_{21} & x_{22} & \cdots & x_{2p} \\ \vdots & \vdots & \vdots & \cdots & \vdots \\ 1 & x_{n1} & x_{n2} & \cdots & x_{np} \end{bmatrix}_{n\times(p+1)}$$

例 13 考慮表 15-3 資料，以矩陣表示法寫出複直線迴歸模型。

表 15-3　複直線迴歸分析資料

y	x_1	x_2
2	-4	16
-1	-2	4
-1	-1	1
4	1	1
9	2	4
19	4	16

解：

複直線迴歸模型爲

$$\boldsymbol{y}=\boldsymbol{X\beta}+\boldsymbol{\epsilon}$$

其中$n=6$, $p=2$，且

$$\boldsymbol{y}=\begin{bmatrix}2\\-1\\-1\\4\\9\\19\end{bmatrix},\quad \boldsymbol{\beta}=\begin{bmatrix}\beta_0\\ \beta_1\\ \beta_2\end{bmatrix},\quad \boldsymbol{\epsilon}=\begin{bmatrix}\epsilon_1\\ \epsilon_2\\ \epsilon_3\\ \epsilon_4\\ \epsilon_5\\ \epsilon_6\end{bmatrix},$$

$$\boldsymbol{X}=\begin{bmatrix}1 & -4 & 16\\ 1 & -2 & 4\\ 1 & -1 & 1\\ 1 & 1 & 1\\ 1 & 2 & 4\\ 1 & 4 & 16\end{bmatrix}$$

複直線迴歸模型的假設有：

(1)誤差項ϵ_i的期望值爲零，即$E(\epsilon_i)=0$。根據此一假設可得母體迴歸式爲$E(Y_i|x_{i1}, x_{i2}, \cdots, x_{ip})=\beta_0+\beta_1 x_{i1}+\beta_2 x_{i2}+\cdots+\beta_p x_{ip}$。

(2)誤差項ϵ_i的變異數爲σ^2，即$V(\epsilon_i)=\sigma^2$。此一假設表示對於不同的自變數值$x_{i1}, x_{i2}, \cdots, x_{ip}$而言，應變數$Y_i$的條件變異數皆爲$\sigma^2$，即

$$V(Y_i|x_{i1}, x_{i2}, \cdots, x_{ip})=\sigma^2$$

此一假設又稱爲**同質變異**(Homoscedasticity)假設。

(3)任何兩個不同的誤差項ϵ_i及ϵ_j彼此獨立。所以

$$E(\epsilon_i\epsilon_j)=0$$

其中$i\neq j$，這表示誤差項之間沒有**序列相關**(Serial Correlation)。

(4)自變數爲非隨機的固定數，或誤差項與自變數之間相互獨立。

(5)誤差項ϵ_i服從常態分配。

(二) 最小平方法估計迴歸參數

令樣本迴歸的配適值爲

$$\hat{y}_i=\hat{\beta}_0+\hat{\beta}_1 x_{i1}+\hat{\beta}_2 x_{i2}+\cdots+\hat{\beta}_p x_{ip}$$

最小平方法的目的是在找出未知迴歸參數$\beta_0, \beta_1, \cdots, \beta_p$的估計式$\hat{\beta}_0, \hat{\beta}_1, \cdots, \hat{\beta}_p$，使得各資料值$(x_{i1}, x_{i2}, \cdots, x_{ip})$所對應的觀察值$y_i$與樣本迴歸配適值$\hat{y}_i$之間的差異平方和爲最小，即

$$\sum_{i=1}^{n}(y_i-\hat{y}_i)^2$$

爲最小。

以微分運算得到最小平方估計式$\hat{\beta}_0, \hat{\beta}_1, \cdots, \hat{\beta}_p$滿足下列方程式組：

$$\sum_{i=1}^{n} y_i=n\hat{\beta}_0+\hat{\beta}_1\sum_{i=1}^{n} x_{i1}+\hat{\beta}_2\sum_{i=1}^{n} x_{i2}+\cdots+\hat{\beta}_p\sum_{i=1}^{n} x_{ip}$$

$$\sum_{i=1}^{n} x_{i1}y_i=\hat{\beta}_0\sum_{i=1}^{n} x_{i1}+\hat{\beta}_1\sum_{i=1}^{n} x_{i1}{}^2+\hat{\beta}_2\sum_{i=1}^{n} x_{i1}x_{i2}+\cdots+\hat{\beta}_p\sum_{i=1}^{n} x_{i1}x_{ip}$$

$$\sum_{i=1}^{n} x_{i2}y_i = \hat{\beta}_0 \sum_{i=1}^{n} x_{i2} + \hat{\beta}_1 \sum_{i=1}^{n} x_{i2}x_{1i1} + \hat{\beta}_2 \sum_{i=1}^{n} x_{i2}^2 + \cdots + \hat{\beta}_p \sum_{i=1}^{n} x_{i2}x_{ip}$$

$$\sum_{i=1}^{n} x_{ip}y_i = \hat{\beta}_0 \sum_{i=1}^{n} x_{ip} + \hat{\beta}_1 \sum_{i=1}^{n} x_{ip}x_{1i1} + \hat{\beta}_2 \sum_{i=1}^{n} x_{ip}x_{i2} + \cdots + \hat{\beta}_p \sum_{i=1}^{n} x_{ip}^2$$

以矩陣符號表示可得

$$\boldsymbol{X}'\boldsymbol{y} = \boldsymbol{X}'\boldsymbol{X}\hat{\boldsymbol{\beta}}$$

其中

$$\boldsymbol{X}'\boldsymbol{y} = \begin{bmatrix} \sum_{i=1}^{n} y_i \\ \sum_{i=1}^{n} x_{i1}y_i \\ \sum_{i=1}^{n} x_{i2}y_i \\ \vdots \\ \sum_{i=1}^{n} x_{ip}y_i \end{bmatrix}_{(p+1)\times 1}, \hat{\boldsymbol{\beta}} = \begin{bmatrix} \hat{\beta}_0 \\ \hat{\beta}_1 \\ \vdots \\ \hat{\beta}_p \end{bmatrix}_{(p+1)\times 1}$$

$$\boldsymbol{X}'\boldsymbol{X} = \begin{bmatrix} n & \sum_{i=1}^{n} x_{i1} & \sum_{i=1}^{n} x_{i2} & \cdots & \sum_{i=1}^{n} x_{ip} \\ \sum_{i=1}^{n} x_{i1} & \sum_{i=1}^{n} x_{i1}^2 & \sum_{i=1}^{n} x_{i1}x_{i2} & \cdots & \sum_{i=1}^{n} x_{i1}x_{ip} \\ \sum_{i=1}^{n} x_{i2} & \sum_{i=1}^{n} x_{i1}x_{i2} & \sum_{i=1}^{n} x_{2i}^2 & \cdots & \sum_{i=1}^{n} x_{i2}x_{ip} \\ \vdots & \vdots & \vdots & & \vdots \\ \sum_{i=1}^{n} x_{ip} & \sum_{i=1}^{n} x_{ip}x_{i1} & \sum_{i=1}^{n} x_{ip}x_{i2} & \cdots & \sum_{i=1}^{n} x_{ip}^2 \end{bmatrix}_{(p+1)\times(p+1)}$$

因此最小平方估計式爲

$$\hat{\boldsymbol{\beta}} = (\boldsymbol{X}'\boldsymbol{X})^{-1}\boldsymbol{X}'\boldsymbol{y}$$

於是模型配適值成爲

$$\begin{aligned} \hat{\boldsymbol{y}} &= \boldsymbol{X}\hat{\boldsymbol{\beta}} \\ &= \boldsymbol{X}(\boldsymbol{X}'\boldsymbol{X})^{-1}\boldsymbol{X}'\boldsymbol{y} \\ &= \boldsymbol{H}\boldsymbol{y} \end{aligned}$$

其中$\boldsymbol{H} = \boldsymbol{X}(\boldsymbol{X}'\boldsymbol{X})^{-1}\boldsymbol{X}'$可稱爲**估計矩陣**(Hat Matrix)，因爲透過$\boldsymbol{H}$矩陣可得到$\boldsymbol{y}$的估計值$\hat{\boldsymbol{y}}$；又可稱爲**投射矩陣**(Projection Matrix)，因爲從

幾何的觀點來看是將$\boldsymbol{y}$投射到$\boldsymbol{X}$所形成的空間中得到$\hat{\boldsymbol{y}}$。

例 14 續例 13 資料及迴歸模型，以最小平方估計法估計迴歸參數 $\boldsymbol{\beta}=[\beta_0\ \beta_1\ \beta_2]'$，並計算配適值$\hat{\boldsymbol{y}}$。

解：

根據例 13 可得

$$\boldsymbol{X}'\boldsymbol{X}=\begin{bmatrix} 1 & 1 & 1 & 1 & 1 & 1 \\ -4 & -2 & -1 & 1 & 2 & 4 \\ 16 & 4 & 1 & 1 & 4 & 16 \end{bmatrix}\begin{bmatrix} 1 & -4 & 16 \\ 1 & -2 & 4 \\ 1 & -1 & 1 \\ 1 & 1 & 1 \\ 1 & 2 & 4 \\ 1 & 4 & 16 \end{bmatrix}$$

$$=\begin{bmatrix} 6 & 0 & 42 \\ 0 & 42 & 0 \\ 42 & 0 & 546 \end{bmatrix},$$

$\boldsymbol{X}'\boldsymbol{X}$的逆矩陣爲$(\boldsymbol{X}'\boldsymbol{X})^{-1}$，經計算得

$$(\boldsymbol{X}'\boldsymbol{X})^{-1}=\begin{bmatrix} 0.36111 & 0 & -0.02778 \\ 0 & 0.02381 & 0 \\ -0.02778 & 0 & 0.00397 \end{bmatrix},$$

$$\boldsymbol{X}'\boldsymbol{y}=\begin{bmatrix} 1 & 1 & 1 & 1 & 1 & 1 \\ -4 & -2 & -1 & 1 & 2 & 4 \\ 16 & 4 & 1 & 1 & 4 & 16 \end{bmatrix}\begin{bmatrix} 2 \\ -1 \\ -1 \\ 4 \\ 9 \\ 19 \end{bmatrix}$$

$$=\begin{bmatrix} 32 \\ 93 \\ 371 \end{bmatrix}$$

根據最小平方估計公式可得

$$\hat{\boldsymbol{\beta}}=(\boldsymbol{X}'\boldsymbol{X})^{-1}\boldsymbol{X}'\boldsymbol{y}$$

$$=\begin{bmatrix} 0.36111 & 0 & -0.02778 \\ 0 & 0.02381 & 0 \\ -0.02778 & 0 & 0.00397 \end{bmatrix}\begin{bmatrix} 32 \\ 93 \\ 371 \end{bmatrix}$$

$$=\begin{bmatrix} 1.250000 \\ 2.214286 \\ 0.583333 \end{bmatrix}$$

所以估計的迴歸方程式爲$\hat{y}_i=1.25+2.21x_{i1}+0.58x_{i2}$。

至於模型配適值爲

$$\hat{\boldsymbol{y}}=\boldsymbol{X}\hat{\boldsymbol{\beta}}$$

$$=\begin{bmatrix} 1 & -4 & 16 \\ 1 & -2 & 4 \\ 1 & -1 & 1 \\ 1 & 1 & 1 \\ 1 & 2 & 4 \\ 1 & 4 & 16 \end{bmatrix}\begin{bmatrix} 1.250000 \\ 2.214286 \\ 0.583333 \end{bmatrix}=\begin{bmatrix} 1.7261905 \\ -0.8452381 \\ -0.3809524 \\ 4.0476190 \\ 8.0119048 \\ 19.4404762 \end{bmatrix}$$

(三) 誤差項變異數σ^2的估計

根據實際觀察值向量$\boldsymbol{y}$及估計值向量$\hat{\boldsymbol{y}}$，定義殘差值向量爲

$$\begin{aligned}\boldsymbol{e}&=\boldsymbol{y}-\hat{\boldsymbol{y}}\\&=\boldsymbol{y}-\boldsymbol{H}\boldsymbol{y}\\&=(\boldsymbol{I}-\boldsymbol{H})\boldsymbol{y}\end{aligned}$$

其中$\boldsymbol{e}=\begin{bmatrix} e_1 \\ e_2 \\ \vdots \\ e_n \end{bmatrix}$

所以**誤差平方和(Sum Square Error，簡寫爲SSE)**爲

$$SSE=\sum_{i=1}^{n}e_i^2=\sum_{i=1}^{n}(y_i-\hat{y}_i)^2=\boldsymbol{e}'\boldsymbol{e}$$

$$=\boldsymbol{y}'(\boldsymbol{I}-\boldsymbol{H})\boldsymbol{y}$$

$$=\boldsymbol{y}'\boldsymbol{y}-\boldsymbol{y}'\boldsymbol{H}\boldsymbol{y}$$

所以誤差項變異數σ^2的估計式爲

$$S^2=SSE/(n-p-1)$$

上式分母爲$(n-p-1)$的理由是誤差平方和SSE，因估計$\beta_0, \beta_1, \cdots, \beta_p$共$(p+1)$個迴歸參數而失去$(p+1)$個自由度，所以$S^2$是$\sigma^2$的不偏估計式。並定義$S=\sqrt{S^2}$爲迴歸的**估計標準誤(Estimated Standard Error of Regression)**。

例 15 續例 13 資料及迴歸模型，並根據例 14 之各項結果，計算誤差平方和SSE，及誤差項變異數σ^2的估計值s^2。

解：

依題意，由例 13 資料中向量$\boldsymbol{y}$值與例 14 配適值向量$\hat{\boldsymbol{y}}$可得殘差向量

$$\boldsymbol{e}=\boldsymbol{y}-\hat{\boldsymbol{y}}$$

$$
= \begin{bmatrix} 2 \\ -1 \\ -1 \\ 4 \\ 9 \\ 19 \end{bmatrix} - \begin{bmatrix} 1.7261905 \\ -0.8452381 \\ -0.3809524 \\ 4.0476190 \\ 8.0119048 \\ 19.4404762 \end{bmatrix}
$$

$$
= \begin{bmatrix} 0.27380952 \\ -0.15476190 \\ -0.61904762 \\ -0.04761905 \\ 0.98809524 \\ -0.44047619 \end{bmatrix}
$$

根據誤差平方和定義知

$$
SSE = \boldsymbol{e}'\boldsymbol{e} = 1.654762
$$

所以誤差項變異數σ^2的估計值爲

$$
\begin{aligned}
s^2 &= SSE/(n-p-1) \\
&= 1.654762/(6-2-1) \\
&= 0.5515873
\end{aligned}
$$

㈣ 模型解釋能力

根據複直線迴歸模型可以知道應變數Y的變異可以分解成：⑴由複迴歸模型所能解釋的變異、及⑵由誤差項ϵ所造成的變異。因此**總平方和(Sum Square Total，簡寫爲SST)**爲

$$
SST = \sum_{i=1}^{n}(y_i - \bar{y})^2
$$

$$=\boldsymbol{y}'\boldsymbol{y}-n\bar{y}^2$$

至於由迴歸模型所解釋的變異，即**迴歸平方和**(Sum Square Regression, 簡寫為SSR)為

$$SSR=\sum_{i=1}^{n}(\hat{y}_i-\bar{y})^2$$
$$=\boldsymbol{y}'\boldsymbol{H}\boldsymbol{y}-n\bar{y}^2$$

在誤差項變異數σ^2的估計中已經定義了誤差平方和為

$$SSE=\boldsymbol{y}'\boldsymbol{y}-\boldsymbol{y}'\boldsymbol{H}\boldsymbol{y}$$

根據上述三個平方和可得

(總平方和)＝(迴歸平方和)＋(誤差平方和)

即 $$SST=SSR+SSE$$

若以方程式表示則為

$$\sum_{i=1}^{n}(y_i-\bar{y})^2=\sum_{i=1}^{n}(\hat{y}_i-\bar{y})^2+\sum_{i=1}^{n}(y_i-\hat{y}_i)^2$$

或

$$(\boldsymbol{y}'\boldsymbol{y}-n\bar{y}^2)=(\boldsymbol{y}'\boldsymbol{H}\boldsymbol{y}-n\bar{y}^2)+(\boldsymbol{y}'\boldsymbol{y}-\boldsymbol{y}'\boldsymbol{H}\boldsymbol{y})$$

這表示

(總變異)＝(模型解釋變異)＋(模型未能解釋變異)

根據上述變異分解式，定義**複判定係數**(Coefficient of Multiple Determination)為

$$R^2=\frac{SSR}{SST}$$
$$=\frac{\boldsymbol{y}'\boldsymbol{H}\boldsymbol{y}-n\bar{y}^2}{\boldsymbol{y}'\boldsymbol{y}-n\bar{y}^2}$$

對於複直線迴歸模型由於自變數個數不只一個，不希望為了增加解釋能力而引進太多自變數於模型中，因此考慮將**懲罰函數**(Penalty Function)引進到複判定係數中：自變數個數愈多，懲罰愈重，即定義調整的

複判定係數爲

$$Adj-R^2=1-\left(\frac{n-1}{n-p-1}\right)(1-R^2)$$

$$=1-\frac{SSE/(n-p-1)}{SST/(n-1)}$$

調整的複判定係數$Adj-R^2$愈接近 1，表示迴歸模型對應變數Y的解釋能力愈高。值得注意的是：R^2與$Adj-R^2$兩者不同，前者會隨模型中自變數個數的增加而增加或不變，但後者有可能會隨自變數個數的增加而不升反降。另一點應注意的是：$R^2 \geq 0$，但$Adj-R^2$有可能爲負數。

(五) 複直線迴歸模型的變異數分析表

根據第十四章的變異數分析可以建立複直線迴歸模型的變異數分析表於表 15-4。由表中的F統計量可以檢定迴歸模型是否顯著，即

表 15-4　複直線迴歸模型變異數分析表

變異來源	平方和	自由度	均方	F統計量
迴歸	SSR	p	$MSR=SSR/p$	$F=\frac{MSR}{MSE}$
誤差	SSE	$n-p-1$	$MSE=SSE/(n-p-1)$	
總和	SST	$n-1$		

虛無假設爲H_0:$\beta_1=\beta_2=\cdots=\beta_p=0$

對立假設爲H_1:β_1, β_2, $\cdots$, β_p不全爲零

若由樣本資料計算得到的F統計量值大於顯著水準α下的F分配查表值$F_\alpha(p,n-p-1)$，則拒絕虛無假設。由於此種檢定是針對全部的迴歸參數β_1, β_2, $\cdots$, β_p進行檢定，因此可稱爲**全盤F檢定**(Overall F Test)。

例 16 續例 13～15，建立變異數分析表，在顯著水準$\alpha=0.05$下進行全盤F檢定是否$\beta_1=\beta_2=0$，並計算複判定係數R^2及調整的複判定係數$Adj-R^2$。

解：

先計算平均數 $\bar{y}=\sum_{i=1}^{n} y_i/n$

$$=(2-1-1+4+9+19)/6$$

$$=5.33333$$

而總平方和$SST=\boldsymbol{y}'\boldsymbol{y}-n\bar{y}^2$

$$=[2\ -1\ -1\ 4\ 9\ 19]\begin{bmatrix}2\\-1\\-1\\4\\9\\19\end{bmatrix}-6\times(5.33333)^2$$

$$=293.3333$$

迴歸平方和$SSR=\boldsymbol{y}'\boldsymbol{H}\boldsymbol{y}-n\bar{y}^2$

$$=291.6786$$

至於誤差平方和$SSE=1.654762$

所以變異數分析表為：

變異來源	平方和	自由度	均方	F統計量
迴歸	291.6786	2	145.8393	264.3993
誤差	1.654762	3	0.5515873	
總和	293.3333	5		

根據變異數分析表可以進行全盤F檢定，即

虛無假設爲

$$H_0:\beta_1=\beta_2=0$$

對立假設爲

$$H_1:\beta_1\text{及}\beta_2\text{不全爲零}$$

由於F統計量的樣本計算值$F=264.3993$大於顯著水準$\alpha=0.05$下的F分配查表值$F_{0.05}(2,3)=9.55$，所以拒絕虛無假設。換言之，母體迴歸參數不全爲零。

至於說明模型解釋能力的複判定係數可由變異數分析表中的SSR及SST計算得到，即

$$R^2=\frac{SSR}{SST}$$

$$=\frac{291.6786}{293.3333}$$

$$=0.9944$$

這表示應變數Y的總變異有99.44%可以由迴歸模型解釋。考慮自變數個數的調整複判定係數爲

$$Adj-R^2=1-\left(\frac{n-1}{n-p-1}\right)(1-R^2)$$

$$=1-\left(\frac{6-1}{6-2-1}\right)(1-0.9944)$$

$$=0.9907$$

除了上述的全盤F檢定外，也可以針對部分的迴歸參數檢定其是否爲零。令**完整模型(Full Model)**爲

$$y_i=\beta_0+\beta_1x_{i1}+\beta_2x_{i2}+\cdots+\beta_px_{ip}+\epsilon_i$$

欲檢定部分的迴歸參數(β_{k+1}, β_{k+2}, …, β_p)是否爲零，即

虛無假設爲　$H_0:\beta_{k+1}=\beta_{k+2}=\cdots=\beta_p=0$

對立假設爲 $H_1:\beta_{k+1}, \beta_{k+2}, \cdots, \beta_p$不全爲零

如果虛無假設爲眞，則模型成爲

$$y_i=\beta_0+\beta_1 x_{i1}+\beta_2 x_{i2}+\cdots+\beta_k x_{ik}+\epsilon_i$$

可稱爲**縮減模型**(Reduced Model)。令SSE_F及SSE_R分別表示完整模型下的誤差平方和及縮減模型下的誤差平方和。則可定義檢定部分迴歸參數的F統計量爲

$$F=\frac{(SSE_R-SSE_F)/(p-k)}{SSE_F/(n-p-1)}$$

若由樣本資料計算得到的F統計量値大於在顯著水準α下的查表值$F_\alpha(p-k,n-p-1)$，則拒絕虛無假設。

例 17 續例 13 資料，令完整模型爲

$$y_i=\beta_0+\beta_1 x_{i1}+\beta_2 x_{i2}+\epsilon_i$$

試以縮減模型公式檢定在顯著水準$\alpha=0.05$下，β_1是否爲零。

解：

依題意，定義縮減模型爲

$$Y_i=\beta_0+\beta_2 x_{i2}+\epsilon_i$$

因此，虛無假設爲

$$H_0:\beta_1=0$$

對立假設爲

$$H_1:\beta_1\neq 0$$

令SSE_F及SSE_R分別表示完整模型及縮減模型的誤差平方和。由例 15 知道$SSE_F=1.654762$，且$p=2$。由縮減模型可以得知自變數個數$k=1$。縮減模型中的$\boldsymbol{X}$矩陣(以$\boldsymbol{X}_R$表示)爲

$$X_R=\begin{bmatrix}1 & 16\\1 & 4\\1 & 1\\1 & 1\\1 & 4\\1 & 16\end{bmatrix}$$

至於應變數的觀察值向量仍爲$\mathbf{y}=[2\ \ -1\ \ -1\ \ 4\ \ 9\ \ 19]'$。

所以縮減模型的估計矩陣爲

$$H_R=X_R(X_R'X_R)^{-1}X_R'$$

$$=\begin{bmatrix}1 & 16\\1 & 4\\1 & 1\\1 & 1\\1 & 4\\1 & 16\end{bmatrix}\begin{bmatrix}0.361111 & -0.027778\\-0.027778 & 0.003968\end{bmatrix}\begin{bmatrix}1 & 1 & 1 & 1 & 1 & 1\\16 & 4 & 1 & 1 & 4 & 16\end{bmatrix}$$

$$=\begin{bmatrix}0.488095 & 0.059524 & -0.047619 & -0.047619 & 0.059524 & 0.488095\\0.059524 & 0.202381 & 0.238095 & 0.238095 & 0.202381 & 0.059524\\-0.047619 & 0.238095 & 0.309524 & 0.309524 & 0.238095 & -0.047619\\-0.047619 & 0.238095 & 0.309524 & 0.309524 & 0.238095 & -0.047619\\0.059524 & 0.202381 & 0.238095 & 0.238095 & 0.202381 & 0.059524\\0.488095 & 0.059524 & -0.047619 & -0.047619 & 0.059524 & 0.488095\end{bmatrix}$$

根據估計矩陣，計算縮減模型的誤差平方和爲

$$SSE_R=\mathbf{y}'(\mathbf{I}-\mathbf{H}_R)\mathbf{y}$$
$$=207.5833$$

由檢定部分迴歸參數的F統計量爲

$$F=\frac{(SSE_R-SSE_F)/(p-k)}{SSE_F/(n-p-1)}$$
$$=\frac{(207.5833-1.654762)/(2-1)}{1.654762/(6-2-1)}$$
$$=373.338$$

在顯著水準$\alpha=0.05$下，F分配查表值爲$F_{0.05}(1,3)=10.13$。因爲計算值大於查表值，所以拒絕虛無假設。本題因爲虛無假設檢定的只有一個迴歸參數，所以也可採用檢定單一迴歸參數的t統計量來檢定(如例 18 所示)。

第五節　複直線迴歸分析(II)❺

(一) 個別迴歸參數β_i的假設檢定與區間估計

根據複直線迴歸模型中誤差項ϵ_i的常態分配假設可以知道：迴歸參數的最小平方估計式$\hat{\beta}_i$的抽樣分配爲

$$\hat{\beta}_i \sim N(\beta_i,\ \sigma^2 C_{ii})$$

其中C_{ii}爲$(\boldsymbol{X}'\boldsymbol{X})^{-1}$的第$i$列第$i$行元素❻。

誤差項變異數σ^2未知，以誤差的樣本變異數$S^2=SSE/(n-p-1)$估計。所以在檢定個別母體迴歸參數β_i時，使用下列t統計量

$$t=\frac{\hat{\beta}_i-\beta_i}{S\sqrt{C_{ii}}}$$

爲檢定統計量，該統計量服從自由度爲$(n-p-1)$的t分配。其中分母的$S\sqrt{C_{ii}}$又稱爲$\hat{\beta}_i$的估計標準誤，以$s.e.(\hat{\beta}_i)$表示。

欲檢定母體迴歸參數β_i是否等於特定值β_i^*，所以虛無假設爲

$$H_0: \beta_i=\beta_i^*$$

將$\beta_i=\beta_i^*$代入t統計量中，並根據對立假設決定在顯著水準α下所對應的

---

❺讀者可依個人需要決定選讀與否。

❻$(X'X)^{-1}$矩陣的最上一列是第0列，最左一行是第0行。因此$V(\hat{\beta}_0)=\sigma^2 C_{00}$，同理，$V(\hat{\beta}_1)=\sigma^2 C_{11}$，……餘類推。

拒絕區域，分三種情形說明如下：

1.雙尾檢定

對立假設H_1:$\beta_i \neq \beta_i^*$

拒絕區域爲

$R=\{|t|>t_{\alpha/2}(n-p-1)\}$

如右圖陰影部分所示。

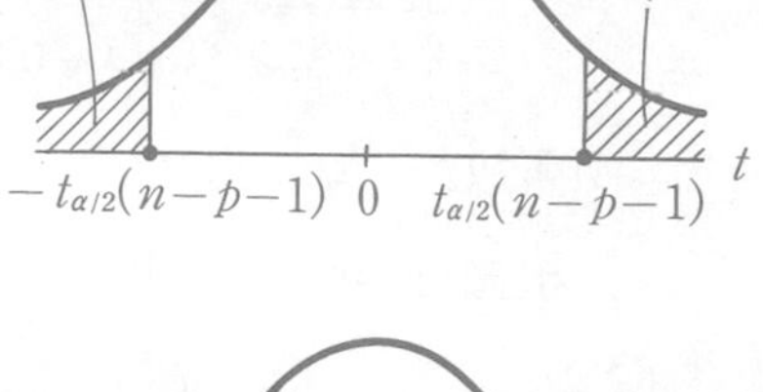

2.右尾檢定

對立假設H_1:$\beta_i > \beta_i^*$

拒絕區域爲

$R=\{t>t_{\alpha}(n-p-1)\}$

如右圖陰影部分所示。

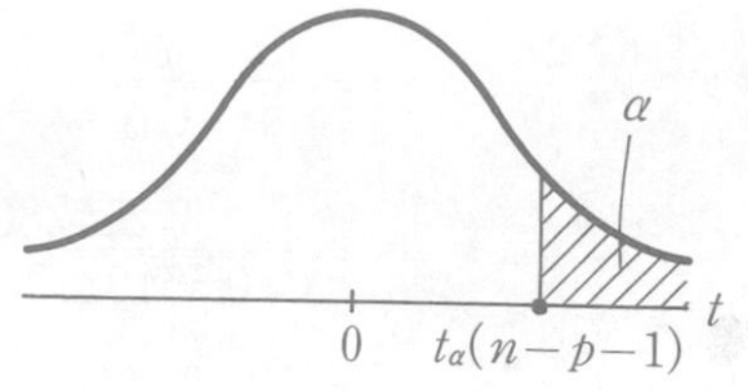

3.左尾檢定

對立假設H_1:$\beta_i < \beta_i^*$

拒絕區域爲

$R=\{t<-t_{\alpha}(n-p-1)\}$

如右圖陰影部分所示。

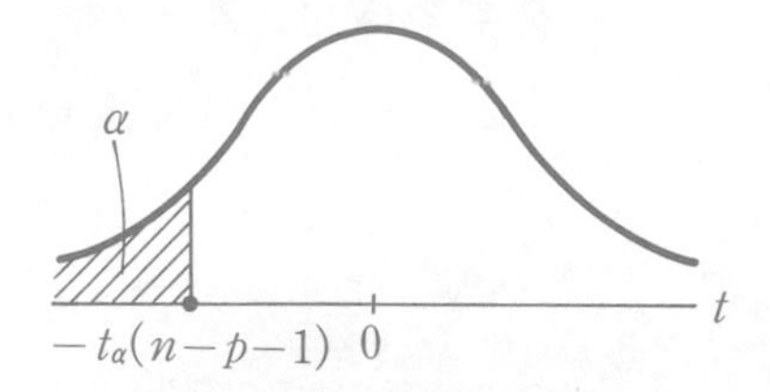

至於β_i的$(1-\alpha)100\%$信賴區間則爲

$$(\hat{\beta}_i-t_{\alpha/2}(n-p-1)S\sqrt{C_{ii}},\ \hat{\beta}_i+t_{\alpha/2}(n-p-1)S\sqrt{C_{ii}})$$

例 18　續例 13 資料及迴歸模型，試在顯著水準$\alpha=0.05$下檢定β_1是否爲零。

解：

依題意，虛無假設爲

$$H_0:\beta_1=0$$

對立假設爲

$H_1:\beta_1 \neq 0$

由例 13～15 得：$\hat{\beta}_1=2.214286$, $s^2=0.5515873$，且

$$(\boldsymbol{X}'\boldsymbol{X})^{-1}=\begin{bmatrix} 0.36111 & 0 & -0.02778 \\ 0 & 0.02381 & 0 \\ -0.02778 & 0 & 0.00397 \end{bmatrix}$$

所以$C_{11}=0.02381$。

根據t統計量公式得

$$t=\frac{\hat{\beta}_1-\beta_1^*}{s\cdot\sqrt{C_{11}}}$$

$$=\frac{2.214286-0}{\sqrt{0.5515873}\sqrt{0.02381}}$$

$$=19.32177$$

在雙尾檢定，顯著水準$\alpha=0.05$下，查自由度爲$n-p-1=6-2-1=3$的t分配表得$t_{0.025}(3)=3.182$。因爲計算表大於查表值，即

$$t=19.32177>t_{0.025}(3)=3.182$$

所以拒絕虛無假設。

驗證：例 17 的F統計量計算值爲$F=373.33$，例 18 的t統計量計算值爲$t=19.32177$。有下列關係式：

$$19.32177^2=373.33，即$$

$$t^2=F。$$

(二) 預測

在既定的觀察值向量$\boldsymbol{x}_0=[1, x_{01}, x_{02}, \cdots, x_{0p}]'$ 下，預測：(1)母體迴歸函數$E(Y|\boldsymbol{x}_0)$；(2)新觀察值 Y_0。兩者的點估計預測值皆爲

$$\hat{y}=\hat{\beta}_0+\hat{\beta}_1 x_{01}+\hat{\beta}_2 x_{02}+\cdots+\hat{\beta}_p x_{0p}$$

至於區間估計則分別爲：

(1)母體迴歸函數$E(Y|\boldsymbol{x}_0)$的$(1-\alpha)100\%$信賴區間爲

$$(\hat{y}-t_{\alpha/2}(n-p-1)S(\boldsymbol{x}_0'(\boldsymbol{X}'\boldsymbol{X})^{-1}\boldsymbol{x}_0)^{1/2},$$
$$\hat{y}+t_{\alpha/2}(n-p-1)S(\boldsymbol{x}_0'(\boldsymbol{X}'\boldsymbol{X})^{-1}\boldsymbol{x}_0)^{1/2})$$

(2)新觀察值Y_0的$(1-\alpha)100\%$信賴區間爲

$$(\hat{y}-t_{\alpha/2}(n-p-1)S(1+\boldsymbol{x}_0'(\boldsymbol{X}'\boldsymbol{X})^{-1}\boldsymbol{x}_0)^{1/2},$$
$$\hat{y}+t_{\alpha/2}(n-p-1)S(1+\boldsymbol{x}_0'(\boldsymbol{X}'\boldsymbol{X})^{-1}\boldsymbol{x}_0)^{1/2})$$

例 19　續例 13 資料及迴歸模型，試建立在$\boldsymbol{x}_0=[1\quad 1\quad 2]'$下：(1)母體迴歸函數$E(Y|\boldsymbol{x}_0)$及(2)新觀察值$Y_0$的 95%信賴區間。

解：

由例 13～15 得知：$n=6, p=2, s^2=0.5515873$，且

$$(\boldsymbol{X}'\boldsymbol{X})^{-1}=\begin{bmatrix} 0.36111 & 0 & -0.02778 \\ 0 & 0.02381 & 0 \\ -0.02778 & 0 & 0.00397 \end{bmatrix}$$

在$1-\alpha=0.95$下的$t_{\alpha/2}(n-p-1)$查表值爲$t_{0.025}(3)=3.182$。至於$\hat{y}$預測值可將$\boldsymbol{x}_0$代入例 14 的估計迴歸方程式

$$\hat{y}_i=1.25+2.21x_{i1}+0.58x_{i3}$$

求得，即

$$\hat{Y}=1.25+2.21\times 1+0.58\times 2=4.62$$

至於

$$\boldsymbol{x}_0'(\boldsymbol{X}'\boldsymbol{X})^{-1}\boldsymbol{x}_0=[1\ 1\ 2]\begin{bmatrix} 0.36111 & 0 & -0.02778 \\ 0 & 0.02381 & 0 \\ -0.02778 & 0 & 0.00397 \end{bmatrix}\begin{bmatrix} 1 \\ 1 \\ 2 \end{bmatrix}$$
$$=0.2897$$

所以,

(1)母體迴歸函數$E(Y|\boldsymbol{x}_0)$的 95%信賴區間爲

$(\hat{y}-t_{\alpha/2}(n-p-1)s(\boldsymbol{x}_0(\boldsymbol{X}'\boldsymbol{X})^{-1}\boldsymbol{x}_0)^{1/2},$

$\hat{y}+t_{\alpha/2}(n-p-1)s(\boldsymbol{x}_0(\boldsymbol{X}'\boldsymbol{X})^{-1}\boldsymbol{x}_0)^{1/2})$

即

$(4.62-3.182\times\sqrt{0.5515873}\times\sqrt{0.2897}, 4.62+3.182\times$

$\sqrt{0.5515873}\times\sqrt{0.2897})$

或

(3.3480, 5.8920)

(2)新觀察値Y_0的 95%信賴區間爲

$(\hat{y}-t_{\alpha/2}(n-p-1)s(1+\boldsymbol{x}_0(\boldsymbol{X}'\boldsymbol{X})^{-1}\boldsymbol{x}_0)^{1/2},$

$\hat{y}+t_{\alpha/2}(n-p-1)s(1+\boldsymbol{x}_0(\boldsymbol{X}'\boldsymbol{X})^{-1}\boldsymbol{x}_0)^{1/2})$

即

$(4.62-3.182\times\sqrt{0.5515873}\times\sqrt{1+0.2897}, 4.62+3.182\times$

$\sqrt{0.5515873}\times\sqrt{1+0.2897})$

或

(1.9362, 7.3038)

摘　要

重要詞語

相關係數　母體共變數　母體相關係數
樣本相關係數　樣本共變數　完全正相關
完全負相關　費雪轉換　函數關係式
統計關係式　簡單直線迴歸模型　同質變異
序列相關　最小平方法　配適線
樣本迴歸線　殘差　誤差平方和
迴歸參數估計式　總變異　總平方和
迴歸平方和　判定係數　估計標準誤
預測　殘差分析　常態機率圖
異質變異　複直線迴歸模型　複判定係數
懲罰函數　調整的複判定係數　完整模型
縮減模型

公式

1.母體共變數

$$\sigma_{XY}=E[(X-\mu_X)(Y-\mu_Y)]$$
$$=E(XY)-\mu_X\mu_Y$$

2.母體相關係數

$$\rho=\frac{\sigma_{XY}}{\sigma_X\sigma_Y},\ -1\leq\rho\leq1$$

3.樣本共變數

$$s_{XY}=\frac{\sum_{i=1}^{n}(x_i-\bar{x})(y_i-\bar{y})}{n-1}$$

4.樣本相關係數

$$r=\frac{\sum_{i=1}^{n}(x_i-\bar{x})(y_i-\bar{y})}{\sqrt{\sum_{i=1}^{n}(x_i-\bar{x})^2\sum_{i=1}^{n}(y_i-\bar{y})^2}}$$

$$=\frac{\sum_{i=1}^{n}x_iy_i-n\bar{x}\,\bar{y}}{\sqrt{\sum_{i=1}^{n}x_i^2-n\bar{x}^2}\sqrt{\sum_{i=1}^{n}y_i^2-n\bar{y}^2}}$$

$$=\frac{s_{XY}}{s_Xs_Y}$$

簡單直線迴歸公式(左式)與複直線迴歸公式(右式)

1.參數估計值

$\hat{\beta}_1=\frac{s_{XY}}{s_{XX}},\hat{\beta}_0=\bar{y}-\hat{\beta}_1\bar{x}$ $\qquad$ $\hat{\boldsymbol{\beta}}=(\boldsymbol{X}'\boldsymbol{X})^{-1}\boldsymbol{X}'\boldsymbol{y}$

2.估計矩陣

—— $\qquad$ $\boldsymbol{H}=\boldsymbol{X}(\boldsymbol{X}'\boldsymbol{X})^{-1}\boldsymbol{X}'$

3.殘差和爲零

$\Sigma e_i=\Sigma(y_i-\hat{y})=0$ $\qquad$ $\boldsymbol{e}=\boldsymbol{y}-\hat{\boldsymbol{y}}=(\boldsymbol{I}-\boldsymbol{H})\boldsymbol{y}$

4.誤差平方和

$$SSE=\Sigma e_i^2=\Sigma(y_i-\hat{y})^2 \qquad SSE=\boldsymbol{e}'\boldsymbol{e}$$

$$=\Sigma(y_i-\hat{\beta}_0-\hat{\beta}_1x_i)^2 \qquad =\boldsymbol{y}'(\boldsymbol{I}-\boldsymbol{H})\boldsymbol{y}$$

$$=s_{YY}-\hat{\beta}_1S_{XY} \qquad =\boldsymbol{y}'\boldsymbol{y}-\boldsymbol{y}'\boldsymbol{H}\boldsymbol{y}$$

$$=s_{YY}-\frac{s_{XY}^2}{s_{XX}}$$

5.σ^2的估計式

$S^2=\frac{SSE}{n-2}$　　　　$S^2=SSE/(n-p-1)$

6.迴歸平方和

$SSR=\Sigma(\hat{y}_i-\bar{y})^2=\frac{S_{XY}^2}{S_{XX}}$　　　　$SSR=\boldsymbol{y}'\boldsymbol{H}\boldsymbol{y}-n\bar{y}^2$

7.總平方和＝迴歸平方和＋誤差平方和(即，$SST=SSR+SSE$)

$\Sigma(y_i-\bar{y})^2=\Sigma(\hat{y}_i-\bar{y})^2+\Sigma(y_i-\hat{y})^2$　　　　$\boldsymbol{y}'\boldsymbol{y}-n\bar{y}^2=(\boldsymbol{y}'\boldsymbol{H}\boldsymbol{y}-n\bar{y}^2)+(\boldsymbol{y}'\boldsymbol{y}-\boldsymbol{y}'\boldsymbol{H}\boldsymbol{y})$

8.判定係數$(0\leq R^2\leq 1)$

$R^2=\frac{SSR}{SST}=1-\frac{SSE}{SST}$　　　　$R^2=\frac{\boldsymbol{y}'\boldsymbol{H}\boldsymbol{y}-n\bar{y}^2}{\boldsymbol{y}'\boldsymbol{y}-n\bar{y}^2}$

$=\hat{\beta}_1^2\frac{S_{XX}}{S_{YY}}$

9.調整的複判定係數

——

$$Adj-R^2=1-\left(\frac{n-1}{n-p-1}\right)(1-R^2)$$

$$=1-\frac{SSE/(n-p-1)}{SST/(n-1)}$$

10.$(1-\alpha)100\%$的母體參數信賴區間

β_0:$\left(\hat{\beta}_0\pm t_{\alpha/2}(n-2)S\sqrt{\frac{1}{n}+\frac{\bar{X}^2}{S_{XX}}}\right)$　　　　β_i:$(\hat{\beta}_i\pm t_{\alpha/2}(n-p-1)\cdot S\cdot\sqrt{C_{ii}})$

β_1:$\left(\hat{\beta}_1\pm t_{\alpha/2}(n-2)S\frac{1}{\sqrt{S_{XX}}}\right)$

11.$(1-\alpha)100\%$ $E(Y|x_0)$的信賴區間　　　　$(1-\alpha)100\%$ $E(Y|\boldsymbol{x}_0)$的信賴區間

$[(\hat{\beta}_0+\hat{\beta}_1x_0)\pm t_{\alpha/2}(n-2)$　　　　$[\boldsymbol{x}_0'\hat{\boldsymbol{\beta}}\pm t_{\alpha/2}(n-p-1)$

$S\sqrt{\frac{1}{n}+\frac{(x_0-\bar{X})^2}{S_{XX}}}]$　　　　$S(\boldsymbol{x}_0'(\boldsymbol{X}'\boldsymbol{X})^{-1}\boldsymbol{x}_0)^{1/2}]$

12.$(1-\alpha)100\%$ Y_0的信賴區間　　　　$(1-\alpha)100\%$ Y_0的信賴區間

$$\left[(\hat{\beta}_0+\hat{\beta}_1 x_0)\pm t_{\alpha/2}(n-2)\right.$$ $$\left. S\sqrt{1+\frac{1}{n}+\frac{(x_0-\bar{X})^2}{S_{XX}}}\right]$$

$$[\boldsymbol{x}_0'\hat{\boldsymbol{\beta}}\pm t_{\alpha/2}(n-p-1)$$ $$S(1+\boldsymbol{x}_0'(\boldsymbol{X}'\boldsymbol{X})^{-1}\boldsymbol{x}_0)^{1/2}]$$

檢定

1. 相關係數爲零的檢定，即$H_0:\rho=0$。

(1)統計量

$$t=\frac{r\sqrt{n-2}}{\sqrt{1-r^2}}\sim t(n-2)$$

(2)對立假設與對應的拒絕區域

①$H_1:\rho\neq 0,\ R=\{|t|>t_{\alpha/2}(n-2)\}$

②$H_1:\rho>0,\ R=\{t>t_\alpha(n-2)\}$

③$H_1:\rho<0,\ R=\{t<-t_\alpha(n-2)\}$

2. 相關係數是不爲零的某特定數，虛無假設爲

$$H_0:\rho=\rho_0\neq 0$$

(1)統計量

$$Z^*=\frac{\frac{1}{2}l_n\left(\frac{1+r}{1-r}\right)-\frac{1}{2}l_n\left(\frac{1+\rho_0}{1-\rho_0}\right)}{1/\sqrt{n-3}}\sim N(0,1)$$

(2)對立假設與對應的拒絕區域

①$H_1:\rho\neq\rho_0,\ R=\{|Z^*|>Z_{\alpha/2}\}$

②$H_1:\rho>\rho_0,\ R=\{Z^*>Z_\alpha\}$

③$H_1:\rho<\rho_0,\ R=\{Z^*<-Z_\alpha\}$

3. 簡單直線迴歸參數β_1爲零，即虛無假設爲

$$H_0:\beta_1=0$$

對立假設　$H_1:\beta_1\neq 0$

統計量

$$F=\frac{MSR}{MSE}=\frac{SSR/1}{SSE/(n-2)}\sim F_{1,n-2}$$

拒絕區域　$R=\{F>F_{\alpha}(1,n-2)\}$

4. 簡單直線迴歸參數β_1爲某特定值，虛無假設爲

$$H_0:\beta_1=\beta_1^*$$

(1)統計量

$$t=\frac{\widehat{\beta}_1-\beta_1^*}{S/\sqrt{S_{XX}}}\sim t(n-2)$$

(2)對立假設與拒絕區域

①$H_1:\beta_1\neq\beta_1^*,\ R=\{|t|>t_{\alpha/2}(n-2)\}$

②$H_1:\beta_1>\beta_1^*,\ R=\{t>t_{\alpha}(n-2)\}$

③$H_1:\beta_1<\beta_1^*,\ R=\{t<-t_{\alpha}(n-2)\}$

(3)若$\beta_1^*=0$，則與3的檢定結果相同，且

$$t^2=F,\ F_{\alpha}(1,n-2)=[t_{\alpha/2}(n-2)]^2$$

5. 簡單直線迴歸參數β_0爲某特定值，虛無假設爲

$$H_0:\beta_0=\beta_0^*$$

(1)統計量

$$t=\frac{\widehat{\beta}_0-\beta_0^*}{S\sqrt{\frac{1}{n}+\frac{\overline{X}^2}{S_{XX}}}}\sim t(n-2)$$

(2)對立假設與拒絕區域

①$H_1:\beta_0\neq\beta_0^*,\ R=\{|t|>t_{\alpha/2}(n-2)\}$

②$H_1:\beta_0>\beta_0^*,\ R=\{t>t_{\alpha}(n-2)\}$

③$H_1:\beta_0<\beta_0^*,\ R=\{t<-t_{\alpha}(n-2)\}$

6. 複直線迴歸全盤F檢定，虛無假設爲

$$H_0:\beta_1=\beta_2=\cdots=\beta_p=0$$

對立假設　$H_1:\beta_1,\ \beta_2,\ \cdots,\ \beta_p$　不全爲零

統計量

$$F=\frac{MSR}{MSE}=\frac{SSR/p}{SSE/(n-p-1)}\sim F_{p,(n-p-1)}$$

拒絕區域　$R=\{F>F_{\alpha}(p,n-p-1)\}$

7. 複直線迴歸部分參數的檢定，虛無假設為

$$H_0:\beta_{k+1}=\beta_{k+2}=\cdots=\beta_p=0$$

對立假設　$H_1:\beta_{k+1},\ \beta_{k+2},\ \cdots,\ \beta_p$不全為零。

統計量

$$F=\frac{(SSE_R-SSE_F)/(p-k)}{SSE_F/(n-p-1)}\sim F_{(p-k),(n-p-1)}$$

拒絕區域　$R=\{F>F_{\alpha}(p-k,n-p-1)\}$

8. 複直線迴歸單一參數β_i的檢定，虛無假設為

$$H_0:\beta_i=\beta_i^*$$

(1)統計量

$$t=\frac{\widehat{\beta}_i-\beta_i^*}{S\sqrt{C_{ii}}}\sim t(n-p-1)$$

(2)對立假設與拒絕區域

①$H_1:\beta_i\neq\beta_i^*,\ R=\{|t|>t_{\alpha/2}(n-p-1)\}$

②$H_1:\beta_i>\beta_i^*,\ R=\{t>t_{\alpha}(n-p-1)\}$

③$H_1:\beta_i<\beta_i^*,\ R=\{t<-t_{\alpha}(n-p-1)\}$

習　題

1.何謂相關係數？何謂直線迴歸分析？

2.根據《中華民國統計月報》（民國八十三年五月，行政院主計處編印），列出民國七十二年至八十二年的工業生產價值(新臺幣億元)及工業總用電量(百萬度)於下表：

民國(年)	工業生產價值	工業總用電量
72	30463.22	26235
73	34660.17	28709
74	34576.76	29414
75	37599.02	33619
76	41220.15	36295
77	43682.52	38783
78	46536.14	40179
79	46976.56	41933
80	51783.45	44592
81	52386.38	45975
82	54701.47	47414

試根據上述資料，回答下列問題：

(1)繪製散布圖。

(2)計算相關係數。

3.續習題2資料，令工業生產價值爲應變數，工業總用電量爲自變數。試回答下列各子題：

(1)估計母體迴歸線，並繪出該樣本迴歸線。

(2)計算σ^2的估計值。

(3)計算判定係數R^2。

4.續習題2及習題3，回答下列各子題：

(1)建立變異數分析表，檢定模型是否顯著。

(2)建立β_1的95%信賴區間。

(3)在顯著水準$\alpha=0.05$下，檢定母體參數β_1是否等於1。

5.續習題2～4，回答下列各子題：

(1)建立在工業總用電量$x_0=45000$(百萬度)時，平均工業生產價值的95%信賴區間。

(2)若工業總用電量$x_0=45000$(百萬度)時，新觀察的工業生產價值95%信賴區間爲何?

6.根據降雨量及溫度，觀察某種水果的收穫量得到下列資料：

觀察值	收穫量（Y）	溫度（X_1）	雨量（X_2）
1	75	29	23
2	54	25	38
3	74	24	12
4	14	16	14
5	29	18	10
6	36	20	14
7	84	31	17
8	27	32	15
9	26	19	13

試根據上述資料回答下列問題：

(1)估計母體迴歸模型：$Y_i=\beta_0+\beta_1x_{i1}+\beta_2x_{i2}+\epsilon_i$的未知參數$\beta_0$、$\beta_1$及$\beta_2$。

(2)計算σ^2的估計值。

(3)計算複判定係數R^2及調整的複判定係數。

7.續習題6，回答下列各子題：

(1)建立變異數分析表，檢定模型配適情形。

(2)在顯著水準$\alpha=0.05$下，檢定β_1是否爲零。

(3)在顯著水準$\alpha=0.05$下，檢定β_2是否爲零。

第十六章　指數

指數是應用相當廣泛的一種統計方法，可以用來衡量在不同的時間或空間中，一種或多種現象或事務的相對變化情形。因此，指數被廣泛的應用到許多領域：政府機構藉物價指數的編製來衡量通貨膨脹，並供調薪之參考。藉生產指數的編製來衡量與調節各業生產情形及供政府施政計畫之參考。凡此種種皆有賴於建立能正確反應眞實現象的指數。

本章共分四節。第一節介紹指數的定義、應用、限制及種類。第二節針對價格指數的各種指數公式做說明，包括簡單綜合價格指數、加權綜合價格指數(拉氏價格指數、斐氏價格指數、固定權數綜合價格指數)、平均價比指數(簡單平均價比指數、加權平均價比指數)。第三節爲數量指數，包括加權綜合數量指數、平均量比指數(簡單平均量比指數、加權平均量比指數)。第四節爲指數的應用。分別介紹目前臺灣地區所編製的股票指數、工業生產指數、銷售量指數、存貨量指數、躉售物價指數及消費者物價指數。

第一節　指數

指數(Index Number)是用來衡量在不同的時間或空間中，某種單一的或複合的現象相對變化的情形。由於指數是衡量相對變化的情形，因此必須選定一個基準的時間或空間做爲比較的依據。此一被選定的基準稱爲**基期**(Base Period)。

例如民國八十二年七月臺灣地區的電影票價要比民國八十一年七月上漲了 28.59%，這是比較兩個不同時間電影票價的相對變化情形；換言之，以民國八十一年七月的電影票價爲基期(令其爲 100%)，則民國八十二年七月的電影票價指數爲 128.59%。

指數也可用來衡量不同空間某種現象的相對變化情形。例如某企業臺中分公司經理於民國八十二年元月份調職臺北總公司，由於兩地生活費水準不同，爲維持該經理的實質生活水準不變，可依據兩地的消費者物價指數調薪。當時以臺中市物價爲基準(令其爲 100%)，臺北市消費物價指數爲 103.52%，所以該經理應調薪 3.52%，以維持其實質生活水準不變。

指數主要的應用是在描述經濟現象的變化。例如行政院主計處編製的中華民國統計月報所涵蓋的指數有：各行業受雇員工平均薪資指數、勞動生產力指數、工業生產指數、製造業銷售量指數、進出口貿易指數、世界各主要國家工業生產總指數等。至於指數在其他方面的應用也很廣泛，例如衞生與環境方面的應用——自然環境污染指數。

雖然指數被廣泛的應用，但是指數也有其不足之處。例如指數無法將質的改良列入相對變化的考慮。譬如，根據一般家電產品在相隔十年的價格所編製的指數無法看出在這段期間家電產品在品質方面所做的改進。

指數主要分爲兩種，分別爲**價格指數**(Price Index)與**數量指數**(Quantity Index)。價格指數是在探討數量不變的前提下，價格變動所造成價值的改變，例如消費者物價指數就是一種價格指數。數量指數是在探討價格不變的前提下，因數量變動所造成價值的改變，例如臺灣地區製造業銷售量指數就是一種數量指數。價格指數與數量指數可以進一步細分，如表 16-1 所列。

表 16-1　指數種類

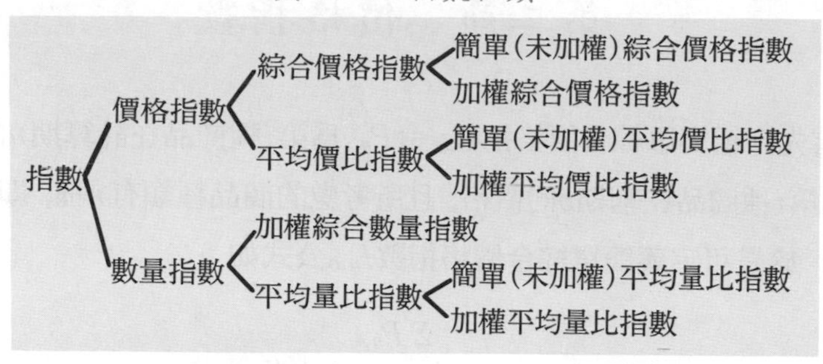

價格指數分爲**綜合價格指數**(Aggregates Price Index)及**平均價比指數**(Arithmetic Mean of Relative Price Index)。這兩種價格指數各依加權與否可再細分。綜合價格指數分爲**簡單(未加權)綜合價格指數**(Unweighted Aggregates Price Index)及**加權綜合價格指數**(Weighted Aggregates Price Index)。平均價比指數分爲**簡單(未加權)平均價比指數**(Unweighted Arithmetic Mean of Relative Price Index)及**加權平均價比指數**(Weighted Arithmetic Mean of Relative Price Index)。

數量指數可分爲**加權綜合數量指數**(Weighted Aggregates Quantity Index)及**平均量比指數**(Arithmetic Mean of Relative Quantity Index)。後者又可依加權與否分成**簡單(未加權)平均量比指數**(Unweighted Arithmetic Mean of Relative Quantity Index)及**加權平均量比指數**(Weighted Arithmetic Mean of Relative Quantity Index)。

各項指數的意義、計算公式、實例介紹將分別於本章其他各節說明。

第二節　價格指數

首先介紹簡單綜合價格指數。令$P_{n,i}$爲第i種商品在計算期n的價格，$P_{o,i}$爲第i種商品在基期o的價格，且所考慮的商品種類有r種，即$i=1, 2, \cdots, r$。於是可定義簡單綜合價格指數$I_{n,o}$公式如下：

$$I_{n,o}=\frac{\sum_{i=1}^{r} P_{n,i}}{\sum_{i=1}^{r} P_{o,i}}\times 100$$

其中$I_{n,o}$表示以o爲基期，以n爲計算期的指數。

例 1　根據《聯合報》民國八十三年三月二十七日及四月十一日所刊載水果中價於(僅摘錄五種水果)表 16-2。

表 16-2　五種水果中價

水　果	日期 3/27	日期 4/11
小番茄	15	7
楊　桃	15	18
西　瓜	17	15
芒　果	35	35
草　莓	50	35

假設日期 3/27 爲基期，4/11 爲計算期，則 4 月 11 日的簡單綜合價格指數爲何。

解：

依題意，$r=5$表示有五種商品，由公式可得指數爲

$$I_{4/11,3/27}=\frac{\sum_{i=1}^{5}P_{4/11,i}}{\sum_{i=1}^{5}P_{3/27,i}}\times 100$$

$$=\frac{7+18+15+35+35}{15+15+17+35+50}\times 100$$

$$=83.33$$

這表示四月十一日五種水果的中價要比三月二十七日的價格低了 16.67%。

簡單綜合價格指數的缺點在於容易受到高價商品價格變動的影響，尤其是在這高價商品並非是重要商品時更會扭曲了指數的功用。其次是各項商品的計價單位可能並不相同，此時也會使得指數公式的意義混淆不清。爲了避免上述兩種缺失，考慮以商品數量爲權數，使指數公式成爲加權綜合價格指數。

加權綜合價格指數依不同時期的商品數量爲權數可分成下列三種公式：

1.以基期數量爲權數

令$Q_{o,i}$表第i種商品在基期o的數量，則以o爲基期，n爲計算值的加權綜合價格指數爲

$$I_{n,o}=\frac{\sum_{i=1}^{r}P_{n,i}Q_{o,i}}{\sum_{i=1}^{r}P_{o,i}Q_{o,i}}\times 100$$

此公式爲**拉氏價格指數(Laspeyres Price Index)**。

2.以計算期數量爲權數

令$Q_{n,i}$表第i種商品在計算期n的數量，則以o爲基期，n爲計算期的加權綜合價格指數爲

$$I_{n,o}=\frac{\sum_{i=1}^{r} P_{n,i}Q_{n,i}}{\sum_{i=1}^{r} P_{o,i}Q_{n,i}}\times 100$$

此公式爲**斐氏價格指數(Paasche Price Index)**

3.以固定數量爲權數

令W_i爲第i種商品的固定數量權數，則以o爲基期，n爲計算期的加權綜合價格指數爲

$$I_{n,o}=\frac{\sum_{i=1}^{r} P_{n,i}W_i}{\sum_{i=1}^{r} P_{o,i}W_i}$$

此公式爲固定權數的綜合價格指數。

例 2　某餐飲業者分別記錄四種主要貨品在 1992 年及 1993 年的單價及全年的日平均進貨量於下表。

貨品	P_{1992}	P_{1993}	Q_{1992}	Q_{1993}
土番鴨(斤)	23	24	5	8
肉　雞(斤)	24.5	22	10	12
毛豬(公斤)	56.5	51.5	20	25
肉　鵝(斤)	33	32.5	10	12

試以 1992 年爲基期，1993 年爲計算期，計算下列各指數：

(1)拉氏價格指數

(2)斐氏價格指數

解：

依題意及公式分別計算各指數如下：

(1)拉氏價格指數

$$I_{1993,1992}=\frac{\sum_{i=1}^{4}P_{1993,i}Q_{1992,i}}{\sum_{i=1}^{4}P_{1992,i}Q_{1992,i}}\times 100$$

$$=\frac{24\times 5+22\times 10+51.5\times 20+32.5\times 10}{23\times 5+24.5\times 10+56.5\times 20+33\times 10}\times 100$$

$$=93.13$$

這表示在 1993 年購買 1992 年的那些貨品種類及數量所需的花費僅爲在 1992 年購買同樣貨品種類與數量的花費的 93.13%。

(2)斐氏價格指數

$$I_{1993,1992}=\frac{\sum_{i=1}^{4}P_{1993,i}Q_{1993,i}}{\sum_{i=1}^{4}P_{1992,i}Q_{1993,i}}\times 100$$

$$=\frac{24\times 8+22\times 12+51.5\times 25+32.5\times 12}{23\times 8+24.5\times 12+56.5\times 25+33\times 12}\times 100$$

$$=93.31$$

這表示以 1993 年的日平均進貨量爲權數，在 1993 年的進貨成本要比 1992 年的成本低 6.69%。

由於斐氏價格指數以計算期數量爲權數，所以必須在不同的計算期搜集各項商品的數量，在商品種類多的時候成爲計算上的一項負擔。其次，由於斐氏指數的分母在不同計算期都使用不同的權數(計算期數量)，所以沒有相同的基礎可供不同計算期指數的比較，但在商品數量搜集容易的時機仍可考慮使用斐氏公式。至於拉氏價格指數，以基期數量爲權數，所以不必隨計算期的改變而搜集數量權數，在不同期的比較上也有相同的基礎做爲比較的標準，但缺點則是當計算期距基期甚遠，消費型態改變時，仍以基期商品數量爲權數會失去眞實性。因此，有學者建議以數期的商品數量衡量而得一套固定的權數，此即固定權數的綜合價格指數。此套固定權數可能每隔 10 年才重新設定一次以求能反應眞實狀況。事實上，沒有任何一套指數公式是十全十美的公式，必須視情況使用。

平均價比指數依加權與否分爲簡單(未加權)平均價比指數及加權平均價比指數。其公式分別爲

1.簡單平均價比指數

$$I_{n,o}=\frac{\sum_{i=1}^{r}\left(\frac{P_{n,i}}{P_{o,i}}\times 100\right)}{r}$$

其中$\left(\frac{P_{n,i}}{P_{o,i}}\times 100\right)$表示**價比(Relative Price)**。

2.加權平均價比指數

$$I_{n,o}=\frac{\sum_{i=1}^{r}\left(\frac{P_{n,i}}{P_{o,i}}\times 100\right)W_i}{\sum_{i=1}^{r}W_i}$$

其中W_i表示第i種商品價比的權數。

當$W_i=P_{o,i}Q_{o,i}$時，加權平均價比指數成爲拉氏價格指數，即

$$I_{n,o}=\frac{\sum_{i=1}^{r}\left(\frac{P_{n,i}}{P_{o,i}}\times 100\right)P_{o,i}Q_{o,i}}{\sum_{i=1}^{r}P_{o,i}Q_{o,i}}$$

$$=\frac{\sum_{i=1}^{r}P_{n,i}Q_{o,i}}{\sum_{i=1}^{r}P_{o,i}Q_{o,i}}$$

例 3 (續例 2 資料)以 1992 年爲基期, 1993 年爲計算期, 建立下列指數:

⑴簡單平均價比指數,

⑵加權平均價比指數(假設權數爲 1992 年的商品價值)。

解:

依題意及公式, 建立指數如下:

⑴簡單平均價比指數

$$I_{1993,1992}=\frac{\sum_{i=1}^{4}\left(\frac{P_{1993,i}}{P_{1992,i}}\times 100\right)}{4}$$

$$=\frac{\frac{24}{23}\times 100+\frac{22}{24.5}\times 100+\frac{51.5}{56.5}\times 100+\frac{32.5}{33}\times 100}{4}$$

$$=95.94$$

⑵加權平均價比指數

以 $W_i=P_{o,i}Q_{o,i}$ 爲權數, 代入公式得

$$I_{1993,1992}=\frac{\sum_{i=1}^{4}\left(\frac{P_{1993,i}}{P_{1992,i}}\times 100\right)P_{1992,i}Q_{1992,i}}{\sum_{i=1}^{4}P_{1992,i}Q_{1992,i}}$$

$=93.13$(即, 例 2 的拉氏價格指數)

雖然加權平均價比指數在權數爲 $P_{o,i}Q_{o,i}$ 時與拉氏價格指數可以得到相同的答案, 但在實務計算上較受青睞, 尤其是在基期價值($P_{o,i}Q_{o,i}$)要比基期數量的取得容易時更爲凸顯。

第三節　數量指數

首先介紹綜合數量指數。本指數僅有加權綜合數量指數，而沒有簡單(未加權)數量指數的公式。雖然比照價格指數的公式$\left(\sum_{i=1}^{r} P_{n,i} / \sum_{i=1}^{r} P_{o,i}\right)$ $\times 100$可寫出簡單數量指數公式

$$\left(\sum_{i=1}^{r} Q_{n,i} / \sum_{i=1}^{r} Q_{o,i}\right) \times 100$$

但此公式沒有意義，因爲分子與分母都要求將各種商品數量加總。當商品單位不同時，此種加總成爲毫無意義的數字，所以不考慮簡單數量指數。

加權綜合數量指數是以價格爲權數，若以基期o的商品價格($P_{o,i}$)爲權數，則加權綜合數量指數成爲

$$I_{n,o} = \frac{\sum_{i=1}^{r} Q_{n,i} P_{o,i}}{\sum_{i=1}^{r} Q_{o,i} P_{o,i}} \times 100$$

此即拉氏基期加權的數量指數。

其次，介紹平均量比指數。簡單平均量比指數公式爲

$$I_{n,o} = \frac{\sum_{i=1}^{r} \left(\frac{Q_{n,i}}{Q_{o,i}}\right) \times 100}{r}$$

加權平均量比指數的公式爲

$$I_{n,o} = \frac{\sum_{i=1}^{r} \left(\frac{Q_{n,i}}{Q_{o,i}} \times 100\right) W_i}{\sum_{i=1}^{r} W_i}$$

其中W_i爲第i種商品量比的權數。

例 4　表 16-3 列出三種商品民國八十年及八十一年的數量及民國八十年的價格及總值。試計算以民國八十年爲基期，民國八十一年爲計算期的下列指數：

(1)加權綜合數量指數，以基期爲權數，

(2)簡單平均量比指數，

(3)加權平均量比指數(假設以民國八十年各商品總值 $P_{80,i}Q_{80,i}$ 爲權數)。

表 16-3　三種商品價格與數量資料表

商品	Q_{80}(公噸)	Q_{81}(公噸)	P_{80}(元／公噸)	$P_{80}Q_{80}$(總值)
水泥	19.4	21.5	2248	43611.2
耐火磚	12.7	11.2	13560	172212.0
玻璃纖維	2.8	5.3	50052	140145.6

解：

依題意及公式，分別計算各指數如下：

(1)加權綜合數量指數

$$I_{81,80}=\frac{\sum_{i=1}^{3} Q_{81,i}P_{80,i}}{\sum_{i=1}^{3} Q_{80,i}P_{80,i}}\times 100$$

$$=\frac{21.5\times 2248+11.2\times 13560+5.3\times 50052}{19.4\times 2248+12.7\times 13560+2.8\times 50052}\times 100$$

$$=130.76$$

以民國八十年的價格爲權數，民國八十一年的產值比民國八十年的產值高出 30.76%。

(2)簡單平均量比指數

$$I_{81,80}=\frac{\sum_{i=1}^{3}\left(\frac{Q_{81,i}}{Q_{80,i}}\right)\times 100}{3}$$

$$=\frac{\frac{21.5}{19.4}\times 100+\frac{11.2}{12.7}\times 100+\frac{5.3}{2.8}\times 100}{3}$$

$$=129.43$$

(3)加權平均量比指數

$$I_{81,80}=\frac{\sum_{i=1}^{3}\left(\frac{Q_{81,i}}{Q_{80,i}}\times 100\right)\times P_{80,i}Q_{80,i}}{\sum_{i=1}^{3}P_{80,i}Q_{80,i}}$$

$$=\frac{\frac{21.5}{19.4}\times 100\times 43611.2+\frac{11.2}{12.7}\times 100\times 172212+\frac{5.3}{2.8}\times 100\times 140145.6}{43611.2+172212+140145.6}$$

$$=130.76$$

第四節　指數應用

本節介紹三類指數應用的實例。

(一) 股票指數❶

臺灣證券交易所在初期曾經使用簡單平均價比指數

$$I_{n,o}=\frac{\sum_{i=1}^{N}\left(\frac{P_{n,i}}{P_{o,i}}\times 100\right)}{N}$$

❶股票指數主要參考財政部證券管理委員會、臺灣證券交易所股份有限公司、復華證券金融股份有限公司、臺北市證券商業同業公會及中華民國證券市場發展基金會於民國七十七年十一月編印之《股票指數問答》。

其中N爲選樣股票數目，$P_{n,i}$爲第i個選樣股票計算期的價格，$P_{o,i}$爲第i個選樣股票基期的價格。由於未考慮股票的已發行股份總數額，所以並不理想。因而在民國五十九年採行斐氏計算期加權綜合價格指數

$$I_{n,o}=\frac{\sum_{i=1}^{N}P_{n,i}Q_{n,i}}{\sum_{i=1}^{N}P_{o,i}Q_{n,i}}\times 100$$

其中$P_{n,i}$爲第i個選樣股票計算期的市場價格，$P_{o,i}$爲第i個選樣股票基期的市場價格，$Q_{n,i}$爲第i個選樣股票計算期已發行股份總額或已上市股份數總額。至於公式中選樣股票基期市場價格是以民國五十五年全年股價的平均數來代表。

斐氏加權綜合價格指數被世界上許多國家的證券交易所採行。例如，加拿大多倫多證券交易所、美國紐約證券交易所、法國巴黎證券交易所、日本東京與大阪證券交易所都比臺灣證券交易所更早就採行斐氏加權綜合價格指數公式做爲股票指數的公式。

(二) 工業數量指數❷

經濟部統計處編印《工業生產統計月報》，其中包括工業生產指數、銷售量指數及存貨量指數。這三種指數都是屬於數量指數的範疇，分別介紹如下：

1.工業生產指數

目的在衡量工業部門各項產品生產量在計算期與基期間的相對變動情形。採行的公式爲加權綜合數量指數，即

❷工業數量指數主要資料來源爲經濟部統計處編印的《中華民國臺灣地區工業生產統計月報》。

$$I_{n,o}=\frac{\sum_{i=1}^{N} Q_{n,i}P_{o,i}}{\sum_{i=1}^{N} Q_{o,i}P_{o,i}}\times 100$$

其中$Q_{n,i}$為第i項產品計算期生產量，$Q_{o,i}$為第i項產品基期生產量，$P_{o,i}$為第i項產品基期生產淨單價。

2.銷售量指數

目的在衡量產品銷售量在計算期與基期間的相對變動情形。採行的是加權平均量比指數，即

$$I_{n,o}=\frac{\sum_{i=1}^{N}\left(\frac{Q_{n,i}}{Q_{o,i}}\times 100\right)\times P_{o,i}Q_{o,i}}{\sum_{i=1}^{N} P_{o,i}Q_{o,i}}$$

$$=\sum_{i=1}^{N}\left(\frac{Q_{n,i}}{Q_{o,i}}\right)\times W_i\times 100$$

其中$Q_{n,i}$為第i項產品計算期銷售量，$Q_{o,i}$為第i項產品基期銷售量，$P_{o,i}$為第i項產品基期銷售單價，$W_i=P_{o,i}Q_{o,i}/\sum_{i=1}^{N} P_{o,i}Q_{o,i}$為第$i$項產品基期銷售價值權數。

3.存貨量指數

目的在衡量產品存貨量在計算期與基期間的相對變化情形。也是採行加權平均量比指數，即

$$I_{n,o}=\frac{\sum_{i=1}^{N}\left(\frac{Q_{n,i}}{Q_{o,i}}\times 100\right)\times P_{o,i}Q_{o,i}}{\sum_{i=1}^{N} P_{o,i}Q_{o,i}}$$

$$=\sum_{i=1}^{N}\left(\frac{Q_{n,i}}{Q_{o,i}}\right)\times W_i\times 100$$

其中$Q_{n,i}$為第i項產品在計算期的存貨量，$Q_{o,i}$為第i項產品在基期的存貨量，$P_{o,i}$為第i項產品在基期的銷售單價，$W_i=P_{o,i}Q_{o,i}/\sum_{i=1}^{N} P_{o,i}Q_{o,i}$為第$i$

項產品在基期的存貨值權數。

以上三種工業上的數量指數的基期都是以工商業普查年爲固定基期。至於所涵蓋之產品項數的決定則是根據工業生產結構，選取具有重要性、代表性、策略性的產品爲選查產品。例如，銷售量指數的編製是就選取的 1652 項製造業產品，按性質歸併成 631 項主要產品，再依 20 中分類分別編製之。

(三) 物價指數❸

行政院主計處編製之《臺灣地區物價統計月報》，其中包括躉售物價指數、消費者物價指數、進口及出口物價指數、營造工程物價指數。茲就前二種指數介紹於下：

1. 躉售物價指數

目的在衡量企業間商品躉售交易價格的相對變動情形。在公式的採行上是使用加權平均價比指數。首先按查價地區，計算第i項商品價比如下：

$$\frac{P_{n,i}}{P_{o,i}}=\frac{1}{m}\sum_{j=1}^{m}\frac{P_{n,i,j}}{P_{o,i,j}}$$

其中$P_{n,i,j}$爲第j查價區第i項商品在計算期的躉售交易價格，$P_{o,i,j}$爲第j查價區第i項商品在基期的躉售交易價格，m爲查價地區數。該公式表示先計算第i項商品在各查價地區的定基價比，然後以各查價地區定基價比的平均數做爲第i項商品的定基價比。有了各項商品的價比，再以是項商品在基期的總供給值($P_{o,i}Q_{o,i}$)爲權數，採行加權平均價比指數公式得躉售物價指數，即

❸物價指數主要資料來源爲行政院主計處編印的《中華民國臺灣地區物價統計月報》。

$$I_{n,o}=\frac{\sum_{i=1}^{N}\left(\frac{P_{n,i}}{P_{o,i}}\right)P_{o,i}Q_{o,i}}{\sum_{i=1}^{N}P_{o,i}Q_{o,i}}\times 100$$

至於年指數則爲各月指數的簡單平均數。

2.消費者物價指數

目的在衡量家庭爲消費所購買之商品或勞務價格的相對變動情形。主要是依照家庭消費型態，在各查價地區調查食物、衣著、居住、交通通訊、醫藥保健、教養娛樂等方面數百種商品的消費價格進行編製。首先按查價地區，計算第i項商品價比如下：

$$\frac{P_{n,i}}{P_{o,i}}=\sum_{j=1}^{m}\frac{P_{n,i,j}}{P_{o,i,j}}W_j$$

其中$P_{n,i,j}$爲第j查價地區第i項商品或勞務的計算期的消費價格，$P_{o,i,j}$爲第j查價地區第i項商品或勞務在基期的消費價格，W_j爲查價地區人口權數。得到各項商品或勞務價比後，再以是項商品或勞務在基期的每戶月平均消費值($P_{o,i}Q_{o,i}$)爲權數，採行加權平均價比指數公式得到消費者物價指數，即

$$I_{n,o}=\frac{\sum_{i=1}^{N}\left(\frac{P_{n,i}}{P_{o,i}}\right)P_{o,i}Q_{o,i}}{\sum_{i=1}^{N}P_{o,i}Q_{o,i}}\times 100$$

至於年指數則爲各月指數的簡單平均數。

摘　要

重要詞語

指數	基期	價格指數
數量指數	價比	拉氏價格指數
斐氏價格指數	價格指數種類	數量指數種類
消費者物價指數	工業生產指數	

公式

1.簡單綜合價格指數

$$I_{n,o}=\frac{\sum_{i=1}^{r} P_{n,i}}{\sum_{i=1}^{r} P_{o,i}}\times 100$$

2.加權綜合價格指數——拉氏價格指數

$$I_{n,o}=\frac{\sum_{i=1}^{r} P_{n,i}Q_{o,i}}{\sum_{i=1}^{r} P_{o,i}Q_{o,i}}\times 100$$

3.加權綜合價格指數——斐氏價格指數

$$I_{n,o}=\frac{\sum_{i=1}^{r} P_{n,i}Q_{n,i}}{\sum_{i=1}^{r} P_{o,i}Q_{n,i}}\times 100$$

4.加權綜合價格指數——固定權數

$$I_{n,o}=\frac{\sum_{i=1}^{r}P_{n,i}W_i}{\sum_{i=1}^{r}P_{o,i}W_i}$$

5.簡單平均價比指數

$$I_{n,o}=\frac{\sum_{i=1}^{r}\left(\frac{P_{n,i}}{P_{o,i}}\times 100\right)}{r}$$

6.加權平均價比指數

$$I_{n,o}=\frac{\sum_{i=1}^{r}\left(\frac{P_{n,i}}{P_{o,i}}\times 100\right)W_i}{\sum_{i=1}^{r}W_i}$$

7.加權綜合數量指數——以基期為權數

$$I_{n,o}=\frac{\sum_{i=1}^{r}Q_{n,i}P_{o,i}}{\sum_{i=1}^{r}Q_{o,i}P_{o,i}}\times 100$$

8.簡單平均量比指數

$$I_{n,o}=\frac{\sum_{i=1}^{r}\left(\frac{Q_{n,i}}{Q_{o,i}}\right)\times 100}{r}$$

9.加權平均量比指數

$$I_{n,o}=\frac{\sum_{i=1}^{r}\left(\frac{Q_{n,i}}{Q_{o,i}}\times 100\right)W_i}{\sum_{i=1}^{r}W_i}$$

習　題

1.何謂指數？列舉一些指數的應用，並說明其限制。

2.何謂價格指數？何謂數量指數？

3.試述簡單綜合價格指數的缺點。

4.試列舉三種加權綜合價格指數的公式。

5.我國股票指數所採行的是何種價格指數？

6.試說明我國經濟部編製下列各指數的意義：

⑴工業生產指數。

⑵銷售量指數。

⑶存貨量指數。

7.我國主要的物價指數有那兩種？

試根據下列五種商品在1992及1993年的價格及數量資料，完成第8題至第11題各種指數的編製。

商　品	價　格		數　量	
	1992	1993	1992	1993
A	78	83	20	28
B	88	80	30	40
C	55	56	22	18
D	90	95	6	12
E	88	98	10	10

8.以1992年爲基期，1993年爲計算期，計算1993年的簡單綜合價格指數。

9.以1992年爲基期，1993年爲計算期，計算下列各指數：

(1)拉氏價格指數。

(2)斐氏價格指數。

10.以1992年爲基期，1993年爲計算期，編製：

(1)簡單平均價比指數。

(2)以1992年的商品價值爲權數的加權平均價比指數。

11.以1992年爲基期，1993年爲計算期，編製：

(1)拉氏基期加權的數量指數。

(2)簡單平均量比指數。

第十七章　時間序列

在本章之前所介紹的各種統計方法主要都是針對橫斷面的資料；換言之，資料都是在同一個時期所蒐集，因此不牽涉到時間的問題。本章考慮縱剖面的資料，也就是說針對一系列具有時間先後順序的觀察值進行分析，主要目的是藉由對過去資料的分析，找出其變化的型態，並據以對未來的情形加以預測。

本章第一節先對時間序列的意義及時間序列的組成要素作一介紹，並對長期趨勢及季節變動的計算方法加以說明。第二節則根據第一節的基礎，進一步討論時間序列的預測及預測誤差的衡量準則。雖然時間序列的分析及預測方法甚多，但本章僅介紹基本觀念，並將之應用於實際數據上，以使讀者能對時間序列有基本的瞭解。

第一節　時間序列組成要素

時間序列(Time Series)是指一系列具有時間先後順序的觀察值資料。例如，臺灣證券交易所每日的股市收盤總指數、每月工業總用電量、每年國民投資毛額等都是時間序列的例子。由前述的三個例子可以知道：時間序列資料可能因觀察值間隔的長短可以分成：日資料、月資料、季資料、年資料，有些時間序列觀察值的間隔有可能更短或更長。為了分析的方便，通常假設時間序列的各觀察值之間具有相同的時間間隔。

時間序列分析(Time Series Analysis)是根據過去的資料找出依時間而變動的型態，並假設時間序列在未來仍會依循此一型態變動，因此可以根據找出的型態來預測時間序列的未來值。以民國七十七年至八十一年臺灣地區工業生產指數月資料爲例(列於表 17-1)，繪出時間序列圖形於圖 17-1。由時間序列圖形可以大致看出：工業生產指數在各個月份上下波動，尤其是在每年的年初有一大幅度的向下波動。就整體圖形來看工業生產指數有逐漸上升的趨勢存在。時間序列分析就是根據這些資料找出變動的型態，因此如何找出時間序列資料的組成要素有助於時間序列的分析。

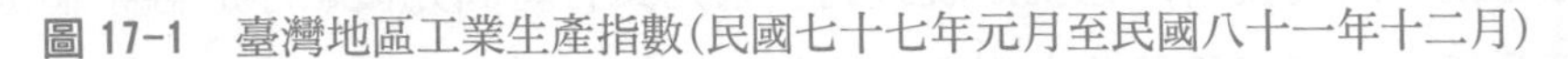
圖 17-1　臺灣地區工業生產指數(民國七十七年元月至民國八十一年十二月)

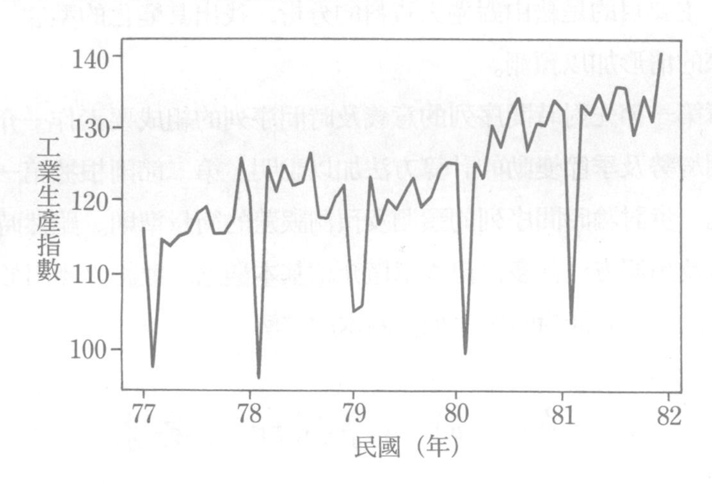

表 17-1　臺灣地區工業生產指數月資料

(民國七十七年元月至民國八十一年十二月)

民國	元月	二月	三月	四月	五月	六月	七月	八月	九月	十月	十一月	十二月
77 年	116.23	97.69	114.76	113.76	115.23	115.77	118.27	119.23	115.37	115.49	117.33	126.00
78 年	120.95	96.24	124.93	121.12	125.14	122.14	122.54	126.80	117.68	117.54	120.50	122.43
79 年	105.15	105.96	123.11	116.65	120.07	118.77	121.27	123.35	119.20	120.51	123.98	125.41
80 年	125.25	99.48	125.46	123.05	130.68	127.36	131.96	134.59	126.93	130.91	130.53	134.06
81 年	132.61	103.61	133.40	131.87	134.96	131.39	135.94	135.78	129.11	134.58	130.94	140.64

資料來源：行政院主計處編印之《中華民國統計月報》278 期～340 期。

時間序列的組成要素有四，分別爲：(1)**長期趨勢(Trend)**、(2)**季節變動(Seasonal Variation)**、(3)**循環變動(Cyclical Variation)**、及(4)**不規則變動(Irregular Variation)**。

(一) 長期趨勢

長期趨勢是指時間序列的長期上升或下降的移動。以民國四十年至民國七十九年的四十年期間中華民國臺灣地區國民生產毛額爲例(資料列於表 17-2)，由圖 17-2 的時間序列圖形可以看出：國民生產毛額時間序列有長期上升的移動趨勢。

表 17-2　國民生產毛額(民國四十年至民國七十九年)[1]

民國(40 年～47 年)	12321	17274	22951	25200	29978	34403	40118	44785
民國(48 年～55 年)	51677	62480	69960	77049	87139	101982	112433	125925
民國(56 年～63 年)	145494	169446	196598	226393	263554	316240	410289	549400
民國(64 年～71 年)	586307	702694	823871	989271	1196238	1488953	1764278	1899289
民國(72 年～79 年)	2103261	2368478	2515049	2925772	3288973	3585294	3968975	4349445

資料來源：《中華民國臺灣地區國民所得統計摘要》，行政院主計處，民國八十二年二月。

關於長期趨勢的種類依形狀可以大致分爲：

1. 直線趨勢(Linear Trend)或稱一次趨勢

令 Y_t 爲時間序列在第 t 期的應變數觀察值，β_0 及 β_1 爲未知參數，ϵ_t 爲第 t 期的誤差(這表示未能由時間 t 所解釋的隨機移動)，於是直線趨勢模型成爲

$$Y_t = \beta_0 + \beta_1 t + \epsilon_t, \quad t = 1, 2, \cdots, n$$

該模型可以比照第十五章的簡單直線迴歸模型根據觀察值 $y_1, \cdots, y_n$ 來估計未知參數 β_0 及 β_1，並可估計及預測時間 t 所對應的 $\hat{y}_t$。各項公式分別爲

[1] 國民生產毛額以新臺幣百萬元爲單位。

圖17-2　臺灣地區國民生產毛額(民國四十年至民國七十九年)

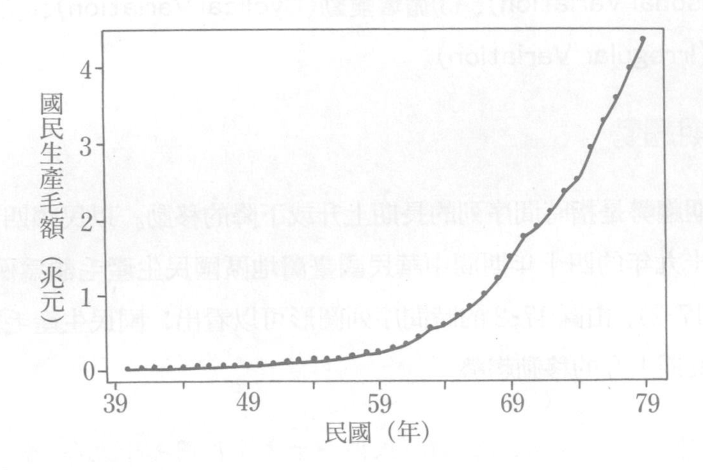

$$\widehat{\beta}_1=\frac{S_{ty}}{S_{tt}}$$

$$=\frac{\sum_{t=1}^{n} ty_t-n\bar{t}\bar{y}}{\sum_{t=1}^{n} t^2-n\bar{t}^2}$$

$$\widehat{\beta}_0=\bar{y}-\widehat{\beta}_1\bar{t}$$

至於長期趨勢的估計方程式爲

$$\widehat{y}_t=\widehat{\beta}_0+\widehat{\beta}_1 t$$

例 1　國內某電腦軟體代理商在過去七年的年銷售金額如下表所列。

民國(年)	銷售金額(新臺幣萬元)
76 ($t=1$)	58.3 (y_1)
77 ($t=2$)	67.2 (y_2)

78 $(t=3)$	73.5 (y_3)
79 $(t=4)$	80.8 (y_4)
80 $(t=5)$	86.6 (y_5)
81 $(t=6)$	95.0 (y_6)
82 $(t=7)$	99.8 (y_7)

試繪出年銷售金額的時間序列圖形並以直線趨勢模型估計年銷售金額的長期趨勢線。

解:

比照第十五章簡單直線迴歸模型可以令時間$t=1, 2, \cdots, 7$, 且$y_1=58.3$, $y_2=67.2$, $y_3=73.5$, $y_4=80.8$, $y_5=86.6$, $y_6=95.0$, $y_7=99.8$。根據直線趨勢模型的參數估計公式先計算各分項於下表:

民國(年)	t	y_t	ty_t	t^2
76	1	58.3	58.3	1
77	2	67.2	134.4	4
78	3	73.5	220.5	9
79	4	80.8	323.2	16
80	5	86.6	433.0	25
81	6	95.0	570.0	36
82	7	99.8	698.6	49
總和	28	561.2	2438	140

可得$\bar{t}=28/7=4$, $\bar{y}=561.2/7=80.1714$

所以 $\hat{\beta}_1=\dfrac{\sum_{t=1}^{n} ty_t-n\bar{t}\bar{y}}{\sum_{t=1}^{n} t^2-n\bar{t}^2}$

$$=\frac{2438-7\times4\times80.1714}{140-7\times4^2}$$

$$=\frac{193.2}{28}$$

$$=6.9$$

且 $\hat{\beta}_0=\bar{y}-\hat{\beta}_1\bar{t}$

$$=80.1714-6.9\times4$$

$$=52.57$$

至於趨勢值的估計方程式爲

$$\hat{y}_t=52.57+6.9t$$

在$t=1, 2, \cdots, 7$時所對應的長期趨勢估計值爲

$$\hat{y}_1=52.57+6.9\times1=59.47$$

同理，$\hat{y}_2=66.37$，$\hat{y}_3=73.27$，$\hat{y}_4=80.17$，$\hat{y}_5=87.07$，$\hat{y}_6=93.97$，$\hat{y}_7=100.87$。

圖 17-3 爲年銷售金額的時間序列圖形(以實線表示)，年銷售金額的長期趨勢估計線(以虛線表示)。若要預測民國八十三年的長期趨勢值，則可令$t=8$代入趨勢值的估計方程式，即

$$\hat{y}_8=52.57+6.9\times8$$

$$=107.77$$

換言之，民國八十三年的長期趨勢預測值爲 107.77 萬元。

2.二次趨勢(Quadratic Trend)

令Y_t爲時間序列在第t期的應變數觀察值，β_0、β_1及β_2爲未知參數，ϵ_t爲第t期的誤差，於是二次趨勢模型成爲

$$Y_t=\beta_0+\beta_1 t+\beta_2 t^2+\epsilon_t,\quad t=1, 2, \cdots, n$$

若將t及t^2視爲兩個自變數X_1及X_2，則二次趨勢模型的參數估計可以比

圖17-3　年銷售金額及長期趨勢線

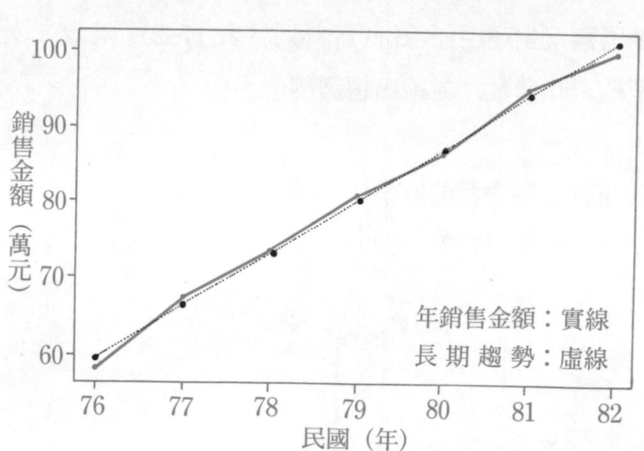

照第十五章的複迴歸模型的參數估計，所以各項估計公式分別為：

$$\hat{\boldsymbol{\beta}}=(\boldsymbol{X}'\boldsymbol{X})^{-1}\boldsymbol{X}'\boldsymbol{y}$$

及

$$\hat{\boldsymbol{y}}=\boldsymbol{X}\hat{\boldsymbol{\beta}}$$

其中

$$\boldsymbol{y}=\begin{bmatrix} Y_1 \\ Y_2 \\ \vdots \\ Y_n \end{bmatrix}_{n\times 1},\ \boldsymbol{X}=\begin{bmatrix} 1 & 1 & 1 \\ 1 & 2 & 4 \\ 1 & 3 & 9 \\ \vdots & \vdots & \vdots \\ 1 & n & n^2 \end{bmatrix}_{n\times 3}$$

例 2　以民國四十年至民國七十九年的四十年期間，中華民國臺灣地區國民生產毛額爲例(資料列於表 17-2)，計算二次趨勢模型的未知參數，並繪出趨勢線。

解:

依題意，應變數的觀察值向量爲

$\boldsymbol{y}=[12321 \quad 17274 \quad 22951 \quad 25200 \cdots 3968975 \quad 4349445]'$,

且

$$\boldsymbol{X}=\begin{bmatrix} 1 & 1 & 1 \\ 1 & 2 & 4 \\ 1 & 3 & 9 \\ \vdots & \vdots & \vdots \\ 1 & 40 & 1600 \end{bmatrix}_{40\times 3}$$

所以

$$\begin{aligned}\hat{\boldsymbol{\beta}}&=(\boldsymbol{X}'\boldsymbol{X})^{-1}\boldsymbol{X}'\boldsymbol{y}\\ &=\begin{bmatrix} 40 & 820 & 22140 \\ 820 & 22140 & 672400 \\ 22140 & 672400 & 21781332 \end{bmatrix}^{-1}\begin{bmatrix} 37749237 \\ 1266851188 \\ 43971945776 \end{bmatrix}\\ &=\begin{bmatrix} 497546.8 \\ -114640.3 \\ 5052.05 \end{bmatrix}\end{aligned}$$

於是二次趨勢方程式爲

$$\hat{Y}_t=497546.8-114640.3t+5052.05t^2$$

圖 17-4 中實線爲國民生產毛額時間序列圖形，虛線爲二次式的長期趨勢線。由圖中可以看出：以二次趨勢模型配適，除了前半段外，尚稱可以。複判定係數$R^2=97.92\%$表示模型解釋國民生產毛額變動的97.92%。

圖17-4　國民生產毛額及二次趨勢模型的長期趨勢線

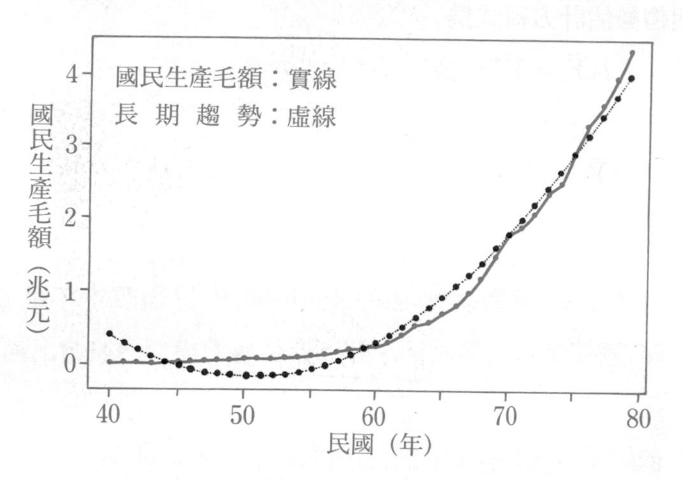

3. 指數趨勢(Exponential Trend)

令Y_t為時間序列在第t期的應變數觀察值，β_1為未知參數，ϵ_t為第t期的誤差，K為常數，$e=2.71828\cdots\cdots$為自然數，於是指數趨勢模型成為

$$Y_t=K\cdot e^{\beta_1 t}$$

兩邊取自然對數，得

$$l_n Y_t=l_n K+\beta_1 t$$

並令$\beta_0=l_n K$，並考慮誤差項ϵ_t於模型中，得簡單直線迴歸模型

$$l_n Y_t=\beta_0+\beta_1 t+\epsilon_t$$

這表示指數趨勢模型可以經由自然對數的轉換成為簡單直線迴歸模型，所以在解問題時僅需對應變數Y_t取自然對數即可直接以下列公式求得估計的參數值：令$Y_t^*=l_n Y_t$，且$\bar{Y}^*=\sum_{t=1}^{n}(l_n Y_t)/n$

$$\beta_1=\frac{\sum_{t=1}^{n} tY_t^*-n\bar{t}\bar{Y}^*}{\sum_{t=1}^{n} t^2-n\bar{t}^2}$$

$$\beta_0 = \overline{Y}^* - \beta_1 \bar{t}$$

至於長期趨勢估計方程式為

$$l_n \widehat{Y}_t = \widehat{Y}^* = \widehat{\beta}_0 + \widehat{\beta}_1 t$$

或

$$\widehat{Y}_t = e^{\widehat{\beta}_0 + \beta_1 \hat{t}}$$

例 3 以表 17-2 所列臺灣地區四十年期間(民國四十年至七十九年)國民生產毛額為例，計算指數趨勢模型，並繪出趨勢線。

解:

依題意，先將國民生產毛額取自然對數，即 $Y_t^* = l_n Y_t$ 為

$Y_1^* = 9.419$, $Y_2^* = 9.757$, $Y_3^* = 10.041$, …, $Y_{40}{}^* = 15.286$

於是 $\overline{Y}^* = 12.55988$, $\bar{t} = 20.5$, $\sum_{t=1}^{40} tY_t^* = 11104.61$,

$\sum_{t=1}^{40} t^2 = 22140$, $n = 40$,

所以

$$\widehat{\beta}_1 = \frac{\sum_{t=1}^{n} tY_t^* - n\bar{t}\overline{Y}^*}{\sum_{t=1}^{n} t^2 - n\bar{t}^2}$$

$$= \frac{11104.61 - 40 \times 20.5 \times 12.55988}{22140 - 40 \times 20.5^2}$$

$$= 0.1511267$$

且

$$\widehat{\beta}_0 = \overline{Y}^* - \widehat{\beta}_1 \bar{t}$$

$$= 12.55988 - 0.1511267 \times 20.5$$

$$= 9.461782$$

於是趨勢方程式為

$$\widehat{Y}_t^* = 9.461782 + 0.1511267t$$

轉換回原單位，得

$$\widehat{Y}_t = e^{9.461782 + 0.1511267t}$$

或

$$\widehat{Y}_t = 12858.77839e^{0.1511267t}$$

若將$t=1, 2, \cdots, 40$代入上式可分別得到民國四十年至七十九年的國民生產毛額趨勢值。圖 17-5 中實線爲國民生產毛額時間序列圖形，虛線爲指數趨勢線。由圖中可以看出：以指數趨勢模型配適，除了最後的幾期外，大致良好。複判定係數$R^2=99.55\%$表示模型解釋能力比例 2 的二次趨勢模型還高。

圖17-5　國民生產毛額及指數趨勢模型的長期趨勢線

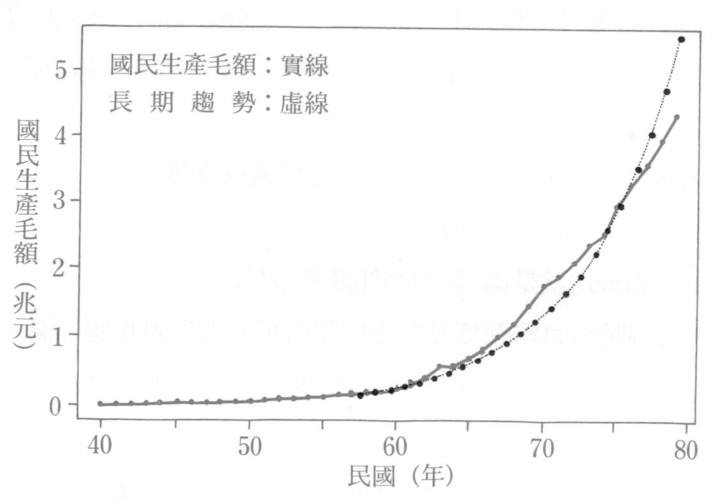

(二) 季節變動

季節變動是指重複在各年內所發生的一種經常性變動，例如每年的暑假(七、八月間)是國人出國旅遊的旺季，出國旅遊人數在前述月份明顯上升，此一現象在各年內呈現出一種經常性的變動，且年復一年重複發生，因此是一種季節變動。當資料蒐集的間隔超過(或等於)一年時，此等資料就不會有季節變動的現象。因此，在處理月資料或季資料時才會考慮季節變動的要素。

由於時間序列沿著長期趨勢上下波動，此種波動若是源自於季節變動，則可以長期趨勢值的百分比來表示季節變動的幅度大小。此一代表季節變動幅度的百分比就是**季節指數(Seasonal Index)**。季節指數的計算有助於瞭解季節變動要素，因此以月資料爲例說明計算過程如下：

(1)計算 12 個月的移動平均數m_t，即

$$m_t=\frac{1}{2}\left(\frac{1}{12}\sum_{k=-6}^{5}y_{t+k}+\frac{1}{12}\sum_{k=-5}^{6}y_{t+k}\right)$$

其中y_{t-6}爲第$(t-6)$期的時間序列觀察值，其他y值可以類推之。由於 12 個月的移動平均數m_t是以其前後的6期y值所計算的加權平均數，所以當觀察值爲$y_1, y_2, \cdots, y_n$時，僅能計算得到$t=7, 8, \cdots, (n-6)$個移動平均數m_t。

(2)以時間序列觀察值y_t除以m_t，並轉換成百分比，即計算

$$(y_t/m_t)\times 100\%$$

此一百分比就是第t期的季節變動效果。

(3)爲了剔除各月季節變動在不同年所可能受到的其他干擾，因此將每一個月在不同年的季節變動效果計算平均數就可得到對應月份的季節指數。

(4)爲使各月季節指數的全年平均數仍爲100%，因此以步驟(3)所得到的各月份季節指數總和爲除數，將各月季節平均數進行調整得到各月季節指數(S_t)。

如果時間序列是季資料，則在步驟(1)的移動平均數改爲四季的移動

平均數，即

$$m_t=\frac{1}{2}\left(\frac{1}{4}\sum_{k=-2}^{1}y_{t+k}+\frac{1}{4}\sum_{k=-1}^{2}y_{t+k}\right)$$

其餘各步驟內「月」改爲「季」即得。

例 4　以日月潭的月平均溫爲例(資料列於表 17-3)，計算各月季節指數。

表 17-3　日月潭月平均溫(民國 79 年 1 月至 82 年 12 月)

(月)

(年)	1	2	3	4	5	6	7	8	9	10	11	12
79	14.9	16.5	16.5	18.6	21.3	22.7	23.3	23.0	22.2	20.5	18.9	16.1
80	14.9	14.9	18.7	19.7	21.8	22.6	23.0	22.9	22.2	19.8	17.4	15.1
81	13.3	13.4	17.7	18.7	20.0	22.0	22.6	22.5	21.9	19.7	16.6	16.3
82	13.1	15.5	16.2	18.9	21.2	22.4	23.0	22.8	22.2	20.1	19.1	15.7

資料來源：行政院主計處編印之《中華民國統計月報》各期。

解：

依季節指數編製過程列於表 17-4。

表 17-4　季節指數編製表(Ⅰ)

年	月	月平均溫 (y_t)	12 個月移動平均數 (m_t)	$(y_t/m_t)100\%$	季節調整的時間序列 (y_t^*)
79	1	14.9	—	—	20.72
	2	16.5	—	—	21.61
	3	16.5	—	—	18.00
	4	18.6	—	—	18.61
	5	21.3	—	—	19.39
	6	22.7	—	—	19.42
	7	23.3	19.54167	119.23	19.47

	8	23.0	19.47500	118.10	19.33
	9	22.2	19.50000	113.85	19.22
	10	20.5	19.63750	104.39	19.62
	11	18.9	19.70417	95.92	20.53
	12	16.1	19.72083	81.64	19.46
80	1	14.9	19.70417	75.62	20.72
	2	14.9	19.68750	75.68	19.52
	3	18.7	19.68333	95.00	20.40
	4	19.7	19.65417	100.23	19.72
	5	21.8	19.56250	111.44	19.85
	6	22.6	19.45833	116.15	19.34
	7	23.0	19.35000	118.86	19.22
	8	22.9	19.22083	119.14	19.24
	9	22.2	19.11667	116.13	19.22
	10	19.8	19.03333	104.03	18.95
	11	17.4	18.91667	91.98	18.90
	12	15.1	18.81667	80.25	18.25
81	1	13.3	18.77500	70.84	18.50
	2	13.4	18.74167	71.50	17.55
	3	17.7	18.71250	94.59	19.31
	4	18.7	18.69583	100.02	18.72
	5	20.0	18.65833	107.19	18.21
	6	22.0	18.67500	117.80	18.82
	7	22.6	18.71667	120.75	18.90
	8	22.5	18.79583	119.71	18.91
	9	21.9	18.82083	116.36	18.97
	10	19.7	18.76667	104.97	18.85
	11	16.6	18.82500	88.18	18.03
	12	16.3	18.89167	86.28	19.70
82	1	13.1	18.92500	69.22	18.22
	2	15.5	18.95417	81.78	20.30
	3	16.2	18.97917	85.36	17.67
	4	18.9	19.00833	99.43	18.92
	5	21.2	19.12917	110.83	19.30
	6	22.4	19.20833	116.62	19.16

7	23.0	—	—	19.22
8	22.8	—	—	19.16
9	22.2	—	—	19.23
10	20.1	—	—	19.24
11	19.1	—	—	20.75
12	15.7	—	—	18.97

根據表 17-4 的各月季節變動效果$(y_t/m_t)100\%$可以編製各月季節指數於表 17-5。首先將每年各月的季節變動效果$(y_t/m_t)100\%$按月份排列

表 17-5　季節指數編製表(II)

月	(年) 79	80	81	82	各月平均 $(y_t/m_t)100\%$	季節指數(S_t)
1	—	75.62	70.84	69.22	71.89	71.91
2	—	75.68	71.50	81.78	76.32	76.34
3	—	95.00	94.59	85.36	91.65	91.67
4	—	100.23	100.02	99.43	99.90	99.92
5	—	111.44	107.19	110.83	109.82	109.85
6	—	116.15	117.80	116.62	116.86	116.89
7	119.23	118.86	120.75	—	119.62	119.65
8	118.10	119.14	119.71	—	118.98	119.01
9	113.85	116.13	116.36	—	115.44	115.48
10	104.39	104.03	104.97	—	104.46	104.49
11	95.92	91.98	88.18	—	92.03	92.05
12	81.64	80.25	86.28	—	82.72	82.74
總和					1199.69	1200.00

(如表 17-5 第 2 欄至第 5 欄所示)，求算各月平均數，例如 6 月的平均數爲

$$(116.15+117.80+116.62)/3=116.86$$

餘類推。由於各月平均數的總和爲 1199.69，爲使各月季節指數的全年平均數爲 100%(即，全年總和爲 1200%)，所以表 17-5 第 6 欄各數字除以 1199.69，然後乘以 1200，於是得到季節指數(列於第 7 欄)。

去除季節要素的時間序列

由時間序列資料計算得到季節指數後，如何進一步由時間序列中去除季節要素的影響而得到**季節調整的時間序列**(Seasonally Adjusted Time Series)。令y_t^*爲季節調整後的時間序列第t期觀察值，y_t爲原時間序列第t期的觀察值，並令S_t爲第t期的季節指數。則季節調整的時間序列爲

$$y_t^* = \frac{1}{S_t} \times y_t \times 100$$

例如，在例 4 表 17-5 中計算得到一月的季節指數爲 71.91，而在民國七十九年一月的溫度爲$y_1 = 14.9$，則經過季節調整的該月時間序列資料應爲

$$\begin{aligned} y_1^* &= \frac{1}{71.91} \times 14.9 \times 100 \\ &= 20.72 \end{aligned}$$

餘類推。例 4 時間序列經過季節調整的資料列於表 17-4 中第 5 欄，至於未經季節調整(原時間序列)及季節調整的時間序列圖形繪於圖 17-6。實線表示原時間序列，有顯著的季節要素存在(年中溫度高，年初及年尾溫度低)。虛線則是季節調整的時間序列，已將季節要素剔除。

(三) 循環變動

循環變動是指沿著長期趨勢逐漸上下起伏的一種變動。此種變動主

圖17-6　日月潭月平均溫時間序列圖(實線)及季節調整的時間序列圖(虛線)

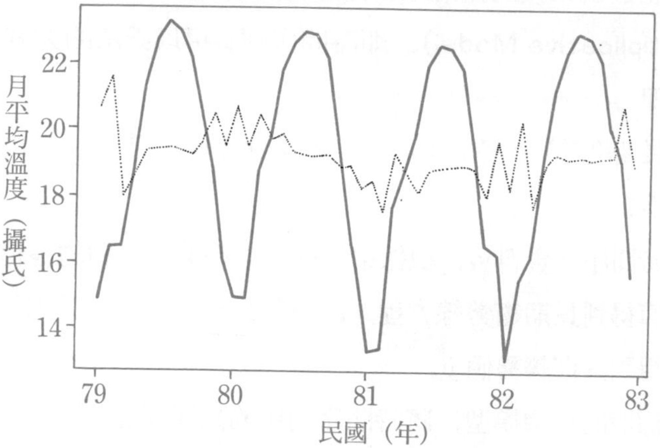

要源於經濟或商業情況的改變，例如商業循環或經濟循環都是指超過一年以上(通常以 2～15 年為一個循環期)的上下起伏，起伏的過程可以分為：繁榮、蕭條、復甦等階段，景氣由谷底逐漸復甦，繁榮達於頂峯，然後轉入蕭條，漸入谷底，如此周而復始的現象。由於循環變動，不同於季節變動，是呈現不規則的循環期，所以不易找出循環變動的要素，預測此等變動現象也較困難。

(四) 不規則變動

不規則變動是指全然無法預測的隨機變動，由於此等變動是不定時發生的事件所造成對時間序列的影響，因此其影響是暫時性的。例如，戰爭或政爭，甚至於謠言都有可能使股價指數產生不規則的變動。

第二節　時間序列預測及預測誤差衡量

根據第一節所介紹的時間序列組成要素及長期趨勢線、季節指數等的計算方法，可以將時間序列逐步分解成各個要素，然後根據長期趨勢值$\hat{y}_t$及季節指數S_t來預測在第t期的預測值$\tilde{y}_t$。假設時間序列模型爲**相乘模型(Multiplicative Model)**，即時間序列y_t可以乘法的方式分解成各個要素，即

$$y_t = (長期趨勢) \times (季節指數) \times (循環變動) \times (不規則變動)$$

則預測步驟爲：

(1)先由時間序列資料y_t，根據第一節長期趨勢所介紹的各種估計方法計算得到長期趨勢線方程式，並將$t=1, 2, \cdots, n$分別代入方程式中得到長期趨勢值$\hat{y}_t$。

(2)根據假設的相乘模型，將時間序列中的長期趨勢去除，即

$$\frac{y_t}{\hat{y}_t} = (季節變動) \times (循環變動) \times (不規則變動)$$

所以$(y_t/\hat{y}_t)$就是**不含長期趨勢的時間序列(Detrend Time Series)**。

(3)由於循環變動及不規則變動都是不易(或無法)預測的隨機影響，因此可以考慮以平均的方式將這些影響相互抵消或因分攤而降低其影響效果。即，針對各年相同月份的$(y_t/\hat{y}_t)$值求平均數。如此可以得到各月的平均數，將之調整成爲百分比，並使全年平均數的總和爲 1200，這個百分比就是季節指數(S_t)。

(4)如果要預測時間序列y_{t+h}的值，則可以長期趨勢方程式先估計出$\hat{y}_{t+h}$，然後找出第$(t+h)$期所對應的季節指數S_{t+h}。最後，根據相乘模型的假設計算第$(t+h)$期的預測值$\tilde{y}_{t+h}$。即，

$$\tilde{y}_{t+h} = \hat{y}_{t+h} \times S_{t+h}/100$$

預測誤差衡量

預測值$\tilde{y}_{t+h}$與實際觀察值y_{t+h}的差距愈小表示預測愈準確，一般衡

量預測準確與否的公式有：

1.平均絕對差(Mean Absolute Deviation，簡寫爲MAD)

其定義爲

$$MAD=\frac{1}{r}\sum_{h=1}^{r}|y_{t+h}-\tilde{y}_{t+h}|$$

這表示由第$(t+1)$期至第$(t+r)$期的預測平均絕對差。

2.均方誤差(Mean Square Error，簡寫爲MSE)

其定義爲

$$MSE=\frac{1}{r}\sum_{h=1}^{r}(y_{t+h}-\tilde{y}_{t+h})^2$$

這表示由第$(t+1)$期至第$(t+r)$期的預測均方誤差。若將均方誤差求平方根則成爲**均方誤差的平方根**(Root Mean Square Error，簡寫爲RMSE)。

由於均方誤差是將**預測誤差**$(y_{t+h}-\tilde{y}_{t+h})$平方，所以對於大的預測誤差有加重衡量的效果，這在考慮預測誤差過大所可能造成的成本遽增的情況下頗爲適用。

例 5　根據表 17-1 所列臺灣地區民國七十七年一月至民國八十一年十二月的工業生產指數月資料，試以前四年(民國七十七年至八十年)合計四十八期的資料爲時間序列進行其組成要素分析，並根據分析結果，按本節介紹的預測步驟對民國八十一年一月至十二月的工業生產指數進行預測，並衡量預測誤差。

解：

(1)長期趨勢要素

依題意，由民國七十七年一月至八十年十二月的四十八期資料，令其爲$y_1, y_2, \cdots, y_{48}$，進行長期趨勢方程式的估計。由圖 17-1 的時間序列圖形建議配以直線趨勢方程式。

由於$t=1, 2, \cdots, 48$，所以$\sum_{t=1}^{48} t=1176$，且$\sum_{t=1}^{48} t^2=38024$，至於$\bar{t}=24.5$。關於四十八期資料的總和爲$\sum_{t=1}^{48} y_t=5766.83$，平均數爲$\bar{y}=\sum_{t=1}^{48} y_t/48=120.1423$，且$\sum_{t=1}^{48} ty_t=144294.8$。根據直線趨勢方程式公式可得

$$\hat{\beta}_1=\frac{\sum_{t=1}^{n} ty_t-n\bar{t}\bar{y}}{\sum_{t=1}^{n} t^2-n\bar{t}^2}$$

$$=\frac{144294.8-48\times 24.5\times 120.1423}{38024-48\times 24.5^2}$$

$$=0.3264682$$

且

$$\hat{\beta}_0=\bar{y}-\hat{\beta}_1\bar{t}$$

$$=120.1423-0.3264682\times 24.5$$

$$=112.1438$$

所以直線趨勢方程式爲

$$\hat{y}_t=112.1438+0.3264682t$$

若將$t=1, 2, \cdots, 48$代入上式，可以得到各期趨勢值。若將$t=49, 50, \cdots, 60$代入直線趨勢方程式則可得到民國八十一年一月至十二月的長期趨勢值。各趨勢值列於表 17-7，前四十八期爲估計的趨勢值，後十二期($t=49, 50, \cdots, 60$)爲預測的趨勢值。

(2)以y_t除以對應的$\hat{y}_t$可以得到去除長期趨勢後的時間序列，即不含長期趨勢的時間序列爲$(y_t/\hat{y}_t)$，列於表 17-6 第 2

至第 5 欄。

表 17-6　不含長期趨勢時間序列

月	民國(年) 77	78	79	80	平均數
1	1.0334287	1.0391975	0.8740248	1.0082664	0.9887293
2	0.8660712	0.8245772	0.8783741	0.7987180	0.8419351
3	1.0144691	1.0674053	1.0177876	1.0046762	1.0260846
4	1.0027354	1.0319741	0.9617849	0.9828076	0.9948255
5	1.0127782	1.0632679	0.9873254	1.0410344	1.0261015
6	1.0146131	1.0349073	0.9740208	1.0119545	1.0088739
7	1.0335660	1.0354324	0.9918675	1.0457916	1.0266644
8	1.0389912	1.0684808	1.0061931	1.0638819	1.0443868
9	1.0025024	0.9889106	0.9697581	1.0007500	0.9904803
10	1.0007063	0.9850318	0.9778186	1.0294796	0.9982591
11	1.0137819	1.0070824	1.0033164	1.0238626	1.0120109
12	1.0856321	1.0204283	1.0122146	1.0488656	1.0417851
總和					12.00014

(3)由表 17-6，計算各月平均數(列於第 6 欄)。將各月平均數乘以 100%，調整成百分比，並乘以 1200，除以百分比的總和 1200.014(此處差異甚微，因此直接將平均數乘以 100% 亦可)，於是得到季節指數(S_t)爲

月	1	2	3	4	5	6
季節指數	98.87181	84.19255	102.60729	99.48142	102.60898	100.88625

月	7	8	9	10	11	12
季節指數	102.66527	104.43749	99.04690	99.82477	101.19994	104.17733

(4)由直線趨勢方程式所預測的長期趨勢值(列於表 17-7 第 2

欄第 49 列至第 60 列)爲

$$\hat{y}_{49}=112.1438+0.3264682\times 49$$
$$=128.1407$$

餘類推，可得$\hat{y}_{50}=128.4672, \cdots, \hat{y}_{60}=131.7319$。$t=49$期表示的是民國八十一年一月，同理$t=60$表示的是民國八十一年十二月。所以其對應的季節指數爲$S_{49}=98.87181$，同理$S_{50}=84.19255, \cdots, S_{60}=104.17733$。

根據相乘模型的假設可得第 49 期的預測值爲

$$\tilde{y}_{49}=\hat{y}_{49}\times S_{49}/100$$
$$=128.1407\times 98.87181/100$$
$$=126.6950$$

同理，民國八十一年二月的工業生產指數預測值爲

$$\tilde{y}_{50}=\hat{y}_{50}\times S_{50}/100$$
$$=128.4672\times 84.19255/100$$
$$=108.1598$$

餘類推。於是根據民國七十七年一月至八十年十二月的四十八期資料來預測民國八十一年一月至十二月的十二個預測值分別爲

月	1	2	3	4	5	6
預測值	126.6950	108.1598	132.1517	128.4506	132.8239	130.9232

月	7	8	9	10	11	12
預測值	133.5671	136.2137	129.5063	130.8493	132.9822	137.2348

關於民國八十一年一月至十二月預測的工業指數與實際的工業生產指數繪於同一圖形(圖 17-7)。由圖形可以看出：預測值(虛線)與實際值(實線)相當吻合。至於這十二期預測

圖17-7　工業生產指數與預測值

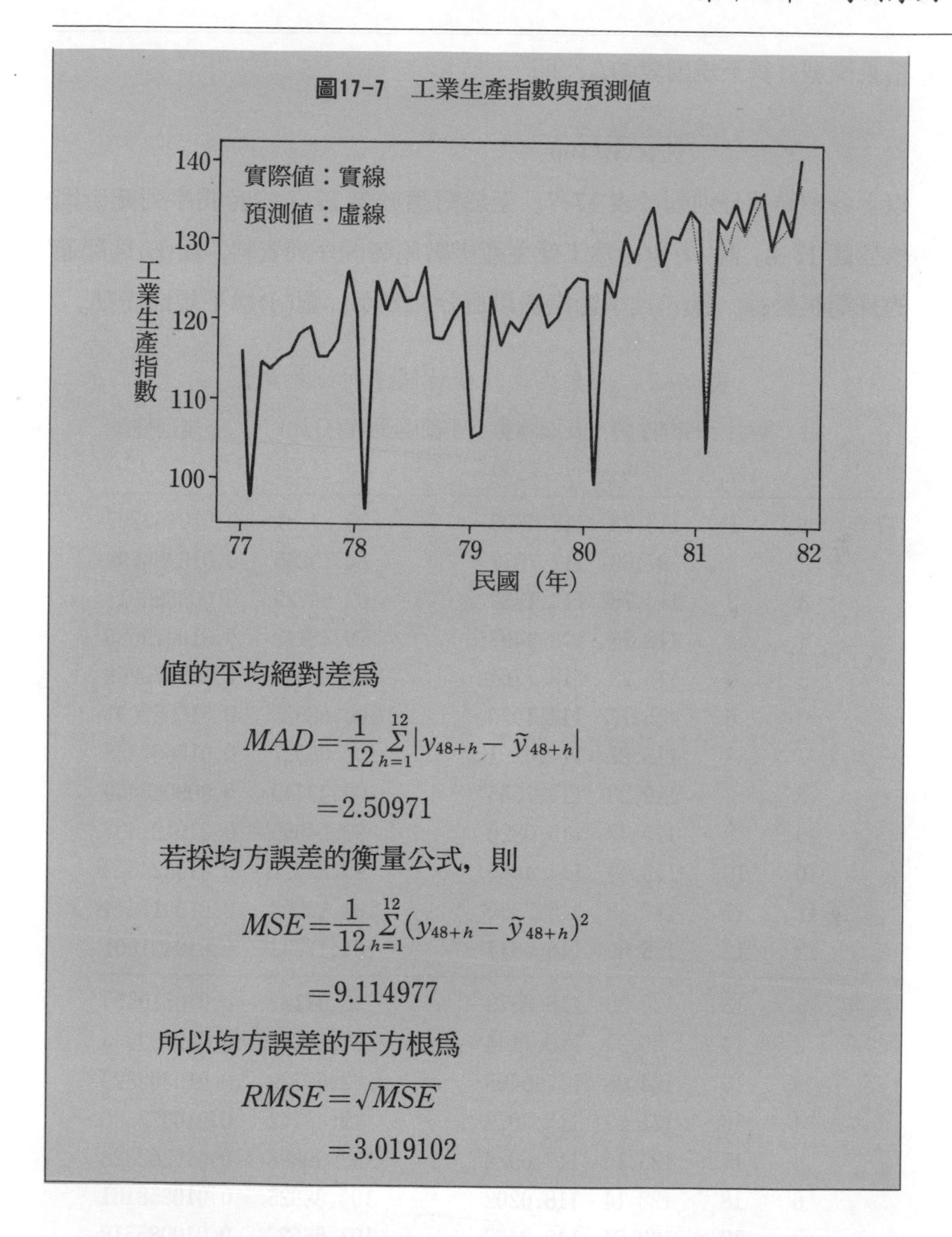

值的平均絕對差爲

$$MAD=\frac{1}{12}\sum_{h=1}^{12}|y_{48+h}-\tilde{y}_{48+h}|$$

$$=2.50971$$

若採均方誤差的衡量公式，則

$$MSE=\frac{1}{12}\sum_{h=1}^{12}(y_{48+h}-\tilde{y}_{48+h})^2$$

$$=9.114977$$

所以均方誤差的平方根爲

$$RMSE=\sqrt{MSE}$$

$$=3.019102$$

爲使讀者瞭解時間序列與各組成要素間的關係，將例 5 原時間序列資料y_t及由長期趨勢方程式計算得到長期趨勢值$\hat{y}_t$，季節指數S_t，並由

相乘模型計算不規則變動I_t，即

$$I_t=\frac{y_t}{\hat{y}_t\times S_t/100}$$

以上各項結果分別列於表 17-7。至於對應於表 17-7 的時間序列圖形則繪於圖 17-8。圖 17-8(a)爲工業生產指數原時間序列資料，圖(b)爲配適的長期趨勢線，圖(c)爲季節指數以百分比表示，圖(d)爲不規則變動。

表 17-7　工業生產指數時間序列組成要素

	月	期別 (t)	時間序列 (y_t)	長期趨勢 ($\hat{y}_t$)	季節變動(百分比) (S_t)	不規則變動 (I_t)
77 年	1	1	116.23	112.4703	98.87181	0.010452207
	2	2	97.69	112.7967	84.19255	0.010286790
	3	3	114.76	113.1232	102.60729	0.009886911
	4	4	113.76	113.4497	99.48142	0.010079625
	5	5	115.23	113.7761	102.60898	0.009870269
	6	6	115.77	114.1026	100.88625	0.010057001
	7	7	118.27	114.4291	102.66527	0.010067338
	8	8	119.23	114.7555	104.43749	0.009948450
	9	9	115.37	115.0820	99.04690	0.010121492
	10	10	115.49	115.4085	99.82477	0.010024629
	11	11	117.33	115.7350	101.19994	0.010017614
	12	12	126.00	116.0614	104.17733	0.010421001
78 年	1	13	120.95	116.3879	98.87181	0.010510554
	2	14	96.24	116.7144	84.19255	0.009793945
	3	15	124.93	117.0408	102.60729	0.010402822
	4	16	121.12	117.3673	99.48142	0.010373536
	5	17	125.14	117.6938	102.60898	0.010362328
	6	18	122.14	118.0202	100.88625	0.010258161
	7	19	122.54	118.3467	102.66527	0.010085518
	8	20	126.80	118.6732	104.43749	0.010230817
	9	21	117.68	118.9996	99.04690	0.009984266

	10	22	117.54	119.3261	99.82477	0.009867608
	11	23	120.50	119.6526	101.19994	0.009951414
	12	24	122.43	119.9790	104.17733	0.009795109
79年	1	25	105.15	120.3055	98.87181	0.008839980
	2	26	105.96	120.6320	84.19255	0.010432919
	3	27	123.11	120.9584	102.60729	0.009919252
	4	28	116.65	121.2849	99.48142	0.009667986
	5	29	120.07	121.6114	102.60898	0.009622212
	6	30	118.77	121.9378	100.88625	0.009654644
	7	31	121.27	122.2643	102.66527	0.009661179
	8	32	123.35	122.5908	104.43749	0.009634405
	9	33	119.20	122.9173	99.04690	0.009790898
	10	34	120.51	123.2437	99.82477	0.009795350
	11	35	123.98	123.5702	101.19994	0.009914200
	12	36	125.41	123.8967	104.17733	0.009716265
80年	1	37	125.25	124.2231	98.87181	0.010197713
	2	38	99.48	124.5496	84.19255	0.009486801
	3	39	125.46	124.8761	102.60729	0.009791470
	4	40	123.05	125.2025	99.48142	0.009879309
	5	41	130.68	125.5290	102.60898	0.010145646
	6	42	127.36	125.8555	100.88625	0.010030649
	7	43	131.96	126.1819	102.66527	0.010186420
	8	44	134.59	126.5084	104.43749	0.010186782
	9	45	126.93	126.8349	99.04690	0.010103799
	10	46	130.91	127.1613	99.82477	0.010312867
	11	47	130.53	127.4878	101.19994	0.010117226
	12	48	134.06	127.8143	104.17733	0.010068080
81年	1	49	132.61	128.1407	98.87181	0.010466863
	2	50	103.61	128.4672	84.19255	0.009579342
	3	51	133.40	128.7937	102.60729	0.010094459
	4	52	131.87	129.1201	99.48142	0.010266207
	5	53	134.96	129.4466	102.60898	0.010160826

6	54	131.39	129.7731	100.88625	0.010035655
7	55	135.94	130.0996	102.66527	0.010177660
8	56	135.78	130.4260	104.43749	0.009968163
9	57	129.11	130.7525	99.04690	0.009969400
10	58	134.58	131.0790	99.82477	0.010285117
11	59	130.94	131.4054	101.19994	0.009846430
12	60	140.64	131.7319	104.17733	0.010248132

圖 17-8　工業生產指數時間序列要素圖

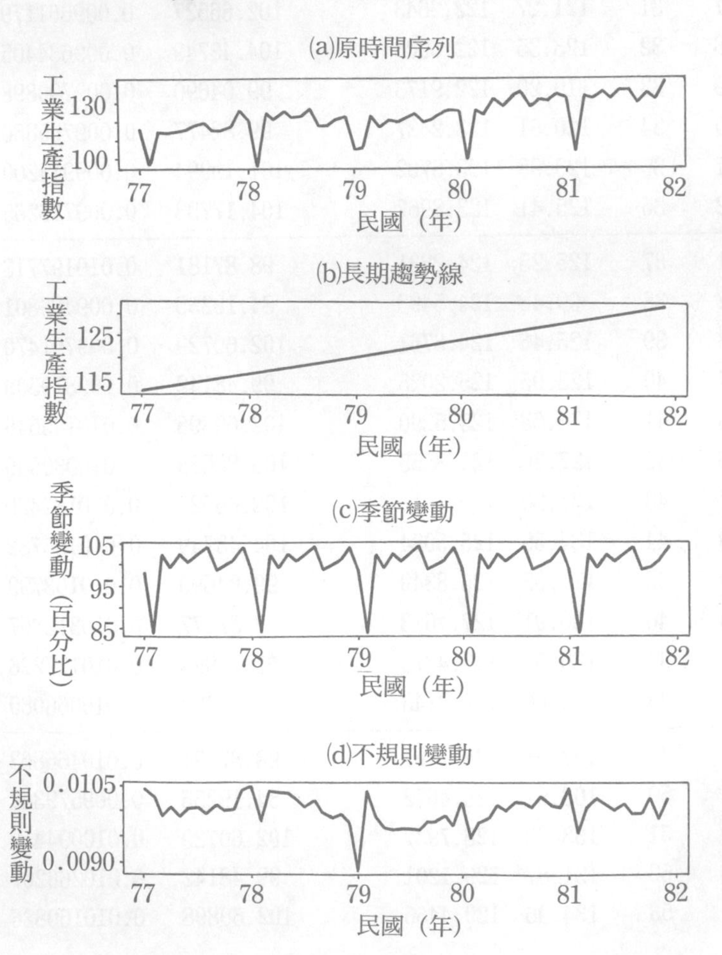

摘　要

重要詞語

時間序列	時間序列分析	長期趨勢
直線趨勢	二次趨勢	指數趨勢
季節變動	季節指數	移動平均數
季節調整的時間序列	循環變動	相乘模型
平均絕對差	均方誤差	預測誤差
均方誤差平方根		

公式

1.直線趨勢

$$Y_t=\beta_0+\beta_1 t+\epsilon_t$$

估計方程式

$$\widehat{y}_t=\widehat{\beta}_0+\widehat{\beta}_1 t$$

2.二次趨勢

$$Y_t=\beta_0+\beta_1 t+\beta_2 t^2+\epsilon_t$$

估計方程式

$$\widehat{y}_t=\widehat{\beta}_0 t+\widehat{\beta}_1 t+\widehat{\beta}_2 t^2$$

3.指數趨勢

$$Y_t=K\cdot e^{\beta_1 t}$$

估計方程式

$$\widehat{y}_t=e^{\widehat{\beta}_0+\widehat{\beta}_1 t},\ \widehat{\beta}_0=l_n K$$

4.12個月的移動平均

$$m_t=\frac{1}{2}\left(\frac{1}{12}\sum_{k=-6}^{5}y_{t+k}+\frac{1}{12}\sum_{k=-5}^{6}y_{t+k}\right)$$

5.t期的季節變動效果

$$(y_t/m_t)\times 100\%$$

6.季節調整的時間序列

$$y_t^*=\frac{1}{S_t}\times y_t\times 100$$

7.相乘模型

$$y_t=(長期趨勢)\times(季節變動)\times(循環變動)\times(不規則變動)$$

$$\hat{y}_t=長期趨勢值$$

$$\frac{y_t}{\hat{y}_t}=(季節變動)\times(循環變動)\times(不規則變動)$$

預測值：

$$\tilde{y}_{t+h}=\hat{y}_{t+h}\times S_{t+h}/100$$

8.衡量預測準確與否

(1)平均絕對差

$$MAD=\frac{1}{r}\sum_{h=1}^{r}|y_{t+h}-\tilde{y}_{t+h}|$$

(2)均方誤差

$$MSE=\frac{1}{r}\sum_{h=1}^{r}(y_{t+h}-\tilde{y}_{t+h})^2$$

(3)均方誤差平方根

$$RMSE=\sqrt{MSE}=\sqrt{\frac{1}{r}\sum_{h=1}^{r}(y_{t+h}-\tilde{y}_{t+h})^2}$$

習　題

1.何謂時間序列？何謂時間序列分析？

2.時間序列的組成要素有那些？並解釋各要素的意義。

3.長期趨勢依形狀大致分爲幾種？並列出其模型。

4.移動平均法可以消除或降低下列那些影響效果？

　(a)長期趨勢；(b)季節變動；(c)循環變動；(d)不規則變動。

5.列出時間序列相乘模型，並略述對此種模型做預測的步驟。

6.預測誤差的衡量公式有那些？並簡述其適用性。

7.下列資料爲民國七十三年至八十二年申請登記成立公司的家數(單位：百家)。

民國(年)	時期(t)	新設立家數(百家)
73	1	14
74	2	20
75	3	19
76	4	23
77	5	24
78	6	25
79	7	25
80	8	29
81	9	33
82	10	35

試根據上述資料回答下列問題:

(1)繪製新設立家數(單位: 百家)的時間序列圖。

(2)估計直線趨勢線, 並繪製該趨勢線。

(3)預測民國八十三年的新設立家數。

8.某電子公司過去十年來的營業額(百萬元)資料如下表所列:

民國(年)	70	71	72	73	74	75	76	77	78	79
時期(t)	1	2	3	4	5	6	7	8	9	10
營業額(百萬元)	13	30	28	18	43	40	66	68	96	126

試根據上述資料, 回答下列各子題:

(1)繪製該公司營業額 (百萬元) 的時間序列圖。

(2)估計二次趨勢模型

$$Y_t=\beta_0+\beta_1 t+\beta_2 t^2+\varepsilon_t$$

的參數β_0, β_1及β_2。

(3)繪製估計的二次趨勢線。

(4)預測民國八十年的營業額。

9.下列資料爲民國七十八年一月至民國八十二年十二月的國人出國觀光人數 (單位: 千人)

	月											
民國(年)	1	2	3	4	5	6	7	8	9	10	11	12
78	45	108	70	92	82	61	118	36	13	7	100	129
79	112	71	86	155	157	149	243	225	193	211	167	202
80	159	230	240	254	234	226	304	274	253	255	207	238
81	213	340	305	295	293	300	407	366	337	315	237	293
82	370	300	336	386	340	351	426	362	298	306	251	267

（資料來源：《中華民國統計月報》，第298，305，326，339期，行政院主計處編印。）

根據上述資料，回答下列問題：

⑴繪製出國觀光人數的時間序列圖。

⑵根據前四年(民國七十八至八十一年)的出國觀光人數資料估計長期趨勢線：

$$Y_t = \beta_0 + \beta_1 t + \varepsilon_t$$

⑶以時間序列的相乘模型，估計去除長期趨勢後的時間序列。

10.續習題9，根據去除長期趨勢後的時間序列資料計算季節指數。

11.續習題9～10，根據相乘模型預測民國八十二年一月至十二月的出國觀光人數，並計算這十二期預測的平均絕對差，均方誤差，均方誤差平方根，同時繪製出國觀光人數在這五年的實際值及第五年的預測值。

12.續習題9～11，繪製出國觀光人數的時間序列要素圖形(長期趨勢線，季節變動圖，不規則變動圖)。

第十八章　無母數統計方法

在本書第十二章所討論的各種統計檢定方法都假設母體分配爲已知的情形下，對母體分配的未知母數進行檢定。但在實際上，樣本資料可能不是量化的資料，例如：問卷調查所搜集對某項問題的意見，得到的數據可能是排序的或等級的資料。此時不適合使用第十二章所討論的檢定方法。另外，也有可能第十二章所討論的統計檢定方法假設的母體分配並不適用於所分析的資料。因此，將母體分配爲已知的假設去除所發展的統計方法稱爲**無母數統計方法**(Non-parametric Statistical Method)。

無母數統計方法的優點在於不須對母體分配進行假定並且易於瞭解、容易完成計算過程。缺點則是量化資料經過排序後有可能會失去一些資訊；而且當資料符合母數統計方法的分配假設時，以無母數統計方法來分析資料其表現會較差。

本章討論八種無母數統計方法，分別爲符號檢定(Sign Test)、曼一惠內U檢定(Mann-Whitney U Test)、克拉斯卡一瓦立斯檢定(Kruskal-Wallis Test)、威爾克森符號等級檢定(Wilcoxon Signed-Rank Test)、連段檢定(Runs Test)、史丕曼等級相關係數檢定(Spearman Rank Correlation Coefficient Test)、柯莫果夫一史邁諾夫檢定(Kolmogorov-Smirnov Test)、傅立曼檢定(Friedman Test)。

第一節　符號檢定

符號檢定是用來比較兩個母體分配是否相同的問題，也可用來檢定單一母體的中位數。在檢定兩個母體分配是否相同時，觀察值資料必須是**成對的觀察值**(Paired Observations)。

在成對觀察值的資料下，要檢定兩個母體分配是否相同的問題，可以考慮任意一對觀察值資料(A_i,B_i)，如果A_i與B_i是來自相同的母體分配，則A_i值大於B_i值的機率應爲1/2，即

$$P(A_i>B_i)=0.5$$

或
$$P(A_i-B_i>0)=0.5$$

事實上，(A_i-B_i)的可能結果有三種：正號、零及負號。如果兩個母體分配是相同的，則由各自的母體分配所觀察得到的A_i值與B_i值的差，出現正號與負號的次數應不致有太大的差異，至於$(A_i-B_i=0)$的情形則可由樣本中剔除不計。換言之，就m對成對觀察值(A_1,B_1),(A_2,B_2), $\cdots$, (A_m,B_m)中，先將$(A_i-B_i=0)$的情形剔除，然後檢視(A_i-B_i)爲正號的次數，令其爲x_0，並假設m組樣本中，剔除$(A_i-B_i=0)$之後，屬於正號與負號的總次數爲n。如果兩個母體分配是相同的，則出現正號的機率應與出現負號的機率相同，於是整個檢定問題成爲在檢定二項分配的母體參數p是否爲0.5，即總實驗次數爲n，出現正號的次數爲x_0，p是出現正號的機率，欲檢定虛無假設

$$H_0:p=0.5。$$

至於對立假設三種情形所代表的意義分別爲：

(1)$H_1:p\neq 0.5$　表示成對觀察值的兩個母體分配不相同。

(2)$H_1:p>0.5$　表示A_i的母體分配在B_i母體分配的右方。

(3)$H_1:p<0.5$　表示A_i的母體分配在B_i母體分配的左方。

符號檢定也可以用來檢定單一母體的中位數$\tilde{\mu}$是否等於某一特定值$\tilde{\mu}_0$。假定自單一母體中隨機抽取樣本數為m的一組觀察值，若母體中位數為$\tilde{\mu}_0$，則該組觀察值以$\tilde{\mu}_0$平減後，剔除零的情形，得到正號的次數與得到負號的次數應相當。換言之，就m個觀察值$A_1, A_2, \cdots, A_m$，以$\tilde{\mu}_0$平減，即$(A_1-\tilde{\mu}_0), (A_2-\tilde{\mu}_0), \cdots, (A_m-\tilde{\mu}_0)$。剔除零的情形，正號與負號的總次數假設為$n$，其中正號的次數為$x_0$。如果該母體分配的中位數確實是$\tilde{\mu}_0$，則出現正號的機率應為0.5，所以檢定母體中位數是否為$\tilde{\mu}_0$亦即在檢定二項分配的母體參數p是否等於0.5，即虛無假設為：

$$H_0: p=0.5。$$

關於對立假設三種情形所代表的意義分別為：

(1)$H_1: p\neq 0.5$　表示觀察值的母體中位數$\tilde{\mu}\neq\tilde{\mu}_0$。

(2)$H_1: p>0.5$　表示觀察值的母體中位數$\tilde{\mu}>\tilde{\mu}_0$。

(3)$H_1: p<0.5$　表示觀察值的母體中位數$\tilde{\mu}<\tilde{\mu}_0$。

檢定程序

1.步驟一

綜上所述，不論是成對觀察值兩個母體分配的比較，或是單一母體中位數的檢定經過轉換後都是針對二項分配的母體參數p進行檢定。所以符號檢定程序的第一步是計算正號與負號的次數。

例1　10組成對觀察值資料為

A	10	6	8	9	9	7	8	9	7	6
B	9	9	8	7	6	4	9	10	4	8

計算(A_i-B_i)的符號，並將$(A_i-B_i=0)$的情形剔除，得到各

組成對資料所對應的符號如下：

A_i-B_i	1	−3	0	2	3	3	−1	−1	3	−2
符　號	+	−	剔除	+	+	+	−	−	+	−

於是 10 對資料中剔除第 3 對($A_3-B_3=0$)的情形，得到總實驗次數$n=9$，出現正號的次數$x_0=5$。因此檢定成對資料是否來自相同的分配，就是檢定二項分配中出現正號的機率是否爲0.5。

例 2　某校宣稱該校商管碩士(MBA)畢業生的月薪中位數爲52000 元。今隨機抽取 6 位畢業生月薪資料如下：

52500；72300；46900；51800；45000；50000

各觀察值以宣稱的中位數平減，得

$A_i-\tilde{\mu}_0$	500	20300	−5100	−200	−7000	−2000
符號	+	+	−	−	−	−

於是檢定該校商管碩士畢業生月薪中位數是否如其宣稱，成爲二項分配母體參數p是否爲0.5的檢定，其中總實驗次數爲6，出現正號的次數爲2。

2.步驟二

檢定程序的第二步爲：(1)小樣本時($n\leq 10$)，查二項分配表——附表 1。(2)大樣本時($n>10$)，查常態分配表——附表 3。根據查表值與顯著水準α來決定是否拒絕虛無假設。

(1)小樣本：$n \leq 10$

根據對立假設的不同分三種情形討論：

(A)雙尾檢定

虛無假設$H_0: p=0.5$,

對立假設$H_1: p \neq 0.5$。

就步驟一得到n、x_0以及虛無假設的$p=0.5$，查二項分配表找出$P(X \leq x_0)$及$P(X \geq x_0)$。若$P(X \leq x_0) < \alpha/2$或$P(X \geq x_0) < \alpha/2$則拒絕虛無假設。

(B)右尾檢定

虛無假設$H_0: p=0.5$,

對立假設$H_1: p > 0.5$。

就步驟一得到n、x_0以及虛無假設的$p=0.5$，查二項分配表找出$P(X \geq x_0)$。若$P(X \geq x_0) < \alpha$則拒絕虛無假設。

(C)左尾檢定

虛無假設$H_0: p=0.5$,

對立假設$H_1: p < 0.5$。

就步驟一得到n、x_0以及虛無假設的$p=0.5$，查二項分配表找出$P(X \leq x_0)$。若$P(X \leq x_0) < \alpha$則拒絕虛無假設。

(2)大樣本：$n > 10$

若虛無假設爲眞且$n \geq 10$，二項分配近似常態分配，即X近似的服從

$$N[np, np(1-p)]$$

亦即　$N(0.5n, 0.25n)$

於是建立Z統計量

$$Z = \frac{x_0 - 0.5n}{0.5\sqrt{n}}$$

由於Z服從標準常態分配，因此可根據附表 3 的常態分配表及對立假設來進行檢定。

(A)雙尾檢定

虛無假設H_0:$p=0.5$,

對立假設H_1:$p\neq 0.5$。

由n及x_0計算Z統計量值Z_0。若$Z_0<-Z_{\alpha/2}$或$Z_0>Z_{\alpha/2}$則拒絕虛無假設。

(B)右尾檢定

虛無假設H_0:$p=0.5$,

對立假設H_1:$p>0.5$。

由n及x_0計算Z統計量值Z_0。若$Z_0>Z_\alpha$則拒絕虛無假設。

(C)左尾檢定

虛無假設H_0:$p=0.5$,

對立假設H_1:$p<0.5$。

由n及x_0計算Z統計量值Z_0。若$Z_0<-Z_\alpha$則拒絕虛無假設。

例 3 續例 1 資料，欲檢定A、B兩組資料的母體分配是否相同。根據題意及例 1 結果知道，在$n=9$, $x_0=5$下檢定虛無假設H_0:$p=0.5$與對立假設H_1:$p\neq 0.5$，故採小樣本雙尾檢定。查二項分配表，得到$P(X\leq 5)=0.746$, $P(X\geq 5)=0.5$。在顯著水準$\alpha=5\%$下，因為$P(X\leq 5)>0.025$且$P(X\geq 5)>0.025$，所以不拒絕虛無假設，即A、B兩組資料的母體分配是相同的。

例 4　續例 2，在顯著水準$\alpha=5\%$下，欲檢定該校商管碩士畢業生月薪中位數是否如其宣稱。由例 2，知道$n=6, x_0=2$。採小樣本雙尾檢定，查二項分配表，得到$P(X\leq 2)=0.344$, $P(X\geq 2)=0.891$，二者皆大於$\alpha/2=0.025$。所以，不拒絕虛無假設，即不拒絕該校之宣稱。

例 5　某化粧品公司，隨機訪問十二位消費者對兩種品牌保養乳液A、B給予評分(最高 10 分，最低 1 分)。評分結果列於表 18-1。

表 18-1　化粧品評分表

消費者	品牌A	品牌B	$(A-B)$的符號
1	3	8	$-$
2	7	5	$+$
3	6	5	$+$
4	5	4	$+$
5	3	6	$-$
6	8	7	$+$
7	9	6	$+$
8	9	7	$+$
9	8	7	$+$
10	9	7	$+$
11	7	4	$+$
12	6	5	$+$

欲檢定$\alpha=5\%$下，消費者對品牌A之偏好是否較高。

解：

依題意虛無假設H_0：消費者對品牌A、B的偏好沒有差異；對立假設H_1：消費者對品牌A有較高偏好。亦即檢定虛無假設H_0:$p=0.5$，對立假設H_1:$p>0.5$。

由$(A-B)$的符號得知正號$x_0=10$，總實驗次數$n=12$，故採大樣本右尾檢定。依據x_0計算Z_0得

$$Z_0=\frac{x_0-0.5n}{0.5\sqrt{n}}=\frac{10-0.5\times 12}{0.5\sqrt{12}}=2.309$$

因為$Z_{0.05}=1.645$，所以$Z_0>Z_{0.05}$，因此拒絕虛無假設，即消費者對品牌A有較高偏好。

第二節　曼—惠內U檢定

曼—惠內U檢定(Mann-Whitney U Test)是用以比較兩組獨立樣本是否有相同的母體分配，也可用以比較兩組獨立樣本的母體平均數或中位數是否相等。

因此曼—惠內U檢定的虛無假設有三種情形：

(1)兩組樣本有相同的母體分配。

(2)兩組樣本有相同的母體平均數($\mu_1=\mu_2$)。

(3)兩組樣本有相同的母體中位數($\tilde{\mu}_1=\tilde{\mu}_2$)。

以上三種情形都有相同的檢定程序。

檢定程序

假定兩組獨立隨機樣本的樣本數分別為n_1及n_2。

1. 步驟一

檢定程序的第一步是將兩組樣本混合後依由小到大的順序排列並標

示其等級。

例 6　甲、乙兩組獨立樣本，其樣本數分別爲 $n_1=3$, $n_2=4$，而各樣本之觀察值爲：

甲樣本	15	23	9	
乙樣本	14	20	11	27

依照程序，將兩組樣本混合後由小到大排序並標示等級如下：

排序	9	11	14	15	20	23	27
等級	1	2	3	4	5	6	7

因此，甲、乙兩組樣本觀察值及其對應的等級爲：

甲樣本	15(4)	23(6)	9(1)	
乙樣本	14(3)	20(5)	11(2)	27(7)

若兩組樣本混合後，在由小到大排序的過程中發現有兩個或兩個以上的觀察值相等時，此種情形稱爲**平(Tie)**。平的處理方式是將這些相等觀察值所對應的等級平均後，以平均等級來表示這些相等的觀察值所對應的等級。

例 7　甲、乙兩組獨立樣本，各觀察值爲：

甲樣本	12	15	22	
乙樣本	18	12	20	14

依照檢定程序的第一步，將兩組樣本混合後由小到大排序並標示等級如下：

排序	12	12	14	15	18	20	22
等級	1	2	3	4	5	6	7

但根據平的處理原則，將兩個相等觀察值 12 所對應的等級 1、2 平均後，以平均等級 1.5 來表示這兩個相等觀察值所對應的等級，於是正確的排序與等級爲：

排序	12	12	14	15	18	20	22
等級	1.5	1.5	3	4	5	6	7

因此，甲、乙兩組樣本觀察值及其對應的等級爲：

甲樣本	12(1.5)	15(4)	22(7)	
乙樣本	18(5)	12(1.5)	20(6)	14(3)

2.步驟二

檢定程序的第二步是計算曼—惠內U統計量。令R_1及R_2分別代表甲、乙兩組樣本的等級和，則根據**曼—惠內U統計量(Mann-Whitney U Statistic)**公式

$$U_1 = n_1 n_2 + \frac{n_1(n_1+1)}{2} - R_1$$

$$U_2 = n_1 n_2 + \frac{n_2(n_2+1)}{2} - R_2$$

可計算得到U統計量值。

例 8　續例 6，甲、乙兩組樣本觀察值及其對應的等級爲：

甲樣本	15(4)	23(6)	9(1)	
乙樣本	14(3)	20(5)	11(2)	27(7)

於是甲、乙兩組樣本的樣本數及等級和分別爲：

$$n_1=3,\ R_1=4+6+1=11$$

$$n_2=4,\ R_2=3+5+2+7=17$$

由曼—惠內U統計量公式，可計算得到U統計量值：

$$U_1=3\times4+\frac{3\times(3+1)}{2}-11=7$$

$$U_2=3\times4+\frac{4\times(4+1)}{2}-17=5$$

3. 步驟三

檢定程序的第三步爲：(1)小樣本時($n_1\leq10,\ n_2\leq10$)，查U統計量分配表——附表 7 。(2)大樣本時($n_1>10, n_2>10$)，查常態分配表——附表 3 。根據查表值與顯著水準α來決定是否拒絕虛無假設。

(1)小樣本：$n_1\leq10,\ n_2\leq10$

根據對立假設的不同分三種情形討論：

(A)雙尾檢定

虛無假設H_0：兩組樣本有相同的母體分配。

對立假設H_1：兩組樣本的母體分配不同。

就曼—惠內U統計量公式計算得到的U_1與U_2中選取較小的U統計量值(令爲u_0)。根據$n_1,\ n_2$及u_0，查U統計量分配表，找出$P(U\leq u_0)$的機率。若$P(U\leq u_0)<\alpha/2$，則拒絕虛無假設。

(B)單尾檢定

虛無假設H_0：兩組樣本有相同的母體分配。

對立假設H_1：甲樣本的母體分配在乙樣本的母體分配的右邊。就曼一惠內U統計量公式計算得到的U_1統計量值(令其爲u_0)。根據n_1, n_2及u_0，查U統計量分配表，找出機率$P(U\leq u_0)$。若$P(U\leq u_0)<\alpha$則拒絕虛無假設。

(C)單尾檢定

虛無假設H_0：兩組樣本有相同的母體分配。

對立假設H_1：乙樣本的母體分配在甲樣本母體分配的右邊。就曼一惠內U統計量公式計算得到的U_2統計量值(令其爲u_0)。根據n_1, n_2及u_0，查U統計量分配表，找出機率$P(U\leq u_0)$。若$P(U\leq u_0)<\alpha$則拒絕虛無假設。

例 9 續例 8，甲、乙兩組樣本的樣本數及U統計量值分別爲$n_1=3$, $U_1=7$, $n_2=4$, $U_2=5$。今欲在顯著水準$\alpha=5\%$下，檢定虛無假設H_0：甲、乙兩組樣本有相同的母體分配，對立假設H_1：甲、乙兩組樣本的母體分配不同。

由對立假設H_1，知道這是雙尾檢定的問題。於是就U統計量值$U_1=7$與$U_2=5$中選取較小的U值，令其爲$u_0=5$。根據$n_1=3$, $n_2=4$及$u_0=5$，查U統計量分配表(附表 7)，得到$P(U\leq 5)=0.4286$。由於機率值超過$\alpha/2=0.025$，於是不拒絕虛無假設，即根據樣本資料，暫時接受甲、乙兩組樣本有相同母體分配的假設。

(2)大樣本：$n_1>10$, $n_2>10$

在虛無假設爲眞，且$n_1>10$, $n_2>10$時，U統計量近似於常態分配，即

$$U\text{近似的服從}N\left(\frac{n_1n_2}{2}, \frac{n_1n_2(n_1+n_2+1)}{12}\right)$$

於是建立Z統計量公式

$$Z=\frac{U-(n_1n_2/2)}{\sqrt{n_1n_2(n_1+n_2+1)/12}}$$

由於Z服從標準常態分配，因此可根據附表 3 的常態分配表及對立假設來進行檢定。

(A)雙尾檢定

虛無假設H_0：兩組樣本有相同的母體分配。

對立假設H_1：兩組樣本的母體分配不同。

就曼一惠內U統計量公式計算得到的U_1與U_2中選取任意一個U統計量值(令爲u_0)。將u_0代入Z統計量公式得到Z_0，若$|Z_0|>Z_{\alpha/2}$則拒絕虛無假設。

(B)單尾檢定

虛無假設H_0：兩組樣本有相同的母體分配。

對立假設H_1：甲樣本的母體分配在乙樣本的母體分配的右邊。

就曼一惠內U統計量公式計算得到的U_1統計量值(令其爲u_0)。將u_0代入Z統計量公式得到Z_0，若$Z_0<-Z_\alpha$則拒絕虛無假設。

(C)單尾檢定

虛無假設H_0：兩組樣本有相同的母體分配。

對立假設H_1：乙樣本的母體分配在甲樣本的母體分配的右邊。

就曼一惠內U統計量公式計算得到的U_2統計量值(令其爲u_0)。將u_0代入Z統計量公式得到Z_0，若$Z_0<-Z_\alpha$則拒絕虛無假設。

例 10 某大學社團調查男女同學對國際政經情勢瞭解的程度，分別對 12 位男同學、15 位女同學進行測驗，得到的測驗成績爲：

男同學成績

75	64	82	91	55	74	80	77
88	69	80	78				

女同學成績

82	66	65	89	92	56	68	73
76	86	53	90	60	71	78	

在顯著水準$\alpha=5\%$下，檢定男女同學對國際政經情勢瞭解的程度是否相同。

解：

由於$n_1=12$, $n_2=15$，所以是大樣本曼—惠內U檢定，根據題意採雙尾檢定。虛無假設爲H_0：男女同學對國際政經情勢瞭解的程度相同。對立假設爲H_1：男女同學對國際政經情勢瞭解的程度不相同。將男女同學成績混合後排序的等級爲

男同學成績等級

13	5	20.5	26	2	12	18.5	15
23	9	18.5	16.5				

女同學成績等級

20.5	7	6	24	27	3	8	11
14	22	1	25	4	10	16.5	

所以男同學成績的等級和

$$R_1=13+5+20.5+26+2+12+18.5+15$$
$$+23+9+18.5+16.5$$

$=179$

女同學成績的等級和

$$R_2=20.5+7+6+24+27+3+8+11+14$$
$$+22+1+25+4+10+16.5$$
$$=199$$

根據U統計量公式求得

$$U_1=12\times15+\frac{12\times(12+1)}{2}-179$$
$$=79$$
$$U_2=12\times15+\frac{15\times(15+1)}{2}-199$$
$$=101$$

選取較小的U統計量值，令$u_0=79$代入Z統計量公式得到

$$Z_0=\frac{79-12\times15/2}{\sqrt{12\times15\times(12+15+1)/12}}=-0.54$$

由於$|Z_0|<Z_{0.5/2}=1.96$，所以不拒絕虛無假設，即男女同學對國際政經情勢的瞭解程度相同。

第三節　克拉斯卡一瓦立斯檢定

克拉斯卡一瓦立斯檢定(Kruskal-Wallis Test)是用以比較二個以上獨立隨機樣本的母體分配是否相同的檢定。當多個獨立隨機樣本的母體分配都是常態分配時，欲檢定母體平均數是否相等，可以使用變異數分析的F檢定來完成。但當母體不是常態分配，或樣本並非連續資料時，變異數分析的F檢定不再適用，此時應使用克拉斯卡一瓦立斯檢定。

克拉斯卡一瓦立斯檢定的虛無假設有下列三種形式：

(1)m組樣本有相同的母體分配。

(2)m組樣本有相同的母體平均數($\mu_1=\mu_2=\cdots=\mu_m$)

(3)m組樣本有相同的母體中位數($\tilde{\mu}_1=\tilde{\mu}_2=\cdots=\tilde{\mu}_m$)

檢定程序

1.步驟一

假定m組獨立隨機樣本的樣本數為$n_1, n_2, \cdots, n_m$。檢定程序的第一步是將m組樣本混合後依由小到大的順序排列並標示其等級。當觀察值相等時，此種平的處理方式與曼—惠內U檢定所述相同，是將這些相等觀察值所對應的等級平均後，以平均等級來標示這些相等觀察值所對應的等級。

2.步驟二

檢定程序的第二步是計算克拉斯卡—瓦立斯統計量，簡稱K統計量。令$R_1, R_2, \cdots, R_m$代表m組樣本的等級和，總樣本數$n=n_1+n_2+\cdots+n_m$，則K統計量公式為：

$$K=\frac{12}{n(n+1)}\sum_{j=1}^{m}\frac{R_j^2}{n_j}-3(n+1)$$

3.步驟三

當虛無假設為真，且各組樣本數$n_j\geq 5$，則K統計量近似的服從自由度為$(m-1)$的卡方分配。因此檢定程序的第三步是依據顯著水準α及自由度$(m-1)$，查卡方分配表(附表5)找出臨界值$x^2_\alpha(m-1)$。若統計量值$K>x^2_\alpha(m-1)$則拒絕虛無假設。

例11 某科技產品經銷商調查本省北、中、南及東部四經銷據點的客戶滿意程度。經隨機抽樣得到下列評分表：

北部	中部	南部	東部
8.5	9.5	5.5	3.5
7.3	8.2	4.9	7.1
9.2	8.7	7.5	4.8
6.4	9.0	8.2	5.0
5.9	8.8	6.4	5.2
7.0		6.2	
7.1			

在顯著水準$\alpha=5\%$下，四個經銷據點的客戶滿意程度是否有差異。

解：

依題意，$m=4$, $n_1=7$, $n_2=5$, $n_3=6$, n_4-5, $n=23$，虛無假設爲

H_0：四個經銷據點的客戶滿意程度相同。

對立假設爲

H_1：四個經銷據點的客戶滿意程度不同。

根據檢定程序步驟一，將四組樣本混合後排序的等級爲：

北部	中部	南部	東部
18	23	6	1
14	16.5	3	12.5
22	19	15	2
9.5	21	16.5	4
7	20	9.5	5
11		8	
12.5			

所以各組樣本的等級和$R_1=94$, $R_2=99.5$, $R_3=58$, $R_4=24.5$。依據步驟二計算K統計量：

$$K=\frac{12}{23\times 24}\left(\frac{94^2}{7}+\frac{99.5^2}{5}+\frac{58^2}{6}+\frac{24.5^2}{5}\right)-3\times(23+1)$$

$$=13.28375$$

在顯著水準$\alpha=0.05$，自由度$(m-1)=3$，查卡方分配表知道臨界值$\chi^2_{0.05}(3)=7.81473$。由於K統計量值大於臨界值$(13.28375>7.81473)$，所以拒絕虛無假設，即四個經銷據點的客戶滿意程度不同。

第四節　威爾克森符號等級檢定

威爾克森符號等級檢定(Wilcoxon Signed-Rank Test)是用來比較成對觀察值的兩個母體分配是否相同。由於符號檢定僅使用成對觀察值差的符號，沒有將差的大小列入考慮。因此，在資訊的掌握較不夠。威爾克森符號等級檢定，不但將成對資料值差的符號列入考量，也將差的大小計入。因此，就資訊使用的觀點而言，威爾克森符號等級檢定使用的資訊較多。

假定有m對成對觀察值資料(A_1,B_1), (A_2,B_2), $\cdots$, (A_m,B_m)，欲檢定A_i的母體分配與B_i的母體分配是否相同，於是虛無假設爲

H_0：兩組樣本有相同的母體分配

至於對立假設則有三種可能情形：

(1)雙尾檢定

H_1：兩組樣本的母體分配不同；

(2)單尾檢定

H_1：A_i的母體分配在B_i母體分配的右邊；

(3)單尾檢定

H_1：B_i的母體分配在A_i母體分配的右邊。

檢定程序

1. 步驟一

檢定程序的第一步是計算(A_i-B_i)，並將$(A_i-B_i=0)$的情形剔除。就(A_i-B_i)取絕對值，由小到大排序後賦予等級。令R^+爲所有(A_i-B_i)爲正數的等級和，R^-爲所有(A_i-B_i)爲負數的等級和。

如果兩組樣本有相同的母體分配，則R^+與R^-在理論上應相等。假定(A_i-B_i)爲正數或負數的個數和爲n，所以全部等級的和爲$R^++R^-=\frac{n(n+1)}{2}$。

例 12　某公司員工旅遊福利委員會委託旅行社代爲規劃新春旅遊計畫。旅行社提出A、B兩種方案供福利委員會全體參考，委員會決定由全體員工中隨機抽取 9 位員工；針對A、B兩案給予偏好評分(0 分表示最不喜歡，10 分表示最喜歡)。調查結果如下：

A案	8	7	6	9	5	6	7	6	5
B案	6	9	7	10	8	3	2	7	6

依照檢定程序步驟一，計算(A_i-B_i)，並取絕對值，分別計算正數等級和R^+及負數等級和R^-如下表：

A_i	B_i	A_i-B_i	$\lvert A_i-B_i\rvert$	等級	正數等級	負數等級
8	6	2	2	5.5	5.5	
7	9	-2	2	5.5		5.5
6	7	-1	1	2.5		2.5
9	10	-1	1	2.5		2.5
5	8	-3	3	7.5		7.5
6	3	3	3	7.5	7.5	
7	2	5	5	9	9	
6	7	-1	1	2.5		2.5
5	6	-1	1	2.5		2.5
					$R^+=22$	$R^-=23$

所以，$R^+=22, R^-=23$。同時，R^++R^-表示正數與負數的等級和，由於$n=9$，所以$R^++R^-=45$。

2. 步驟二

檢定程序的第二步是(1)小樣本時($n<25$)，查等級和表——附表 8 。(2)大樣本時($n\geq 25$)，查常態分配表——附表 3 。根據顯著水準α與查表值來決定是否拒絕虛無假設。

(1)小樣本：$n<25$

根據對立假設的不同分三種情形討論：

(A)雙尾檢定

虛無假設H_0：兩組樣本有相同的母體分配。

對立假設H_1：兩組樣本的母體分配不同。

就R^+與R^-二者，選取較小的值，令其爲R_0。根據n及$\alpha/2$，查表得到臨界值$R_{\alpha/2}$，若$R_0\leq R_{\alpha/2}$則拒絕虛無假設。

(B)單尾檢定

虛無假設H_0：兩組樣本有相同的母體分配。

對立假設H_1：A_i的母體分配在B_i母體分配的右邊。

令$R_0=R^-$。根據n及α，查表得到臨界值R_α，若$R_0\leq R_\alpha$，則拒絕虛無假設。

(C)單尾假設

虛無假設H_0：兩組樣本有相同的母體分配。

對立假設H_1：B_i的母體分配在A_i母體分配的右邊。

令$R_0=R^+$。根據n及α，查表得到臨界值R_α，若$R_0\leq R_\alpha$，則拒絕虛無假設。

(2)大樣本：$n\geq 25$

在虛無假設為眞且$n\geq 25$時，R統計量近似的服從常態分配，即R近似的服從

$$N\left(\frac{n(n+1)}{4}, \frac{n(n+1)(2n+1)}{24}\right)$$

於是建立Z統計量公式

$$Z=\frac{R-\frac{n(n+1)}{4}}{\sqrt{\frac{n(n+1)(2n+1)}{24}}}$$

由於Z服從標準常態分配，因此可根據附表 3 的常態分配表及對立假設來進行檢定。

(A)雙尾檢定

虛無假設H_0：兩組樣本有相同的母體分配。

對立假設H_1：兩組樣本的母體分配不同。

就R^+與R^-選取其中之一，令其爲R_0，將R_0代入Z統計量公式得到Z_0，若$|Z_0|\geq Z_{\alpha/2}$則拒絕虛無假設。

(B)單尾檢定

虛無假設H_0：兩組樣本有相同的母體分配。

對立假設H_1：A_i的母體分配在B_i母體分配的右邊。

令$R_0=R^+$，將R_0代入Z統計量公式得到Z_0。若$Z_0 \geq Z_\alpha$則拒絕虛無假設。

(C)單尾檢定

虛無假設H_0：兩組樣本有相同的母體分配。

對立假設H_1：B_i的母體分配在A_i母體分配的右邊。

令$R_0=R^-$，將R_0代入Z統計量公式得到Z_0，若$Z_0 \geq Z_\alpha$則拒絕虛無假設。

例 13 續例 12，$n=9$, $R^+=22$, $R^-=23$，在顯著水準$\alpha=0.05$下，檢定員工對A、B兩旅遊方案喜好程度是否相同。

解：

依題意採小樣本雙尾檢定

虛無假設H_0：員工對A、B兩旅遊方案喜好相同。

對立假設H_1：員工對A、B兩旅遊方案喜好不同。

就$R^+=22$與$R^-=23$，選取較小的值，令其爲$R_0=22$。根據$n=9$及$\alpha/2=0.025$，查表得到臨界值$R_{0.025}=6$。因爲$R_0=22>R_{0.025}=6$，所以不拒絕虛無假設，即員工對A、B兩旅遊方案的喜好相同。

例 14

就A、B兩種大學入學甄選方案，隨機抽訪 30 位高中教師，分別對A、B兩案給予評分(以 0-9 計分，分數愈高表愈支持)。經計算與排序過程得到所有(A_i-B_i)爲正數等級和R^+

$=335$，所有(A_i-B_i)爲負數等級和$R^-=130$，在顯著水準$\alpha=0.05$下，檢定A方案是否較受到高中教師的青睞。

解：

依題意採大樣本單尾檢定

虛無假設H_0：A、B兩種方案受到相同的支持。

對立假設H_1：A方案較B方案受到支持。

令$R_0=R^+=335$，代入Z統計量公式得到

$$Z_0=\frac{335-\frac{30(30+1)}{4}}{\sqrt{\frac{30(30+1)(2\times30+1)}{24}}}=2.108$$

根據常態分配表$Z_{0.05}=1.645$，因爲$Z_0=2.108>Z_{0.05}=1.645$，所以拒絕虛無假設，即A方案較受到高中教師的青睞。

第五節　連段檢定

連段檢定可用來檢定一系列的觀察值是否是隨機的。在進一步解釋連段檢定之前，先介紹**連段(Run)**的意義。由一系列相同事物所組成者稱爲一個連段，例如：由A、B兩種屬性組成的一系列六個觀察值：

$$\underset{1}{A}\ \ \underset{2}{\underbrace{B\ B}}\ \ \underset{3}{\underbrace{A\ A}}\ \ \underset{4}{B}$$

第一個連段僅包含一個A；第二個連段包含兩個B；第三個連段包含兩個A；第四個連段包含一個B。因此該系列有 4 個連段，以$R=4$表示。同理可知系列：

$$A\ A\ A\ A\ B\ B\ B\ B\ B$$

的連段數$R=2$。

如果分屬兩個屬性A、B的一系列觀察值是隨機的，則連段數R不會太多也不會太少，也就是說A、B兩種屬性的觀察值不能按某種特殊型態出現。例如：系列

$$A\ B\ A\ B\ A\ B\ A\ B\ A\ B\ A\ B$$

是以A、B兩者交錯出現的型態所構成，連段數$R=12$，顯然不是隨機的。

根據連段數R可以檢定一系列的觀察值是否是隨機的，因此虛無假設爲

H_0：系列觀察值是隨機的。

對立假設爲

H_1：系列觀察值是非隨機的。

由於連段數太多或太少都代表系列觀察值是非隨機的，因此採雙尾檢定。

令一系列觀察值中，屬性A的觀察值個數有n_1個，屬性B的觀察值個數有n_2個。至於連段數爲R。在$n_1\leq 10$，且$n_2\leq 10$時，採小樣本雙尾檢定；當$n_1>10$且$n_2>10$時，採大樣本雙尾檢定。

(1)小樣本檢定($n_1\leq 10$, $n_2\leq 10$)

以連段數R爲統計量。令R_0爲所觀察到的連段數。根據n_1, n_2及R_0查附表 9 ——連段數機率分配表找出$P(R\geq R_0)$及$P(R\leq R_0)$。在顯著水準α下，若$P(R\geq R_0)<\alpha/2$或$P(R\leq R_0)<\alpha/2$則拒絕虛無假設。

(2)大樣本檢定($n_1>10$, $n_2>10$)

在虛無假設爲眞且$n_1>10$, $n_2>10$時，R統計量近似的服從常態分配，即R近似的服從

$$N\left(\frac{2n_1n_2}{n_1+n_2}+1,\ \frac{2n_1n_2(2n_1n_2-n_1-n_2)}{(n_1+n_2)^2(n_1+n_2-1)}\right)$$

於是建立Z統計量公式

$$Z=\frac{R-\left(\frac{2n_1n_2}{n_1+n_2}+1\right)}{\sqrt{\frac{2n_1n_2(2n_1n_2-n_1-n_2)}{(n_1+n_2)^2(n_1+n_2-1)}}}$$

由於Z服從標準常態分配，因此可根據附表 3 的常態分配表來進行雙尾檢定。

將所觀察到的連段數R_0代入Z統計量公式得到Z_0，在顯著水準α下，若$Z_0<-Z_{\alpha/2}$或$Z_0>Z_{\alpha/2}$則拒絕虛無假設。

例 15　分別就下列三個系列：

系列 1：　$A\ B\ B\ A\ A\ B$

系列 2：　$A\ A\ A\ A\ B\ B\ B\ B\ B$

系列 3：　$A\ B\ A\ B\ A\ B\ A\ B\ A\ B\ A\ B$

進行隨機性檢定。令顯著水準$\alpha=5\%$。

解：

在系列 1 中，$n_1=3$, $n_2=3$, $R_0=4$，採小樣本雙尾檢定。查附表 9，得到

$$P(R\geq 4)=0.7,\ P(R\leq 4)=0.7$$

因爲$P(R\geq 4)=0.7>0.025$且$P(R\leq 4)=0.7>0.025$，所以不拒絕虛無假設，即系列 1 觀察值是隨機的。

在系列 2 中，$n_1=4$, $n_2=5$, $R_0=2$，採小樣本雙尾檢定。查附表 9，得到

$$P(R\geq 2)=1,\ P(R\leq 2)=0.016$$

因爲$P(R\leq 2)=0.016<0.025$，所以拒絕虛無假設，即系列 2 的觀察值是非隨機的。

在系列 3 中，$n_1=6$, $n_2=6$, $R_0=12$，採小樣本雙尾檢定。查

附表 9，得到

$$P(R \geq 12) = 0.002,\ P(R \leq 12) = 1$$

因爲$P(R \geq 12) = 0.002 < 0.025$，所以拒絕虛無假設，即系列 3 的觀察值是非隨機的。

例 16 某產品製造商宣稱其產品重量爲 6±0.2 盎司，今就其生產線實際測得連續 30 個產品的重量，經扣除 6 盎司後的資料如下：

0.03	0.17	-0.15	-0.12	0.07	0.08
0.13	-0.03	0.11	0.10	-0.19	0.05
0.09	0.12	-0.12	0.13	0.15	-0.02
0.14	-0.11	0.16	-0.15	-0.07	0.16
0.01	-0.18	0.05	-0.09	-0.19	0.08

在顯著水準$\alpha = 0.05$下，檢定該系列的產品重量誤差是否是隨機的。

解：

依題意，產品重量的誤差爲正數者，以屬性A表示，誤差爲負數者以B表示。於是檢定連續 30 個產品重量誤差是否是隨機的，亦即檢定下列系列觀察值

$$\underbrace{A\,A}_{1}\ \underbrace{B\,B}_{2}\ \underbrace{A\,A\,A}_{3}\ \underbrace{B}_{4}\ \underbrace{A\,A}_{5}\ \underbrace{B}_{6}\ \underbrace{A\,A\,A}_{7}\ \underbrace{B}_{8}\ \underbrace{A\,A}_{9}\ \underbrace{B}_{10}\ \underbrace{A}_{11}$$

$$\underbrace{B}_{12}\ \underbrace{A}_{13}\ \underbrace{B\,B}_{14}\ \underbrace{A\,A}_{15}\ \underbrace{B}_{16}\ \underbrace{A}_{17}\ \underbrace{B\,B}_{18}\ \underbrace{A}_{19}$$

是否是隨機的。

由系列知道，$n_1=18, n_2=12, R_0=19$，採大樣本雙尾檢定。

先計算常態母體平均數

$$\frac{2n_1n_2}{n_1+n_2}+1=\frac{2\times18\times12}{18+12}+1=15.4$$

及常態母體變異數

$$\frac{2n_1n_2(2n_1n_2-n_1-n_2)}{(n_1+n_2)^2(n_1+n_2-1)}=\frac{2\times18\times12\times(2\times18\times12-18-12)}{(18+12)^2(18+12-1)}$$

$$=6.6538$$

於是

$$Z_0=\frac{19-15.4}{\sqrt{6.6538}}=1.3956$$

在顯著水準$\alpha=0.05$下，$Z_{0.025}=1.96$。因爲

$$Z_0=1.3956<Z_{0.025}=1.96$$

所以不拒絕虛無假設，即產品重量誤差是隨機的。

第六節　史丕曼等級相關係數檢定

當兩組變數的觀察值是等級的觀察值時，計算樣本等級相關係數的公式與第十五章所討論的相關係數公式相同。令x_i與y_i分別代表樣本數爲n的第i對成對的等級觀察值，則樣本等級相關係數公式爲

$$r=\frac{\sum_{i=1}^{n}(x_i-\bar{x})(y_i-\bar{y})}{\sqrt{\sum_{i=1}^{n}(x_i-\bar{x})^2\sum_{i=1}^{n}(y_i-\bar{y})^2}}$$

例 17　兩位評審委員分別對 10 位受測者給予評等，有關資料如下：

受測者

		1	2	3	4	5	6	7	8	9	10
評審員	A	4	8	3	7	6	5	1	9	10	2
	B	5	6	3	8	4	7	2	10	9	1

就上述資料，計算等級相關係數。

解：

根據樣本等級相關係數公式，完成下表。

x_i	y_i	$(x_i-\bar{x})$	$(y_i-\bar{y})$	$(x_i-\bar{x})^2$	$(y_i-\bar{y})^2$	$(x_i-\bar{x})(y_i-\bar{y})$
4	5	-1.5	−0.5	2.25	0.25	0.75
8	6	2.5	0.5	6.25	0.25	1.25
3	3	-2.5	−2.5	6.25	6.25	6.25
7	8	1.5	2.5	2.25	6.25	3.75
6	4	0.5	-1.5	0.25	2.25	0.75
5	7	-0.5	1.5	0.25	2.25	0.75
1	2	-4.5	−3.5	20.25	12.25	15.75
9	10	3.5	4.5	12.25	20.25	15.75
10	9	4.5	3.5	20.25	12.25	15.75
2	1	-3.5	-4.5	12.25	20.25	15.75
				$\sum_{i=1}^{10}(x_i-\bar{x})^2=82.5$	$\sum_{i=1}^{10}(y_i-\bar{y})^2=82.5$	$\sum_{i=1}^{10}(x_i-\bar{x})(y_i-\bar{y})=76.5$

於是樣本等級相關係數爲

$$r=\frac{76.5}{82.5}=0.8909091$$

事實上，當等級成對資料沒有平(Tie)的等級時，也可使用下列等級相關公式來計算等級相關係數。

$$r=1-\frac{6\sum_{i=1}^{n}d_i^2}{n(n^2-1)}$$

其中$d_i=x_i-y_i$。用這個公式所求得的答案與用第十五章的相關係數公式所求得的相同。

例 18　根據例 17 的資料，計算

$d_i=-1, 2, 0, -1, 2, -2, -1, -1, 1, 1$

於是$\sum_{i=1}^{10} d_i^2=18$，代入

$$r=1-\frac{6\times 18}{10(10^2-1)}$$

$$=0.8909091$$

因此，只要x_i與y_i各自的等級內沒有平的情形，可以使用計算較簡便的第二個公式。

根據等級相關係數公式計算得到的相關係數r值的可能範圍爲$-1\leq r\leq +1$。當$r=+1$表示完全正直線相關，$r=-1$表示完全負直線相關，$r=0$表示無直線相關。等級相關係數與一般的相關係數比較，前者不受**極端值(Extreme Values)**影響，是其優點。

由樣本等級相關係數，可以對母體等級相關係數進行檢定。換言之，等級相關檢定是用來檢定兩組等級變數之間是否有直線相關。因此，等級相關檢定的虛無假設

H_0：母體等級相關係數$\rho=0$

對立假設有三種可能情形

(1)$H_1:\rho\neq 0$；

(2)$H_1:\rho>0$；

(3)$H_1:\rho<0$。

檢定程序

由樣本資料計算得到樣本等級相關係數r後，再根據樣本數n及顯著水準α，在(1)小樣本($n<30$)時，查史丕曼等級相關係數分配表——附表10。(2)大樣本($n\geq 30$)時，查t分配表——附表4。令計算值$r_0=r$，根據查表值與計算值來決定是否拒絕虛無假設。

(1)小樣本：$n<30$

根據對立假設的不同分三種情形討論：

(A)雙尾檢定

虛無假設$H_0:\rho=0$,

對立假設$H_1:\rho\neq 0$。

由樣本數n及顯著水準α，查等級相關係數分配表找出臨界值$r_{\alpha/2}$，若$r_0<-r_{\alpha/2}$或$r_0>r_{\alpha/2}$則拒絕虛無假設。

(B)右尾檢定

虛無假設$H_0:\rho=0$,

對立假設$H_1:\rho>0$。

由樣本數n及顯著水準α，查等級相關係數分配表找出臨界值r_α，若$r_0>r_\alpha$則拒絕虛無假設。

(C)左尾檢定

虛無假設$H_0:\rho=0$,

對立假設$H_1:\rho<0$。

由樣本數n及顯著水準α，查等級相關係數分配表找出臨界值r_α，若$r_0<-r_\alpha$，則拒絕虛無假設。

(2)大樣本：$n\geq 30$

當虛無假設H_0爲眞且樣本數$n\geq 30$，可以建立t統計量公式

$$t=\frac{r\sqrt{n-2}}{\sqrt{1-r^2}}$$

由於t統計量服從自由度爲$n-2$的t分配，因此可根據附表 4 的t分配及對立假設來進行檢定。事實上，若樣本數n很大時(例如$n\geq 100$)，則等級相關係數r近似服從常態分配，即

$$r \dot{\sim} N\left(0,\frac{1}{n-1}\right)$$

故亦可建立Z統計量公式

$$Z=r\sqrt{n-1}$$

並可依據標準常態分配來進行檢定。

根據對立假設的不同分三種情形討論：

(A)雙尾檢定

虛無假設$H_0:\rho=0$,

對立假設$H_1:\rho\neq 0$。

將計算值r_0代入大統計量公式得到t_0。根據樣本數n及顯著水準α，查自由度爲$(n-2)$的t分配表得到查表值$t_{\alpha/2}(n-2)$。若$t_0<-t_{\alpha/2}(n-2)$或$t_0>t_{\alpha/2}(n-2)$則拒絕虛無假設。

若將計算值r_0代入Z統計量公式則可得到Z_0。根據顯著水準α，查常態分配表找出查表值$Z_{\alpha/2}$，若$Z_0<-Z_{\alpha/2}$或$Z_0>Z_{\alpha/2}$，則拒絕虛無假設。

(B)右尾檢定

虛無假設$H_0:\rho=0$,

對立假設$H_1:\rho>0$。

將計算值r_0代入t統計量公式得到t_0。根據樣本數n及顯著水準α，查自由度爲$(n-2)$的t分配表得到查表值$t_\alpha(n-2)$。若$t_0>t_\alpha(n-2)$則拒絕虛無假設。

若將計算值r_0代入Z統計量公式則可得到Z_0。根據顯著水準α，查常態分配表找出查表值Z_α，若$Z_0 > Z_\alpha$則拒絕虛無假設。

(C)左尾檢定

虛無假設$H_0:\rho=0$，

對立假設$H_1:\rho>0$。

將計算值r_0代入t統計量公式得到t_0。根據樣本數n及顯著水準α，查自由度爲$(n-2)$的t分配表得到查表值$t_\alpha(n-2)$。若$t_0 < -t_\alpha(n-2)$則拒絕虛無假設。

若將計算值r_0代入Z統計量公式則可得到Z_0。根據顯著水準α，查常態分配表找出查表值Z_α，若$Z_0 < -Z_\alpha$則拒絕虛無假設。

例 19 續例17資料，樣本數$n=10$，樣本等級相關係數$r=0.8909091$。在顯著水準$\alpha=0.05$下，兩位評審委員給予受測者的評等是否有正相關。

解：

依題意採小樣本右尾檢定，虛無假設爲

$$H_0:\rho=0$$

對立假設爲

$$H_1:\rho>0$$

由樣本數$n=10$及顯著水準$\alpha=0.05$，查等級相關係數分配表找出臨界值$r_{0.05}=0.564$。因爲$r_0=0.8909091>r_{0.05}=0.564$，所以拒絕虛無假設，即兩位評審委員給予受測者的評等是有直線正相關。

例 20　就本年度大學入學考試，採英、數高標的學系新生錄取名單中，隨機抽取 100 名學生。分別就其英數成績排列等級，並計算英數兩科間的等級相關係數$r=0.38$。在顯著水準$\alpha=5\%$下，問英數採高標的學系，學生的英數等級相關是否爲正？

解：

依題意採大樣本右尾檢定，虛無假設爲

$$H_0:\rho=0$$

對立假設爲

$$H_1:\rho>0$$

令計算值$r_0=r=0.38$，代入Z統計量公式，得

$$Z_0=0.38\sqrt{100-1}=3.7809$$

在顯著水準$\alpha=5\%$，查常態分配表得到$Z_{0.05}=1.645$，因爲$Z_0=3.7809>Z_{0.05}=1.645$，所以拒絕虛無假設，即英數採高標的學系，其學生的英數等級相關爲正。

第七節　柯莫果夫—史邁諾夫檢定

柯莫果夫—史邁諾夫(Kolmogorov-Smirnov)檢定可以用來檢定樣本資料是否來自某一特定的機率分配；換言之，檢定由樣本得到的觀察次數分配與理論次數分配之間的差異是否顯著。若二者間的差異不大，則可認爲樣本資料出自此一特定的機率分配。若二者間的差異顯著，則可認爲樣本資料並非出自此一特定的機率分配。所以，虛無假設爲

H_0：樣本資料抽取自以$F(x)$爲累積分配函數的母體，

至於對立假設則爲

H_1：樣本資料的母體分配並非以$F(x)$爲累積分配函數。

其中母體累積分配函數的定義爲$F(x)=P(X\leq x)$。

令$\hat{F}(x)$爲樣本相對次數的累積分配函數，所以

$$\hat{F}(x)=\frac{i}{n}$$

表示樣本資料中小於或等於特定值x的個數i占樣本數n的比例。如果虛無假設爲眞,且樣本數n大時,樣本的累積相對次數分配函數$\hat{F}(x)$會接近母體的累積分配函數$F(x)$。於是根據$\hat{F}(x)$與$F(x)$間的最大絕對差異來建立統計量D，即定義

$$D=max|F(x)-\hat{F}(x)|$$

若D值接近0則不拒絕虛無假設。若D值大，則拒絕虛無假設。在顯著水準α下，關於D統計量的臨界值D_α，可由附表 11 得到。若由D統計量公式得到的計算值D_0大於臨界值D_α，即$D_0>D_\alpha$，則拒絕虛無假設。

例 21 自某校一年級新生共同科目國文期中考中隨機抽取 10 名學生的成績依由小到大的順序排列如下：

58 64 67 73 74 78 82 90 93 95

在顯著水準$\alpha=5\%$下，是否一年級的國文成績呈以平均數$\mu=75$，標準差$\sigma=5$的常態分配。

解：

依題意，虛無假設爲

H_0：一年級的國文成績服從$N(75,5^2)$,

對立假設爲

H_1：一年級國文成績不服從$N(75,5^2)$。

如果虛無假設爲眞,則這 10 名學生的成績可以經由常態分配$N(75,5^2)$計算各樣本點所對應的母體累積分配函數值。例如

對應於 58 分的母體累積分配函數值

$$F(58)=P(X\leq 58)$$
$$=P\left(\frac{X-\mu}{\sigma}\leq\frac{58-75}{5}\right)$$
$$=P(Z\leq -3.4)$$
$$=0.0003$$

而同樣對應於 58 分的樣本相對次數的累積分配函數值

$$\hat{F}(58)=\frac{1}{10}=0.01$$

同理可完成其他各樣本點的$F(x)$及$\hat{F}(x)$，將之列表如下：

成績	標準常態Z值	$F(x)$	$\hat{F}(x)$	$\lvert F(x)-\hat{F}(x)\rvert$
58	-3.4	0.0003	0.1	0.0997
64	-2.2	0.0139	0.2	0.1861
67	-1.6	0.0548	0.3	0.2452
73	-0.4	0.3446	0.4	0.0554
74	-0.2	0.4207	0.5	0.0793
78	0.6	0.7258	0.6	0.1258
82	1.4	0.9192	0.7	0.2192
90	3.0	0.9987	0.8	0.1987
93	3.6	0.9998	0.9	0.0998
95	4.0	1.0	1.0	0

由$|F(x)-\hat{F}(x)|$找出最大值令其爲D_0，即

$$D_0=max|F(x)-\hat{F}(x)|=0.2452$$

在$n=10$, $\alpha=0.05$下，查D統計量表得$P(D\geq 0.409)=0.05$，即臨界值$D_\alpha=0.409$。因爲$D_0<D_\alpha$，所以不拒絕虛無假設，故一年級的國文成績服從常態分配$N(75,5^2)$。

第八節　傅立曼隨機集區設計檢定

傅立曼檢定(Friedman Test)可用來比較在**隨機集區設計**(Randomized Block Design)下，k種試驗的機率分配是否相同。雖然第十四章所討論的隨機集區設計可用F統計量來進行檢定，但是當假設不合或資料是等級資料時則應使用本節所介紹的檢定方法。

假定有b個集區，在每一個集區內隨機的給予k種試驗，每一試驗在每一集區僅出現一次。檢定k種試驗的機率分配是否相同。因此虛無假設爲

H_0：k種試驗的母體分配相同，

對立假設爲

H_1：至少有兩種試驗的母體分配不同。

爲了便於說明，將隨機集區設計的等級資料列表如下：

	試驗					
集區	1	2	⋯	i	⋯	k
1	r_1^1	r_2^1	⋯	r_i^1	⋯	r_k^1
2	r_1^2	r_2^2	⋯	r_i^2	⋯	r_k^2
⋮	⋮	⋮		⋮		⋮
j	r_1^j	r_2^j	⋯	r_i^j	⋯	r_k^j
⋮	⋮	⋮		⋮		⋮
b	r_1^b	r_2^b	⋯	r_i^b	⋯	r_k^b
	R_1	R_2	⋯	R_i	⋯	R_k

其中r_i^j是代表第j個集區內對第i種試驗所給予的等級。每一個集區內分別就k種試驗給予等級，在任一集區內若遇有相同值時，以平均等級來表示這些相等觀察值所對應的等級。至於R_i代表在所有集區內試驗i的等級和。

例 22　某新興企業針對未來發展方向提出A、B、C、D四種規劃方案，並邀請六位專家對四種方案給予整體性的評估。評分以10分表示最高評價，1分表示最低評價。評分資料及其對應的等級(以括弧內數字表示)列於下表：

	方案			
專家	1	2	3	4
1	9(4)	6(1)	8(3)	7(2)
2	5(2.5)	4(1)	6(4)	5(2.5)
3	7(2)	8(3)	9(4)	6(1)
4	7(3)	6(2)	8(4)	5(1)
5	6(2)	8(4)	7(3)	3(1)
6	2(1)	7(4)	4(3)	3(2)

根據括弧內的等級，可以計算出各方案的等級和分別爲

$$R_1=4+2.5+2+3+2+1=14.5$$

$$R_2=1+1+3+2+4+4=15$$

$$R_3=3+4+4+4+3+3=21$$

$$R_4=2+2.5+1+1+1+2=9.5$$

根據集區數b、試驗數k及各試驗的等級和$R_1, R_2, \cdots, R_k$，建立統計

量χ_F^2公式

$$\chi_F^2=\frac{12}{bk(k+1)}\sum_{j=1}^{k}R_j^2-3b(k+1)$$

在虛無假設H_0爲眞下，若$b>5$或$k>5$則χ_F^2統計量近似的服從以$(k-1)$爲自由度的卡方分配。在顯著水準α下，若根據χ_F^2統計量公式得到的計算值χ_0^2大於查表值$\chi_\alpha^2(k-1)$則拒絕虛無假設。

例 23 續例 22，在顯著$\alpha=5\%$下，檢定四種方案的評價是否相同。

解：

由例 22 知道集區(專家)數$b=6$，試驗(方案)數$k=4$，各方案的等級和分別爲$R_1=14.5$, $R_2=15$, $R_3=21$, $R_4=9.5$。依題意虛無假設爲

H_0：四種方案的評價相同。

對立假設爲

H_1：至少有兩種方案的評價不同。

根據χ_F^2統計量公式得

$$\chi_0^2=\frac{12}{6\times4\times(4+1)}(14.5^2+15^2+21^2+9.5^2)-3\times6\times(4+1)$$
$$=6.65$$

查自由度爲3的卡方分配表得$\chi_{0.05}^2(3)=7.81473$，因爲

$$\chi_0^2=6.65<\chi_{0.05}^2(3)=7.81473$$

所以不拒絕虛無假設，即四種方案的評價相同。

摘要

重要詞語

無母數統計方法　成對的觀察值　曼—惠內U檢定
克拉斯卡—瓦立斯檢定　威爾克森符號等級檢定　連段
史丕曼等級相關係數檢定　極端值　柯莫果夫—史邁諾夫檢定
傅立曼檢定　隨機集區設計

公式

1.符號檢定

(1)使用時機①成對觀察值的兩個母體分配是否相同。
②單一母體中位數的檢定。

(2)

H_0 v.s. H_1	何時拒絕虛無假設H_0	
H_0:$p=0.5$	$n\leq10$，採二項分配	$n>10$，採常態$Z_0=\frac{x_0-0.5n}{0.5\sqrt{n}}$
H_1: $p\neq0.5$	若$P(X\geq x_0)<\alpha/2$或$P(X\leq x_0)<\alpha/2$	若$Z_0<-Z_{\alpha/2}$或$Z_0>Z_{\alpha/2}$
$p>0.5$	若$P(X\geq x_0)<\alpha$	若$Z_0>Z_\alpha$
$p<0.5$	若$P(X\leq x_0)<\alpha$	若$Z_0<-Z_\alpha$

2.曼—惠內U檢定

(1)使用時機①兩組樣本是否有相同的母體分配。

②兩組樣本是否有相同的母體平均數。

③兩組樣本是否有相同的母體中位數。

⑵統計量：$U_1=n_1n_2+\dfrac{n_1(n_1+1)}{2}-R_1$

$$U_2=n_1n_2+\frac{n_2(n_2+1)}{2}-R_2$$

⑶H_0 $v.s.$ H_1:

H_0：兩組樣本有相同的母體分配,

H_1：①兩組樣本的母體分配不同，（雙尾）

②第一組樣本的母體分配在第二組樣本母體分配的右邊，（單尾Ⅰ）

③第二組樣本的母體分配在第二組樣本母體分配的右邊。（單尾Ⅱ）

⑷何時拒絕虛無假設H_0：

對立假設	$n_1\leq 10$, $n_2\leq 10$, U統計量	$n_1>10$, $n_2>10$, $Z_0=\dfrac{u_0-(n_1n_2)/2}{\sqrt{n_1n_2(n_1+n_2+1)/12}}$
①雙尾	$u_0=min(U_1,U_2)$，若$P(U\leq u_0)<\alpha/2$	$u_0=u_1$或$u_0=u_2$，若$\lvert Z_0\rvert>Z_{\alpha/2}$
②單尾Ⅰ	$u_0=u_1$，若$P(U\leq u_0)<\alpha$	$u_0=u_1$，代入求Z_0，若$Z_0<-Z_\alpha$
③單尾Ⅱ	$u_0=u_2$，若$P(U\leq u_0)<\alpha$	$u_0=u_2$，代入求Z_0，若$Z_0<-Z_\alpha$

3.克拉斯卡—瓦立斯檢定

⑴使用時機①m組樣本是否有相同的母體分配,

②m組樣本是否有相同的母體平均數,

③m組樣本是否有相同的母體中位數。

⑵統計量：$K=\dfrac{12}{n(n+1)}\sum_{j=1}^{m}\dfrac{R_j^2}{n_j}-3(n+1)$

⑶各組樣本數n_j都滿足$n_j\geq 5$，若

$$K > \chi^2_\alpha(m-1)$$

則拒絕虛無假設。

4.威爾克森符號等級檢定

(1)使用時機：成對觀察值的兩個母體分配是否相同。

(2)統計量：①所有(A_i-B_i)爲正數的等級和R^+,

②所有(A_i-B_i)爲負數的等級和R^-。

(3)虛無假設與對立假設

H_0：成對觀察值(A_i, B_i)的兩個母體分配相同。

H_1：①雙尾—A_i、B_i的母體分配不同,

②單尾Ｉ—A_i的母體分配在B_i母體分配的右邊,

③單尾II—B_i的母體分配在A_i母體分配的右邊。

(4)何時拒絕虛無假設H_0：

對立假設	$n<25$, 查等級和表	$n\geq 25$, $Z_0=\dfrac{R_0-n(n+1)/4}{\sqrt{n(n+1)(2n+1)/24}}$
①雙尾	$R_0=min(R^+,R^-)$, 若$R_0\leq R_{\alpha/2}$	$R_0=R^+$或$R_0=R^-$, 求得Z_0, 若$\lvert Z_0\rvert\geq Z_{\alpha/2}$
②單尾Ｉ	若$R^-\leq R_\alpha$	$R_0=R^+$, 求得Z_0, 若$Z_0>Z_\alpha$
③單尾II	若$R^+\leq R_\alpha$	$R_0=R^-$, 求得Z_0, 若$Z_0>Z_\alpha$

5.連段檢定

(1)使用時機：檢定系列觀察值是否隨機的。

(2)統計量：觀察到的連段數R_0

(3)何時拒絕虛無假設

①$n_1\leq 10$且$n_2\leq 10$，查連段數機率分配表，若

$$P(R\geq R_0)<\alpha/2\text{或}P(R\leq R_0)<\alpha/2$$

則拒絕虛無假設

②$n_1>10$且$n_2>10$，計算

$$Z_0=\frac{R_0-\left(\frac{2n_1n_2}{n_1+n_2}+1\right)}{\sqrt{\frac{2n_1n_2(2n_1n_2-n_1-n_2)}{(n_1+n_2)(n_1+n_2-1)}}}$$

若$Z_0<-Z_{\alpha/2}$或$Z_0>Z_{\alpha/2}$則拒絕虛無假設。

6.史丕曼等級相關檢定

(1)使用時機：兩組等級變數之間是否有直線相關。

(2)統計量值

$$r_0=\frac{\sum_{i=1}^{n}(x_i-\bar{x})(y_i-\bar{y})}{\sqrt{\sum_{i=1}^{n}(x_i-\bar{x})^2\sum_{i=1}^{n}(y_i-\bar{y})^2}}$$

$$=1-\frac{6\Sigma(x_i-y_i)^2}{n(n^2-1)}$$ (沒有"平"時可用)

(3)何時拒絕虛無假設$\rho=0$：

對立假設	$n<30$, 查等級相關係數分配表	$n\geq 30$, $t_0=\frac{r_0\sqrt{n-2}}{\sqrt{1-r_0^2}}$或$Z_0=r_0\sqrt{n-1}$
①$\rho\neq 0$	$r_0<-r_{\alpha/2}$或$r_0>r_{\alpha/2}$	$\lvert t_0\rvert>t_{\alpha/2}(n-2)$或$\lvert Z_0\rvert>Z_{\alpha/2}$
②$\rho>0$	$r_0>r_\alpha$	$t_0>t_\alpha(n-2)$或$Z_0>Z_\alpha$
③$\rho<0$	$r_0<-r_\alpha$	$t_0<-t_\alpha(n-2)$或$Z_0<-Z_\alpha$

7.柯莫果夫—史邁諾夫檢定

(1)使用時機：檢定樣本資料是否來自某一特定機率分配。

(2)統計量：$D=max\lvert F(x)-\hat{F}(x)\rvert$

(3)查D統計量臨界值表，比較統計量值D_0與查表值D_α，若$D_0>D_\alpha$則拒絕虛無假設。

8.傅立曼檢定

(1)使用時機：在隨機集區設計下，檢定k種試驗的機率分配是否相同。

(2)統計量：$\chi_F^2=\frac{12}{bk(k+1)}\sum_{j=1}^{k}R_j^2-3b(k+1)$

(3)當 $b>5$ 或 $k>5$ 時，查自由度爲 $(k-1)$ 的卡方分配表得臨界值 $\chi_\alpha^2(k-1)$ 與統計量值 χ_0^2 比較，若

$$\chi_0^2>\chi_\alpha^2(k-1)$$

則拒絕虛無假設。

習 題

1.何謂無母數統計方法？爲何要使用無母數統計方法？

2.試述無母數統計方法的優點與缺點。

3.檢定成對觀察值的兩個母體分配是否相同時，可以用那兩種無母數統計方法？並說明何者較優？

4.隨機抽取100名家庭主婦，請她們對某種品牌洗衣粉A、B兩種廣告做評分，依據資料顯示喜好A廣告的有40人，喜好B廣告的有24人，認爲A、B兩種廣告沒有差異的有36人。在顯著水準$\alpha=0.05$下，以雙尾檢定是否家庭主婦對於這兩種廣告的喜好相同？

5.某工廠引進一新的產品包裝法，令其爲B法，而原有包裝法爲A法，今記錄兩種方法包裝產品所需的單位時間如下：

A法：7.5, 8.2, 6.8, 5.9, 9.5, 7.9, 9.2, 8.7

B法：6.4, 7.4, 8.1, 5.5, 6.7, 7.7, 6.2, 7.1

採用曼一惠內U檢定在顯著水準$\alpha=0.05$下，新法是否較原有的A法省時、有效率？

6.某服飾公司要調查其品牌服飾在北、中、南三區的銷售情形是否相同，於是在北、中、南三區各隨機抽取10、9及8家專賣店並記錄其全年銷貨金額(單位爲萬元)如下：

北：57 67 98 45 54 68 74 90 87 96

中：60 61 70 93 64 56 48 51 78

南：83 53 49 42 75 69 46 65

試以克拉斯卡一瓦立斯檢定在顯著水準$\alpha=0.05$下，三區的銷貨情形是否相同？

7. 隨機抽取60位國小學生，記錄其在參加課程輔導前與參加課程輔導三個月後的數學測驗成績，已知參加輔導後的成績減輔導前的成績爲正的等級和爲1150。試問在顯著水準$\alpha=0.05$下，以威爾克森符號等級檢定輔導課程是否使學生的成績進步？

8. 隨機抽取8家某品牌汽車銷售站，此品牌汽車在電視廣告前與廣告半年後的銷售量資料如下：

站　別	1	2	3	4	5	6	7	8
廣告前	45	80	68	47	26	75	30	25
廣告後	72	81	60	58	20	87	45	23

以威爾克森符號等級檢定電視廣告是否有促銷汽車的作用？

9. 民國八十三年三月份臺灣股市收盤總加權指數及漲跌點數（"△"代表漲，"×"代表跌）如表18-E-1：

表18-E-1　八十三年三月臺灣股市收盤總加權指數及漲跌點數

總加權指數	漲跌點數	總加權指數	漲跌點數
5452.44	△37.80	5331.34	△57.10
5429.37	×23.07	5397.06	△65.72
5457.74	△28.37	5274.81	×122.25
5672.87	△215.13	5194.63	×80.18
5671.46	×1.41	5220.73	△26.10
5647.59	×23.87	5261.84	△41.11
5456.68	×190.91	5331.27	△69.43
5466.69	△10.01	5326.99	×4.28
5366.03	×100.66	5352.87	△25.88
5327.57	×38.46	5332.21	×20.66
5273.10	×54.47	5331.90	×0.32
5333.87	△60.77	5332.06	×11.84
5274.24	×59.63	5249.22	×70.84

採用連段檢定在顯著水準$\alpha=0.05$下檢定八十三年三月份臺灣股市收盤總加權指數的漲跌是否爲隨機的?

10.某校就其應屆畢業生中隨機抽取10名，就其入學成績與畢業成績排等級，資料如下：

學　　生	1	2	3	4	5	6	7	8	9	10
入學成績等級	8	10	4	5	1	9	6	2	7	3
畢業成績等級	9	10	1	4	2	8	5	3	6	7

計算入學成績與畢業成績的樣本等級相關係數，並以顯著水準$\alpha=0.05$時，檢定入學成績與畢業成績的母體等級是否有直線相關?

11.從上午9時到下午3時30分，觀察每10分鐘(爲一時段)進入某銀行要求櫃臺服務的顧客人數如下表所示：

顧客人數	0	1	2	3	4	5	6	7
時段個數	3	5	9	11	8	1	1	1

在顯著水準$\alpha=0.05$時，檢定上列資料的分配是否符合平均數$\mu=3$的波氏分配?

12.隨機抽出10個消費者請他們對於四種口味的鮮奶分別以1～4給予最喜歡到不喜歡的評等，根據下列資料在顯著水準$\alpha=0.05$時，檢定消費者對四種口味的鮮奶是否有相同的喜好?

消費者	口味1	口味2	口味3	口味4
1	1	2	3	4
2	2	1	4	3
3	3	1	4	2

4	1	2	4	3
5	2	1	3	4
6	1	4	2	3
7	1	3	4	2
8	2	3	1	4
9	2	4	3	1
10	1	2	3	4

附錄　統計表

附表 1　二項分配表

附表2-A　$e^{-\mu}$值

附表2-B　波氏分配表

附表 3　標準常態分配表

附表 4　t分配表

附表 5　χ^2分配表(卡方分配表)

附表 6　F分配表

附表 7　Mann-Whitney U分配表

附表 8　Wilcoxon檢定統計量臨界值表

附表 9　連段數分配表

附表10　Spearman等級相關係數臨界值表

附表11　Kolmogorov-Sminov檢定統計量臨界值表

附表 1 二項分配表

本表列出$n=5, 6, 7, 8, 9, 10, 15, 20, 25$及$P=0.01, 0.05, 0.10, 0.20, 0.30, 0.40, 0.50, 0.60, 0.70, 0.80, 0.90, 0.95, 0.99$組合下的二項分配累積機率：

$$P(X\leq k)=\sum_{x=0}^{k}\binom{n}{x}p^x(1-p)^{n-x}$$

例：當$n=10, p=0.30, k=3$時，則

$$P(X\leq 3)=\sum_{x=0}^{3}\binom{10}{x}(0.30)^x(1-0.30)^{10-x}$$

$$=0.650$$

		p												
n	**k**	.01	.05	.10	.20	.30	.40	.50	.60	.70	.80	.90	.95	.99
5	0	.951	.774	.590	.328	.168	.078	.031	.010	.002	.000	.000	.000	.000
	1	.999	.977	.919	.737	.528	.337	.188	.087	.031	.007	.000	.000	.000
	2	1.000	.999	.991	.942	.837	.683	.500	.317	.163	.058	.009	.001	.000
	3	1.000	1.000	1.000	.993	.969	.913	.812	.663	.472	.263	.081	.023	.001
	4	1.000	1.000	1.000	1.000	.998	.990	.969	.922	.832	.672	.410	.226	.049
6	0	.941	.735	.531	.262	.118	.047	.016	.004	.001	.000	.000	.000	.000
	1	.999	.967	.886	.655	.420	.233	.109	.041	.011	.002	.000	.000	.000
	2	1.000	.998	.984	.901	.744	.544	.344	.179	.070	.017	.001	.000	.000
	3	1.000	1.000	.999	.983	.930	.821	.656	.456	.256	.099	.016	.002	.000
	4	1.000	1.000	1.000	.998	.989	.959	.891	.767	.580	.345	.114	.033	.001
	5	1.000	1.000	1.000	1.000	.999	.996	.984	.953	.882	.738	.469	.265	.059
7	0	.932	.698	.478	.210	.082	.028	.008	.002	.000	.000	.000	.000	.000
	1	.998	.956	.850	.577	.329	.159	.063	.019	.004	.000	.000	.000	.000
	2	1.000	.996	.974	.852	.647	.420	.227	.096	.029	.005	.000	.000	.000
	3	1.000	1.000	.997	.967	.874	.710	.500	.290	.126	.033	.003	.000	.000
	4	1.000	1.000	1.000	.995	.971	.904	.773	.580	.353	.148	.026	.004	.000
	5	1.000	1.000	1.000	1.000	.996	.981	.937	.841	.671	.423	.150	.044	.002
	6	1.000	1.000	1.000	1.000	1.000	.998	.992	.972	.918	.790	.522	.302	.068
8	0	.923	.663	.430	.168	.058	.017	.004	.001	.000	.000	.000	.000	.000
	1	.997	.943	.813	.503	.255	.106	.035	.009	.001	.000	.000	.000	.000

附表 1（續）

n	k	p = .01	.05	.10	.20	.30	.40	.50	.60	.70	.80	.90	.95	.99
8	2	1.000	.994	.962	.797	.552	.315	.145	.050	.011	.001	.000	.000	.000
	3	1.000	1.000	.995	.944	.806	.594	.363	.174	.058	.010	.000	.000	.000
	4	1.000	1.000	1.000	.990	.942	.826	.637	.406	.194	.056	.005	.000	.000
	5	1.000	1.000	1.000	.999	.989	.950	.855	.685	.448	.203	.038	.006	.000
	6	1.000	1.000	1.000	1.000	.999	.991	.965	.894	.745	.497	.187	.057	.003
	7	1.000	1.000	1.000	1.000	1.000	.999	.996	.983	.942	.832	.570	.337	.077
9	0	.914	.630	.387	.134	.040	.010	.002	.000	.000	.000	.000	.000	.000
	1	.997	.929	.775	.436	.196	.071	.020	.004	.000	.000	.000	.000	.000
	2	1.000	.992	.947	.738	.463	.232	.090	.025	.004	.000	.000	.000	.000
	3	1.000	.999	.992	.914	.730	.483	.254	.099	.025	.003	.000	.000	.000
	4	1.000	1.000	.999	.980	.901	.733	.500	.267	.099	.020	.001	.000	.000
	5	1.000	1.000	1.000	.997	.975	.901	.746	.517	.270	.086	.008	.001	.000
	6	1.000	1.000	1.000	1.000	.996	.975	.910	.768	.537	.262	.053	.008	.000
	7	1.000	1.000	1.000	1.000	1.000	.996	.980	.929	.804	.564	.225	.071	.003
	8	1.000	1.000	1.000	1.000	1.000	1.000	.998	.990	.960	.866	.613	.370	.086
10	0	.904	.599	.349	.107	.028	.006	.001	.000	.000	.000	.000	.000	.000
	1	.996	.914	.736	.376	.149	.046	.011	.002	.000	.000	.000	.000	.000
	2	1.000	.988	.930	.678	.383	.167	.055	.012	.002	.000	.000	.000	.000
	3	1.000	.999	.987	.879	.650	.382	.172	.055	.011	.001	.000	.000	.000
	4	1.000	1.000	.998	.967	.850	.633	.377	.166	.047	.006	.000	.000	.000
	5	1.000	1.000	1.000	.994	.953	.834	.623	.367	.150	.033	.002	.000	.000
	6	1.000	1.000	1.000	.999	.989	.945	.828	.618	.350	.121	.013	.001	.000
	7	1.000	1.000	1.000	1.000	.998	.988	.945	.833	.617	.322	.070	.012	.000
	8	1.000	1.000	1.000	1.000	1.000	.998	.989	.954	.851	.624	.264	.086	.004
	9	1.000	1.000	1.000	1.000	1.000	1.000	.999	.994	.972	.893	.651	.401	.096
15	0	.860	.463	.206	.035	.005	.000	.000	.000	.000	.000	.000	.000	.000
	1	.990	.829	.549	.167	.035	.005	.000	.000	.000	.000	.000	.000	.000
	2	1.000	.964	.816	.398	.127	.027	.004	.000	.000	.000	.000	.000	.000
	3	1.000	.995	.944	.648	.297	.091	.018	.002	.000	.000	.000	.000	.000
	4	1.000	.999	.987	.836	.515	.217	.059	.009	.001	.000	.000	.000	.000
	5	1.000	1.000	.998	.939	.722	.403	.151	.034	.004	.000	.000	.000	.000
	6	1.000	1.000	1.000	.982	.869	.610	.304	.095	.015	.001	.000	.000	.000
	7	1.000	1.000	1.000	.996	.950	.787	.500	.213	.050	.004	.000	.000	.000
	8	1.000	1.000	1.000	.999	.985	.905	.696	.390	.131	.018	.000	.000	.000
	9	1.000	1.000	1.000	1.000	.996	.966	.849	.597	.278	.061	.002	.000	.000
	10	1.000	1.000	1.000	1.000	.999	.991	.941	.783	.485	.164	.013	.001	.000
	11	1.000	1.000	1.000	1.000	1.000	.998	.982	.909	.703	.352	.056	.005	.000
	12	1.000	1.000	1.000	1.000	1.000	1.000	.996	.973	.873	.602	.184	.036	.000
	13	1.000	1.000	1.000	1.000	1.000	1.000	1.000	.995	.965	.833	.451	.171	.010
	14	1.000	1.000	1.000	1.000	1.000	1.000	1.000	1.000	.995	.965	.794	.537	.140

附表 1（續）

n	k	.01	.05	.10	.20	.30	.40	.50	.60	.70	.80	.90	.95	.99
20	0	.818	.358	.122	.012	.001	.000	.000	.000	.000	.000	.000	.000	.000
	1	.983	.736	.392	.069	.008	.001	.000	.000	.000	.000	.000	.000	.000
	2	.999	.925	.677	.206	.035	.004	.000	.000	.000	.000	.000	.000	.000
	3	1.000	.984	.867	.411	.107	.016	.001	.000	.000	.000	.000	.000	.000
	4	1.000	.997	.957	.630	.238	.051	.006	.000	.000	.000	.000	.000	.000
	5	1.000	1.000	.989	.804	.416	.126	.021	.002	.000	.000	.000	.000	.000
	6	1.000	1.000	.998	.913	.608	.250	.058	.006	.000	.000	.000	.000	.000
	7	1.000	1.000	1.000	.968	.772	.416	.132	.021	.001	.000	.000	.000	.000
	8	1.000	1.000	1.000	.990	.887	.596	.252	.057	.005	.000	.000	.000	.000
	9	1.000	1.000	1.000	.997	.952	.755	.412	.128	.017	.001	.000	.000	.000
	10	1.000	1.000	1.000	.999	.983	.872	.588	.245	.048	.003	.000	.000	.000
	11	1.000	1.000	1.000	1.000	.995	.943	.748	.404	.113	.010	.000	.000	.000
	12	1.000	1.000	1.000	1.000	.999	.979	.868	.584	.228	.032	.000	.000	.000
	13	1.000	1.000	1.000	1.000	1.000	.994	.942	.750	.392	.087	.002	.000	.000
	14	1.000	1.000	1.000	1.000	1.000	.998	.979	.874	.584	.196	.011	.000	.000
	15	1.000	1.000	1.000	1.000	1.000	1.000	.994	.949	.762	.370	.043	.003	.000
	16	1.000	1.000	1.000	1.000	1.000	1.000	.999	.984	.893	.589	.133	.016	.000
	17	1.000	1.000	1.000	1.000	1.000	1.000	1.000	.996	.965	.794	.323	.075	.001
	18	1.000	1.000	1.000	1.000	1.000	1.000	1.000	.999	.992	.931	.608	.264	.017
	19	1.000	1.000	1.000	1.000	1.000	1.000	1.000	1.000	.999	.988	.878	.642	.182
25	0	.778	.277	.072	.004	.000	.000	.000	.000	.000	.000	.000	.000	.000
	1	.974	.642	.271	.027	.002	.000	.000	.000	.000	.000	.000	.000	.000
	2	.998	.873	.537	.098	.009	.000	.000	.000	.000	.000	.000	.000	.000
	3	1.000	.966	.764	.234	.033	.002	.000	.000	.000	.000	.000	.000	.000
	4	1.000	.993	.902	.421	.090	.009	.000	.000	.000	.000	.000	.000	.000
	5	1.000	.999	.967	.617	.193	.029	.002	.000	.000	.000	.000	.000	.000
	6	1.000	1.000	.991	.780	.341	.074	.007	.000	.000	.000	.000	.000	.000
	7	1.000	1.000	.998	.891	.512	.154	.022	.001	.000	.000	.000	.000	.000
	8	1.000	1.000	1.000	.953	.677	.274	.054	.004	.000	.000	.000	.000	.000
	9	1.000	1.000	1.000	.983	.811	.425	.115	.013	.000	.000	.000	.000	.000
	10	1.000	1.000	1.000	.994	.902	.586	.212	.034	.002	.000	.000	.000	.000
	11	1.000	1.000	1.000	.998	.956	.732	.345	.078	.006	.000	.000	.000	.000
	12	1.000	1.000	1.000	1.000	.983	.846	.500	.154	.017	.000	.000	.000	.000
	13	1.000	1.000	1.000	1.000	.994	.922	.655	.268	.044	.002	.000	.000	.000
	14	1.000	1.000	1.000	1.000	.998	.966	.788	.414	.098	.006	.000	.000	.000
	15	1.000	1.000	1.000	1.000	1.000	.987	.885	.575	.189	.017	.000	.000	.000
	16	1.000	1.000	1.000	1.000	1.000	.996	.946	.726	.323	.047	.000	.000	.000
	17	1.000	1.000	1.000	1.000	1.000	.999	.978	.846	.488	.109	.002	.000	.000
	18	1.000	1.000	1.000	1.000	1.000	1.000	.993	.926	.659	.220	.009	.000	.000
	19	1.000	1.000	1.000	1.000	1.000	1.000	.998	.971	.807	.383	.033	.001	.000
	20	1.000	1.000	1.000	1.000	1.000	1.000	1.000	.991	.910	.579	.098	.007	.000
	21	1.000	1.000	1.000	1.000	1.000	1.000	1.000	.998	.967	.766	.236	.034	.000
	22	1.000	1.000	1.000	1.000	1.000	1.000	1.000	1.000	.991	.902	.463	.127	.002
	23	1.000	1.000	1.000	1.000	1.000	1.000	1.000	1.000	.998	.973	.729	.358	.026
	24	1.000	1.000	1.000	1.000	1.000	1.000	1.000	1.000	1.000	.996	.928	.723	.222

Column header group: p

附表2-A　$e^{-\mu}$值

本表列出μ由0.00至0.99(間隔0.01)及由1至10(間隔1)的$e^{-\mu}$值。

例：當$\mu=6.33$時，$e^{-6.33}=(e^{-6})(e^{-0.33})$

$=(0.002479)(0.7189)$

$=0.001782$

μ	$e^{-\mu}$	μ	$e^{-\mu}$	μ	$e^{-\mu}$	μ	$e^{-\mu}$	μ	$e^{-\mu}$
0.00	1.0000	0.25	0.7788	0.50	0.6065	0.75	0.4724	1	0.36788
0.01	0.9900	0.26	0.7711	0.51	0.6005	0.76	0.4677	2	0.13534
0.02	0.9802	0.27	0.7634	0.52	0.5945	0.77	0.4630	3	0.04979
0.03	0.9704	0.28	0.7558	0.53	0.5886	0.78	0.4584	4	0.01832
0.04	0.9608	0.29	0.7483	0.54	0.5827	0.79	0.4538	5	0.006738
0.05	0.9512	0.30	0.7408	0.55	0.5770	0.80	0.4493	6	0.002479
0.06	0.9418	0.31	0.7334	0.56	0.5712	0.81	0.4449	7	0.000912
0.07	0.9324	0.32	0.7261	0.57	0.5655	0.82	0.4404	8	0.000335
0.08	0.9231	0.33	0.7189	0.58	0.5599	0.83	0.4360	9	0.000123
0.09	0.9139	0.34	0.7118	0.59	0.5543	0.84	0.4317	10	0.000045
0.10	0.9048	0.35	0.7047	0.60	0.5488	0.85	0.4274		
0.11	0.8958	0.36	0.6977	0.61	0.5434	0.86	0.4232		
0.12	0.8869	0.37	0.6907	0.62	0.5379	0.87	0.4190		
0.13	0.8781	0.38	0.6839	0.63	0.5326	0.88	0.4148		
0.14	0.8694	0.39	0.6771	0.64	0.5273	0.89	0.4107		
0.15	0.8607	0.40	0.6703	0.65	0.5220	0.90	0.4066		
0.16	0.8521	0.41	0.6636	0.66	0.5169	0.91	0.4025		
0.17	0.8437	0.42	0.6570	0.67	0.5117	0.92	0.3985		
0.18	0.8353	0.43	0.6505	0.68	0.5066	0.93	0.3946		
0.19	0.8270	0.44	0.6440	0.69	0.5016	0.94	0.3906		
0.20	0.8187	0.45	0.6376	0.70	0.4966	0.95	0.3867		
0.21	0.8106	0.46	0.6313	0.71	0.4916	0.96	0.3829		
0.22	0.8025	0.47	0.6250	0.72	0.4868	0.97	0.3791		
0.23	0.7945	0.48	0.6188	0.73	0.4819	0.98	0.3753		
0.24	0.7866	0.49	0.6126	0.74	0.4771	0.99	0.3716		

附表2-B 波氏分配表

根據波氏機率函數

$$P(X=x)=\frac{e^{-\mu}\mu^{x}}{x!}$$

例: 當$\mu=2$, $x=3$的機率爲$P(X=3)=\frac{e^{-2}2^{3}}{3!}=0.1804$

	μ									
x	0.1	0.2	0.3	0.4	0.5	0.6	0.7	0.8	0.9	1.0
0	.9048	.8187	.7408	.6703	.6065	.5488	.4966	.4493	.4066	.3679
1	.0905	.1637	.2222	.2681	.3033	.3293	.3476	.3595	.3659	.3679
2	.0045	.0164	.0333	.0536	.0758	.0988	.1217	.1438	.1647	.1839
3	.0002	.0011	.0033	.0072	.0126	.0198	.0284	.0383	.0494	.0613
4	.0000	.0001	.0002	.0007	.0016	.0030	.0050	.0077	.0111	.0153
5	.0000	.0000	.0000	.0001	.0002	.0004	.0007	.0012	.0020	.0031
6	.0000	.0000	.0000	.0000	.0000	.0000	.0001	.0002	.0003	.0005
7	.0000	.0000	.0000	.0000	.0000	.0000	.0000	.0000	.0000	.0001

	μ									
x	1.1	1.2	1.3	1.4	1.5	1.6	1.7	1.8	1.9	2.0
0	.3329	.3012	.2725	.2466	.2231	.2019	.1827	.1653	.1496	.1353
1	.3662	.3614	.3543	.3452	.3347	.3230	.3106	.2975	.2842	.2707
2	.2014	.2169	.2303	.2417	.2510	.2584	.2640	.2678	.2700	.2707
3	.0738	.0867	.0998	.1128	.1255	.1378	.1496	.1607	.1710	.1804
4	.0203	.0260	.0324	.0395	.0471	.0551	.0636	.0723	.0812	.0902
5	.0045	.0062	.0084	.0111	.0141	.0176	.0216	.0260	.0309	.0361
6	.0008	.0012	.0018	.0026	.0035	.0047	.0061	.0078	.0098	.0120
7	.0001	.0002	.0003	.0005	.0008	.0011	.0045	.0020	.0027	.0034
8	.0000	.0000	.0001	.0001	.0001	.0002	.0003	.0005	.0006	.0009
9	.0000	.0000	.0000	.0000	.0000	.0000	.0001	.0001	.0001	.0002

附表2-B(續)

	μ									
x	2.1	2.2	2.3	2.4	2.5	2.6	2.7	2.8	2.9	3.0
0	.1225	.1108	.1003	.0907	.0821	.0743	.0672	.0608	.0550	.0498
1	.2572	.2438	.2306	.2177	.2052	.1931	.1815	.1703	.1596	.1494
2	.2700	.2681	.2652	.2613	.2565	.2510	.2450	.2384	.2314	.2240
3	.1890	.1966	.2033	.2090	.2138	.2176	.2205	.2225	.2237	.2240
4	.0992	.1082	.1169	.1254	.1336	.1414	.1488	.1557	.1622	.1680
5	.0417	.0476	.0538	.0602	.0668	.0735	.0804	.0872	.0940	.1008
6	.0146	.0174	.0206	.0241	.0278	.0319	.0362	.0407	.0455	.0504
7	.0044	.0055	.0068	.0083	.0099	.0118	.0139	.0163	.0188	.0216
8	.0011	.0015	.0019	.0025	.0031	.0038	.0047	.0057	.0068	.0081
9	.0003	.0004	.0005	.0007	.0009	.0011	.0014	.0018	.0022	.0027
10	.0001	.0001	.0001	.0002	.0002	.0003	.0004	.0005	.0006	.0008
11	.0000	.0000	.0000	.0000	.0000	.0001	.0001	.0001	.0002	.0002
12	.0000	.0000	.0000	.0000	.0000	.0000	.0000	.0000	.0000	.0001

	μ									
x	3.1	3.2	3.3	3.4	3.5	3.6	3.7	3.8	3.9	4.0
0	.0450	.0408	.0369	.0334	.0302	.0273	.0247	.0224	.0202	.0183
1	.1397	.1304	.1217	.1135	.1057	.0984	.0915	.0850	.0789	.0733
2	.2165	.2087	.2008	.1929	.1850	.1771	.1692	.1615	.1539	.1465
3	.2237	.2226	.2209	.2186	.2158	.2125	.2087	.2046	.2001	.1954
4	.1734	.1781	.1823	.1858	.1888	.1912	.1931	.1944	.1951	.1954
5	.1075	.1140	.1203	.1264	.1322	.1377	.1429	.1477	.1522	.1563
6	.0555	.0608	.0662	.0716	.0771	.0826	.0881	.0936	.0989	.1042
7	.0246	.0278	.0312	.0348	.0385	.0425	.0466	.0508	.0551	.0595
8	.0095	.0111	.0129	.0148	.0169	.0191	.0215	.0241	.0269	.0298
9	.0033	.0040	.0047	.0056	.0066	.0076	.0089	.0102	.0116	.0132
10	.0010	.0013	.0016	.0019	.0023	.0028	.0033	.0039	.0045	.0053
11	.0003	.0004	.0005	.0006	.0007	.0009	.0011	.0013	.0016	.0019
12	.0001	.0001	.0001	.0002	.0002	.0003	.0003	.0004	.0005	.0006
13	.0000	.0000	.0000	.0000	.0001	.0001	.0001	.0001	.0002	.0002
14	.0000	.0000	.0000	.0000	.0000	.0000	.0000	.0000	.0000	.0001

附表2-B(續)

	μ									
x	4.1	4.2	4.3	4.4	4.5	4.6	4.7	4.8	4.9	5.0
0	.0166	.0150	.0136	.0123	.0111	.0101	.0091	.0082	.0074	.0067
1	.0679	.0630	.0583	.0540	.0500	.0462	.0427	.0395	.0365	.0337
2	.1393	.1323	.1254	.1188	.1125	.1063	.1005	.0948	.0894	.0842
3	.1904	.1852	.1798	.1743	.1687	.1634	.1574	.1517	.1460	.1404
4	.1951	.1944	.1933	.1917	.1898	.1875	.1849	.1820	.1789	.1755
5	.1600	.1633	.1662	.1687	.1708	.1725	.1738	.1747	.1753	.1755
6	.1093	.1143	.1191	.1237	.1281	.1323	.1362	.1398	.1432	.1462
7	.0640	.0686	.0732	.0778	.0824	.0869	.0914	.0959	.1002	.1044
8	.0328	.0360	.0393	.0428	.0463	.0500	.0537	.0575	.0614	.0653
9	.0150	.0168	.0188	.0209	.0232	.0255	.0280	.0307	.0334	.0363
10	.0061	.0071	.0081	.0092	.0104	.0118	.0132	.0147	.0164	.0181
11	.0023	.0027	.0032	.0037	.0043	.0049	.0056	.0064	.0073	.0082
12	.0008	.0009	.0011	.0014	.0016	.0019	.0022	.0026	.0030	.0034
13	.0002	.0003	.0004	.0005	.0006	.0007	.0008	.0009	.0011	.0013
14	.0001	.0001	.0001	.0001	.0002	.0002	.0003	.0003	.0004	.0005
15	.0000	.0000	.0000	.0000	.0001	.0001	.0001	.0001	.0001	.0002

	μ									
x	5.1	5.2	5.3	5.4	5.5	5.6	5.7	5.8	5.9	6.0
0	.0061	.0055	.0050	.0045	.0041	.0037	.0033	.0030	.0027	.0025
1	.0311	.0287	.0265	.0244	.0225	.0207	.0191	.0176	.0162	.0149
2	.0793	.0746	.0701	.0659	.0618	.0580	.0544	.0509	.0477	.0446
3	.1348	.1293	.1239	.1185	.1133	.1082	.1033	.0985	.0938	.0892
4	.1719	.1681	.1641	.1600	.1558	.1515	.1472	.1428	.1383	.1339
5	.1753	.1748	.1740	.1728	.1714	.1697	.1678	.1620	.1632	.1606
6	.1490	.1515	.1537	.1555	.1571	.1584	.1594	.1656	.1605	.1606
7	.1086	.1125	.1163	.1200	.1234	.1267	.1298	.1301	.1353	.1377
8	.0692	.0731	.0771	.0810	.0849	.0887	.0925	.0926	.0998	.1033
9	.0392	.0423	.0454	.0486	.0519	.0552	.0586	.0662	.0654	.0688
10	.0200	.0220	.0241	.0262	.0285	.0309	.0334	.0359	.0386	.0413
11	.0093	.0104	.0116	.0129	.0143	.0157	.0173	.0190	.0207	.0225
12	.0039	.0045	.0051	.0058	.0065	.0073	.0082	.0092	.0102	.0113
13	.0015	.0018	.0021	.0024	.0028	.0032	.0036	.0041	.0046	.0052
14	.0006	.0007	.0008	.0009	.0011	.0013	.0015	.0017	.0019	.0022
15	.0002	.0002	.0003	.0003	.0004	.0005	.0006	.0007	.0008	.0009
16	.0001	.0001	.0001	.0001	.0001	.0002	.0002	.0002	.0003	.0003
17	.0000	.0000	.0000	.0000	.0000	.0001	.0001	.0001	.0001	.0001

附表2-B(續)

	μ									
x	6.1	6.2	6.3	6.4	6.5	6.6	6.7	6.8	6.9	7.0
0	.0022	.0020	.0018	.0017	.0015	.0014	.0012	.0011	.0010	.0009
1	.0137	.0126	.0116	.0106	.0098	.0090	.0082	.0076	.0070	.0064
2	.0417	.0390	.0364	.0340	.0318	.0296	.0276	.0258	.0240	.0223
3	.0848	.0806	.0765	.0726	.0688	.0652	.0617	.0584	.0552	.0521
4	.1294	.1249	.1205	.1162	.1118	.1076	.1034	.0992	.0952	.0912
5	.1579	.1549	.1519	.1487	.1454	.1420	.1385	.1349	.1314	.1277
6	.1605	.1601	.1595	.1586	.1575	.1562	.1546	.1529	.1511	.1490
7	.1399	.1418	.1435	.1450	.1462	.1472	.1480	.1486	.1489	.1490
8	.1066	.1099	.1130	.1160	.1188	.1215	.1240	.1263	.1284	.1304
9	.0723	.0757	.0791	.0825	.0858	.0891	.0923	.0954	.0985	.1014
10	.0441	.0469	.0498	.0528	.0558	.0588	.0618	.0649	.0679	.0710
11	.0245	.0265	.0285	.0307	.0330	.0353	.0377	.0401	.0426	.0452
12	.0124	.0137	.0150	.0164	.0179	.0194	.0210	.0227	.0245	.0264
13	.0058	.0065	.0073	.0081	.0089	.0098	.0108	.0119	.0130	.0142
14	.0025	.0029	.0033	.0037	.0041	.0046	.0052	.0058	.0064	.0071
15	.0010	.0012	.0014	.0016	.0018	.0020	.0023	.0026	.0029	.0033
16	.0004	.0005	.0005	.0006	.0007	.0008	.0010	.0011	.0013	.0014
17	.0001	.0002	.0002	.0002	.0003	.0003	.0004	.0004	.0005	.0006
18	.0000	.0001	.0001	.0001	.0001	.0001	.0001	.0002	.0002	.0002
19	.0000	.0000	.0000	.0000	.0000	.0000	.0000	.0001	.0001	.0001

附表2-B(續)

	μ									
x	7.1	7.2	7.3	7.4	7.5	7.6	7.7	7.8	7.9	8.0
0	.0008	.0007	.0007	.0006	.0006	.0005	.0005	.0004	.0004	.0003
1	.0059	.0054	.0049	.0045	.0041	.0038	.0035	.0032	.0029	.0027
2	.0208	.0194	.0180	.0167	.0156	.0145	.0134	.0125	.0116	.0107
3	.0492	.0464	.0438	.0413	.0389	.0366	.0345	.0324	.0305	.0286
4	.0874	.0836	.0799	.0764	.0729	.0696	.0663	.0632	.0602	.0573
5	.1241	.1204	.1167	.1130	.1094	.1057	.1021	.0986	.0951	.0916
6	.1468	.1445	.1420	.1394	.1367	.1339	.1311	.1282	.1252	.1221
7	.1489	.1486	.1481	.1474	.1465	.1454	.1442	.1428	.1413	.1396
8	.1321	.1337	.1351	.1363	.1373	.1382	.1388	.1392	.1395	.1396
9	.1042	.1070	.1096	.1121	.1144	.1167	.1187	.1207	.1224	.1241
10	.0740	.0770	.0800	.0829	.0858	.0887	.0914	.0941	.0967	.0993
11	.0478	.0504	.0531	.0558	.0585	.0613	.0640	.0667	.0695	.0722
12	.0283	.0303	.0323	.0344	.0366	.0380	.0411	.0434	.0457	.0481
13	.0154	.0168	.0181	.0196	.0211	.0227	.0243	.0260	.0278	.0296
14	.0078	.0086	.0095	.0104	.0113	.0123	.0134	.0145	.0157	.0169
15	.0037	.0041	.0046	.0051	.0057	.0062	.0069	.0075	.0083	.0090
16	.0016	.0019	.0021	.0024	.0026	.0030	.0033	.0037	.0041	.0045
17	.0007	.0008	.0009	.0010	.0012	.0013	.0015	.0017	.0019	.0021
18	.0003	.0003	.0004	.0004	.0005	.0006	.0006	.0007	.0008	.0009
19	.0001	.0001	.0001	.0002	.0002	.0002	.0003	.0003	.0003	.0004
20	.0000	.0000	.0001	.0001	.0001	.0001	.0001	.0001	.0001	.0002
21	.0000	.0000	.0000	.0000	.0000	.0000	.0000	.0000	.0001	.0001

附表2-B(續)

x	8.1	8.2	8.3	8.4	8.5	8.6	8.7	8.8	8.9	9.0
					μ					
0	.0003	.0003	.0002	.0002	.0002	.0002	.0002	.0002	.0001	.0001
1	.0025	.0023	.0021	.0019	.0017	.0016	.0014	.0013	.0012	.0011
2	.0100	.0092	.0086	.0079	.0074	.0068	.0063	.0058	.0054	.0050
3	.0269	.0252	.0237	.0222	.0208	.0195	.0183	.0171	.0160	.0150
4	.0544	.0517	.0491	.0466	.0443	.0420	.0398	.0377	.0357	.0337
5	.0082	.0849	.0816	.0784	.0752	.0722	.0692	.0663	.0635	.0607
6	.1191	.1160	.1128	.1097	.1066	.1034	.1003	.0972	.0941	.0911
7	.1378	.1358	.1338	.1317	.1294	.1271	.1247	.1222	.1197	.1171
8	.1395	.1392	.1388	.1382	.1375	.1366	.1356	.1344	.1332	.1318
9	.1256	.1269	.1280	.1290	.1299	.1306	.1311	.1315	.1317	.1318
10	.1017	.1040	.1063	.1084	.1104	.1123	.1140	.1157	.1172	.1186
11	.0749	.0776	.0802	.0828	.0853	.0878	.0902	.0925	.0948	.0970
12	.0505	.0530	.0555	.0579	.0604	.0629	.0654	.0679	.0703	.0728
13	.0315	.0334	.0354	.0374	.0395	.0416	.0438	.0459	.0481	.0504
14	.0182	.0196	.0210	.0225	.0240	.0256	.0272	.0289	.0306	.0324
15	.0098	.0107	.0116	.0126	.0136	.0147	.0158	.0169	.0182	.0194
16	.0050	.0055	.0060	.0066	.0072	.0079	.0086	.0093	.0101	.0109
17	.0024	.0026	.0029	.0033	.0036	.0040	.0044	.0048	.0053	.0058
18	.0011	.0012	.0014	.0015	.0017	.0019	.0021	.0024	.0026	.0029
19	.0005	.0005	.0006	.0007	.0008	.0009	.0010	.0011	.0012	.0014
20	.0002	.0002	.0002	.0003	.0003	.0004	.0004	.0005	.0005	.0006
21	.0001	.0001	.0001	.0001	.0001	.0002	.0002	.0002	.0002	.0003
22	.0000	.0000	.0000	.0000	.0001	.0001	.0001	.0001	.0001	.0001

附表 3 標準常態分配表

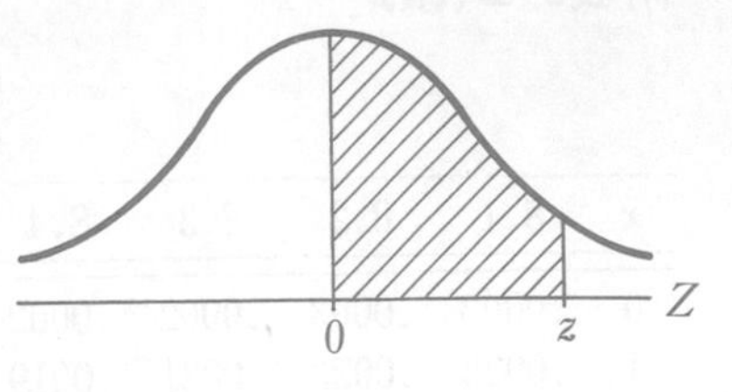

右圖陰影面積爲標準常態分配曲線下由0到z的機率，即：

$$P(0 \leq Z \leq z) = \text{斜影面積}$$

例：$P(0 \leq Z \leq 1.0) = 0.3413$

z	0	1	2	3	4	5	6	7	8	9
0.0	.0000	.0040	.0080	.0120	.0160	.0199	.0239	.0279	.0319	.0359
0.1	.0398	.0438	.0478	.0517	.0557	.0596	.0636	.0675	.0714	.0754
0.2	.0793	.0832	.0871	.0910	.0948	.0987	.1026	.1064	.1103	.1141
0.3	.1179	.1217	.1255	.1293	.1331	.1368	.1406	.1443	.1480	.1517
0.4	.1554	.1591	.1628	.1664	.1700	.1736	.1772	.1808	.1844	.1879
0.5	.1915	.1950	.1985	.2019	.2054	.2088	.2123	.2157	.2190	.2224
0.6	.2258	.2291	.2324	.2357	.2389	.2422	.2454	.2486	.2518	.2549
0.7	.2580	.2612	.2642	.2673	.2704	.2734	.2764	.2794	.2823	.2852
0.8	.2881	.2910	.2939	.2967	.2996	.3023	.3051	.3078	.3106	.3133
0.9	.3159	.3186	.3212	.3238	.3264	.3289	.3315	.3340	.3365	.3389
1.0	.3413	.3438	.3461	.3485	.3508	.3531	.3554	.3577	.3599	.3621
1.1	.3643	.3665	.3686	.3708	.3729	.3749	.3770	.3790	.3810	.3830
1.2	.3849	.3869	.3888	.3907	.3925	.3944	.3962	.3980	.3997	.4015
1.3	.4032	.4049	.4066	.4082	.4099	.4115	.4131	.4147	.4162	.4177
1.4	.4192	.4207	.4222	.4236	.4251	.4265	.4279	.4292	.4306	.4319
1.5	.4332	.4345	.4357	.4370	.4382	.4394	.4406	.4418	.4429	.4441
1.6	.4452	.4463	.4474	.4484	.4495	.4505	.4515	.4525	.4535	.4545
1.7	.4554	.4564	.4573	.4582	.4591	.4599	.4608	.4616	.4625	.4633
1.8	.4641	.4649	.4656	.4664	.4671	.4678	.4686	.4693	.4699	.4706
1.9	.4713	.4719	.4726	.4732	.4738	.4744	.4750	.4756	.4761	.4767

附表 3（續）

z	0	1	2	3	4	5	6	7	8	9
2.0	.4772	.4778	.4783	.4788	.4793	.4798	.4803	.4808	.4812	.4817
2.1	.4821	.4826	.4830	.4834	.4838	.4842	.4846	.4850	.4854	.4857
2.2	.4861	.4864	.4868	.4871	.4875	.4878	.4881	.4884	.4887	.4890
2.3	.4893	.4896	.4898	.4901	.4904	.4906	.4909	.4911	.4913	.4916
2.4	.4918	.4920	.4922	.4925	.4927	.4929	.4931	.4932	.4934	.4936
2.5	.4938	.4940	.4941	.4943	.4945	.4946	.4948	.4949	.4951	.4952
2.6	.4953	.4955	.4956	.4957	.4959	.4960	.4961	.4962	.4963	.4964
2.7	.4965	.4966	.4967	.4968	.4969	.4970	.4971	.4972	.4973	.4974
2.8	.4974	.4975	.4976	.4977	.4977	.4978	.4979	.4979	.4980	.4981
2.9	.4981	.4982	.4982	.4983	.4984	.4984	.4985	.4985	.4986	.4986
3.0	.4987	.4987	.4987	.4988	.4988	.4989	.4989	.4989	.4990	.4990
3.1	.4990	.4991	.4991	.4991	.4992	.4992	.4992	.4992	.4993	.4993
3.2	.4993	.4993	.4994	.4994	.4994	.4994	.4994	.4995	.4995	.4995
3.3	.4995	.4995	.4995	.4996	.4996	.4996	.4996	.4996	.4996	.4997
3.4	.4997	.4997	.4997	.4997	.4997	.4997	.4997	.4997	.4997	.4998
3.5	.4998	.4998	.4998	.4998	.4998	.4998	.4998	.4998	.4998	.4998
3.6	.4998	.4998	.4999	.4999	.4999	.4999	.4999	.4999	.4999	.4999
3.7	.4999	.4999	.4999	.4999	.4999	.4999	.4999	.4999	.4999	.4999
3.8	.4999	.4999	.4999	.4999	.4999	.4999	.4999	.4999	.4999	.4999
3.9	.5000	.5000	.5000	.5000	.5000	.5000	.5000	.5000	.5000	.5000

附表 4　t分配表

右圖陰影面積是自由度v的t分配曲線下大於臨界值$t_\alpha(v)$的機率，即：

$$P(X \geq t_\alpha(v)) = \alpha$$

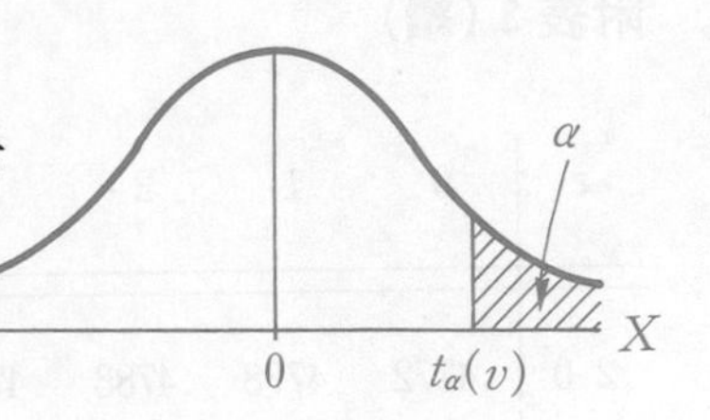

例：自由度$v=6$的t分配曲線下右尾尾端機率爲$\alpha=0.05$所對應的臨界值爲$t_{0.05}(6)=1.943$

自由度(v)	尾端機率(α)				
	.10	.05	.025	.01	.005
1	3.078	6.314	12.706	31.821	63.657
2	1.886	2.920	4.303	6.965	9.925
3	1.638	2.353	3.182	4.541	5.841
4	1.533	2.132	2.776	3.747	4.604
5	1.476	2.015	2.571	3.365	4.032
6	1.440	1.943	2.447	3.143	3.707
7	1.415	1.895	2.365	2.998	3.499
8	1.397	1.860	2.306	2.896	3.355
9	1.383	1.833	2.262	2.821	3.250
10	1.372	1.812	2.228	2.764	3.169
11	1.363	1.796	2.201	2.718	3.106
12	1.356	1.782	2.179	2.681	3.055
13	1.350	1.771	2.160	2.650	3.012
14	1.345	1.761	2.145	2.624	2.977
15	1.341	1.753	2.131	2.602	2.947
16	1.337	1.746	2.120	2.583	2.921
17	1.333	1.740	2.110	2.567	2.898
18	1.330	1.734	2.101	2.552	2.878
19	1.328	1.729	2.093	2.539	2.861
20	1.325	1.725	2.086	2.528	2.845

附表 4 （續）

自由度(v)	尾端機率（α） .10	.05	.025	.01	.005
21	1.323	1.721	2.080	2.518	2.831
22	1.321	1.717	2.074	2.508	2.819
23	1.319	1.714	2.069	2.500	2.807
24	1.318	1.711	2.064	2.492	2.797
25	1.316	1.708	2.060	2.485	2.787
26	1.315	1.706	2.056	2.479	2.779
27	1.314	1.703	2.052	2.473	2.771
28	1.313	1.701	2.048	2.467	2.763
29	1.311	1.699	2.045	2.462	2.756
30	1.310	1.697	2.042	2.457	2.750
40	1.303	1.684	2.021	2.423	2.704
60	1.296	1.671	2.000	2.390	2.660
120	1.289	1.658	1.980	2.358	2.617
∞	1.282	1.645	1.960	2.326	2.576

感謝Biometrika Trustees同意本表摘自Table 12, *Percentage Points of the t Distribution*, 3rd Edition, 1966, E. S. Pearson and H. O. Hartley, *Biometrika Tables for Statisticans*, Vol. I.

附表 5　χ^2分配表(卡方分配表)

下圖陰影面積爲自由度v的χ^2分配曲線下大於卡方值$\chi^2_\alpha(v)$的機率，

即：

$$P(X \geq \chi^2_\alpha(v)) = \alpha$$

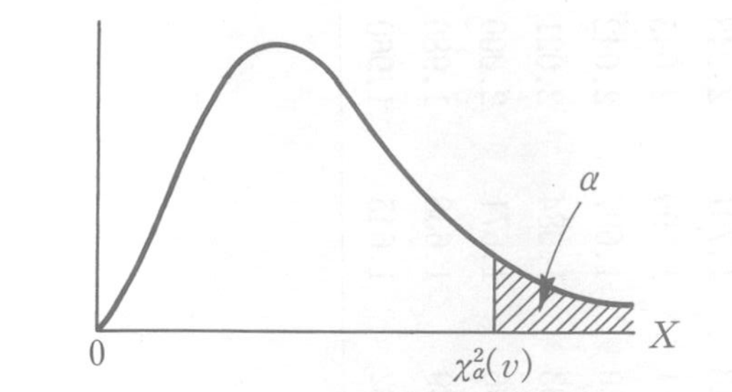

例：自由度$v=10$的χ^2分配曲線下右尾尾端機率爲$\alpha=0.05$所對應的卡方值$\chi^2_{0.05}(10)=18.3070$

感謝Biometrika Trustees同意本表摘自Table 8, *Percentage Points of the χ^2 Distribution*, 3rd Edition, 1966, E. S. Pearson and H. O. Hartley, *Biometrika Tables for Statisticians*, Vol. I.

自由度(v)	右尾尾端機率(α)									
	.995	.99	.975	.95	.90	.10	.05	.025	.01	.005
1	$392,704\times10^{-10}$	$157,088\times10^{-9}$	$982,069\times10^{-9}$	$393,214\times10^{-8}$	.0157908	2.70554	3.84146	5.02389	6.63490	7.87944
2	.0100251	.0201007	.0506356	.102587	.210720	4.60517	5.99147	7.37776	9.21034	10.5966
3	.0717212	.114832	.215795	.351846	.584375	6.25139	7.81473	9.34840	11.3449	12.8381
4	.206990	.297110	.484419	.710721	1.063623	7.77944	9.48773	11.1433	13.2767	14.8602
5	.411740	.554300	.831211	1.145476	1.61031	9.23635	11.0705	12.8325	15.0863	16.7496
6	.675727	.872085	1.237347	1.63539	2.20413	10.6446	12.5916	14.4494	16.8119	18.5476
7	.989265	1.239043	1.68987	2.16735	2.83311	12.0170	14.0671	16.0128	18.4753	20.2777
8	1.344419	1.646482	2.17973	2.73264	3.48954	13.3616	15.5073	17.5346	20.0902	21.9550
9	1.734926	2.087912	2.70039	3.32511	4.16816	14.6837	16.9190	19.0228	21.6660	23.5893
10	2.15585	2.55821	3.24697	3.94030	4.86518	15.9871	18.3070	20.4831	23.2093	25.1882
11	2.60321	3.05347	3.81575	4.57481	5.57779	17.2750	19.6751	21.9200	24.7250	26.7569
12	3.07382	3.57056	4.40379	5.22603	6.30380	18.5494	21.0261	23.3367	26.2170	28.2995
13	3.56503	4.10691	5.00874	5.89186	7.04150	19.8119	22.3621	24.7356	27.6883	29.8194
14	4.07468	4.66043	5.62872	6.57063	7.78953	21.0642	23.6848	26.1190	29.1413	31.3193
15	4.60094	5.22935	6.26214	7.26094	8.54675	22.3072	24.9958	27.4884	30.5779	32.8013
16	5.14224	5.81221	6.90766	7.96164	9.31223	23.5418	26.2962	28.8454	31.9999	34.2672
17	5.69724	6.40776	7.56418	8.67176	10.0852	24.7690	27.5871	30.1910	33.4087	35.7185
18	6.26481	7.01491	8.23075	9.39046	10.8649	25.9894	28.8693	31.5264	34.8053	37.1564
19	6.84398	7.63273	8.90655	10.1170	11.6509	27.2036	30.1435	32.8523	36.1908	38.5822
20	7.43386	8.26040	9.59083	10.8508	12.4426	28.4120	31.4104	34.1696	37.5662	39.9968
21	8.03366	8.89720	10.28293	11.5913	13.2396	29.6151	32.6705	35.4789	38.9321	41.4010
22	8.64272	9.54249	10.9823	12.3380	14.0415	30.8133	33.9244	36.7807	40.2894	42.7958
23	9.26042	10.19567	11.6885	13.0905	14.8479	32.0069	35.1725	38.0757	41.6384	44.1813
24	9.88623	10.8564	12.4011	13.8484	15.6587	33.1963	36.4151	39.3641	42.9798	45.5585
25	10.5197	11.5240	13.1197	14.6114	16.4734	34.3816	37.6525	40.6465	44.3141	46.9278
26	11.1603	12.1981	13.8439	15.3791	17.2919	35.5631	38.8852	41.9232	45.6417	48.2899

附表 5（續）

自由度(v)	右尾尾端機率(α) .995	.99	.975	.95	.90	.10	.05	.025	.01	.005
27	11.8076	12.8786	14.5733	16.1513	18.1138	36.7412	40.1133	43.1944	46.9630	49.6449
28	12.4613	13.5648	15.3079	16.9279	18.9392	37.9159	41.3372	44.4607	48.2782	50.9933
29	13.1211	14.2565	16.0471	17.7083	19.7677	39.0875	42.5569	45.7222	49.5879	52.3356
30	13.7867	14.9535	16.7908	18.4926	20.5992	40.2560	43.7729	46.9792	50.8922	53.6720
40	20.7065	22.1643	24.4331	26.5093	29.0505	51.8050	55.7585	59.3417	63.6907	66.7659
50	27.9907	29.7067	32.3574	34.7642	37.6886	63.1671	67.5048	71.4202	76.1539	79.4900
60	35.5346	37.4848	40.4817	43.1879	46.4589	74.3970	79.0819	83.2976	88.3794	91.9517
70	43.2752	45.4418	48.7576	51.7393	55.3290	85.5271	90.5312	95.0231	100.425	104.215
80	51.1720	53.5400	57.1532	60.3915	64.2778	96.5782	101.879	106.629	112.329	116.321
90	59.1963	61.7541	65.6466	69.1260	73.2912	107.565	113.145	118.136	124.116	128.299
100	67.3276	70.0648	74.2219	77.9295	82.3581	118.498	124.342	129.561	135.807	140.169

附表 6　F分配表

下圖陰影面積是分子自由度v_1與分母自由度v_2的F分配曲線下大於臨界值$F_\alpha(v_1, v_2)$的機率，即：

$$P(X \geq F_\alpha(v_1, v_2)) = \alpha$$

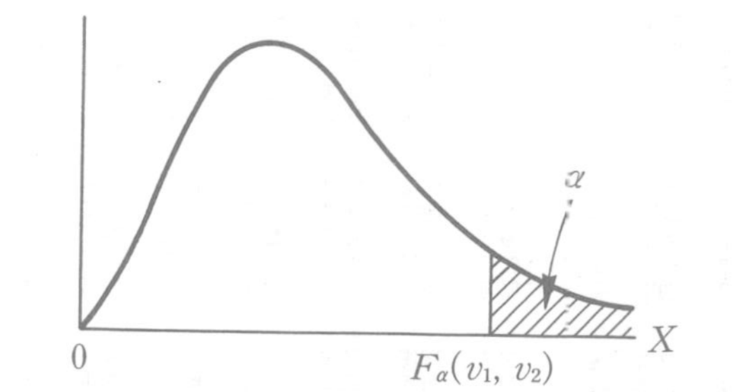

例：分子自由度$v_1=8$，分母自由度$v_2=15$的F分配曲線下右尾尾端機率爲$\alpha=0.05$所對應的臨界值$F_{0.05}(8,15)=2.64$

感謝Biometrika Trustees同意本表摘自Table 18, *Percentage Points of the F Distribution*, 3rd Edition, 1966, E. S. Pearson and H. O. Hartley, *Biometrika Tables for Statisticans*, Vol. I.

F分配表($\alpha=0.05$)

分母自由度 (v_2)	分子自由度(v_1) 1	2	3	4	5	6	7	8	9	10	12	15	20	24	30	40	60	120	∞
1	161.4	199.5	215.7	224.6	230.2	234.0	236.8	238.9	240.5	241.9	243.9	245.9	248.0	249.1	250.1	251.1	252.2	253.3	254.3
2	18.51	19.00	19.16	19.25	19.30	19.33	19.35	19.37	19.38	19.40	19.41	19.43	19.45	19.45	19.46	19.47	19.48	19.49	19.50
3	10.13	9.55	9.28	9.12	9.01	8.94	8.89	8.85	8.81	8.79	8.74	8.70	8.66	8.64	8.62	8.59	8.57	8.55	8.53
4	7.71	6.94	6.59	6.39	6.26	6.16	6.09	6.04	6.00	5.96	5.91	5.86	5.80	5.77	5.75	5.72	5.69	5.66	5.63
5	6.61	5.79	5.41	5.19	5.05	4.95	4.88	4.82	4.77	4.74	4.68	4.62	4.56	4.53	4.50	4.46	4.43	4.40	4.36
6	5.99	5.14	4.76	4.53	4.39	4.28	4.21	4.15	4.10	4.06	4.00	3.94	3.87	3.84	3.81	3.77	3.74	3.70	3.67
7	5.59	4.74	4.35	4.12	3.97	3.87	3.79	3.73	3.68	3.64	3.57	3.51	3.44	3.41	3.38	3.34	3.30	3.27	3.23
8	5.32	4.46	4.07	3.84	3.69	3.58	3.50	3.44	3.39	3.35	3.28	3.22	3.15	3.12	3.08	3.04	3.01	2.97	2.93
9	5.12	4.26	3.86	3.63	3.48	3.37	3.29	3.23	3.18	3.14	3.07	3.01	2.94	2.90	2.86	2.83	2.79	2.75	2.71
10	4.96	4.10	3.71	3.48	3.33	3.22	3.14	3.07	3.02	2.98	2.91	2.85	2.77	2.74	2.70	2.66	2.62	2.58	2.54
11	4.84	3.98	3.59	3.36	3.20	3.09	3.01	2.95	2.90	2.85	2.79	2.72	2.65	2.61	2.57	2.53	2.49	2.45	2.40
12	4.75	3.89	3.49	3.26	3.11	3.00	2.91	2.85	2.80	2.75	2.69	2.62	2.54	2.51	2.47	2.43	2.38	2.34	2.30
13	4.67	3.81	3.41	3.18	3.03	2.92	2.83	2.77	2.71	2.67	2.60	2.53	2.46	2.42	2.38	2.34	2.30	2.25	2.21
14	4.60	3.74	3.34	3.11	2.96	2.85	2.76	2.70	2.65	2.60	2.53	2.46	2.39	2.35	2.31	2.27	2.22	2.18	2.13
15	4.54	3.68	3.29	3.06	2.90	2.79	2.71	2.64	2.59	2.54	2.48	2.40	2.33	2.29	2.25	2.20	2.16	2.11	2.07
16	4.49	3.63	3.24	3.01	2.85	2.74	2.66	2.59	2.54	2.49	2.42	2.35	2.28	2.24	2.19	2.15	2.11	2.06	2.01
17	4.45	3.59	3.20	2.96	2.81	2.70	2.61	2.55	2.49	2.45	2.38	2.31	2.23	2.19	2.15	2.10	2.06	2.01	1.96
18	4.41	3.55	3.16	2.93	2.77	2.66	2.58	2.51	2.46	2.41	2.34	2.27	2.19	2.15	2.11	2.06	2.02	1.97	1.92
19	4.38	3.52	3.13	2.90	2.74	2.63	2.54	2.48	2.42	2.38	2.31	2.23	2.16	2.11	2.07	2.03	1.98	1.93	1.88
20	4.35	3.49	3.10	2.87	2.71	2.60	2.51	2.45	2.39	2.35	2.28	2.20	2.12	2.08	2.04	1.99	1.95	1.90	1.84
21	4.32	3.47	3.07	2.84	2.68	2.57	2.49	2.42	2.37	2.32	2.25	2.18	2.10	2.05	2.01	1.96	1.92	1.87	1.81
22	4.30	3.44	3.05	2.82	2.66	2.55	2.46	2.40	2.34	2.30	2.23	2.15	2.07	2.03	1.98	1.94	1.89	1.84	1.78
23	4.28	3.42	3.03	2.80	2.64	2.53	2.44	2.37	2.32	2.27	2.20	2.13	2.05	2.01	1.96	1.91	1.86	1.81	1.76
24	4.26	3.40	3.01	2.78	2.62	2.51	2.42	2.36	2.30	2.25	2.18	2.11	2.03	1.98	1.94	1.89	1.84	1.79	1.73
25	4.24	3.39	2.99	2.76	2.60	2.49	2.40	2.34	2.28	2.24	2.16	2.09	2.01	1.96	1.92	1.87	1.82	1.77	1.71
26	4.23	3.37	2.98	2.74	2.59	2.47	2.39	2.32	2.27	2.22	2.15	2.07	1.99	1.95	1.90	1.85	1.80	1.75	1.69
27	4.21	3.35	2.96	2.73	2.57	2.46	2.37	2.31	2.25	2.20	2.13	2.06	1.97	1.93	1.88	1.84	1.79	1.73	1.67
28	4.20	3.34	2.95	2.71	2.56	2.45	2.36	2.29	2.24	2.19	2.12	2.04	1.96	1.91	1.87	1.82	1.77	1.71	1.65
29	4.18	3.33	2.93	2.70	2.55	2.43	2.35	2.28	2.22	2.18	2.10	2.03	1.94	1.90	1.85	1.81	1.75	1.70	1.64
30	4.17	3.32	2.92	2.69	2.53	2.42	2.33	2.27	2.21	2.16	2.09	2.01	1.93	1.89	1.84	1.79	1.74	1.68	1.62
40	4.08	3.23	2.84	2.61	2.45	2.34	2.25	2.18	2.12	2.08	2.00	1.92	1.84	1.79	1.74	1.69	1.64	1.58	1.51
60	4.00	3.15	2.76	2.53	2.37	2.25	2.17	2.10	2.04	1.99	1.92	1.84	1.75	1.70	1.65	1.59	1.53	1.47	1.39
120	3.92	3.07	2.68	2.45	2.29	2.17	2.09	2.02	1.96	1.91	1.83	1.75	1.66	1.61	1.55	1.50	1.43	1.35	1.25
∞	3.84	3.00	2.60	2.37	2.21	2.10	2.01	1.94	1.88	1.83	1.75	1.67	1.57	1.52	1.46	1.39	1.32	1.22	1.00

附表 6（續）

F分配表（$\alpha=0.025$）

分母自由度 (v_2)	分子自由度(v_1) 1	2	3	4	5	6	7	8	9	10	12	15	20	24	30	40	60	120	∞
1	647.8	799.5	864.2	899.6	921.8	937.1	948.2	956.7	963.3	968.6	976.7	984.9	993.1	997.2	1,001	1,006	1,010	1,014	1,018
2	38.51	39.00	39.17	39.25	39.30	39.33	39.36	39.37	39.39	39.40	39.41	39.43	39.45	39.46	39.46	39.47	39.48	39.49	39.50
3	17.44	16.04	15.44	15.10	14.88	14.73	14.62	14.54	14.47	14.42	14.34	14.25	14.17	14.12	14.08	14.04	13.99	13.95	13.90
4	12.22	10.65	9.98	9.60	9.36	9.20	9.07	8.98	8.90	8.84	8.75	8.66	8.56	8.51	8.46	8.41	8.36	8.31	8.26
5	10.01	8.43	7.76	7.39	7.15	6.98	6.85	6.76	6.68	6.62	6.52	6.43	6.33	6.28	6.23	6.18	6.12	6.07	6.02
6	8.81	7.26	6.60	6.23	5.99	5.82	5.70	5.60	5.52	5.46	5.37	5.27	5.17	5.12	5.07	5.01	4.96	4.90	4.85
7	8.07	6.54	5.89	5.52	5.29	5.21	4.99	4.90	4.82	4.76	4.67	4.57	4.47	4.42	4.36	4.31	4.25	4.20	4.14
8	7.57	6.06	5.42	5.05	4.82	4.65	4.53	4.43	4.36	4.30	4.20	4.10	4.00	3.95	3.89	3.84	3.78	3.73	3.67
9	7.21	5.71	5.08	4.72	4.48	4.32	4.20	4.10	4.03	3.96	3.87	3.77	3.67	3.61	3.56	3.51	3.45	3.39	3.33
10	6.94	5.46	4.83	4.47	4.24	1.07	3.95	3.85	3.78	3.72	3.62	3.52	3.42	3.37	3.31	3.26	3.20	3.14	3.08
11	6.72	5.26	4.63	4.28	4.04	3.88	3.76	3.66	3.59	3.53	3.43	3.33	3.23	3.17	3.12	3.06	3.00	2.94	2.88
12	6.55	5.10	4.47	4.12	3.89	3.73	3.61	3.51	3.44	3.37	3.28	3.18	3.07	3.02	2.96	2.91	2.85	2.79	2.72
13	6.41	4.97	4.35	4.00	3.77	3.60	3.48	3.39	3.31	3.25	3.15	3.05	2.95	2.89	2.84	2.78	2.72	2.66	2.60
14	6.30	4.86	4.24	3.89	3.66	3.50	3.38	3.29	3.21	3.15	3.05	2.95	2.84	2.79	2.73	2.67	2.61	2.55	2.49
15	6.20	4.77	4.15	3.80	3.58	3.41	3.29	3.20	3.12	3.06	2.96	2.86	2.76	2.70	2.64	2.59	2.52	2.46	2.40
16	6.12	4.69	4.08	3.73	3.50	3.34	3.22	3.12	3.05	2.99	2.89	2.79	2.68	2.63	2.57	2.51	2.45	2.38	2.32
17	6.04	4.62	4.01	3.66	3.44	3.28	3.16	3.06	2.98	2.92	2.82	2.72	2.62	2.56	2.50	2.44	2.38	2.32	2.25
18	5.98	4.56	3.95	3.61	3.38	3.22	3.10	3.01	2.93	2.87	2.77	2.67	2.56	2.50	2.44	2.38	2.32	2.26	2.19
19	5.92	4.51	3.90	3.56	3.33	3.17	3.05	2.96	2.88	2.82	2.72	2.62	2.51	2.45	2.39	2.33	2.27	2.20	2.13
20	5.87	4.46	3.86	3.51	3.29	3.13	3.01	2.91	2.84	2.77	2.68	2.57	2.46	2.41	2.35	2.29	2.22	2.16	2.09
21	5.83	4.42	3.82	3.48	3.25	3.09	2.97	2.87	2.80	2.73	2.64	2.53	2.42	2.37	2.31	2.25	2.18	2.11	2.04
22	5.79	4.38	3.78	3.44	3.22	3.05	2.93	2.84	2.76	2.70	2.60	2.50	2.39	2.33	2.27	2.21	2.14	2.08	2.00
23	5.75	4.35	3.75	3.41	3.18	3.02	2.90	2.81	2.73	2.67	2.57	2.47	2.36	2.30	2.24	2.18	2.11	2.04	1.97
24	5.72	4.32	3.72	3.38	3.15	2.99	2.87	2.78	2.70	2.64	2.54	2.44	2.33	2.27	2.21	2.15	2.08	2.01	1.94
25	5.69	4.29	3.69	3.35	3.13	2.97	2.85	2.75	2.68	2.61	2.51	2.41	2.30	2.24	2.18	2.12	2.05	1.98	1.91
26	5.66	4.27	3.67	3.33	3.10	2.94	2.82	2.73	2.65	2.59	2.49	2.39	2.28	2.22	2.16	2.09	2.03	1.95	1.88
27	5.63	4.24	3.65	3.31	3.08	2.92	2.80	2.71	2.63	2.57	2.47	2.36	2.25	2.19	2.13	2.07	2.00	1.93	1.85
28	5.61	4.22	3.63	3.29	3.06	2.90	2.78	2.69	2.61	2.55	2.45	2.34	2.23	2.17	2.11	2.05	1.98	1.91	1.83
29	5.59	4.20	3.61	3.27	3.04	2.88	2.76	2.67	2.59	2.53	2.43	2.32	2.21	2.15	2.09	2.03	1.96	1.89	1.81
30	5.57	4.18	3.59	3.25	3.03	2.87	2.75	2.65	2.57	2.51	2.41	2.31	2.20	2.14	2.07	2.01	1.94	1.87	1.79
40	5.42	4.05	3.46	3.13	2.90	2.74	2.62	2.53	2.45	2.39	2.29	2.18	2.07	2.01	1.94	1.88	1.80	1.72	1.64
60	5.29	3.93	3.34	3.01	2.79	2.63	2.51	2.41	2.33	2.27	2.17	2.06	1.94	1.88	1.82	1.74	1.67	1.58	1.48
120	5.15	3.80	3.23	2.89	2.67	2.52	2.39	2.30	2.22	2.16	2.05	1.94	1.82	1.76	1.69	1.61	1.53	1.43	1.31
∞	5.02	3.69	3.12	2.79	2.57	2.41	2.29	2.19	2.11	2.05	1.94	1.83	1.71	1.64	1.57	1.48	1.39	1.27	1.00

附表 6（續）

F分配表($\alpha=0.01$)

分母自由度(v_2) \ 分子自由度(v_1)	1	2	3	4	5	6	7	8	9	10	12	15	20	24	30	40	60	120	∞
1	4,052	4,999.5	5,403	5,625	5,764	5,859	5,928	5,982	6,022	6,056	6,106	6,157	6,209	6,235	6,261	6,287	6,313	6,339	6,366
2	98.50	99.00	99.17	99.25	99.30	99.33	99.36	99.37	99.39	99.40	99.42	99.43	99.45	99.46	99.47	99.47	99.48	99.49	99.50
3	34.12	30.82	29.46	28.71	28.24	27.91	27.67	27.49	27.35	27.23	27.05	26.87	26.69	26.60	26.50	26.41	26.32	26.22	26.13
4	21.20	18.00	16.69	15.98	15.52	15.21	14.98	14.80	14.66	14.55	14.37	14.20	14.02	13.93	13.84	13.75	13.65	13.56	13.46
5	16.26	13.27	12.06	11.39	10.97	10.67	10.46	10.29	10.16	10.05	9.89	9.72	9.55	9.47	9.38	9.29	9.20	9.11	9.06
6	13.75	10.92	9.78	9.15	8.75	8.47	8.26	8.10	7.98	7.87	7.72	7.56	7.40	7.31	7.23	7.14	7.06	6.97	6.88
7	12.25	9.55	8.45	7.85	7.46	7.19	6.99	6.84	6.72	6.62	6.47	6.31	6.16	6.07	5.99	5.91	5.82	5.74	5.65
8	11.26	8.65	7.59	7.01	6.63	6.37	6.18	6.03	5.91	5.81	5.67	5.52	5.36	5.28	5.20	5.12	5.03	4.95	4.86
9	10.56	8.02	6.99	6.42	6.06	5.80	5.61	5.47	5.35	5.26	5.11	4.96	4.81	4.73	4.65	4.57	4.48	4.40	4.31
10	10.04	7.56	6.55	5.99	5.64	5.39	5.20	5.06	4.94	4.85	4.71	4.56	4.41	4.33	4.25	4.17	4.08	4.00	3.91
11	9.65	7.21	6.22	5.67	5.32	5.07	4.89	4.74	4.63	4.54	4.40	4.25	4.10	4.02	3.94	3.86	3.78	3.69	3.60
12	9.33	6.93	5.95	5.41	5.06	4.82	4.64	4.50	4.39	4.30	4.16	4.01	3.86	3.78	3.70	3.62	3.54	3.45	3.36
13	9.07	6.70	5.74	5.21	4.86	4.62	4.44	4.30	4.19	4.10	3.96	3.82	3.66	3.59	3.51	3.43	3.34	3.25	3.17
14	8.86	6.51	5.56	5.04	4.69	4.46	4.28	4.14	4.03	3.94	3.80	3.66	3.51	3.43	3.35	3.27	3.18	3.09	3.00
15	8.68	6.36	5.42	4.89	4.56	4.32	4.14	4.00	3.89	3.80	3.67	3.52	3.37	3.29	3.21	3.13	3.05	2.96	2.87
16	8.53	6.23	5.29	4.77	4.44	4.20	4.03	3.89	3.78	3.69	3.55	3.41	3.26	3.18	3.10	3.02	2.93	2.84	2.75
17	8.40	6.11	5.18	4.67	4.34	4.10	3.93	3.79	3.68	3.59	3.46	3.31	3.16	3.08	3.00	2.92	2.83	2.75	2.65
18	8.29	6.01	5.09	4.58	4.25	4.01	3.84	3.71	3.60	3.51	3.37	3.23	3.08	3.00	2.92	2.84	2.75	2.66	2.57
19	8.18	5.93	5.01	4.50	4.17	3.94	3.77	3.63	3.52	3.43	3.30	3.15	3.00	2.92	2.84	2.76	2.67	2.58	2.49
20	8.10	5.85	4.94	4.43	4.10	3.87	3.70	3.56	3.46	3.37	3.23	3.09	2.94	2.86	2.78	2.69	2.61	2.52	2.42
21	8.02	5.78	4.87	4.37	4.04	3.81	3.64	3.51	3.40	3.31	3.17	3.03	2.88	2.80	2.72	2.64	2.55	2.46	2.36
22	7.95	5.72	4.82	4.31	3.99	3.76	3.59	3.45	3.35	3.26	3.12	2.98	2.83	2.75	2.67	2.58	2.50	2.40	2.31
23	7.88	5.66	4.76	4.26	3.94	3.71	3.54	3.41	3.30	3.21	3.07	2.93	2.78	2.70	2.62	2.54	2.45	2.35	2.26
24	7.82	5.61	4.72	4.22	3.90	3.67	3.50	3.36	3.26	3.17	3.03	2.89	2.74	2.66	2.58	2.49	2.40	2.31	2.21
25	7.77	5.57	4.68	4.18	3.85	3.63	3.46	3.32	3.22	3.13	2.99	2.85	2.70	2.62	2.54	2.45	2.36	2.27	2.17
26	7.72	5.53	4.64	4.14	3.82	3.59	3.42	3.29	3.18	3.09	2.96	2.81	2.66	2.58	2.50	2.42	2.33	2.23	2.13
27	7.68	5.49	4.60	4.11	3.78	3.56	3.39	3.26	3.15	3.06	2.93	2.78	2.63	2.55	2.47	2.38	2.29	2.20	2.10
28	7.64	5.45	4.57	4.07	3.75	3.53	3.36	3.23	3.12	3.03	2.90	2.75	2.60	2.52	2.44	2.35	2.26	2.17	2.06
29	7.60	5.42	4.54	4.04	3.73	3.50	3.33	3.20	3.09	3.00	2.87	2.73	2.57	2.49	2.41	2.33	2.23	2.14	2.03
30	7.56	5.39	4.51	4.02	3.70	3.47	3.30	3.17	3.07	2.98	2.84	2.70	2.55	2.47	2.39	2.30	2.21	2.11	2.01
40	7.31	5.18	4.31	3.83	3.51	3.29	3.12	2.99	2.89	2.80	2.66	2.52	2.37	2.29	2.20	2.11	2.02	1.92	1.80
60	7.08	4.98	4.13	3.65	3.34	3.12	2.95	2.82	2.72	2.63	2.50	2.35	2.20	2.12	2.03	1.94	1.84	1.73	1.60
120	6.85	4.79	3.95	3.48	3.17	2.96	2.79	2.66	2.56	2.47	2.34	2.19	2.03	1.95	1.86	1.76	1.66	1.53	1.38
∞	6.63	4.61	3.78	3.32	3.02	2.80	2.64	2.51	2.41	2.32	2.18	2.04	1.88	1.79	1.70	1.59	1.47	1.32	1.00

附表 7　Mann-Whitney U分配表

本表所列爲$n_1 \leq n_2$，且$3 \leq n_2 \leq 10$的Mann-Whitney U分配小於U_0的機率，即：

$$P(U \leq U_0)$$

例：若$n_1=3$, $n_2=4$, $u_0=5$

則　$P(U \leq 5)=0.4286$

(1)$n_2=3$

U_0	$n_1=1$	2	3
0	.25	.10	.05
1	.50	.20	.10
2		.40	.20
3		.60	.35
4			.50

(2)$n_2=4$

U_0	$n_1=1$	2	3	4
0	.2000	.0667	.0286	.0143
1	.4000	.1333	.0571	.0286
2	.6000	.2667	.1143	.0571
3		.4000	.2000	.1000
4		.6000	.3143	.1714
5			.4286	.2429
6			.5714	.3429
7				.4429
8				.5571

附表 7 (續)

(3) $n_2=5$

U_0 \ $n_1=$	1	2	3	4	5
0	.1667	.0476	.0179	.0079	.0040
1	.3333	.0952	.0357	.0159	.0079
2	.5000	.1905	.0714	.0317	.0159
3		.2857	.1250	.0556	.0278
4		.4286	.1964	.0952	.0476
5		.5714	.2857	.1429	.0754
6			.3929	.2063	.1111
7			.5000	.2778	.1548
8				.3651	.2103
9				.4524	.2738
10				.5476	.3452
11					.4206
12					.5000

(4) $n_2=6$

U_0 \ $n_1=$	1	2	3	4	5	6
0	.1429	.0357	.0119	.0048	.0022	.0011
1	.2857	.0714	.0238	.0095	.0043	.0022
2	.4286	.1429	.0476	.0190	.0087	.0043
3	.5714	.2143	.0833	.0333	.0152	.0076
4		.3214	.1310	.0571	.0260	.0130
5		.4286	.1905	.0857	.0411	.0206
6		.5714	.2738	.1286	.0628	.0325
7			.3571	.1762	.0887	.0465
8			.4524	.2381	.1234	.0660
9			.5476	.3048	.1645	.0898
10				.3810	.2143	.1201
11				.4571	.2684	.1548
12				.5429	.3312	.1970
13					.3961	.2424
14					.4654	.2944
15					.5346	.3496
16						.4091
17						.4686
18						.5314

附表 7 (續)

(5) $n_2=7$

U_0 \ $n_1=$	1	2	3	4	5	6	7
0	.1250	.0278	.0083	.0030	.0013	.0006	.0003
1	.2500	.0556	.0167	.0061	.0025	.0012	.0006
2	.3750	.1111	.0333	.0121	.0051	.0023	.0012
3	.5000	.1667	.0583	.0212	.0088	.0041	.0020
4		.2500	.0917	.0364	.0152	.0070	.0035
5		.3333	.1333	.0545	.0240	.0111	.0055
6		.4444	.1917	.0818	.0366	.0175	.0087
7		.5556	.2583	.1152	.0530	.0256	.0131
8			.3333	.1576	.0745	.0367	.0189
9			.4167	.2061	.1010	.0507	.0265
10			.5000	.2636	.1338	.0688	.0364
11				.3242	.1717	.0903	.0487
12				.3939	.2159	.1171	.0641
13				.4636	.2652	.1474	.0825
14				.5364	.3194	.1830	.1043
15					.3775	.2226	.1297
16					.4381	.2669	.1588
17					.5000	.3141	.1914
18						.3654	.2279
19						.4178	.2675
20						.4726	.3100
21						.5274	.3552
22							.4024
23							.4508
24							.5000

附表 7（續）

(6) $n_2=8$

U_0 \ $n_1=$	1	2	3	4	5	6	7	8
0	.1111	.0222	.0061	.0020	.0008	.0003	.0002	.0001
1	.2222	.0444	.0121	.0040	.0016	.0007	.0003	.0002
2	.3333	.0889	.0242	.0081	.0031	.0013	.0006	.0003
3	.4444	.1333	.0424	.0141	.0054	.0023	.0011	.0005
4	.5556	.2000	.0667	.0242	.0093	.0040	.0019	.0009
5		.2667	.0970	.0364	.0148	.0063	.0030	.0015
6		.3556	.1394	.0545	.0225	.0100	.0047	.0023
7		.4444	.1879	.0768	.0326	.0147	.0070	.0035
8		.5556	.2485	.1071	.0466	.0213	.0103	.0052
9			.3152	.1414	.0637	.0296	.0145	.0074
10			.3879	.1838	.0855	.0406	.0200	.0103
11			.4606	.2303	.1111	.0539	.0270	.0141
12			.5394	.2848	.1422	.0709	.0361	.0190
13				.3414	.1772	.0906	.0469	.0249
14				.4040	.2176	.1142	.0603	.0325
15				.4667	.2618	.1412	.0760	.0415
16				.5333	.3108	.1725	.0946	.0524
17					.3621	.2068	.1159	.0652
18					.4165	.2454	.1405	.0803
19					.4716	.2864	.1678	.0974
20					.5284	.3310	.1984	.1172
21						.3773	.2317	.1393
22						.4259	.2679	.1641
23						.4749	.3063	.1911
24						.5251	.3472	.2209
25							.3894	.2527
26							.4333	.2869
27							.4775	.3227
28							.5225	.3605
29								.3992
30								.4392
31								.4796
32								.5204

附表 7（續）

(7) $n_2=9$

U_0 \ $n_1=$	1	2	3	4	5	6	7	8	9
0	.1000	.0182	.0045	.0014	.0005	.0002	.0001	.0000	.0000
1	.2000	.0364	.0091	.0028	.0010	.0004	.0002	.0001	.0000
2	.3000	.0727	.0182	.0056	.0020	.0008	.0003	.0002	.0001
3	.4000	.1091	.0318	.0098	.0035	.0014	.0006	.0003	.0001
4	.5000	.1636	.0500	.0168	.0060	.0024	.0010	.0005	.0002
5		.2182	.0727	.0252	.0095	.0038	.0017	.0008	.0004
6		.2909	.1045	.0378	.0145	.0060	.0026	.0012	.0006
7		.3636	.1409	.0531	.0210	.0088	.0039	.0019	.0009
8		.4545	.1864	.0741	.0300	.0128	.0058	.0028	.0014
9		.5455	.2409	.0993	.0415	.0180	.0082	.0039	.0020
10			.3000	.1301	.0559	.0248	.0115	.0056	.0028
11			.3636	.1650	.0734	.0332	.0156	.0076	.0039
12			.4318	.2070	.0949	.0440	.0209	.0103	.0053
13			.5000	.2517	.1199	.0567	.0274	.0137	.0071
14				.3021	.1489	.0723	.0356	.0180	.0094
15				.3552	.1818	.0905	.0454	.0232	.0122
16				.4126	.2188	.1119	.0571	.0296	.0157
17				.4699	.2592	.1361	.0708	.0372	.0200
18				.5301	.3032	.1638	.0869	.0464	.0252
19					.3497	.1942	.1052	.0570	.0313
20					.3986	.2280	.1261	.0694	.0385
21					.4491	.2643	.1496	.0836	.0470
22					.5000	.3035	.1755	.0998	.0567
23						.3445	.2039	.1179	.0680
24						.3878	.2349	.1383	.0807
25						.4320	.2680	.1606	.0951
26						.4773	.3032	.1852	.1112
27						.5227	.3403	.2117	.1290
28							.3788	.2404	.1487
29							.4185	.2707	.1701
30							.4591	.3029	.1933
31							.5000	.3365	.2181
32								.3715	.2447
33								.4074	.2729
34								.4442	.3024
35								.4813	.3332
36								.5187	.3652
37									.3981
38									.4317
39									.4657
40									.5000

附表 7（續）

(8) $n_2=10$

U_0 \ $n_1=$	1	2	3	4	5	6	7	8	9	10
0	.0909	.0152	.0035	.0010	.0003	.0001	.0001	.0000	.0000	.0000
1	.1818	.0303	.0070	.0020	.0007	.0002	.0001	.0000	.0000	.0000
2	.2727	.0606	.0140	.0040	.0013	.0005	.0002	.0001	.0000	.0000
3	.3636	.0909	.0245	.0070	.0023	.0009	.0004	.0002	.0001	.0000
4	.4545	.1364	.0385	.0120	.0040	.0015	.0006	.0003	.0001	.0001
5	.5455	.1818	.0559	.0180	.0063	.0024	.0010	.0004	.0002	.0001
6		.2424	.0804	.0270	.0097	.0037	.0015	.0007	.0003	.0002
7		.3030	.1084	.0380	.0140	.0055	.0023	.0010	.0005	.0002
8		.3788	.1434	.0529	.0200	.0080	.0034	.0015	.0007	.0004
9		.4545	.1853	.0709	.0276	.0112	.0048	.0022	.0011	.0005
10		.5455	.2343	.0939	.0376	.0156	.0068	.0031	.0015	.0008
11			.2867	.1199	.0496	.0210	.0093	.0043	.0021	.0010
12			.3462	.1518	.0646	.0280	.0125	.0058	.0028	.0014
13			.4056	.1868	.0823	.0363	.0165	.0078	.0038	.0019
14			.4685	.2268	.1032	.0467	.0215	.0103	.0051	.0026
15			.5315	.2697	.1272	.0589	.0277	.0133	.0066	.0034
16				.3177	.1548	.0736	.0351	.0171	.0086	.0045
17				.3666	.1855	.0903	.0439	.0217	.0110	.0057
18				.4196	.2198	.1099	.0544	.0273	.0140	.0073
19				.4725	.2567	.1317	.0665	.0338	.0175	.0093
20				.5275	.2970	.1566	.0806	.0416	.0217	.0116
21					.3393	.1838	.0966	.0506	.0267	.0144
22					.3839	.2139	.1148	.0610	.0326	.0177
23					.4296	.2461	.1349	.0729	.0394	.0216
24					.4765	.2811	.1574	.0864	.0474	.0262
25					.5235	.3177	.1819	.1015	.0564	.0315
26						.3564	.2087	.1185	.0667	.0376
27						.3962	.2374	.1371	.0782	.0446
28						.4374	.2681	.1577	.0912	.0526
29						.4789	.3004	.1800	.1055	.0615
30						.5211	.3345	.2041	.1214	.0716
31							.3698	.2299	.1388	.0827
32							.4063	.2574	.1577	.0952
33							.4434	.2863	.1781	.1088
34							.4811	.3167	.2001	.1237
35							.5189	.3482	.2235	.1399
36								.3809	.2483	.1575
37								.4143	.2745	.1763
38								.4484	.3019	.1965
39								.4827	.3304	.2179
40								.5173	.3598	.2406
41									.3901	.2644
42									.4211	.2894
43									.4524	.3153
44									.4841	.3421
45									.5159	.3697
46										.3980
47										.4267
48										.4559
49										.4853
50										.5147

附表 8　Wilcoxon檢定統計量臨界值表

本表所列爲$n=5, 6,\cdots,50$，單尾及雙尾的Wilcoxon成對符號等級統計量R檢定的臨界值。

例：若$n=9$，在$\alpha=0.05$的雙尾檢定臨界值爲6，即

$$P(R>6)=0.025$$

單尾	雙尾	$n=5$	$n=6$	$n=7$	$n=8$	$n=9$	$n=10$
$\alpha=.05$	$\alpha=.10$	1	2	4	6	8	11
$\alpha=.025$	$\alpha=.05$		1	2	4	6	8
$\alpha=.01$	$\alpha=.02$			0	2	3	5
$\alpha=.005$	$\alpha=.01$				0	2	3
單尾	雙尾	$n=11$	$n=12$	$n=13$	$n=14$	$n=15$	$n=16$
$\alpha=.05$	$\alpha=.10$	14	17	21	26	30	36
$\alpha=.025$	$\alpha=.05$	11	14	17	21	25	30
$\alpha=.01$	$\alpha=.02$	7	10	13	16	20	24
$\alpha=.005$	$\alpha=.01$	5	7	10	13	16	19
單尾	雙尾	$n=17$	$n=18$	$n=19$	$n=20$	$n=21$	$n=22$
$\alpha=.05$	$\alpha=.10$	41	47	54	60	68	75
$\alpha=.025$	$\alpha=.05$	35	40	46	52	59	66
$\alpha=.01$	$\alpha=.02$	28	33	38	43	49	56
$\alpha=.005$	$\alpha=.01$	23	28	32	37	43	49
單尾	雙尾	$n=23$	$n=24$	$n=25$	$n=26$	$n=27$	$n=28$
$\alpha=.05$	$\alpha=.10$	83	92	101	110	120	130
$\alpha=.025$	$\alpha=.05$	73	81	90	98	107	117
$\alpha=.01$	$\alpha=.02$	62	69	77	85	93	102
$\alpha=.005$	$\alpha=.01$	55	61	68	76	84	92

附表 8 (續)

單尾	雙尾	$n=29$	$n=30$	$n=31$	$n=32$	$n=33$	$n=34$
$\alpha=.05$	$\alpha=.10$	141	152	163	175	199	201
$\alpha=.025$	$\alpha=.05$	127	137	148	159	171	183
$\alpha=.01$	$\alpha=.02$	111	120	130	141	151	162
$\alpha=.005$	$\alpha=.01$	100	109	118	128	138	149
單尾	雙尾	$n=35$	$n=36$	$n=37$	$n=38$	$n=39$	
$\alpha=.05$	$\alpha=.10$	214	228	242	256	271	
$\alpha=.025$	$\alpha=.05$	195	208	222	235	250	
$\alpha=.01$	$\alpha=.02$	174	186	198	211	224	
$\alpha=.005$	$\alpha=.01$	160	171	183	195	208	
單尾	雙尾	$n=40$	$n=41$	$n=42$	$n=43$	$n=44$	$n=45$
$\alpha=.05$	$\alpha=.10$	287	303	319	336	353	371
$\alpha=.025$	$\alpha=.05$	264	279	295	311	327	344
$\alpha=.01$	$\alpha=.02$	238	252	267	281	297	313
$\alpha=.005$	$\alpha=.01$	221	234	248	262	277	292
單尾	雙尾	$n=46$	$n=47$	$n=48$	$n=49$	$n=50$	
$\alpha=.05$	$\alpha=.10$	389	408	427	446	466	
$\alpha=.025$	$\alpha=.05$	361	379	397	415	434	
$\alpha=.01$	$\alpha=.02$	329	345	362	380	398	
$\alpha=.005$	$\alpha=.01$	307	323	339	356	373	

感謝American Cyanamid Company同意本表摘自Wilcoxon, F. and R. A. Wilcox "Some Rapid Approximate Statistical Procedures." 1964.

附表 9 連段數分配表

本表所列爲樣本數n_1, n_2，連段數R小於特定值R_0的機率。

例：若$n_1=3$, $n_2=3$，且$R_0=4$，則

$$P(R \leq 4)=0.7$$

(n_1,n_2)	R_0: 2	3	4	5	6	7	8	9	10
(2,3)	.200	.500	.900	1.000					
(2,4)	.133	.400	.800	1.000					
(2,5)	.095	.333	.714	1.000					
(2,6)	.071	.286	.643	1.000					
(2,7)	.056	.250	.583	1.000					
(2,8)	.044	.222	.533	1.000					
(2,9)	.036	.200	.491	1.000					
(2,10)	.030	.182	.455	1.000					
(3,3)	.100	.300	.700	.900	1.000				
(3,4)	.057	.200	.543	.800	.971	1.000			
(3,5)	.036	.143	.429	.714	.929	1.000			
(3,6)	.024	.107	.345	.643	.881	1.000			
(3,7)	.017	.083	.283	.583	.833	1.000			
(3,8)	.012	.067	.236	.533	.788	1.000			
(3,9)	.009	.055	.200	.491	.745	1.000			
(3,10)	.007	.045	.171	.455	.706	1.000			
(4,4)	.029	.114	.371	.629	.886	.971	1.000		
(4,5)	.016	.071	.262	.500	.786	.929	.992	1.000	
(4,6)	.010	.048	.190	.405	.690	.881	.976	1.000	
(4,7)	.006	.033	.142	.333	.606	.833	.954	1.000	
(4,8)	.004	.024	.109	.279	.533	.788	.929	1.000	
(4,9)	.003	.018	.085	.236	.471	.745	.902	1.000	
(4,10)	.002	.014	.068	.203	.419	.706	.874	1.000	
(5,5)	.008	.040	.167	.357	.643	.833	.960	.992	1.000
(5,6)	.004	.024	.110	.262	.522	.738	.911	.976	.998
(5,7)	.003	.015	.076	.197	.424	.652	.854	.955	.992
(5,8)	.002	.010	.054	.152	.347	.576	.793	.929	.984
(5,9)	.001	.007	.039	.119	.287	.510	.734	.902	.972
(5,10)	.001	.005	.029	.095	.239	.455	.678	.874	.958
(6,6)	.002	.013	.067	.175	.392	.608	.825	.933	.987
(6,7)	.001	.008	.043	.121	.296	.500	.733	.879	.966
(6,8)	.001	.005	.028	.086	.226	.413	.646	.821	.937
(6,9)	.000	.003	.019	.063	.175	.343	.566	.762	.902
(6,10)	.000	.002	.013	.047	.137	.288	.497	.706	.864
(7,7)	.001	.004	.025	.078	.209	.383	.617	.791	.922
(7,8)	.000	.002	.015	.051	.149	.296	.514	.704	.867
(7,9)	.000	.001	.010	.035	.108	.231	.427	.622	.806
(7,10)	.000	.001	.006	.024	.080	.182	.355	.549	.743
(8,8)	.000	.001	.009	.032	.100	.214	.405	.595	.786
(8,9)	.000	.001	.005	.020	.069	.157	.319	.500	.702
(8,10)	.000	.000	.003	.013	.048	.117	.251	.419	.621
(9,9)	.000	.000	.003	.012	.044	.109	.238	.399	.601
(9,10)	.000	.000	.002	.008	.029	.077	.179	.319	.510
(10,10)	.000	.000	.001	.004	.019	.051	.128	.242	.414

附表 9（續）

(n_1,n_2)	R_0 11	12	13	14	15	16	17	18	19	20
(2,3)										
(2,4)										
(2,5)										
(2,6)										
(2,7)										
(2,8)										
(2,9)										
(2,10)										
(3,3)										
(3,4)										
(3,5)										
(3,6)										
(3,7)										
(3,8)										
(3,9)										
(3,10)										
(4,4)										
(4,5)										
(4,6)										
(4,7)										
(4,8)										
(4,9)										
(4,10)										
(5,5)										
(5,6)	1.000									
(5,7)	1.000									
(5,8)	1.000									
(5,9)	1.000									
(5,10)	1.000									
(6,6)	.998	1.000								
(6,7)	.992	.999	1.000							
(6,8)	.984	.998	1.000							
(6,9)	.972	.994	1.000							
(6,10)	.958	.990	1.000							
(7,7)	.975	.996	.999	1.000						
(7,8)	.949	.988	.998	1.000	1.000					
(7,9)	.916	.975	.994	.999	1.000					
(7,10)	.879	.957	.990	.998	1.000					
(8,8)	.900	.968	.991	.999	1.000	1.000				
(8,9)	.843	.939	.980	.996	.999	1.000	1.000			
(8,10)	.782	.903	.964	.990	.998	1.000	1.000			
(9,9)	.762	.891	.956	.988	.997	1.000	1.000	1.000		
(9,10)	.681	.834	.923	.974	.992	.999	1.000	1.000	1.000	
(10,10)	.586	.758	.872	.949	.981	.996	.999	1.000	1.000	1.000

經 Institute of Mathematical Statistics 授權，本表摘自 Swed, F., and C. Eisenhart. "Tables for Testing Randomness of Grouping in a Sequence of Alternatives." *Annals of Mathematical Statistics*, Vol. 14, 1943.

附表10　Spearman等級相關係數臨界值表

本表所列爲等級相關係數r大於臨界值的機率爲α。

例：若$n=10$, $\alpha=0.05$

則$P(r\geqq 0.564)=0.05$，即臨界值爲0.564

n	$\alpha=.05$	$\alpha=.025$	$\alpha=.01$	$\alpha=.005$
5	.900	—	—	—
6	.829	.886	.943	—
7	.714	.786	.893	—
8	.643	.738	.833	.881
9	.600	.683	.783	.833
10	.564	.648	.745	.794
11	.523	.623	.736	.818
12	.497	.591	.703	.780
13	.475	.566	.673	.745
14	.457	.545	.646	.716
15	.441	.525	.623	.689
16	.425	.507	.601	.666
17	.412	.490	.582	.645
18	.399	.476	.564	.625
19	.388	.462	.549	.608
20	.377	.450	.534	.591
21	.368	.438	.521	.576
22	.359	.428	.508	.562
23	.351	.418	.496	.549
24	.343	.409	.485	.537
25	.336	.400	.475	.526
26	.329	.392	.465	.515
27	.323	.385	.456	.505
28	.317	.377	.448	.496
29	.311	.370	.440	.487
30	.305	.364	.432	.478

附表11 Kolmogorov-Smirnov檢定統計量臨界值表

本表所列爲樣本數n，統計量D大於臨界值D_α的機率爲α。

例：若$n=10$, $\alpha=0.05$

則$P(D\geq 0.409)=0.05$，即臨界值$D_0=0.409$

	α						α				
n	.20	.10	.05	.02	.01	n	.20	.10	.05	.02	.01
1	.900	.950	.975	.990	.995	21	.226	.259	.287	.321	.344
2	.684	.776	.842	.900	.929	22	.221	.253	.281	.314	.337
3	.565	.636	.708	.785	.829	23	.216	.247	.275	.307	.330
4	.493	.565	.624	.689	.734	24	.212	.242	.269	.301	.323
5	.447	.509	.563	.627	.669	25	.208	.238	.264	.295	.317
6	.410	.468	.519	.577	.617	26	.204	.233	.259	.290	.311
7	.381	.436	.483	.538	.576	27	.200	.229	.254	.284	.305
8	.358	.410	.454	.507	.542	28	.197	.225	.250	.279	.300
9	.339	.387	.430	.480	.513	29	.193	.221	.246	.275	.295
10	.323	.369	.409	.457	.489	30	.190	.218	.242	.270	.290
11	.308	.352	.391	.437	.468	31	.187	.214	.238	.266	.285
12	.296	.338	.375	.419	.449	32	.184	.211	.234	.262	.281
13	.285	.325	.361	.404	.432	33	.182	.208	.231	.258	.277
14	.275	.314	.349	.390	.418	34	.179	.205	.227	.254	.273
15	.266	.304	.338	.377	.404	35	.177	.202	.224	.251	.269
16	.258	.295	.327	.366	.392	36	.174	.199	.221	.247	.265
17	.250	.286	.318	.355	.381	37	.172	.196	.218	.244	.262
18	.244	.279	.309	.346	.371	38	.170	.194	.215	.241	.258
19	.237	.271	.301	.337	.361	39	.168	.191	.213	.238	.255
20	.232	.265	.294	.329	.352	40	.165	.189	.210	.235	.252
						Over 40	$\frac{1.07}{\sqrt{n}}$	$\frac{1.22}{\sqrt{n}}$	$\frac{1.36}{\sqrt{n}}$	$\frac{1.52}{\sqrt{n}}$	$\frac{1.63}{\sqrt{n}}$

感謝 American Statistical Association 同意本表摘 自Miller, L. H. “Tables of Percentage Points of Kolmogorov Statistic.” *Journal of the American Statistical Association*, Vol. 51, 1956.

英、中名詞對照索引

A 部

Acceptance Region	接受區域	p.293
Additive Law of Probability	機率加法法則	p.116
Aggregates Price Index	綜合價格指數	p.477
Alternative Hypothesis	對立假設	p.292
Analysis of Variance Table, ANOVA Table	變異數分析表	p.374
Approximate Probability	近似機率	p.203
Arithmetic Mean of Relative Quantity Index	平均量比指數	p.477
Arithmetic Mean of Relative Price Index	平均價比指數	p.477
Arithmetic Mean	算術平均數	p.49

B 部

Bar Chart	條圖	p.96
Base Period	基期	p.476
Bayes Theorem	貝氏定理	p.127
Bernoulli Distribution	貝努利分配	p.137
Biased Estimator	偏的估計式	p.242
Bias	偏誤	p.242
Binomial Distribution	二項分配	p.137,153
Box Plot	箱形圖	p.101

C 部

Categories	類別	p.41
Cell	細格	p.346,357,382
Central Limit Theorem	中央極限定理	p.223
Central Location Measures	中心位置測量數	p.49
Chi-Square Distribution	卡方分配	p.277
Class Boundaries	組界	p.78
Class Mark	組中點	p.78
Class interval	組距	p.78
Closed-ended Questions	封閉型問題	p.20
Cluster Sampling	族群抽樣	p.215
Cluster	族群	p.215
Code Book	編碼手冊	p.41
Coding	編碼	p.39
Coefficient of Determination	判定係數	p.426
Coefficient of Kurtosis, CK	峯度係數	p.70
Coefficient of Multiple Determination	複判定係數	p.454
Coefficient of Skewness, Sk	偏態係數	p.66
Coefficient of Variation, CV	變異係數	p.64
Composite Hypothesis	複合假設	p.292
Conditional Probability	條件機率	p.118
Confidence Coefficient	信賴係數	p.242,245
Confidence Interval, C. I.	信賴區間	p.242
Confirmatory Questions	確認性問題	p.24
Consistency	一致性	p.242
Contingency Table	關聯表	p.356

Continuity Correction 連續校正 p.202
Core Questions 核心問題 p.24
Correlation Coefficient 相關係數 p.406
Covariance 共變數 p.406
Cover Letter 封面信函 p.15
Critical Region 危險區域 p.293
Critical Value 臨界值 p.293
Cross Tabulating 交叉表 p.42
Cumulative Distribution Function, CDF 累積分配函數 p.142
Cumulative Frequency Distribution 累積次數分配 p.86
Cumulative Frequency Table 累積次數表 p.86
Cumulative Relative Frequency Distribution 累積相對次數分配 p.87
Cumulative Relative Frequency Table 累積相對次數表 p.87
Cyclical Variation 循環變動 p.497

D 部

Deciles 十分位數 p.57
Decision Rule 決策法則 p.293
Density 密度 p.178
Dependence 相依 p.124
Descriptive Statistics 敍述統計 p.1
Detrend Time Series 不含長期趨勢的時間序列 p.512
Discrete Probability Distribution 離散機率分配 p.140

Discrete Random Variables 離散隨機變數 p.138
Distribution Function 分配函數 p.142,179
Dontingence Table 關聯表 p.345

E 部

Editing 編校 p.37
Efficiency 有效性 p.242,244
Equally Likely 可能性相同 p.114
Error Variation 誤差變異 p.384
Error of Estimation 估計誤差 p.242
Estimated Standard Error 估計標準誤 p.430,435
Estimate 估計值 p.78,212,241
Estimator 估計量 p.212
Event 事件 p.113
Exact Probability 正確機率 p.202
Exhaustive 周延性 p.112
Expected Frequency 期望次數 p.346
Expected Value 期望值 p.143
Experiment 實驗 p.12
Exploratory Data Analysis 探索性資料分析 p.99
Exponential Distribution 指數分配 p.177
Exponential Trend 指數趨勢 p.503
Extreme Outliers 極端異常 p.102
Extreme Values 極端值 p.555

F 部

Factor Level 因子水準 p.370
Factor 因子 p.370

Fields	欄位	p.39
Files	檔案	p.39
Finite Population Correction	有限母體校正項	p.167,222
Finite Population	有限母體	p.214
Fisher Transformation	費雪轉換	p.412
Fitted Line	配適線	p.418
Frequency Distribution	次數分配	p.77
Frequency Polygon	次數多邊圖	p.93
Frequency Table	次數表	p.77
Friedman Test	傅立曼檢定	p.527,562
Full Model	完整模型	p.457

G 部

Geometric Mean	幾何平均數	p.54
Goodness of Fit Test	適合度檢定	p.345
Grouped Data	分組資料	p.81

H 部

H-spread	H分散	p.102
Hat Matrix	估計矩陣	p.449
Hinges	樞紐值	p.101
Histogram	直方圖	p.89
Homoscedasticity	同質變異	p.418,448
Hypergeometric Distribution	超幾何分配	p.137,164
Hypothesis Testing	假設檢定	p.291

I 部

Independence Test	獨立性檢定	p.345

Independence	獨立	p.124
Index Number	指數	p.475
Inferential Statistics	推論統計	p.1
Infinite Population	無限母體	p.214
Inner Fences	內籬	p.102
Interaction Effect	交互作用	p.370
Interquartile Range, IQR	內四分位距	p.59
Interval Estimate	區間估計值	p.242
Interval Estimator	區間估計式	p.242
Interval Scale	區間尺度	p.7
Inteval Estimation	區間估計	p.241
Irregular Variation	不規則變動	p.497

J 部

Joint Probability Table	聯合機率表	p.119

K 部

Kolmogorov-Smirnov	柯莫果夫一史邁諾夫	p.527,559
Kruskal-Wallis Test	克拉斯卡一瓦立斯檢定	p.527,541

L 部

Laspeyres Price Index	拉氏價格指數	p.480
Lead-in Questions	引導性的問題	p.24
Leading Digit	領先數	p.99
Leading Question	前導性的問題	p.23
Leptokurtosis	高狹峯	p.70
Level of Confidence	信賴水準	p.245
Level of Significance	顯著水準	p.294

Likelyhood 可能性 p.113
Line Graph 線圖 p.97
Linear Trend 直線趨勢 p.497
Lower Confidence Limit, LCL 下信賴界限 p.242
Lower Quartile 下四分位數 p.58

M 部

Main Effect 主因子 p.383
Mann-Whitney U Statistic 曼一惠內U統計量 p.536
Mann-Whitney U Test 曼一惠內U檢定 p.527,534
Marginal Probability 邊際機率 p.119
Mean 平均數 p.49
Mean Absolute Deviation, MAD 平均絕對差 p.61,513
Mean Square Between Groups, MSB 組間均方 p.374
Mean Square Between Treatments, MSTR 處理間均方 p.374
Mean Square Error, MSE 誤差均方 p.374
Mean Square Within Groups, MSW 組內均方 p.374
Measures of Central Tendency 集中趨勢測量數 p.49
Measures of Dispersion 離散測量數 p.59
Median, Md 中位數 p.51
Mesokurtosis 常態峯 p.70
Method of Least Squares 最小平方法 p.418
Mild Outliers 中度異常值 p.102
Mode 衆數 p.52
Multinomial Experiment 多項試驗 p.345

Multiple Linear Regression Analysis 或多元迴歸分析 p.445
Multiplicative Law of Probability 機率乘法法則 p.122
Multiplicative Model 相乘模型 p.512
Mutually Exclusive 互斥 p.112

N 部

Nominal Scale 名目尺度 p.7
Nonparametric Statistical Method 無母數統計方法 p.527
Normal Distribution 常態分配 p.177
Normal Probability Plot 常態機率圖 p.443
Null Hypothesis 虛無假設 p.291

O 部

Observed Level of Significance 觀察的顯著水準 p.295
Ogive 肩形圖 p.95
One-Factor Analysis of Variance 一因子變異數分析 p.370
One-sided Test 單尾檢定 p.293
Open-ended Class 開放組界 p.80
Open-ended Limits 開放組限 p.351
Open-ended Questions 開放型問題 p.20
Ordinal Scale 順序尺度 p.7
Outer Fences 外籬 p.102
Outliers 異常值 p.99
Overall F Test 全盤*F*檢定 p.455
Overall Mean 全體平均數 p.371

P 部

p value　p值　p.295
Paasche Price Index　斐氏價格指數　p.480
Paired Difference　成對差　p.274,327
Paired Observations　成對的觀察值　p.528
Parameter　參數　p.2,212
Pearson Coefficient, SKp　皮爾生係數　p.67
Penalty Function　懲罰函數　p.454
Percentiles　百分位數　p.55
Pie Chart　圓瓣圖　p.96
Playkurtosis　低闊峯　p.70
Point Estimate　點估計值　p.242
Point Estimation　點估計　p.241
Poisson Distribution　波氏分配　p.137,158
Poisson Process　波氏隨機過程　p.158
Pooled Sample Variance　混合樣本變異數　p.268,324,372
Population Regression Line　母體迴歸線　p.416
Population　母體　p.2,212
Postcoding　事後編碼　p.40
Posterior Probability　事後機率　p.128
Power Curve　檢定力曲線　p.295
Power　檢定力　p.294
Precoding　預先編碼　p.40
Pretest　預先測試　p.24
Price Index　價格指數　p.476
Primary Data　原始資料　p.10

Prior Probabilities	事前機率	p.128
Probability Function	機率函數	p.139
Probability Sampling	機率抽樣	p.212
Probability	機率	p.113
Projection Matrix	投射矩陣	p.449
Proportion	比例	p.227

Q 部

Quadratic Trend	二次趨勢	p.500
Qualitative Data	質化資料	p.88,345
Qualitative Variables	質的變數	p.356
Quantitative Data	量化資料	p.88,345
Quantitative Variable	量的變數	p.370
Quantity Index	數量指數	p.476
Quartiles	四分位數	p.57
Questionnaires	問卷	p.19

R 部

Random Effect	隨機效果	p.371
Random Experiment	隨機試驗	p.111
Random Sampling	隨機抽樣	p.212
Random Vaiables	隨機變數	p.137
Randomized Block Design	隨機區塊設計	p.274
Range	全距	p.59
Ratio Scale	比例尺度	p.7
Records	記錄	p.39
Reduced Model	縮減模型	p.458
Rejection Region	拒絕區域	p.293

Relative Efficiency, RE 相對效率 p.244
Relative Frequency Distribution 相對次數分配 p.85
Relative Frequency Table 相對次數表 p.85
Relative Price 價比 p.477
Relative Standard Deviation 相對標準差 p.65
Replicated Measurements 重複觀察值 p.389
Residual Plots 殘差圖 p.443
Residuals 殘差 p.419
Root Mean Square Error, RMSE 均方誤差的平方根 p.513
Run 連段 p.549

S 部

Sample Proportion 樣本比例 p.227
Sample Regression Line 樣本迴歸線 p.418
Sample Space 樣本空間 p.112
Sample 樣本 p.212
Sampling Distribution 抽樣分配 p.217
Sampling With Replacement 抽後放回 p.214
Sampling Without Replacement 抽後不放回 p.214
Sampling 抽樣 p.211
Scales 量表 p.22
Scatter Diagram 散布圖 p.406
Seasonal Index 季節指數 p.506
Seasonal Variation 季節變動 p.497
Seasonally Adjusted Time Series 季節調整的時間序列 p.510
Secondary Data 次級資料 p.10

Serial Correlation	序列相關	p.418,448
Shape Measures	形狀測量數	p.66
Simple Event	簡單事件	p.113
Simple Hypothesis	簡單假設	p.292
Simple Random Sampling	簡單隨機抽樣	p.215
Skew to the Left	偏向左邊	p.66
Skew to the Right	偏向右邊	p.66
Skewed	偏的	p.66
Stand ard Normal Distribution	標準常態分配	p.194
Standard Deviation	標準差	p.63,65
Standard Error	標準誤	p.228
Standardized Score	標準化值	p.194
Statistical Methods	統計方法	p.1
Statistical Table	統計表	p.77
Statistics	統計學	p.1
Statistic	統計量	p.212
Stem and Leaf Display	莖葉圖	p.99
Strata	層	p.215
Stratified Random Sampling	分層隨機抽樣	p.215
Student's t Distribution	學生t分配	p.264
Sufficiency	充分性	p.242
Sum Square Between Groups, SSB	組間平方和	p.374
Sum Square Between Treatments, SSTR	處理間平方和	p.374
Sum Square Regression, SSR	迴歸平方和	p.426,454
Sum Square Total, SST	總平方和	p.374,426,453

Sum Square Within Groups, SSW 組內平方和 p.374
Sum square Error, SSE 誤差平方和 p.374
Survey 調查 p.12,13
Systematic Sampling 系統抽樣 p.216

T 部

Table of Random Numbers 隨機亂數表 p.213
Tabulating 列表 p.42
Test Statistic 檢定統計量 p.293
Tie 平 p.535
Time Series Analysis 時間序列分析 p.496
Time Series 時間序列 p.495
Total Variation 總變異 p.426
Treatment Effect 處理效果 p.371
Treatment 處理 p.370
Trend 長期趨勢 p.497
Trimmed Range 裁剪全距 p.59
Two-Factor Analysis of Variance 二因子變異數分析 p.370
Two-sided Test 雙尾檢定 p.293
Type I Error 型 I 誤差 p.293
Type II Error 型 II 誤差 p.294

U 部

Unbiased Estimator 不偏估計式 p.242
Unbiasedness 不偏性 p.242
Uniform Distribution 一致分配 p.177

unreplicated 無重複 p.382
Unweighted Aggregates Price Index 簡單(未加權)綜合價格指數 p.477
Unweighted Arithmetic Mean of Relative Quantity Index 簡單(未加權)平均量比指數 p.477
Unweighted Arithmetic Mean of Relative Price Index 簡單(未加權)平均價比指數 p.477
Upper Confidence Limit, UCL 上信賴界限 p.242
Upper Quartile 上四分位數 p.58

V 部

Variance 變異數 p.62
Venn Diagram 文氏圖形 p.115

W 部

Warm-up Questions 暖身問題 p.24
Weighted Aggregates Price Index 加權綜合價格指數 p.477
Weighted Aggregates Quantity Index 加權綜合數量指數 p.477
Weighted Arithmetic Mean of Relative Quantity Index 加權平均量比指數 p.477
Weighted Arithmetic Mean of Relative Price Index 加權平均價比指數 p.477
Wilcoxon Signed-Rank Test 威爾克森符號等級檢定 p.527,544

Z 部

Z score Z值 p.194

三民大專用書書目——會計•統計•審計

書名	作者		學校
會計制度設計之方法	趙仁達	著	
銀行會計	文大熙	著	
銀行會計（上）（下）	李兆萱、金桐林	著	臺灣大學等
銀行會計實務	趙仁達	著	
初級會計學（上）（下）	洪國賜	著	前淡水工商
中級會計學（上）（下）	洪國賜	著	前淡水工商
中級會計學題解	洪國賜	著	前淡水工商
中等會計（上）（下）	薛光圻、張鴻春	著	西東大學等
會計辭典	龍毓耼	譯	
會計學（上）（下）	幸世間	著	臺灣大學
會計學題解	幸世間	著	臺灣大學
會計學（初級）（中級）（高級）（上）（中）（下）	蔣友文	著	
會計學概要	李兆萱	著	前臺灣大學
會計學概要習題	李兆萱	著	前臺灣大學
成本會計	張昌齡	著	成功大學
成本會計（上）（下）	洪國賜	著	前淡水工商
成本會計題解（增訂版）	洪國賜	著	前淡水工商
成本會計	盛禮約	著	淡水工商
成本會計習題	盛禮約	著	淡水工商
成本會計概要	童綷	著	
管理會計	王怡心	著	中興大學
管理會計習題與解答	王怡心	著	中興大學
政府會計	李增榮	著	政治大學
政府會計（修訂版）	張鴻春	著	臺灣大學
政府會計題解	張鴻春	著	臺灣大學
稅務會計	卓敏枝、盧聯生、莊傳成	著	臺灣大學等
財務報表分析	洪國賜、盧聯生	著	前淡水工商等
財務報表分析題解	洪國賜	編	前淡水工商
財務報表分析	李祖培	著	中興大學
財務管理（增訂版）	張春雄、林烱垚	著	政治大學等
財務管理（增訂新版）	黃柱權	著	政治大學

公司理財　黃柱權 著　政治大學
公司理財　文大熙 著
珠算學（上）（下）　邱英桃 著
珠算學（上）（下）　楊渠弘 著　臺中商專
商業簿記（上）（下）　盛禮約 著　淡水工商
商用統計學　顏月珠 著　臺灣大學
商用統計學題解　顏月珠 著　臺灣大學
商用統計學　劉一忠 著　舊金山州立大學
統計學（修訂版）　柴松林 著　交通大學
統計學　劉南溟 著　前臺灣大學
統計學　張浩鈞 著　臺灣大學
統計學　楊維哲 著　臺灣大學
現代統計學　顏月珠 著　臺灣大學
現代統計學題解　顏月珠 著　臺灣大學
統計學　顏月珠 著　臺灣大學
統計學題解　顏月珠 著　臺灣大學
推理統計學　張碧波 著　銘傳管理學院
應用數理統計學　顏月珠 著　臺灣大學
統計製圖學　宋汝濬 著　臺中商專
統計概念與方法　戴久永 著　交通大學
統計概念與方法題解　戴久永 著　交通大學
迴歸分析　吳宗正 著　成功大學
變異數分析　呂金河 著　成功大學
抽樣方法　儲金滋 著　成功大學
商情預測　鄭碧娥 著　成功大學
審計學　殷文俊、金世朋 著　政治大學
管理數學　謝志雄 著　東吳大學
管理數學　戴久永 著　交通大學
管理數學題解　戴久永 著　交通大學
商用數學　薛昭雄 著　政治大學
商用數學（含商用微積分）　楊維哲 著　臺灣大學
線性代數（修訂版）　謝志雄 著　東吳大學
商用微積分　何典恭 著　淡水工商
商用微積分題解　何典恭 著　淡水工商
微積分　楊維哲 著　臺灣大學
微積分（上）（下）　楊維哲 著　臺灣大學
大二微積分　楊維哲 著　臺灣大學
機率導論　戴久永 著　交通大學

三民大專用書書目——經濟・財政

書名	作者		單位
經濟學新辭典	高叔康	編	
經濟學通典	林華德	著	臺灣大學
經濟思想史概要	羅長闓	譯	
經濟思想史	史考特	著	
西洋經濟思想史	林鐘雄	著	臺灣大學
歐洲經濟發展史	林鐘雄	著	臺灣大學
近代經濟學說	安格爾	著	
比較經濟制度	孫殿柏	著	前政治大學
經濟學原理	密爾	著	
經濟學原理（增訂版）	歐陽勛	著	前政治大學
經濟學導論	徐育珠	著	南康湼狄克州立大學
經濟學概要	趙鳳培	著	前政治大學
經濟學（增訂版）	歐陽勛、黃仁德	著	政治大學
通俗經濟講話	邢慕寰	著	前香港大學
經濟學（新修訂版）（上）（下）	陸民仁	著	政治大學
經濟學概論	陸民仁	著	政治大學
國際經濟學	白俊男	著	東吳大學
國際經濟學	黃智輝	著	東吳大學
個體經濟學	劉盛男	著	臺北商專
個體經濟學	趙鳳培	譯	前政治大學
個體經濟分析	趙鳳培	著	前政治大學
總體經濟分析	趙鳳培	著	前政治大學
總體經濟學	鍾甦生	著	西雅圖銀行
總體經濟學	趙鳳培	譯	前政治大學
總體經濟學	張慶輝	著	政治大學
總體經濟理論	孫震	著	國防部
數理經濟分析	林大侯	著	臺灣大學
計量經濟學導論	林華德	著	臺灣大學
計量經濟學	陳正澄	著	臺灣大學
現代經濟學	湯俊湘	譯	中興大學
經濟政策	湯俊湘	著	中興大學

書名	作者		單位
平均地權	王全祿	著	內政部
運銷合作	湯俊湘	著	中興大學
合作經濟概論	尹樹生	著	中興大學
農業經濟學	尹樹生	著	中興大學
凱因斯經濟學	趙鳳培	譯	前政治大學
工程經濟	陳寬仁	著	中正理工學院
銀行法	金桐林	著	中興銀行
銀行法釋義	楊承厚	編著	銘傳管理學院
銀行學概要	林葭蕃	著	
商業銀行之經營及實務	文大熙	著	
商業銀行實務	解宏賓	編著	中興大學
貨幣銀行學	何偉成	著	中正理工學院
貨幣銀行學	白俊男	著	東吳大學
貨幣銀行學	楊樹森	著	文化大學
貨幣銀行學	李穎吾	著	臺灣大學
貨幣銀行學	趙鳳培	著	前政治大學
貨幣銀行學	謝德宗	著	臺灣大學
現代貨幣銀行學（上）（下）（合）	柳復起	著	澳洲新南威爾斯大學
貨幣學概要	楊承厚	著	銘傳管理學院
貨幣銀行學概要	劉盛男	著	臺北商專
金融市場概要	何顯重	著	
現代國際金融	柳復起	著	新南威爾斯大學
國際金融理論與實際	康信鴻	著	成功大學
國際金融理論與制度（修訂版）	歐陽勛、黃仁德	編著	政治大學
金融交換實務	李麗	著	中央銀行
財政學	李厚高	著	行政院
財政學	顧書桂	著	
財政學（修訂版）	林華德	著	臺灣大學
財政學	吳家聲	著	經建會
財政學原理	魏萼	著	臺灣大學
財政學概要	張則堯	著	前政治大學
財政學表解	顧書桂	著	
財務行政（含財務會審法規）	莊義雄	著	成功大學
商用英文	張錦源	著	政治大學
商用英文	程振粵	著	臺灣大學
貿易英文實務習題	張錦源	著	政治大學

書名	作者	單位
貿易契約理論與實務	張錦源 著	政治大學
貿易英文實務	張錦源 著	政治大學
貿易英文實務習題	張錦源 著	政治大學
貿易英文實務題解	張錦源 著	政治大學
信用狀理論與實務	蕭啟賢 著	輔仁大學
信用狀理論與實務	張錦源 著	政治大學
國際貿易	李穎吾 著	臺灣大學
國際貿易	陳正順 著	臺灣大學
國際貿易概要	何顯重 著	
國際貿易實務詳論（精）	張錦源 著	政治大學
國際貿易實務	羅慶龍 著	逢甲大學
國際貿易理論與政策（修訂版）	歐陽勛、黃仁德編著	政治大學
國際貿易原理與政策	康信鴻 著	成功大學
國際貿易政策概論	余德培 著	東吳大學
國際貿易論	李厚高 著	行政院
國際商品買賣契約法	鄧越今編著	外貿協會
國際貿易法概要（修訂版）	于政長 著	東吳大學
國際貿易法	張錦源 著	政治大學
外匯投資理財與風險	李麗 著	中央銀行
外匯、貿易辭典	于政長編著 張錦源校訂	東吳大學 政治大學
貿易實務辭典	張錦源編著	政治大學
貿易貨物保險（修訂版）	周詠棠 著	中央信託局
貿易慣例——FCA、FOB、CIF、CIP 等條件解說	張錦源 著	政治大學
國際匯兌	林邦充 著	政治大學
國際行銷管理	許士軍 著	臺灣大學
國際行銷	郭崑謨 著	中興大學
國際行銷（五專）	郭崑謨 著	中興大學
國際行銷學	陳正男 著	成功大學
行銷學通論	龔平邦 著	前逢甲大學
行銷學	江顯新 著	中興大學
行銷管理	郭崑謨 著	中興大學
行銷管理	陳正男 著	成功大學
海關實務（修訂版）	張俊雄 著	淡江大學
美國之外匯市場	于政長 譯	東吳大學

書名	作者	單位
保險學（增訂版）	湯俊湘 著	中興大學
保險學概要	袁宗蔚 著	政治大學
人壽保險學（增訂版）	宋明哲 著	德明商專
人壽保險的理論與實務（增訂版）	陳雲中 編著	臺灣大學
火災保險及海上保險	吳榮清 著	文化大學
保險實務	胡宜仁 主編	景文工商
保險數學	許秀麗 著	成功大學
意外保險	蘇文斌 著	成功大學
市場學	王德馨、江顯新 著	中興大學
市場學概要	蘇在山 著	
投資學	龔平邦 著	前逢甲大學
投資學	白俊男、吳麗瑩 著	東吳大學
商業心理學	陳家聲 著	臺灣大學
商業概論	張鴻章 著	臺灣大學
營業預算概念與實務	汪承運 著	會計師
海外投資的知識	日本輸出入銀行、海外投資研究所 編	
國際投資之技術移轉	鍾瑞江 著	東吳大學
財產保險概要	吳榮清 著	文化大學

三民大專用書書目——行政・管理

行政學	張潤書	著	政治大學
行政學	左潞生	著	前中興大學
行政學新論	張金鑑	著	前政治大學
行政學概要	左潞生	著	前中興大學
行政管理學	傅肅良	著	前中興大學
行政生態學	彭文賢	著	中興大學
人事行政學	張金鑑	著	前政治大學
各國人事制度	傅肅良	著	前中興大學
人事行政的守與變	傅肅良	著	前中興大學
各國人事制度概要	張金鑑	著	前政治大學
現行考銓制度	陳鑑波	著	
考銓制度	傅肅良	著	前中興大學
員工考選學	傅肅良	著	前中興大學
員工訓練學	傅肅良	著	前中興大學
員工激勵學	傅肅良	著	前中興大學
交通行政	劉承漢	著	成功大學
陸空運輸法概要	劉承漢	著	成功大學
運輸學概要（增訂版）	程振粵	著	臺灣大學
兵役理論與實務	顧傳型	著	
行爲管理論	林安弘	著	德明商專
組織行爲管理	龔平邦	著	前逢甲大學
行爲科學概論	龔平邦	著	前逢甲大學
行爲科學概論	徐道鄰	著	
行爲科學與管理	徐木蘭	著	臺灣大學
組織行爲學	高尚仁、伍錫康	著	香港大學
組織原理	彭文賢	著	中興大學
實用企業管理學（增訂版）	解宏賓	著	中興大學
企業管理	蔣靜一	著	逢甲大學
企業管理	陳定國	著	前臺灣大學
國際企業論	李蘭甫	著	香港中文大學
企業政策	陳光華	著	交通大學